비주얼 베이직 2015

정선호 지음

생능출판

저자 소개

정선호(shjeong@ptu.ac.kr)

데이터베이스, 이미지/비디오 정보 검색을 전공하였고, 이학박사를 취득한 후 데이터베이스(오라클), 프로그래밍 언어(비주얼 베이직, 자바, 비주얼 C++), XML, 인터넷 등을 강의했다. (주)케이테크의 연구원을 지냈으며, 현재는 평택대학교 응용소프트웨어학과 교수로 재직 중이다.

『데이터베이스 개론』, 『비주얼 베이직 프로그래밍 입문』, 『한번에 이해되는 나모웹에디터』 외, 14권의 저서를 집필하였다.

비주얼 베이직 2015

초판인쇄 2017년 2월 14일
초판발행 2017년 2월 21일

지은이 정선호
펴낸이 김승기
펴낸곳 (주)생능출판사 / **주소** 경기도 파주시 광인사길 143
출판사 등록일 2005년 1월 21일 / **신고번호** 제406-2005-000002호
대표전화 (031)955-0761 / **팩스** (031)955-0768
홈페이지 www.booksr.co.kr

책임편집 이문영 / **편집** 최일연, 신성민, 김민보, 손정희, 정하승 / **디자인** 유준범
마케팅 백승욱, 최복락, 김민수, 심수경, 백수정, 최태웅, 김범용, 김민정
인쇄 · 제본 천일문화사

ISBN 978-89-7050-902-0 93000
정가 28,000원

- 이 도서의 국립중앙도서관 출판예정도서목록(CIP)은 서지정보유통지원시스템 홈페이지(http://seoji.nl.go.kr)와 국가자료공동목록시스템(http://www.nl.go.kr/kolisnet)에서 이용하실 수 있습니다.
  (CIP제어번호: 2017002628)

머리말

본 교재는 필자가 지금까지 강의했던 내용을 기초로 하여 구성했다. 필자는 이 책을 집필하면서 어떤 내용을 어떻게 담아야 하는지에 대해 많은 고민을 했다. 실제로 강의를 하다 보면 교재에 담겨있는 모든 내용을 학생들에게 전달하지 못해 아쉬운 마음이 컸다. 때문에, 강의가 끝난 후 비주얼 베이직 프로그램을 더 공부하는 학생들에게 조금이나마 도움이 되기를 바라는 마음으로 내용을 담았다.

필자는 프로그래밍 교재의 가장 중요한 기준은 "학습의 용이성"이라 생각한다. 아무리 다양하고 훌륭한 기능을 가졌다한들 너무 어려워 일반인들이 쉽게 사용할 수 없다면 "빛 좋은 개살구"에 불과할 것이기 때문이다. 비주얼 베이직은 소수의 전문 프로그래머들보다는 일반 사용자들에 의해 더 많이 사용되어지고 있는 이상적인 프로그래밍 언어라 할 수 있다.

기본만 탄탄하게 갖춘다면 여러분이 상상하는 그 어떤 프로그램도 만들어나갈 수 있을 거라 기대한다. 기본 이론을 충분히 공부할 수 있는 시간은 아마도 대학에 다니는 시기가 아닐까 생각한다. 이 책이 여러분의 꿈을 만들어 나가는 기회이고 시작이 되었으면 하는 작은 바람으로 집필된 것임을 기억해주기 바란다.

본 교재는 예제를 중심으로 단계적으로 프로그램 작성 능력이 배양될 수 있도록 노력하였고, 자주 사용하는 기본 컨트롤뿐 아니라 다양한 컨트롤들을 사용하여 실제 활용이 가능한 프로그램을 작성하는 데 도움이 되도록 많은 예제를 담았다. 프로그래머가 되기 위해서는 이 정도로는 너무나 부족하다. 실무에서의 프로그래머의 벽은 너무나 높기 때문이다. 그러나 한 발자국씩 접근하다보면 자신도 모르게 프로그램 실력이 향상되는 걸 느낄 수 있을 것이다.

좀 더 다양한 비주얼 베이직의 기능들을 충분히 다루려고 했으나, 저자의 미숙함 때문에 부족한 부분이 있지 않을까 우려된다. 이 부분은 독자 여러분과 함께 지속적으로 보강해 나갔으면 하는 바람이다.

책을 만드는 과정에서 지속적인 관심으로 도와주신 생능출판사의 관계자들에게 감사의 마음을 전하고 싶다.

개인적으로 밤마다 노트북 끌어안고 있는 엄마 때문에 외로웠을 우리 아이들, 그러나 책을 끝까지 마무리 할 수 있도록 힘을 준 다움, 가은, 현진, 멀리 떨어져 있지만 언제나 힘을 주시는 부모님과 가족들에게 고맙다는 말을 하고 싶다.

2017년 1월
정선호

이 책의 구성 및 강의계획안

이 책은 비주얼 베이직을 처음 배우는 학생들과 기초를 배운 학생들을 대상으로 저술하였으며, 15주 한 학기 강의에 맞추어 17장으로 구성되었다. 비주얼 베이직을 처음 배우는 학생은 약간 어려울 수 있으나, 예제를 통해 충분히 학습이 가능하도록 구성되어 있으므로 천천히 배워 나간다면 비주얼 베이직의 기능을 충분히 이해하고 활용할 수 있을 것이다.

A 완성형 강의

- 17장을 모두 강의하는 계획이다.
- 비주얼 베이직의 충분한 이해가 있는 경우 1~3장과 7, 8장, 16, 17장을 각각 한 주에 강의한다. 3장의 기본 컨트롤에 대해 충분히 학습한다면 10장, 11장, 14장에 나오는 고급 컨트롤들은 빠르게 학습할 수 있다.

주	강의제목	강의내용 및 목표
1	1~3장 비주얼 베이직 이해	비주얼 베이직에 대한 전반적인 이해
2~4	4장 윈도우 기본 컨트롤-1	윈도우 기반 응용 프로그램 작성에 사용되는 컨트롤들에 대한 기능과 사용법 이해
	5장 윈도우 기본 컨트롤-2	
5	6장 프로그래밍을 위한 기본 구조 이해하기	변수를 이해하고, 연산자 사용법을 습득
6	7장 조건문 사용하기	비주얼 베이직의 조건문과 반복문의 기본 구조 이해 및 사용법 습득
	8장 루프(Loop)-반복문 이해하기	
7	9장 배열 이해하기	배열의 구조를 이해하고 활용하는 방법을 습득
8	중간고사	
9~10	10장 고급 윈도우 컨트롤	윈도우 기반 응용 프로그램 작성에 사용되는 고급 컨트롤들에 대한 기능과 사용법 이해
11	11장 MDI 폼과 메뉴 사용하기	폼의 특성을 설정하고 메뉴 및 대화상자 사용법을 습득
	12장 대화상자 이해하기	
12	13장 그래픽과 애니메이션 효과 표현하기	선, 원, 이미지 그리기 등의 기본 개념을 이해하고 그래픽을 활용한 프로그램 작성

주	강의제목	강의내용 및 목표
13	14장 DataGridView 컨트롤과 데이터 관리하기	데이터를 검색하고 처리하기 위한 컨트롤의 기본 구조와 사용법 습득
	15장 ADO.NET 시작하기	
14	16장 프로그램 디버깅하기	프로그램의 오류를 수정하고 배포하는 방법을 습득하고 활용
	17장 응용 프로그램 배포하기	
15	기말고사	

B 기초형 강의

- 천천히 비주얼 베이직의 기초를 다지는데 초점을 두는 강의 계획이다.
- 비주얼 베이직을 처음으로 공부하는 학생의 경우 그래픽이나 데이터 관련 컨트롤은 추후에 학습하도록 한다.

주	강의제목	강의내용 및 목표
1	1~3장 비주얼 베이직 이해	비주얼 베이직에 대한 전반적인 이해
2~4	4장 윈도우 기본 컨트롤-1	윈도우 기반 응용 프로그램 작성에 사용되는 컨트롤들에 대한 기능과 사용법 이해
	5장 윈도우 기본 컨트롤-2	
5	6장 프로그래밍을 위한 기본 구조 이해하기	변수를 이해하고, 연산자 사용법을 습득
6	7장 조건문 사용하기	비주얼 베이직 조건문의 기본 구조 이해 및 사용법 습득
7	8장 루프(Loop)-반복문 이해하기	비주얼 베이직 반복문의 기본 구조 이해 및 사용법 습득
8	중간고사	
9	9장 배열 이해하기	배열의 구조를 이해하고 활용하는 방법을 습득
10~11	10장 고급 윈도우 컨트롤	윈도우 기반 응용 프로그램 작성에 사용되는 고급 컨트롤들에 대한 기능과 사용법 이해
12	11장 MDI 폼과 메뉴 사용하기	폼의 특성을 설정하고 메뉴 및 대화상자 사용법을 습득
13	12장 대화상자 이해하기	윈도우 기반 응용 프로그램에서 공통적으로 사용되는 대화상자의 사용법 습득
14	16장 프로그램 디버깅하기	프로그램의 오류를 수정하는 방법을 습득하고 활용
15	기말고사	

차례

CHAPTER 12 대화상자 사용하기

CHAPTER 13 그래픽과 애니메이션 효과 표현하기

CHAPTER 14 DataGridView 컨트롤과 데이터 관리하기

CHAPTER 15 ADO.NET 시작하기

PART 05 디버깅과 배포

CHAPTER 16 Visual Basic .NET 프로그램 디버깅하기

CHAPTER 17 응용 프로그램 배포하기

PART 01

Visual Basic 2015 첫걸음

CHAPTER 01

Visual Basic 2015 시작하기

contents

01 Visual Basic 2015 시작하기

2015년에 마이크로소프트에서 발표한 "Visual Basic 2015"에는 모바일 응용프로그램을 만들 수 있는 기능들이 새롭게 추가되었다. Visual Basic 2015는 완전한 객체지향프로그래밍(OOP) 언어로서 C++, Java, C# 등과 같은 OOP 언어와 함께 비주얼 스튜디오(Visual Studio)라는 패키지로 제공된다.

비주얼 베이직은 초보자들이 배우기 쉬운 언어로 윈도우용 응용 프로그램을 개발하기 위한 도구로 인정받고 있으며, 데이터베이스와 멀티미디어, 모바일 그리고 인터넷 등의 분야에서 프로그래머들의 사랑을 받으며 폭넓게 사용되어지고 있다.

또한 '비주얼'이라는 단어에서 알 수 있듯이 시각적인 GUI(Graphic User Interface) 환경에서 초보자들도 쉽게 사용할 수 있도록 편리하고, 강력한 기능을 제공한다. 더불어 기존의 베이직 언어에 윈도우 환경에서 사용되는 함수, 키워드, 제어문 등이 포함되어 있어 초보자들도 몇 가지의 명령어와 제공되는 컨트롤만으로도 간단하게 응용 프로그램을 개발할 수 있다.

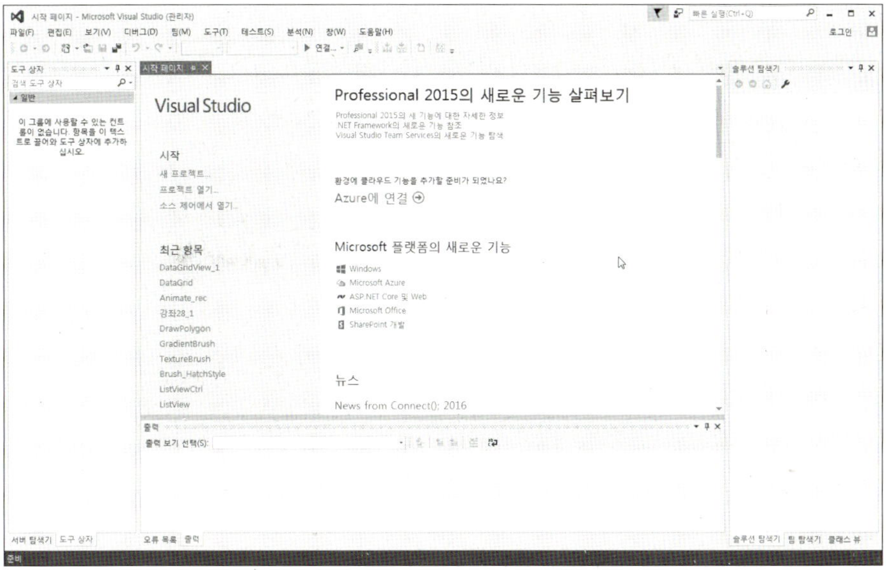

그림 1-1 비주얼 스튜디오 초기 화면

Section 01 Visual Basic .NET

1964년 처음 개발된 BASIC(Beginner's All-purpose Symbolic Instruction Code)은 프로그래밍 초보자가 쉽게 배우고 사용할 수 있도록 고안된 언어였다. 이후 1975년 마이크로소프트가 설립되고 BASIC과 후속 언어인 Quick BASIC(또는 QBASIC)이 출시되면서 널리 사용되게 되었다. 마이크로소프트사는 프로그램 사용자 인터페이스를 시각적으로 만들 수 있도록 개발 환경을 통합한 Visual Basic 1.0을 개발하였고 컴포넌트를 통합하는 방식으로 강력한 애플리케이션을 개발할 수 있도록 발전하였다. Visual Basic으로 작성한 프로그램을 런타임 위에서 실행하는 기능을 추가하여 Visual Basic 5.0은 프로그램을 컴파일 된 버전과 인터프리트 할 수 있는 버전이 모두 가능하도록 향상되었으며, 이후 여러 프로그램에서 코드를 공유해서 사용할 수 있도록 프로시저(Procedure)를 작성하고 프로그램과 별개 파일로 저장되는 코드 라이브러리를 만들어 독립적으로 변경할 수 있도록 하는 컴포넌트를 생성할 수 있는 기능이 추가되었으며, 이후 Visual Basic 6.0에서 2002년 Visual Basic .NET으로 이동하면서 더욱 강력한 개발 도구로 자리매김하게 되었다.

Microsoft Visual Basic .NET은 전 세계의 개발자들이 사용하는 대중적인 개발 도구이다. Visual Basic .NET의 가장 큰 장점은 데이터베이스나 인터넷 솔루션 등과 같은 일상적인 개발 작업을 더욱더 생산적으로 할 수 있도록 설계되었다는 것이고, 무엇보다도 비주얼 스튜디오의 개발 환경에 익숙해지면 동일한 개발환경과 도구를 이용하여 Microsoft Visual C++ .NET이나 Microsoft Visual C# .NET 또는 다른 업체의 도구나 컴파일러를 위한 프로그램을 작성할 수 있다는 것이다.

1) .NET 프레임워크란?

.NET은 사용자들이 응용 프로그램을 개발한 플랫폼을 나타내는 개념과 기술 이상의 것을 의미하는 것으로 응용 프로그램 아래에 존재하며 응용 프로그램에게 기본적인 서비스와 기능을 제공한다.

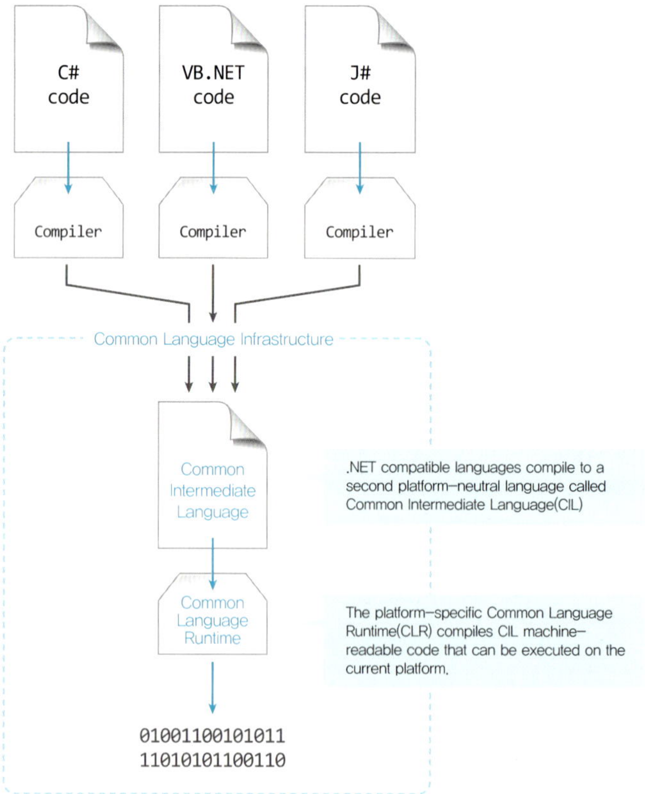

그림 1-2 공통 언어 기반(CLI)

.NET 프레임워크(.NET Framework)는 마이크로소프트에서 개발한 윈도우 기반 응용

프로그램의 개발 및 실행 환경이다. .NET 프레임워크의 가장 중요한 콤포넌트는 공통 언어 기반(CLI: Common Language Infrastructure)으로, 애플리케이션의 개발과 실행 시 언어에 종속적이지 않은 플랫폼을 제공하기 위해서 제공되었다. 마이크로소프트가 구현한 CLI를 공통 언어 런타임(CLR: Common Language Runtime)이라고 하며, 공통 타입 시스템(CTS), 공통 언어 스펙(CLS), 저스트-인-타임 컴파일러(JIT), 가상 실행 시스템(VES)의 4개 부분으로 구성된다.

Section 02 Visual Studio 2015 설치하기

비주얼 스튜디오(Visual Studio)는 마이크로소프트(MS)가 만든 대표적인 개발도구로 코딩, 디버깅, 컴파일러 기능을 포함하고 있다. 비주얼 스튜디오는 '커뮤니티(Community)', '프로페셔널(Professional)', '엔터프라이즈(Enterprise)', 코드(Code)' 등의 제품군으로 나뉜다. 홈페이지(https://www.visualstudio.com/downloads)에서 무료 제품 또는 시험버전을 다운로드할 수 있다.

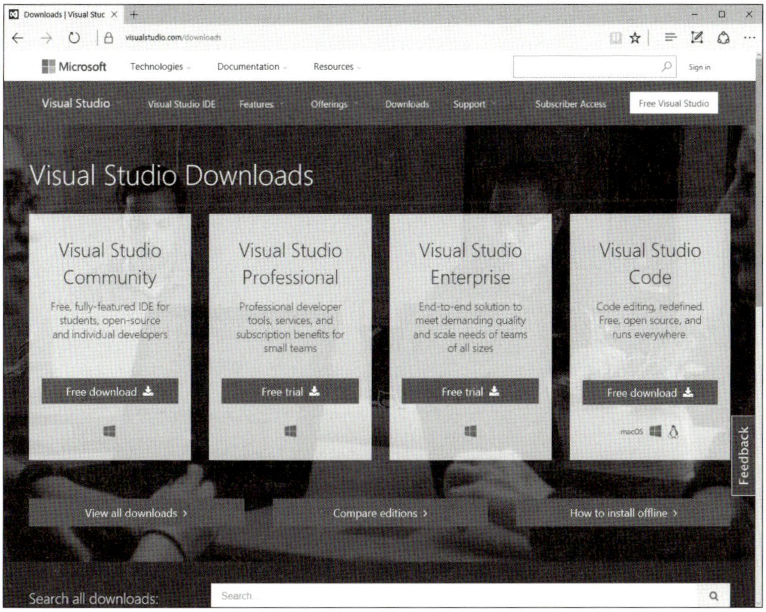

그림 1-3 비주얼 스튜디오 다운로드

각 제품별로 〈표 1-1〉과 같은 기능을 지원한다.

표 1-1 비주얼 스튜디오 제품별 기능

	Visual Studio Community	Visual Studio Professional	Visual Studio Enterprise	Visual Studio Test Professional	Visual Studio Platforms
Supported Usage Scenarios	●●●○	●●●●	●●●●	●●●●	●●●●
Debugging and Diagnostice	●●●○	●●●○	●●●●	○○○○	○○○○
Testing Tools	●○○○	●○○○	●●●●	●●○○	●●○○
Integrated Development Environment	●●●○	●●●○	●●●●	○○○○	○○○○
Development Platform Support	●●●●	●●●●	●●●●	○○○○	○○○○
Xamarin Mobile Development	●●○○	●●○○	●●●●	○○○○	○○○○
Architecture and Modeling	●○○○	●○○○	●●●●	○○○○	○○○○
Lab Management	○○○○	○○○○	●●●●	●●●●	●●●●
Team Foundation Server features	○○○○	●●●○	●●●●	●●●●	●●●●
Collaboration Tools	●●●●	●●●●	●●●●	●●●○	●●●○
Team Collaboration Benefits	Included with all subscriptions				
Subscriber Benefits	Included with annual cloud subscriptions and stansard subscriptions				
Visual Studid Dev Essentials Benefits	Free for all developers				

실습 1-1 비주얼 스튜디오 2015 다운로드하여 설치하기

① 다운로드 페이지(https://www.visualstudio.com/downloads)에 접속하여 Visual Studio Community>무료 다운로드 버튼을 클릭한다.

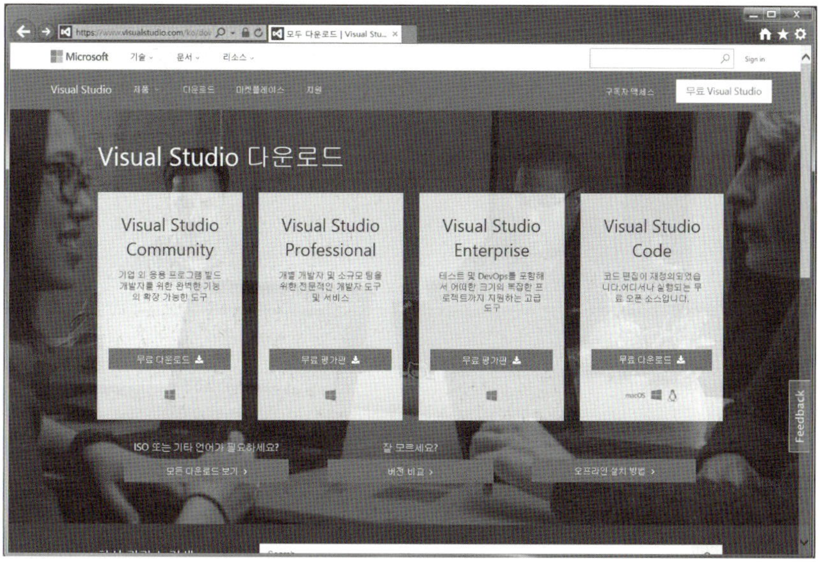

② 파일을 다운로드하거나 [실행] 버튼을 클릭하여 설치를 시작한다.

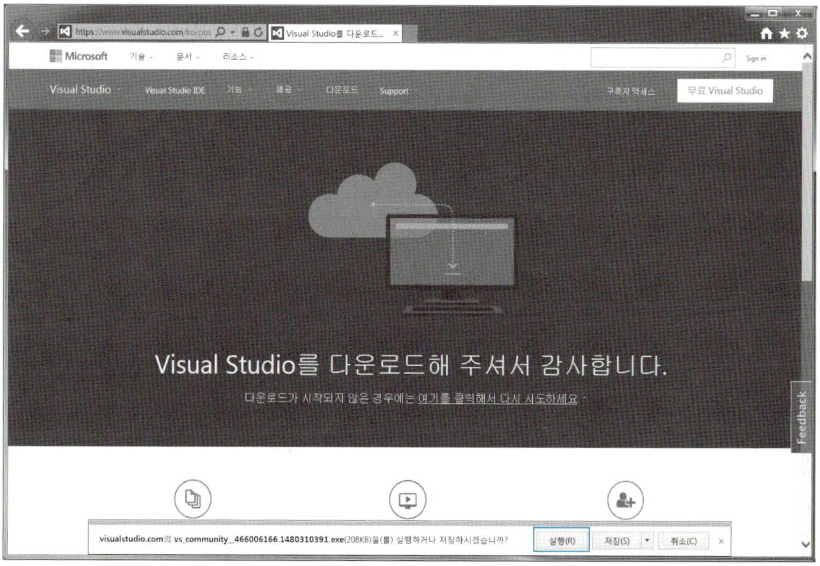

③ Visual Studio 2015를 설치할 위치를 설정하고, [설치] 버튼을 클릭한다.

④ 설치가 완료되면 [지금 다시 시작] 버튼을 클릭하여 시스템을 다시 시작한다.

요약

- Visual Basic 2015는 완전한 객체지향프로그래밍(OOP) 언어로 윈도우용 응용 프로그램을 개발하기 위한 아주 강력한 도구이다.

- 비주얼 베이직(Visual Basic)은 시각적인 GUI(Graphic User Interface) 환경에서 프로그래밍 작업을 수행할 수 있도록 제공함으로써 초보자들도 쉽게 사용할 수 있도록 편리하고, 강력한 기능을 제공한다.

- 비주얼 스튜디오(Visual Studio)는 마이크로소프트(MS)가 만든 대표적인 개발 도구로 코딩, 디버깅, 컴파일러 기능을 포함하고 있다.

CHAPTER 02

Visual Studio 편집화면 둘러보기

contents

02 Visual Studio 편집화면 둘러보기

Visual Basic 2015는 완전한 객체지향프로그래밍(OOP) 언어로서 C++, Java, C# 등과 같은 OOP 언어와 대등하게 기능을 제공한다.

Section 01 IDE 구성

Visual Studio를 처음 사용하는 경우 Microsoft 서비스 계정을 등록하고 Visual Studio에 로그인하라는 메시지가 표시되지만 나중에 로그인해도 된다. Visual Studio가 시작되면 통합개발환경(IDE: Integrated Development Environment)이 표시된다. 통합개발환경(IDE)은 응용 프로그램을 쉽게 개발할 수 있도록 에디터, 컴파일러, 실행이 하나로 통합되어 있다.

Visual Studio를 열면 [도구상자] 창, 메뉴 및 도구 모음, [디자이너] 창 및 [코드] 창이 표시되는 주 편집 공간, [속성] 창, [솔루션 편집기] 등이 표시된다. 표시된 창의 위치를 이동하거나 부동 창으로 만들어 레이아웃은 사용자가 변경하고 저장할 수 있다. 예를 들어 [코드] 창만 표시되도록 전체 화면으로 만들고 레이아웃을 저장하는 것도 가능하다.

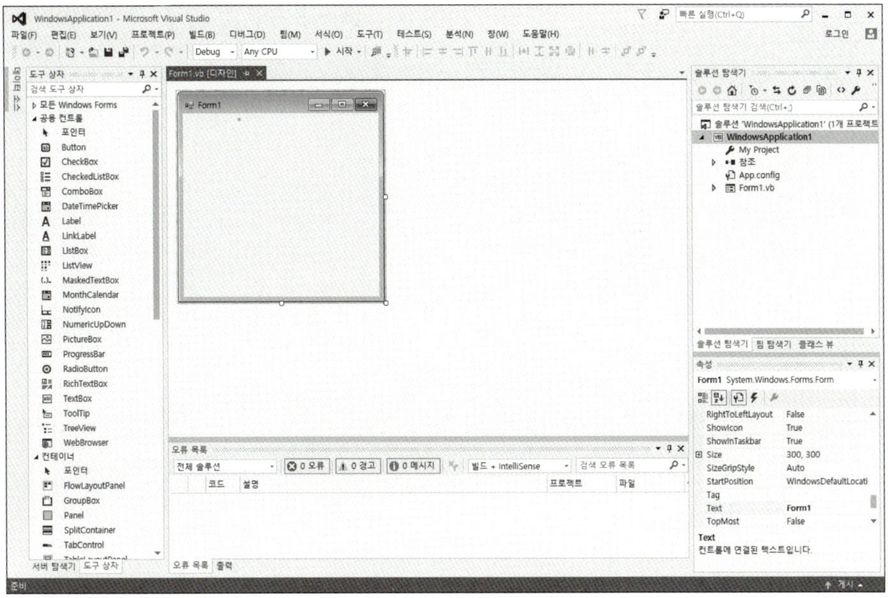

그림 2-1 비주얼 스튜디오 통합개발환경(IDE)

1) 솔루션(Solution) 및 프로젝트(Project) 만들기

Visual Studio 프로젝트는 응용 프로그램의 경우 단일 이진 실행 파일(예: .exe, DLL 또는 appx)로 컴파일되는 파일 및 리소스의 컬렉션이다. 경우에 따라 여러 이진 파일이나 웹 사이트를 만들 수 있도록 Visual Studio에는 여러 프로젝트나 웹 사이트를 포함할 수 있는 솔루션 개념을 포함한다. 프로젝트를 만드는 경우 실제로는 하나의 솔루션에 하나의 프로젝트를 만들지만 필요에 따라 나중에 더 많은 프로젝트를 솔루션에 추가할 수 있다.

프로젝트 템플릿(Template)은 특정 종류의 응용 프로그램을 신속하게 설정할 수 있게 해주는 미리 채워진 코드 파일 및 구성 설정의 컬렉션으로, Visual Studio에는 선택 가능한 여러 프로젝트 템플릿이 있으며, 적합한 기본 템플릿이 없는 경우 고유한 템플릿을 만들 수도 있다. 템플릿을 사용하여 프로젝트를 만들고, 제공된 파일이나 직접 추가한 새 파일을 사용하여 코드를 작성한다.

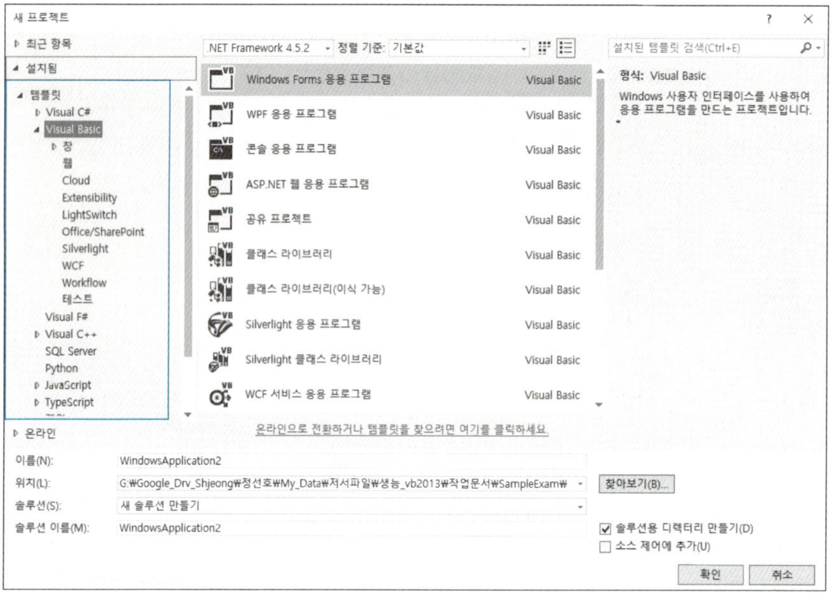

그림 2-2 비주얼 스튜디오 템플릿

2) 사용자 인터페이스 디자인하기

[디자이너]는 코드를 작성하지 않고도 사용자 인터페이스를 만들 수 있게 해주는 시각적인 도구이다. [도구상자] 창에서 폼(Form)으로 버튼, 텍스트상자 등과 같은 필요한 UI 컨트롤을 추가한다. 코드를 작성하지 않고도 추가된 각 개체의 크기를 조정하고 정렬할 수 있다. [디자이너]는 사용자 인터페이스가 있는 모든 프로젝트 형식에 포함된다.

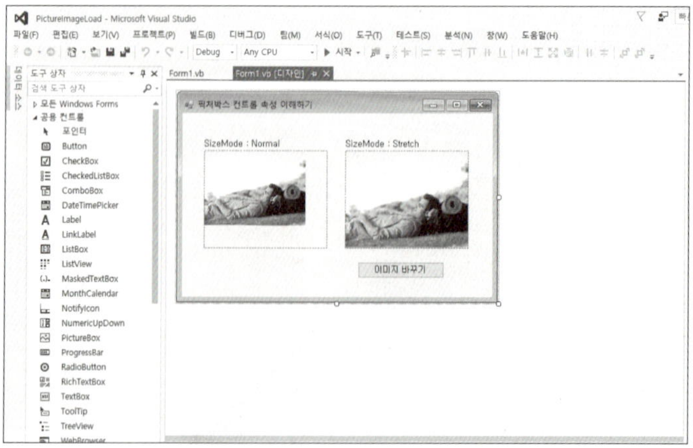

그림 2-3 비주얼 스튜디오 디자인 창

3) 코드 작성하기

Visual Studio에는 C#, C++, Visual Basic, JavaScript, XML, HTML, CSS 및 F#용 편집기가 포함되어 있다. **[파일] > [열기] > [파일]** 메뉴를 사용하여 텍스트 편집기에서 파일을 편집할 수 있다. 현재 작업 중인 프로젝트에서 파일을 편집하려면 [솔루션 탐색기]에서 파일 이름을 클릭한다.

[코드] 창에 표시되는 코드는 검정색, 파란색, 초록색 등으로 표시되며 [옵션] 대화상자를 사용하여 색을 변경할 수 있다. **[도구] > [옵션]** 메뉴를 실행한 후, '환경' > '글꼴 및 색' 항목을 클릭하여 [옵션] 대화상자를 표시한다.

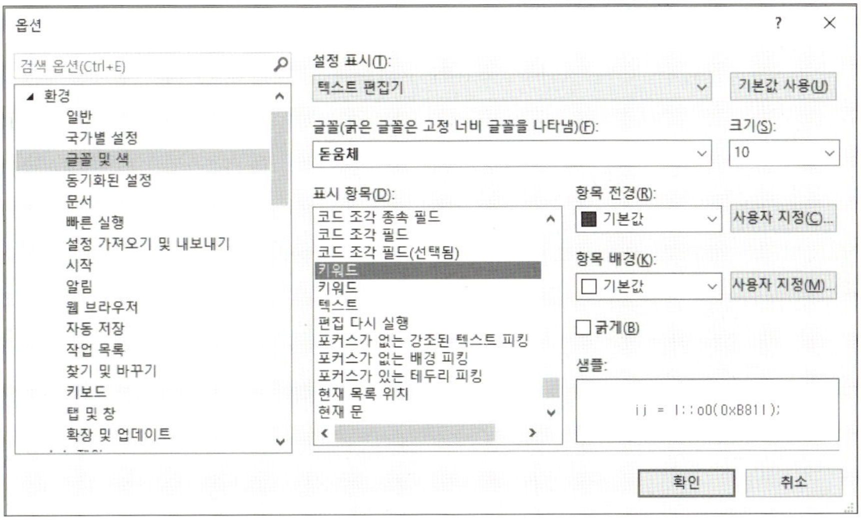

그림 2-4 [옵션] 대화상자

텍스트 편집기는 보다 효율적인 코드를 더 빠르게 작성할 수 있도록 도와주는 많은 생산성 기능이 포함된 대화형(원할 경우)이다. 기능은 언어에 따라 달라지며 기능을 설정하거나 해제하기 위해 언어를 사용할 필요가 없다(빠른 실행에서 "편집기" 입력).

4) 코드 컴파일(Compile) 및 빌드(Build) 수행하기

컴파일은 소스코드를 번역하여 목적파일 상태로 바꾸는 과정으로 실행파일(*.exe)이 생성되지 않는데 반해, 빌드(Build)는 실행 가능한 소프트웨어를 만드는 과정으로 보통 실행파일(*.exe)이 생성된다.

프로젝트를 빌드(Build)하려면 〈F5〉 키를 누른다. [빌드] 도구 모음을 사용하면 디버거에서 중단점 및 한 단계씩 실행을 지원하기 위해 기호 및 추가 오류 검사를 사용할 수 있는 응용 프로그램을 빌드할지, 아니면 사용자에게 제공할 릴리스 버전을 빌드할지 지정할 수 있다.

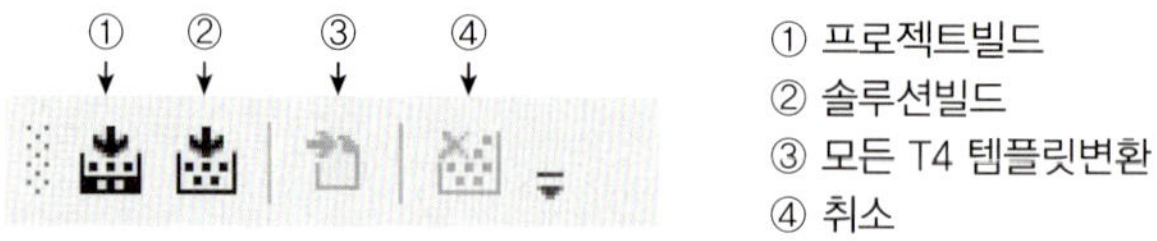

그림 2-5 [빌드] 도구모음

[빌드] 도구모음은 **[보기] > [도구모음] > [빌드]** 메뉴를 선택하여 표시한다. 빌드를 수행하면 오류 또는 성공 메시지를 포함하는 빌드 결과가 [출력] 창에 표시된다. [오류 목록] 창에서 빌드 오류에 대한 자세한 정보가 표시된다.

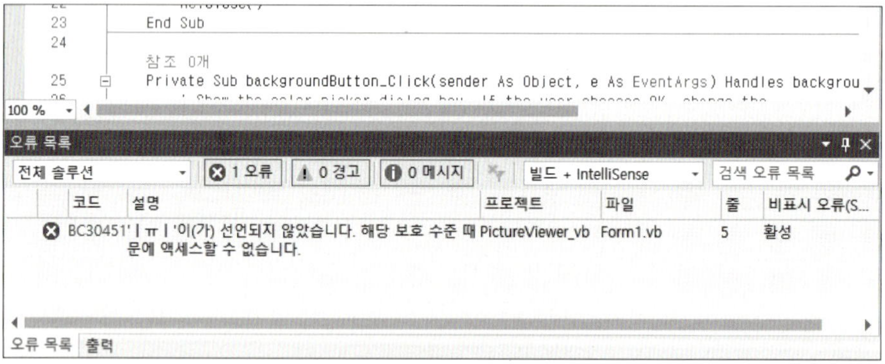

그림 2-6 [출력] 및 [오류 목록] 창

5) 코드 디버그하기

Visual Studio의 디버거를 사용하면 실행 중인 코드를 디버그할 수 있다. 한 번에 하나씩 코드를 단계별로 실행하고 진행에 따라 변수를 검사하고, 다중 스레드 응용 프로그램을 단계별로 실행하고, 지정된 조건이 True일 때만 적중되는 중단점을 설정할 수 있다.

[디버그] 도구모음은 **[보기] > [도구모음] > [디버그]** 메뉴를 선택하여 표시한다. **[디버그]**

메뉴를 사용해도 된다.

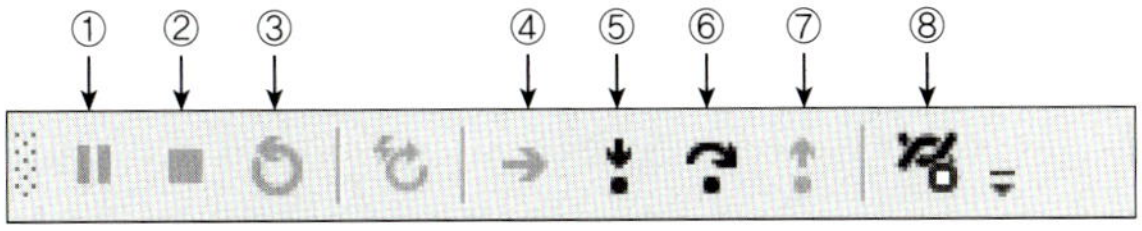

① 모두 중단
② 디버깅 중지
③ 다시시작
④ 다음 문 표시
⑤ 한 단계씩 코드실행
⑥ 프로시저 단위실행
⑦ 프로시저 나가기
⑧ 소스의 스레드 표시

그림 2-7 [디버그] 도구 모음

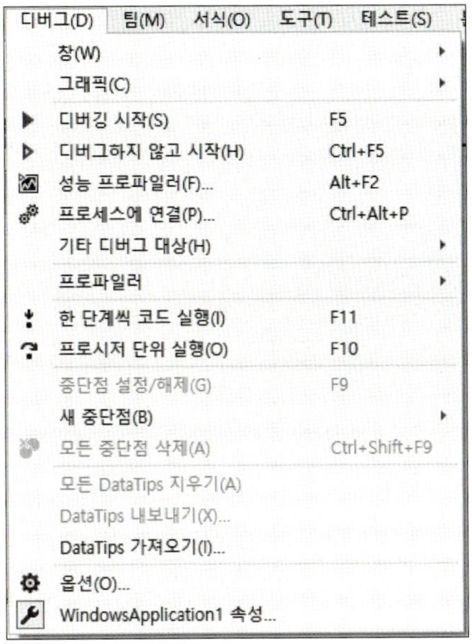

그림 2-8 [디버그] 메뉴

6) IDE의 색 테마 변경하기

IDE의 색 테마는 사용자의 기호에 맞게 변경할 수 있다. **[도구] > [옵션]** 메뉴를 선택하고 [옵션] 대화상자를 표시한다. 대화상자에서 '환경' > '일반'을 차례로 선택하고 '색 테마'에서 원하는 테마를 선택한다.

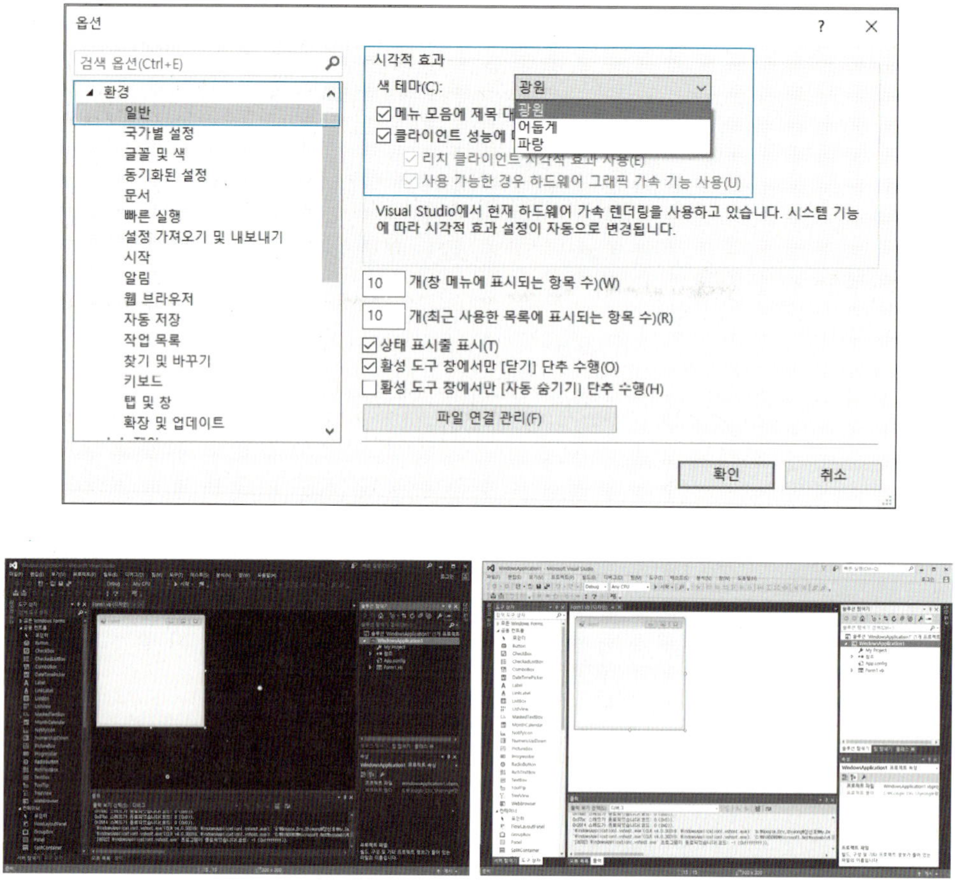

'색 테마 – 어둡게'로 설정한 경우 　 '색 테마 – 파랑'으로 설정한 경우

그림 2-9 비주얼 스튜디오 색 테마 설정

요약

▶ 비주얼 베이직 프로그램의 구조

프로젝트를 생성하면 한 개의 폼과 한 개의 프로젝트가 생성되고 선택적으로 모듈과 클래스를 추가적으로 등록하여 코딩할 수 있다.

▶ 통합개발환경(IDE)

응용 프로그램을 쉽게 개발할 수 있도록 에디터, 컴파일러, 실행 등을 통합하여 제공한다.

- 솔루션과 프로젝트: Visual Studio를 사용하여 프로젝트를 만드는 경우 기본적으로 하나의 솔루션에 하나의 프로젝트가 생성되지만, 필요에 따라 프로젝트를 솔루션에 추가할 수 있다.
- 디자이너: 코드를 작성하지 않고도 사용자 인터페이스를 만들 수 있게 해주는 시각적인 도구로 UI 컨트롤을 추가할 수 있다.
- 코드: 폼 위의 개체들에 대한 기능을 설정하기 위해 코딩하는 창으로, 변수 선언, 이벤트 핸들러 작성 등의 작업을 수행한다.
- 도구 상자: 도구 상자의 각각의 컨트롤은 특별한 기능을 가지고 있으며, 컨트롤을 마우스로 선택하여 폼 위에 추가함으로써 응용 프로그램을 쉽게 만들 수 있다.
- 컴파일: 소스코드를 번역하여 목적파일 상태로 바꾸는 과정으로 실행파일(*.exe)이 생성되지 않는다.
- 빌드: 실행가능한 소프트웨어를 만드는 과정으로 보통 실행파일(*.exe)이 생성된다.

CHAPTER 03

윈도우즈 폼(Windows Form)을 이용한 응용 프로그램 만들기

contents

03 윈도우즈 폼(Windows Form)을 이용한 응용 프로그램 만들기

이 장에서는 윈도우즈 폼 기반의 응용 프로그램을 만드는 데 필요한 윈도우즈 폼의 속성과 메서드, 컨트롤에 대해 알아보도록 한다.

윈도우즈 폼은 닷넷(.Net) 프레임워크 구성요소로서, 폼 기반의 응용 프로그램을 작성하기 위한 닷넷 프레임워크 기반 플랫폼이며, 윈도우즈 폼 컨트롤과 함께 윈도우 기반 응용 프로그램을 개발하기 위한 강력한 도구이다.

Section 01 비주얼 베이직(Visual Basic)과 윈도우즈 폼(Windows Form)

비주얼 스튜디오(Visual Studio) 2015의 윈도우즈 폼을 사용하여 윈도우 기반 환경에서 실행되는 간단한 응용 프로그램을 작성해보도록 한다.
폼(Form) 기반 응용 프로그램을 만드는 과정은 일반적으로 다음과 같다.

1단계: 새 프로젝트를 만든다. 응용 프로그램의 종류와 이름, 위치 등을 설정한다.
2단계: 도구상자의 컨트롤을 사용하여 폼에 개체를 추가하고 사용자 인터페이스를 작성한다.
3단계: 폼에 추가된 각 컨트롤의 속성을 설정한다. 각 컨트롤의 이름은 꼭 정의하도록 하자.
4단계: 폼에 추가된 컨트롤이 사용자의 동작(ex: 버튼 클릭)에 대하여 특정 작업이 수행되도록 프로그램 코드를 작성한다.
5단계: 폼을 실행하여 결과를 확인한다.

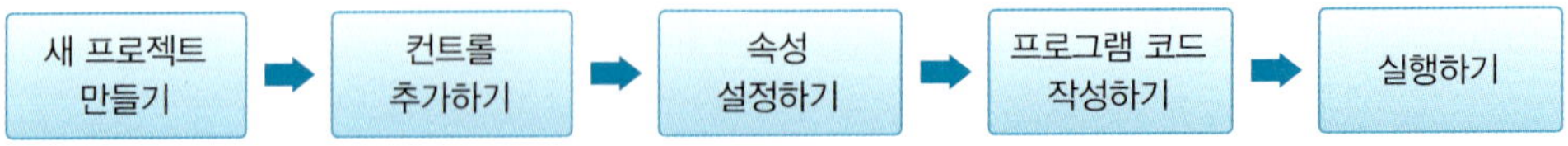

그림 3-1 프로그래밍 단계

폼 위에 추가된 대부분의 개체들은 프로그램이 실행될 때 어떻게 동작할지 정해져 있다. 따라서 폼 위에 개체를 그린 후 개체의 속성을 설정하면 추가적인 프로그램 없이도 실행할 수 있다. 그러나 폼 위에 그려진 개체들이 사용자가 원하는 동작을 실행하도록 하려면 프로그램 코드를 추가하여야 한다. 비주얼 베이직 2015에서 프로그램 코드는 코드편집기를 사용하여 작성한다.

실습 3-1 폼(Form) 기반 응용 프로그램 만들기

[1단계] 새 프로젝트 만들기

① 비주얼 스튜디오 2015를 시작한다.

② 비주얼 스튜디오 [시작 페이지]에서 **[시작] > [새 프로젝트]** 항목을 클릭한다.

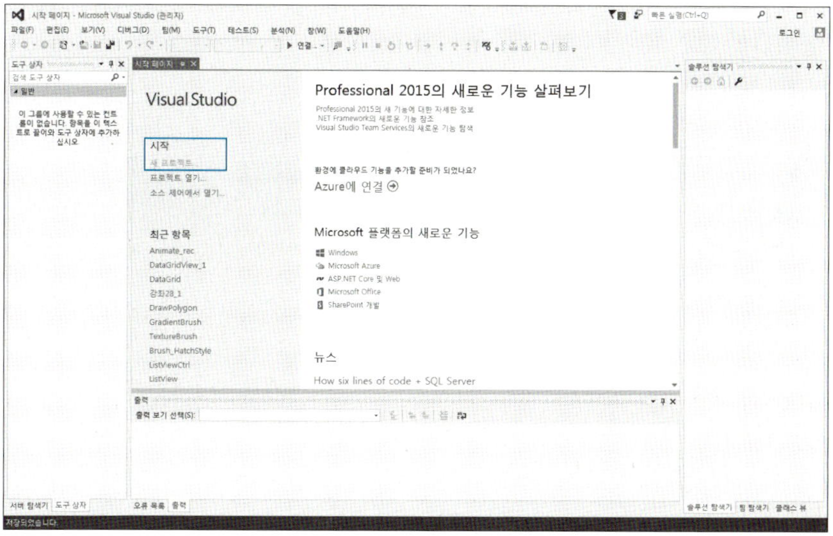

Tip [파일] > [새로 만들기] > [프로젝트]를 클릭하여 새로운 프로젝트를 만들 수도 있다.

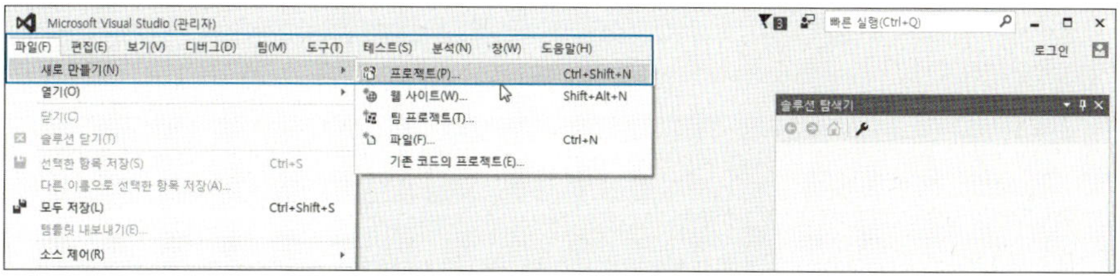

③ [새 프로젝트] 대화상자의 [템플릿] 영역에서 [Visual Basic] [창] 카테고리를 클릭한 다음 [Windows Forms 응용 프로그램] 항목을 클릭한다.

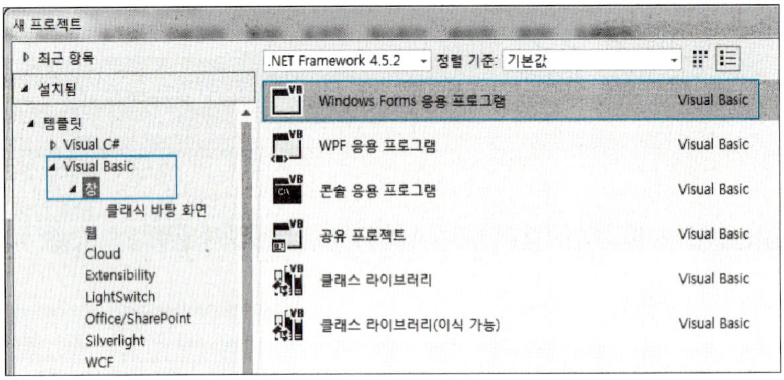

④ [이름]에 'MyFirstWF'이라고 입력하고, [위치]에 저장할 폴더를 지정한 다음 [확인] 버튼을 클릭한다.

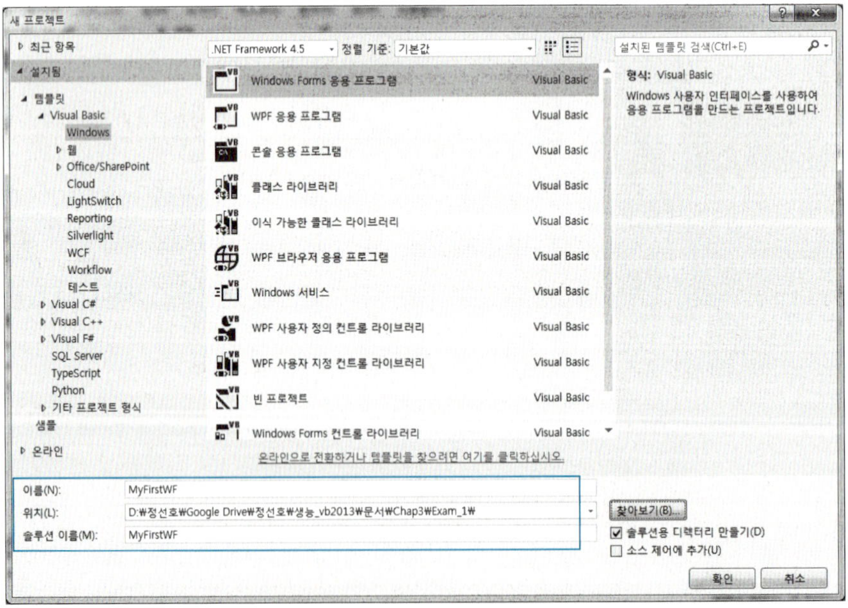

Tip 파일 이름 뒤에 'WF'를 붙인 이유는 'Windows Forms'임을 표시하기 위함이다. 반드시 붙여야 하는 것은 아니다.

[2단계] 컨트롤을 추가하여 사용자 인터페이스 작성하기

⑤ 폼의 오른쪽 하단 모서리를 마우스로 드래그하여, 개체들을 그려 넣을 수 있을 만큼 폼의 크기를 조정한다.

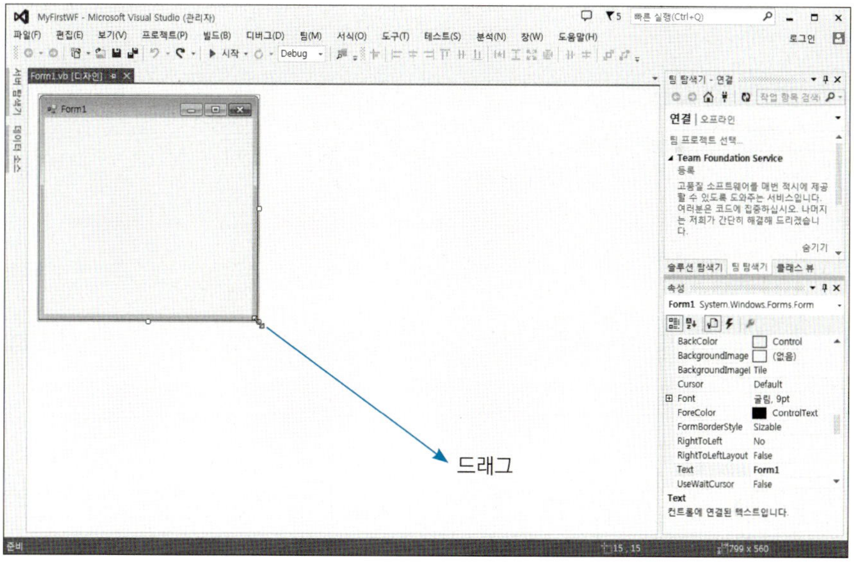

⑥ [도구 상자]에서 '공용 컨트롤'–'Button' 컨트롤을 클릭한다. [도구 상자]가 보이지 않는다면 **[보기]** > **[도구 상자]** 메뉴를 클릭한다.

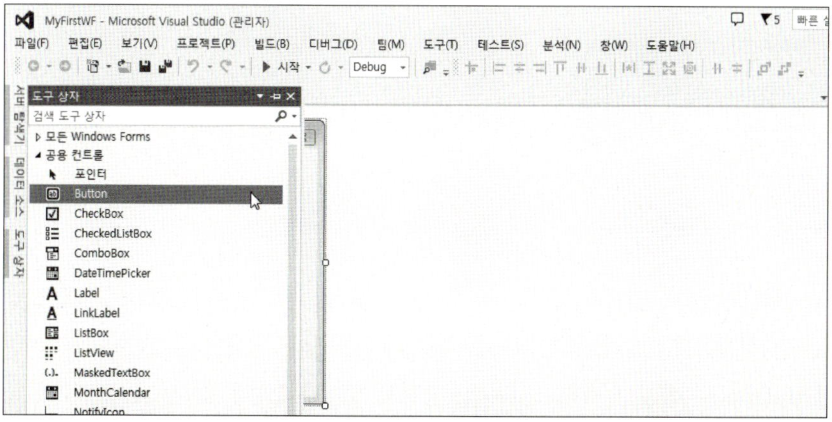

⑦ 마우스포인터를 폼 위에 두고(마우스포인터는 십자 모양(+)으로 표시) 왼쪽 마우스버튼을 누른 채로 드래그하여 버튼을 그린다.

> **Tip** 도구상자의 컨트롤을 더블클릭하여 폼 위에 개체를 추가할 수도 있다.

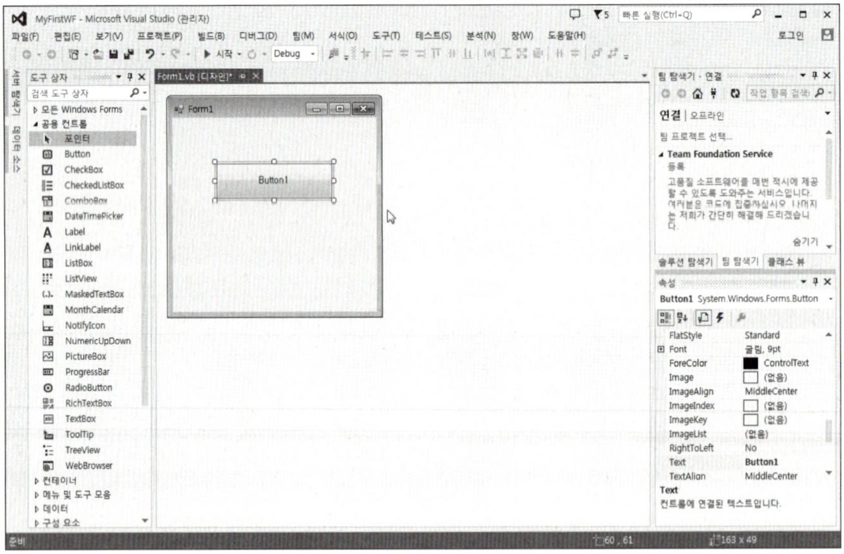

> **Tip** 크기 조정핸들을 사용하여 개체의 크기를 조정할 수 있다.
>
> 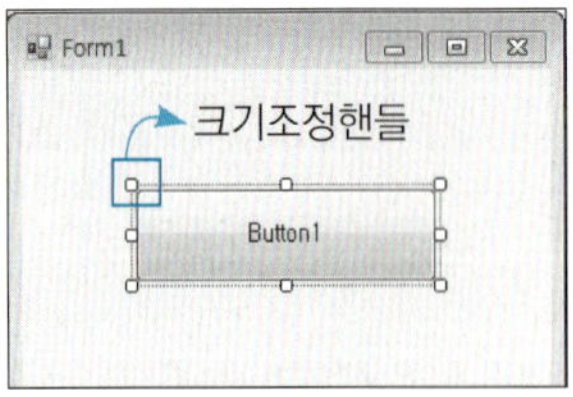
>

[3단계] 속성 설정하기

⑧ 버튼(Button1) 개체를 선택하고, [속성] 창에서 'Text' 속성을 찾는다.

⑨ [속성] 창의 왼쪽 열에 있는 'Text' 속성을 더블 클릭하면 현재 설정되어 있는 속성값("Button1")이 선택된다.

> **Tip** [속성] 창이 보이지 않을 경우[보기] > [속성] 창을 클릭하거나 〈F4〉 키를 누른다.

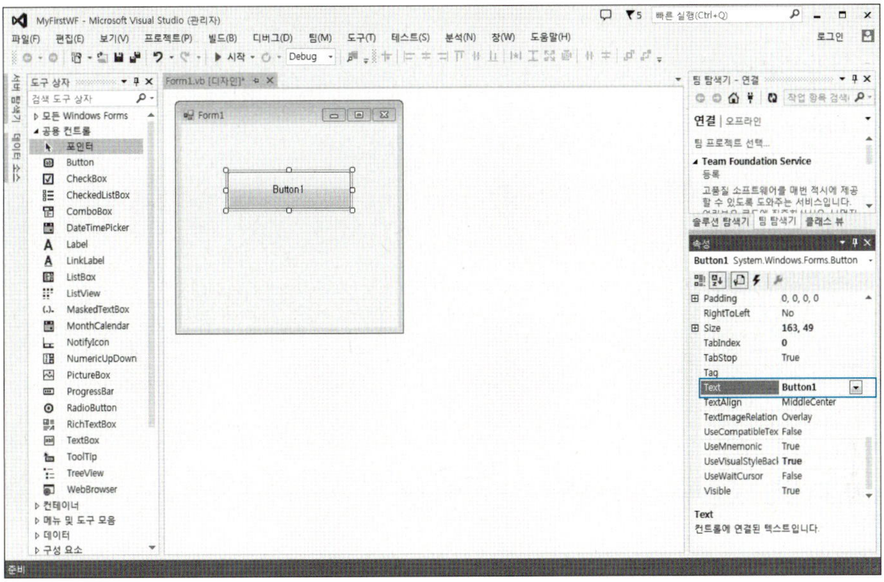

⑩ 'Text' 속성값에 'FirstButton'을 입력하고 <Enter> 키를 누르면, 폼 위의 버튼에 'FirstButton'이 표시된다.

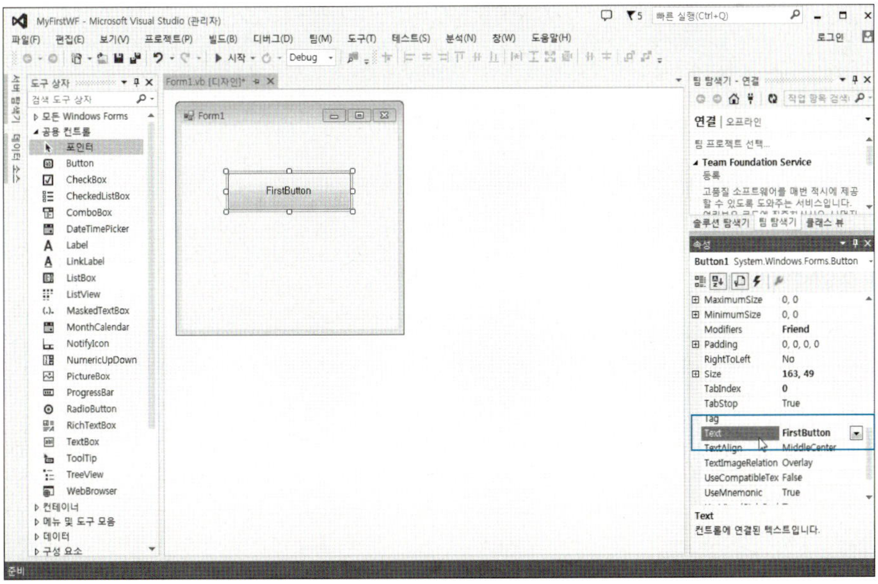

Tip 하나 이상의 개체를 동시에 선택하면[속성] 창에는 그룹으로 변경할 수 있는 속성들만 표시된다.

[4단계] 코드 작성하기

⑪ 폼 위의 버튼(Button1) 개체를 더블클릭하여 [코드 편집기]를 표시한다.

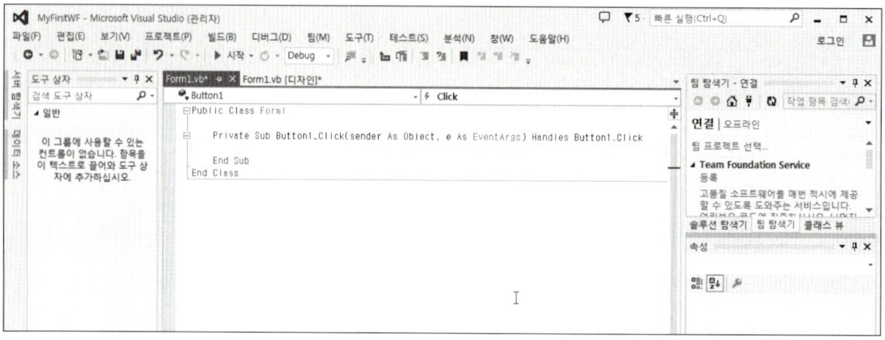

Tip

- 코드편집기에는 현재 폼과 관련 있는 프로시저가 표시된다. 어떤 동작을 수행하기 위해 사용되는 프로그램 문장을 일반적으로 프로시저(Procedure)라고 부른다. 가장 대표적인 프로시저가 Sub 프로시저이다. Sub 프로시저는 Sub 키워드로 시작하고, End Sub로 끝난다.
- 프로시저는 보통 특정 이벤트(예: 버튼 클릭)가 발생했을 때 실행된다. 프로시저가 특정 개체나 이벤트에 연결되었을 때 이것을 이벤트 처리기, 이벤트 핸들러(Event Handler) 또는 이벤트 프로시저(Event Procedure)라고 부른다.

⑫ 아래 코드처럼 자동적으로 버튼의 이벤트 프로시저에 대한 코드가 추가된다. Private Sub와 End Sub 구문 사이에 **End**라고 입력한다.

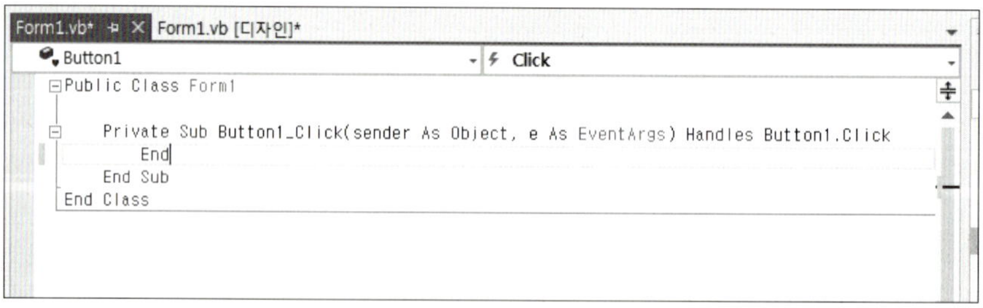

```
Public Class Form1
    Private Sub Button1_Click(sender As Object, e As EventArgs) Handles Button1.Click
        End
    End Sub
End Class
```

Tip

- 프로그램 안에서 유효한 문장 또는 키워드(Keyword)는 파란색으로 표시된다.
- End 문: 프로그램을 중지하고 창을 종료하기 위해 사용한다.

[5단계] 실행하기

⑬ **[디버그] > [시작]** 메뉴를 클릭하거나, 표준 도구 바에 있는 [▶ 시작 ▾] 또는 〈F5〉 키를 누른다.

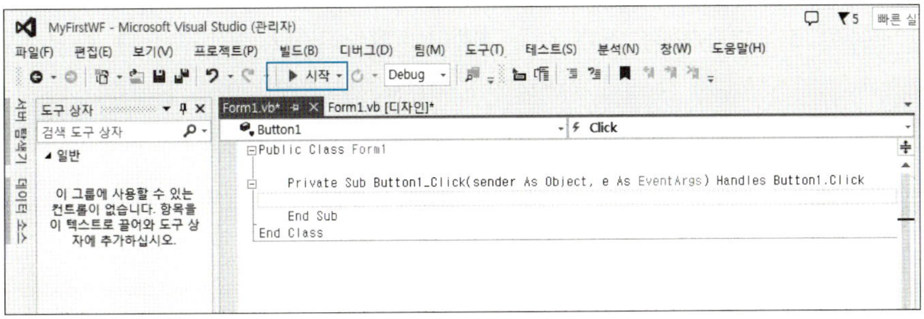

⑭ [FirstButton]을 클릭하면 프로그램이 종료된다.

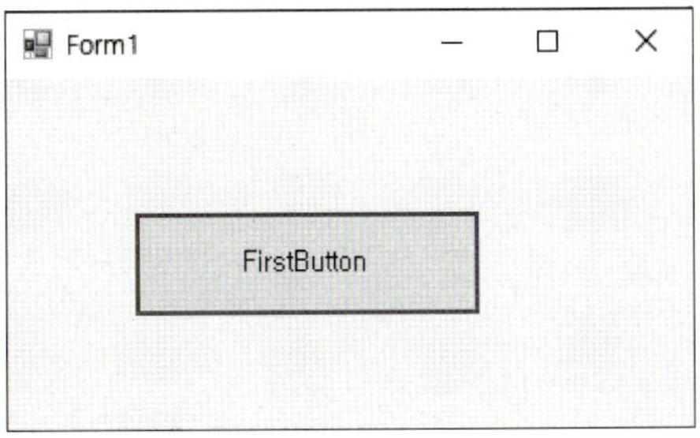

Section 02 속성 설정하기

속성(Property)은 비주얼 베이직의 컨트롤이 가진 고유한 특징(크기, 위치, 색, 글꼴 등)을 의미한다. [속성] 창을 사용하여 컨트롤이 사용할 수 있는 속성 목록을 표시하고 값을 설정할 수 있다. 대부분의 속성은 디자인 모드와 실행 모두에서 설정이 가능하다.

1) [속성] 창을 이용하여 속성 설정하기

디자인 모드에서 속성 값을 변경하기 위해서 [속성] 창을 사용한다.

[속성] 창은 [보기] 메뉴 또는 〈F4〉 키를 사용하여 표시하거나 숨길 수 있다. 속성 값은 이름 오른쪽에 지정된 값들 중에서 선택하거나 사용자가 직접 입력하여 설정한다.

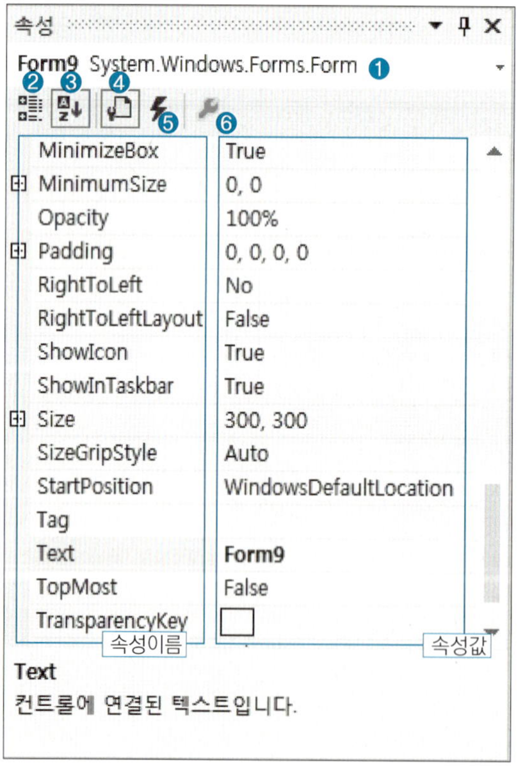

❶ 개체 이름: 현재 선택된 개체의 이름과 개체를 정의하는 클래스를 표시한다.

❷ 항목별: 선택한 개체의 모든 속성 및 속성 값을 항목별로 표시한다. 항목을 확장하거나 축소하면 항목 이름 왼쪽에 더하기(+) 또는 빼기(-) 부호가 표시되며, 항목은 사전순으로 표시된다.

❸ 사전순: 선택한 개체의 모든 디자인 타임 속성 및 이벤트를 사전순으로 정렬하여 표시한다.

❹ 속성: 선택한 개체에서 사용할 수 있는 속성 목록을 표시한다. 이벤트 목록 표시에서 속성 목록을 표시하도록 하기 위해 사용한다.

❺ 이벤트: 선택한 개체에서 사용할 수 있는 이벤트 목록을 표시한다. 이벤트 종류 오른쪽에 이벤트 처리기의 이름을 입력하여 정의할 수 있다.

❻ 속성 페이지: 속성 페이지 대화 상자를 표시한다. 속성 창에서 사용할 수 있는 속성 및 해당 속성의 상위 집합과 하위 집합이 표시된다.

그림 3-2 [속성] 창

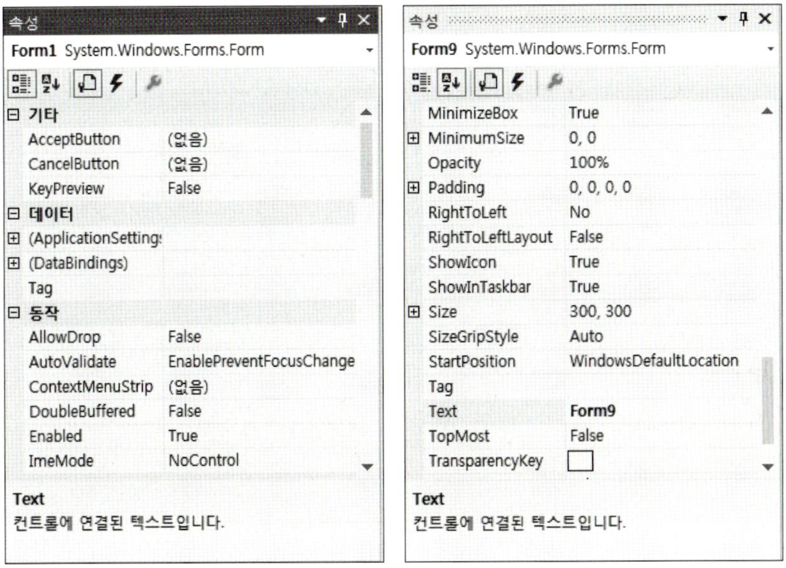

그림 3-3 속성의 항목순 표시과 사전순 표시

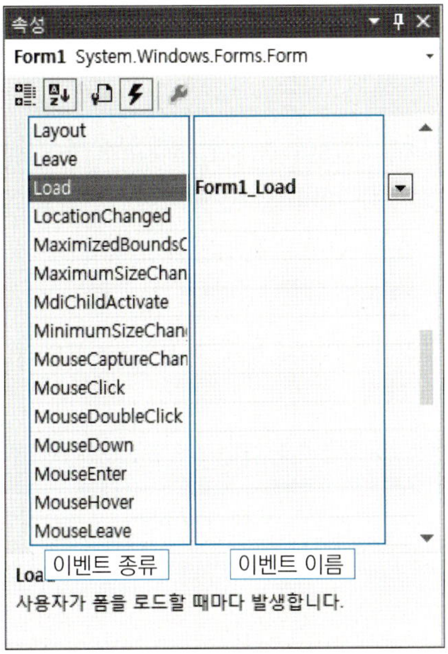

그림 3-4 이벤트 종류 및 이름 표시

Tip 하나 이상의 개체를 선택한 경우 공통적으로 사용 가능한 속성 목록만 표시한다

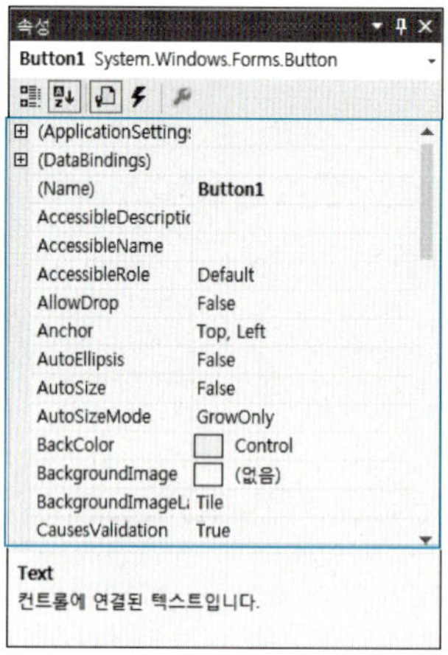

버튼 컨트롤만 선택한 경우

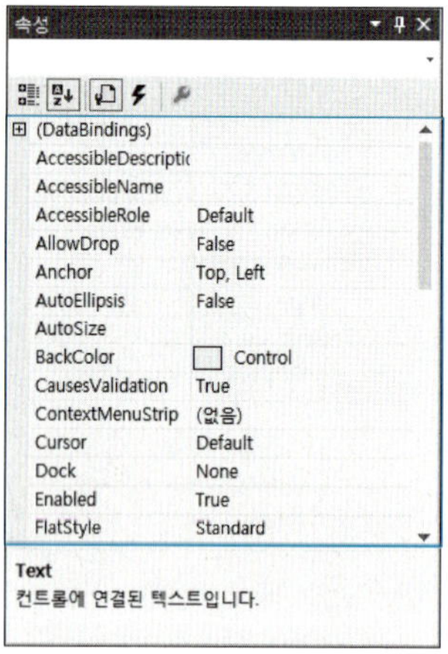

버튼과 레이블 컨트롤을 함께 선택한 경우

2) [코드 편집] 창에서 속성 설정하기

대부분의 경우 디자인 모드에서 개체의 속성을 설정하지만, 직접 코드를 사용하여 속성을 설정할 수도 있다. 개체의 속성을 미리 알 수 없거나, 실행 모드에서 사용자의 동작에 따라 속성을 지정하려는 경우, 또는 설정된 속성들을 일목요연하게 나열하는 등의 목적을 위해 코드를 사용하여 속성을 설정한다.

코드를 사용하여 속성을 설정하는 경우 개체 이름, 마침표(.) 및 속성, =, 속성값 순으로 지정한다.

형식	개체이름.속성 = 속성값	
예	Label1.Text = "Test"	Label1 개체의 Text 속성 값을 "Test"로 설정
	Button1.ForeColor = Color.DarkBlue	버튼(Button1) 개체의 전경색(forecolor)을 DarkBlue로 설정

실습 3-2 코드편집기를 사용하여 속성 설정하기

[1단계] 폼 만들기

① 폼에 버튼 컨트롤을 추가한다.

[2단계] 코드 입력하기

② 버튼을 클릭하면 버튼에 표시된 텍스트가 변경되도록 하자. 먼저 버튼을 더블 클릭하여 코드 편집기를 표시하고, 다음과 같이 코드를 입력한다.

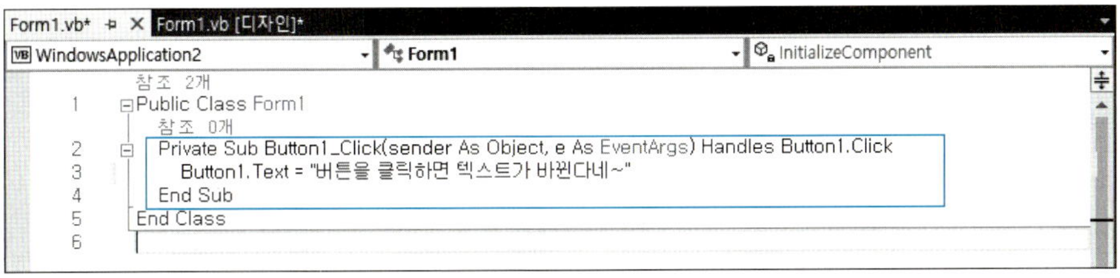

[3단계] 실행하기

③ **[디버그]** > [시작] 메뉴를 클릭하거나, 표준 도구 바에 있는 [▶ 시작 -] 또는 〈F5〉 키를 눌러 폼을 실행한다.

④ 버튼을 클릭하면 텍스트가 바뀌어 표시된다.

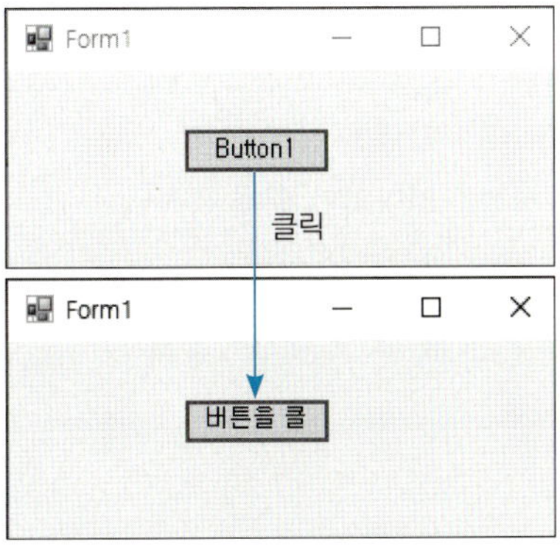

Section 03 코드 작성하기(이벤트와 이벤트 처리기)

이벤트(Event)는 마우스를 클릭하거나 키보드 자판을 누르는 것과 같이 개체에서 인식할 수 있는 작업을 의미한다. 이벤트는 사용자의 동작이나 프로그램의 결과 또는 시스템에 의해 발생될 수 있다. 이벤트에 대한 신호를 보내는 동작을 가리켜 '이벤트를 발생시킨다'고 하고, 이 신호에 응답하는 코드를 가리켜 '이벤트를 처리한다'고 한다.

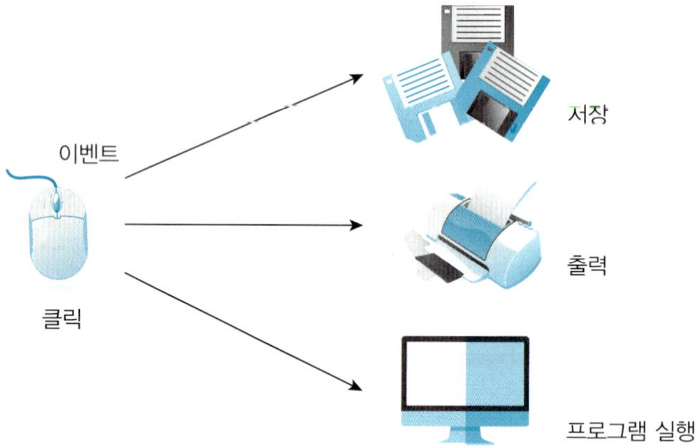

그림 3-5 이벤트 처리기

이벤트 처리기(Event Handler)는 이벤트에 바인딩 되는 메서드로, 이벤트가 발생하면 이벤트 처리기에 입력된 코드가 실행된다. 이벤트 처리기는 다음과 같이 이벤트를 처리할 수 있도록 두 개의 매개 변수를 제공한다. 다음은 Button 컨트롤의 Click 이벤트에 대한 이벤트 처리기이다.

```
Private Sub Button_Test(sender As Object, e As EventArgs) Handles Button1.Click
End Sub
```

- sender: 이벤트를 발생시키는 개체에 대한 참조 제공
- e: 처리 중인 이벤트에 특정 개체를 전달하기 위해 사용

개체에 대한 이벤트 처리기는 다음과 같이 2가지 방법으로 만들 수 있다.

▶ 방법 1: 기본 동작에 대한 이벤트 처리기 만들기

① 디자이너에서 이벤트 처리기를 만들 개체를 더블클릭한다.
② 코드 편집기가 표시되고, 새로 만들어진 기본 이벤트 처리기 안에 마우스 포인터가 표시된다.
③ 이벤트 처리기에 코드를 추가한다.

▶ 방법 2: [속성] 창을 사용하여 이벤트 처리기 만들기

① 이벤트 처리기를 만들 폼이나 컨트롤을 클릭한다.
② 속성 창에서 이벤트 단추(⚡)를 클릭한다.
③ 사용 가능한 이벤트 목록에서 이벤트 처리기를 만들 이벤트를 클릭한다.
④ 이벤트 이름의 오른쪽에 이벤트 처리기 이름을 입력한 다음 〈Enter〉 키를 누른다.
⑤ 폼의 코드를 표시하는 코드 편집기가 표시되고 이벤트 처리기 메서드가 생성된다. 이벤트 처리기에 적절한 코드를 추가한다.

> **Tip 이벤트 처리기 이름은 어떻게?**
> 이벤트의 기능에 따라 이벤트 처리기의 이름을 지정하는 것이 좋다. 예를 들어, 입력을 위한 Button의 Click 이벤트의 경우 이벤트 처리기 이름으로 Button_Input과 같이 입력한다.

Section 04 실행하기

작성된 프로그램을 실행하려면 먼저 컴파일을 해야한다. 컴파일이란 화면에 보이는 프로그램의 시각적인 요소와 텍스트 등을 컴퓨터가 이해할 수 있는 명령으로 바꾸는 것을 의미한다.
현재 프로젝트를 컴파일 및 실행하는 방법은 다음과 같다.

▶ 방법 1: 〈F5〉 키를 누르거나, [디버그] > [디버깅 시작] 메뉴 선택

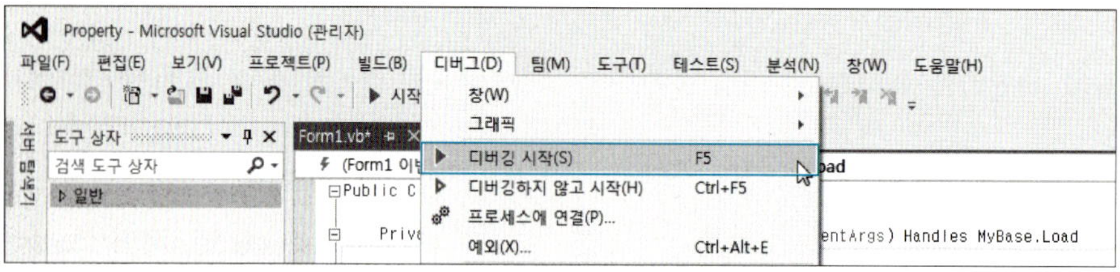

▶ 방법 2: 도구모음 바의 [▶ 시작 ▾] 단추 클릭

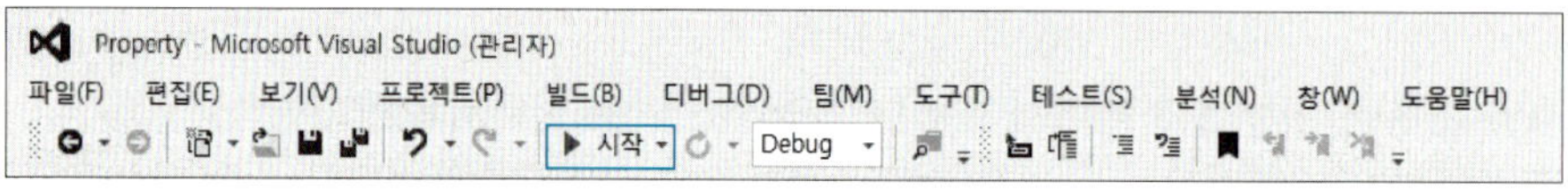

▶ 방법 3: [빌드] > [솔루션 빌드] 메뉴 선택

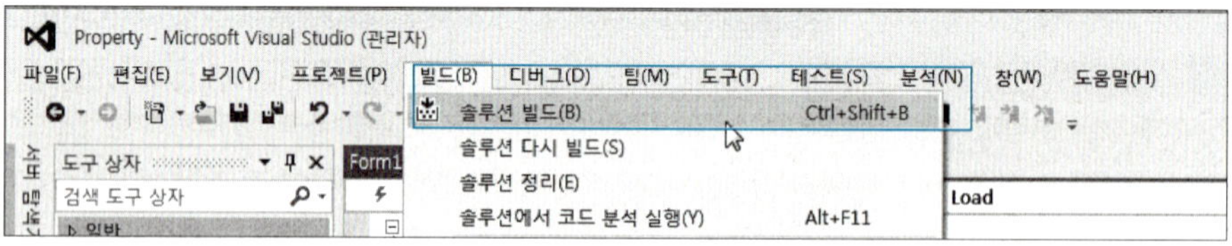

빌드(Build)와 컴파일(Compile)이란?

비주얼 베이직(Visual Basic) 프로젝트는 하나 이상의 개별 소스 파일로 구성된다. 컴파일 과정을 거치면서 이러한 소스 파일들은 단일 패키지, 즉 응용 프로그램으로 실행될 수 있는 하나의 실행 파일로 결합된다.

프로그램을 완성하기 위해서는 작성된 작은 프로그램과 루틴들을 서로 연결해야 하는데 이 과정을 빌드(Build)라고 한다. 빌드 과정은 프로그램을 컴파일하고, 다른 구성 요소들과 객체들을 연결하여 완전한 기능을 하는 프로그램으로 만든다. 따라서 컴파일은 VB.NET 프로그램을 만드는 데 필요한 빌드 과정의 일부라 할 수 있다.

Section 05 실행 파일 만들기

프로그램 개발이 오류 없이 완성되면 작성된 프로그램이 언제 어디에서든지 실행가능하도록 실행 파일로 만들 필요가 있다. 실행 파일을 만들어 사용하면 비주얼 베이직 .NET 환경이 아니어도 실행 파일을 사용하여 간단히 실행시킬 수 있다.

실습 3-3 실행 파일 만들기

[1단계] 구성관리자 실행하기

① **[빌드] > [구성관리자]** 메뉴를 선택한다.

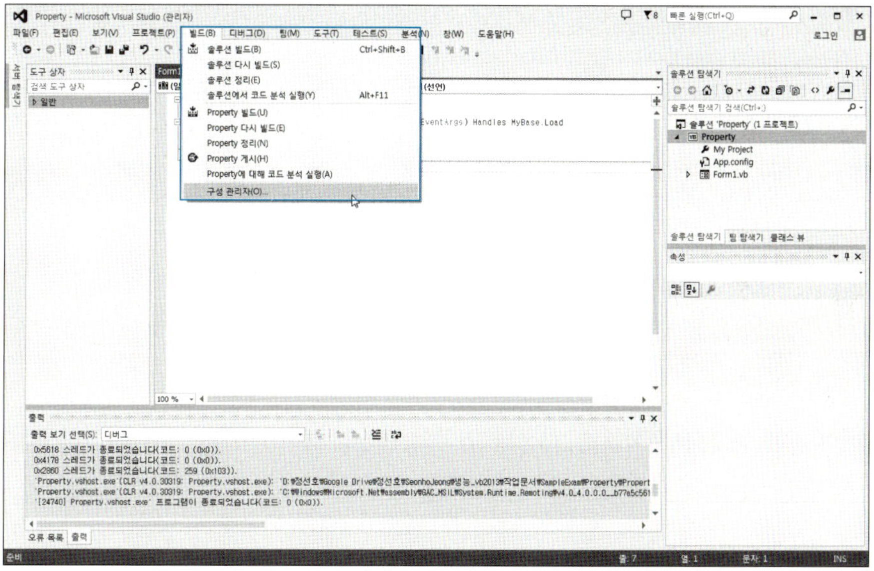

[2단계] 솔루션 구성 설정하기

② [구성 관리자] 대화상자에서 '활성 솔루션 구성'–'Release'를 선택하고 [닫기] 단추를 클릭한다.

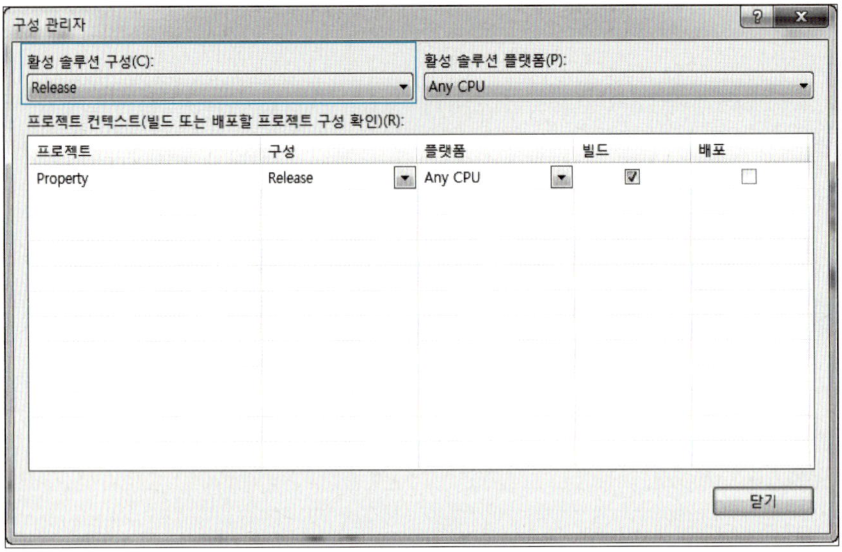

> **Tip** 도구모음 바의 솔루션 구성 목록에서 [▶ 시작 ▾ Release ▾]를 선택해도 된다.

③ **[빌드] > [솔루션 빌드]** 메뉴를 클릭한다. 화면 하단에 [출력] 상자가 표시되고, 실행파일이 생성되었음을 나타내는 메시지가 표시된다. 실행 파일은 프로젝트가 저장된 위치의 Bin > Release 폴더에 생성된다.

④ 실행파일은 해당 프로젝트가 저장된 위치의 Bin > Release라는 폴더에 저장된다. 이 실행 파일(*.exe)을 더블 클릭하여 실행하면 된다.

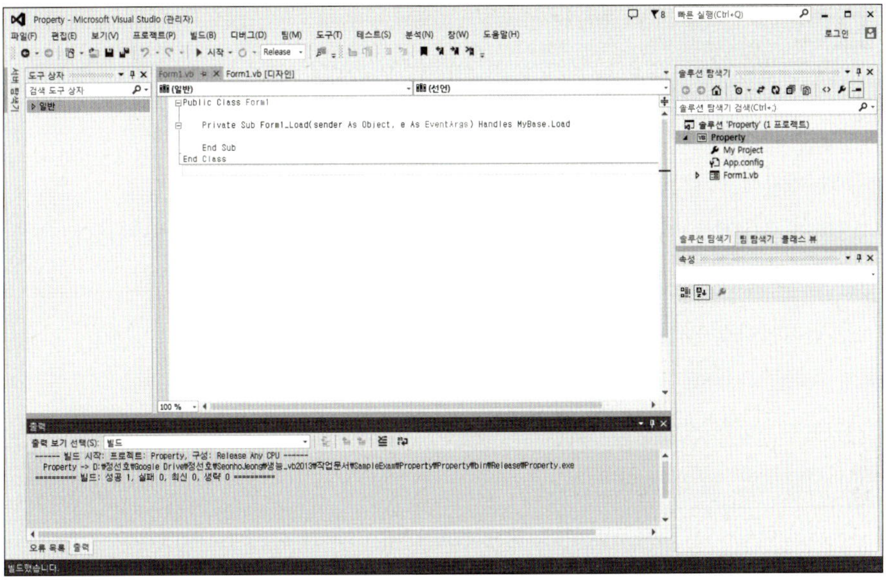

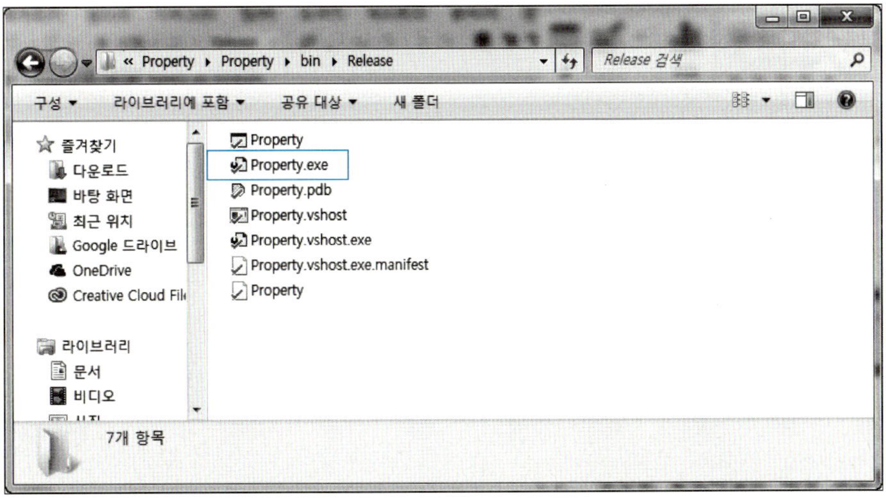
« Property ▸ Property ▸ bin ▸ Release
Release 검색
구성 ▾
라이브러리에 포함 ▾
공유 대상 ▾
새 폴더
즐겨찾기
다운로드
바탕 화면
최근 위치
Google 드라이브
OneDrive
라이브러리
문서
비디오
Property
Property.exe
Property.pdb
Property.vshost
Property.vshost.exe
Property.vshost.exe.manifest
Property
7개 항목

요약

▶ 비주얼 베이직 프로그래밍 순서

- 비주얼 베이직을 사용하여 응용 프로그램을 개발하는 과정은 다음과 같다.
  1) 프로젝트 만들기: 응용 프로그램의 종류와 이름, 위치 등을 설정
  2) 인터페이스 만들기: 폼 위에 컨트롤을 추가
  3) 속성 설정: 각 컨트롤의 속성을 설정
  4) 코드 쓰기: 컨트롤을 포함한 개체들이 지정된 동작을 수행하도록 정의
  5) 실행하기: 결과 확인
- 속성(Property)은 비주얼 베이직의 컨트롤이 가지는 고유한 특징으로, [속성 창]을 사용하여 컨트롤이 사용할 수 있는 속성 목록을 표시하고 값을 설정할 수 있다.
- 개체의 속성을 미리 알 수 없거나, 실행 모드에서 사용자의 동작에 따라 속성을 지정하려는 경우, 또는 설정된 속성들을 일목요연하게 나열하는 등의 목적을 위해 코드를 사용하여 속성을 설정한다.
- 이벤트(Event)는 마우스를 클릭하거나 키보드 문자를 누르는 것과 같이 개체에서 인식할 수 있는 작업을 의미한다.
- 이벤트 처리기(Event Handler)는 이벤트에 바인딩되는 메서드로, 이벤트가 발생하면 이벤트 처리기에 입력된 코드가 실행된다.
- 메서드(Method)는 개체에 포함된 고유한 동작으로, 서브루틴/함수와 달리 하나의 개체를 대상으로 어떤 기능을 수행하는 비주얼 베이직에서 미리 만들어 놓은 동작들을 정의한 것으로, 각 컨트롤에 대해 정의된 여러 가지 함수들을 메서드(method)라 한다.

| 연습문제 |

1. 비주얼 베이직 2015를 사용하여 응용 프로그램을 개발하기 위한 과정을 단계별로 기술하라.

2. 다음 용어를 설명하라.
   - 이벤트(Event):
   - 이벤트 처리기(Event Handler):

3. 도구 상자의 컨트롤을 폼에 추가하는 두 가지 방법에 대해 설명하라. 실제로 폼에 커맨드 버튼 컨트롤을 추가하여 두 방법을 비교해보자.

4. 작성한 프로그램의 실행 파일을 만드는 방법을 설명하라.

PART 02

사용자 인터페이스 작성을 위한 기본 컨트롤

CHAPTER 04

윈도우즈 폼(Windows Form) 컨트롤 - 1

contents

04 윈도우즈 폼(Windows Form) 컨트롤-1

응용 프로그램 작성을 위해서는 사용자 인터페이스 작성과 각 컨트롤에 대한 기능을 설정할 필요가 있다. 이 장에서는 사용자 인터페이스를 만들기 위한 기본 구성요소인 폼(Form)과 각 컨트롤의 특징에 대해 살펴보도록 한다.

Section 01 폼(Form) 컨트롤

윈도우즈 폼은 .Net 기반 윈도우 응용 프로그램의 사용자 인터페이스를 구성하는 중요한 구성요소로 System.Windows.Forms.Form 클래스에서 파생되는 파생 클래스의 객체이다. [코드] 편집기의 맨 위에 Form 클래스로부터 상속받은 Form1이 선언되고, Form1은 Form 클래스의 모든 기능을 상속받아 사용하게 된다. 자주 보는 코드이므로 기억해 두도록 하자.

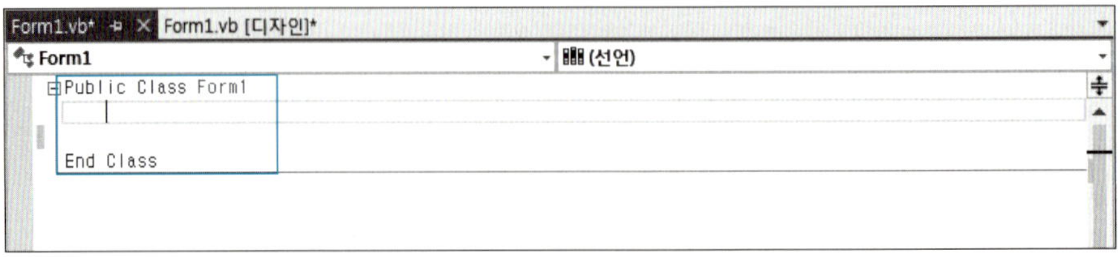

그림 4-1 폼(Form1) 클래스 선언

윈도우즈 폼은 사용자가 응용 프로그램을 만들기 위해 필요한 컨트롤들을 추가하는 공간으로, 자체의 상태와 모양을 정의하는 속성, 동작을 정의하는 메서드(Method), 사용자와의 상호작용을 위한 이벤트(Event)를 가지고 있다.

1) 윈도우즈 폼(Form) 코드의 구조

윈도우즈 폼이 생성되면 자동적으로 윈도우즈 폼과 관련된 코드를 생성한다. 생성된 코드는 Form.vb 파일로 저장되며, [솔루션 탐색기] 창의 프로젝트에 있는 Form을 마우스 오른쪽 버튼으로 클릭하고 [코드 보기] 메뉴를 선택하여 확인할 수 있다.

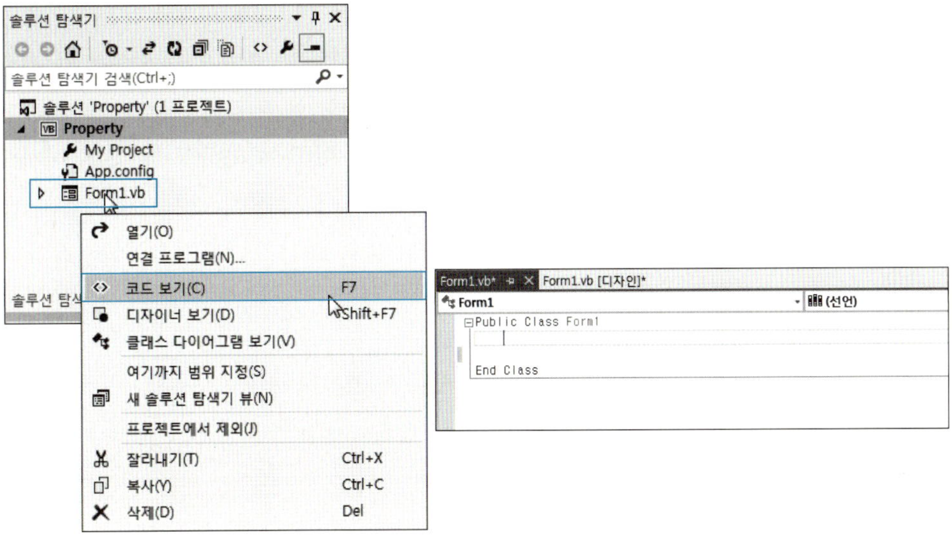

그림 4-2 폼(Form) 코드의 구조

2) 폼(Form) 개체 속성

폼의 속성을 사용하여 응용 프로그램에 표시되는 창의 특성에 대한 상태를 정의할 수 있다. 폼 개체 속성은 다른 컨트롤들에서도 공통적으로 사용되는 속성들이므로 기억해두도록 하자.

■ Name 속성

프로그램이 실행될 때 참조되는 가장 중요한 속성이다. 프로그램이 실행 중인 경우 변경할 수 없으며 디자인 모드에서 [속성] 창을 이용하여 설정한다. 사용자가 이름을 정의하지 않는 경우 자동으로 부여된다. 예를 들어 첫 번째 폼은 Form1, 두 번째 폼은 Form2와 같이 부여된다.

▶ 개체 이름 작성 규칙

① 첫 번째 문자는 반드시 영문자로 시작하고, 32자 미만으로 작성
② 이름 중간에 숫자와 밑줄(_)은 사용가능하지만, 공백과 마침표(.)는 사용할 수 없음
③ 이름의 각 단어는 대문자로 시작(예: StdName, TestMyForm)
④ 이름 앞에 컨트롤의 종류를 나타내는 접두어를 사용(헝가리안 표기법)

▶ 헝가리안 표기법

컨트롤이나 변수의 이름 등을 명명하는 데 사용하는 일반적인 방법이 헝가리안 표기법이다. 헝가리안 표기법에 의한 컨트롤의 명명 규칙은 간단하다. 각 컨트롤을 생성할 때 컨트롤을 나타내는 3자 전후의 접두어를 앞에 붙여주는 것이다. 예를 들어, 텍스트 박스의 경우에는 txtInputName과 같이 사용한다. 반드시 이 표기법을 따라야 하는 것은 아니나 대다수의 프로그래머들이 암묵적으로 지키는 약속이므로 사용하도록 하자.

표 4-1 컨트롤 명명 규칙

컨트롤 종류	접두사	사용 예
폼	frm-	frmTest
텍스트박스	txt-	txtInputName
레이블	lbl-	lblDispName
체크박스	chk-	chkFavorite
라디오버튼	rb-	rbGender
버튼	btn-	btnOk
그룹박스	gb-	gbSelection
리스트박스	lst-	lstSubject
콤보박스	cbo-	cboExtent

■ Text 속성

폼의 제목을 표시하기 위해 사용한다. Text 속성은 모든 컨트롤에 표시되는 텍스트를 설정하기 위해 사용한다. 코드를 사용하여 Text 속성값을 설정할 경우 Text 속성의 값은 반드시 큰 따옴표("")로 묶어서 입력한다.

사용형식

```
컨트롤이름.Text = "문자열"
```

■ Size 속성

폼과 컨트롤의 크기(폭과 높이)를 설정하거나 반환하는 속성으로, Width와 Height 2개의 속성으로 구성된다. 프로그램 코드를 사용하여 폼의 크기를 설정하는 경우 Width와 Height 속성의 크기를 각각 설정해도 되고, Size 속성을 이용하여 설정해도 된다.

Size 속성을 사용하는 경우 다음과 같이 코드를 사용하거나 [속성] 창에서 설정한다.

사용형식

```
컨트롤이름.Width = "값"
컨트롤이름.Height = "값"
컨트롤이름.Size = New size(값, 값)
```

사용예

```
Form1.Width = 200
Form1. Height = 150
Form1.Size = New Size(200, 150)
```

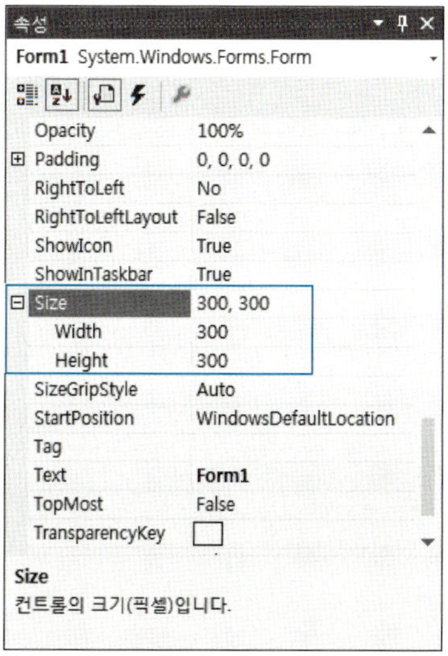

그림 4-3 [속성] 창을 사용하여 Size 속성 설정

■ StartPosition 속성

폼이 실행되었을 때 표시되는 시작 위치를 설정하거나 반환하는 속성으로 기본값은 WindowsDefaultLocation이다.

속성값	설명
CenterParent	해당 부모 폼의 가운데에 맞춤
CenterScreen	현재 디스플레이의 가운데에 맞춤
Manual	폼의 위치를 Location 속성으로 지정
WindowsDefaultBounds	Windows 기본 위치에 표시
WindowsDefaultLocation	**(기본값)** Windows 기본 위치에 표시(폼 크기 내에서 지정)

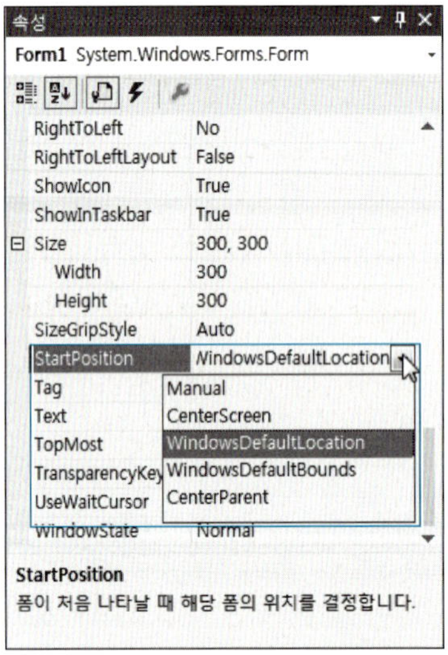

그림 4-4 StartPosition 속성값 설정

■ FormBorderStyle 속성

폼의 바깥쪽 테두리 스타일을 설정한다. 기본 스타일은 Sizable이다.

속성값	설명
Fixed3D	고정된 3차원 테두리 표시
FixedDialog	고정된 대화 상자 스타일의 굵은 테두리 표시, 크기조절 불가
FixedSingle	고정된 단일 선 테두리 표시, 크기조절 불가
FixedToolWindow	크기를 조정할 수 없는 도구 창 테두리 표시, 크기조절 불가

None	테두리 없음
Sizable	**(기본값)** 크기를 조정할 수 있는 테두리 표시
SizableToolWindow	크기를 조정할 수 있는 도구 창 테두리 표시

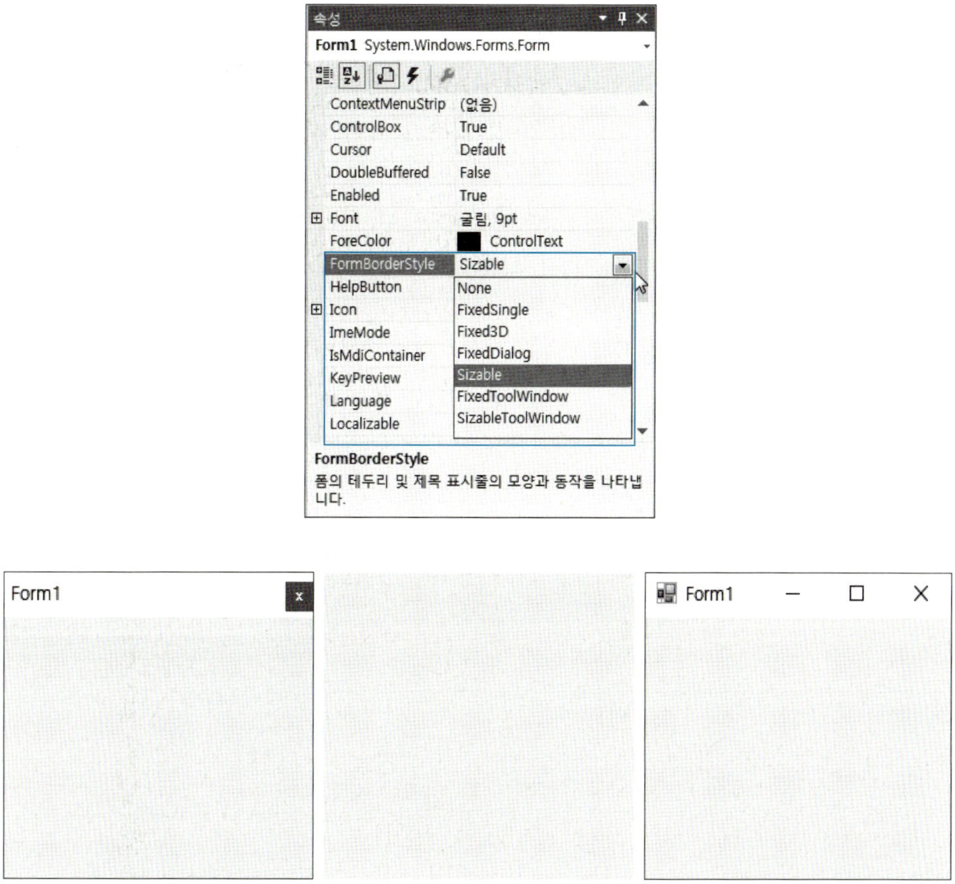

FormBorderStyle None Fixed ToolWindow

그림 4-5 FormBorderStyle 속성값에 따른 폼테두리

■ ControlBox 속성

폼의 제목 표시줄에 컨트롤 상자의 표시 여부를 설정하거나 반환한다. 컨트롤 상자는 제목 표시줄 왼쪽에 있는 아이콘으로, 속성값은 True/False로 설정한다. 기본값은 True이다.

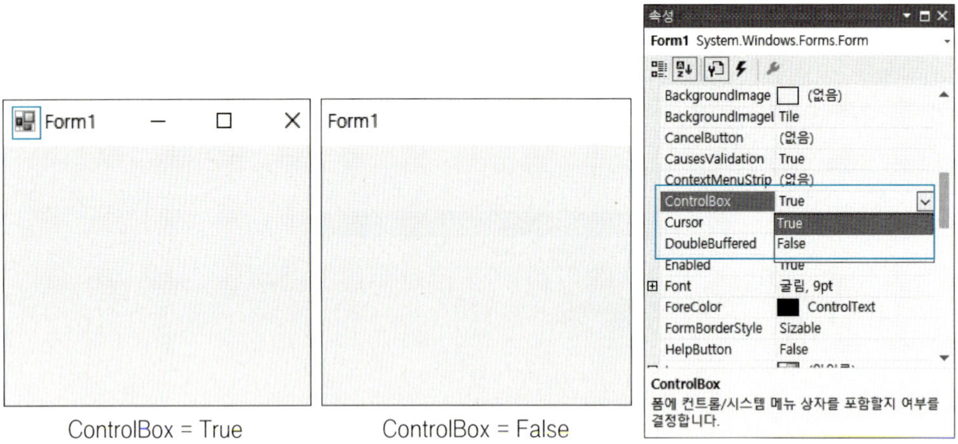

그림 4-6 ControlBox 속성 설정

■ MaximizeBox/MinimizeBox 속성

폼의 제목 표시줄에 최대화 단추 또는 최소화 단추가 표시되도록 할 것인지 설정하거나 반환한다. 최대화/최소화 단추는 Control Box 속성이 True이고, FormBorderStyle 속성이 Fixed Single, Fixed 3D, Fixed Dialog, Sizable로 설정되어 있는 경우에만 사용 가능하다.

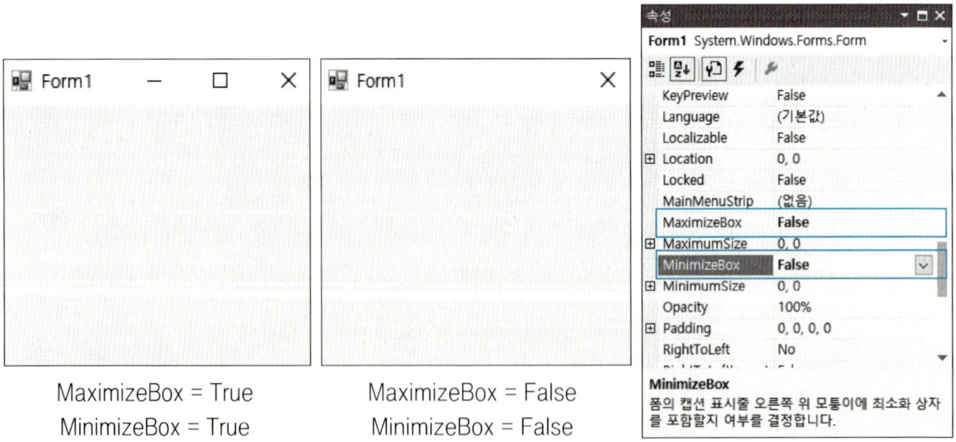

그림 4-7 Maximize Box/Minimize Box 속성 설정

■ WindowState 속성

폼의 초기 상태를 설정하는 속성으로, 폼을 최소화하거나 최대화할 것인지, 또는 보통 크기로 할 것인지를 나타내는 값을 설정하거나 반환한다. 기본값은 Normal이다.

속성값	설명
Maximized	최대화된 창 크기로 표시
Minimized	최소화되어 작업표시줄에만 표시
Normal	**(기본값)** 기본 크기의 창으로 표시

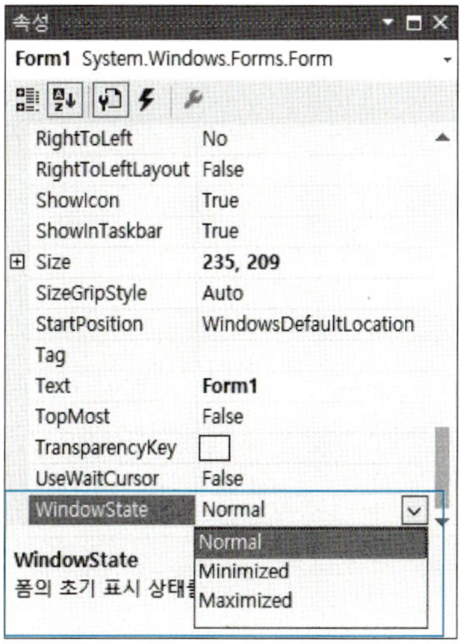

그림 4-8 WindowState 속성 설정

3) 폼 개체의 메서드(Method)

메서드는 개체가 수행하는 행위 또는 동작으로 폼과 컨트롤의 기능에 따라 필요한 메서드를 제공한다. 폼의 메서드는 실행 모드에서만 적용할 수 있다.

■ Show 메서드

Visible 속성이 True로 설정된 폼을 화면에 표시한다.

■ ShowDialog 메서드

폼을 모달(Modal) 대화상자 형태로 화면에 표시한다. 모달 대화상자란 대화상자에 응답하지 않으면 응용 프로그램의 다른 기능을 사용할 수 없는 형태를 말한다.

■ Close 메서드

현재 열려있는 폼을 닫는다.

■ CenterToScreen/CenterToParent 메서드

부모 폼이나 폼을 화면 중간에 표시한다.

4) 폼 클래스의 이벤트(Event)

이벤트란 개체변화에 의한 특정 기능의 시행을 말한다. 예를 들어, 사용자가 버튼을 클릭하는 경우 메시지 대화상자가 표시되도록 할 수 있다.

■ Activated/Deactivated 이벤트

Activated 이벤트는 폼이 활성화될 때, Deactivated 이벤트는 폼이 비활성화된 상태일 때 발생한다.

■ Closing 이벤트

Closing 이벤트는 폼의 Close 메서드를 호출하거나, 폼의 제목 표시줄에서 닫기 버튼을 누를 때 발생한다.

■ Closed 이벤트

Closed 이벤트는 Closing 이벤트가 발생한 다음에 나타난다. 사용자가 폼이나 메시지 상자를 닫을 때 발생하므로, 폼을 닫을 때 특정 작업을 하고자 한다면 Closed 이벤트 처리기를 사용한다.

■ MouseDown, MouseMove, MouseUp 이벤트

폼에서 마우스를 이동하거나 누를 때, 눌렀다 뗄 때 발생하는 이벤트이다.

5) 폼의 시작과 종료 이벤트

윈도우즈 폼 응용 프로그램이 시작되면 이벤트는 다음 순서대로 발생한다.

응용 프로그램이 닫히면 폼의 종료 이벤트는 다음 순서대로 발생한다.

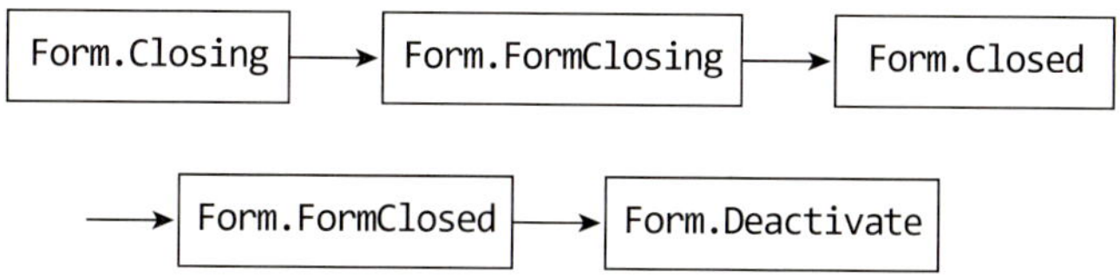

Section 02 레이블(Label) 컨트롤

레이블 컨트롤은 사용자가 편집할 수 없는 읽기 전용의 텍스트나 이미지를 표시하는 컨트롤이다. 레이블 컨트롤은 포커스를 받지 않으며, 레이블 컨트롤에 표시되는 문자열은 Text 속성으로 설정한다.

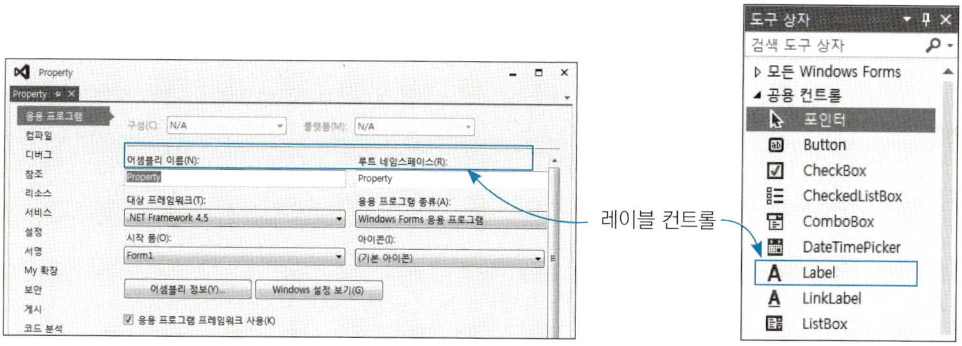

그림 4-9 레이블 컨트롤

1) 레이블(Label) 컨트롤의 주요 속성

■ Text 속성

컨트롤에 표시되는 문자열을 설정하거나 설정된 문자열을 반환하기 위해 사용한다. 텍스트에 앰퍼샌드(&)가 표시되도록 하려면 앰퍼샌드를 두 개(&&) 넣는다.

Tip Text 속성을 사용하여 컨트롤에 단축키 지정하기

단축키로 설정할 문자 앞에 앰퍼샌드(&)를 넣으면 문자에 밑줄이 표시된다. 〈Alt〉 키와 밑줄이 표시된 문자를 함께 누르면 포커스가 컨트롤로 이동한다.

▪ AutoSize 속성

컨트롤의 크기를 내용에 맞추도록 조정할 것인지 설정 또는 반환한다.

속성값	설명
True	**(기본값)** 내용에 맞도록 컨트롤의 너비 자동 조정, 컨트롤 크기조절 불가
False	컨트롤의 크기보다 내용이 많은 경우 내용이 잘림, 컨트롤 크기조절 가능

▪ BorderStyle 속성

컨트롤의 테두리 스타일을 설정하거나 반환한다.

속성값	설명
None	**(기본값)** 테두리 없음
FixedSingle	단일 선으로 된 테두리 표시
Fixed3D	3차원 테두리 표시

▪ Font 속성

레이블의 글꼴 속성을 설정하기 위해 사용한다.

▪ ForeColor 속성

레이블 컨트롤에 표시되는 문자열의 색을 설정한다.

▪ TextAlign 속성

레이블 컨트롤에 표시된 텍스트 맞춤을 설정하거나 반환한다. TextAlign 속성의 값은 BottomCenter, BottomLeft, BottomRight, MiddleCenter, MiddleLeft, MiddleRight, TopCenter, TopLeft, TopRight이 가능하다.

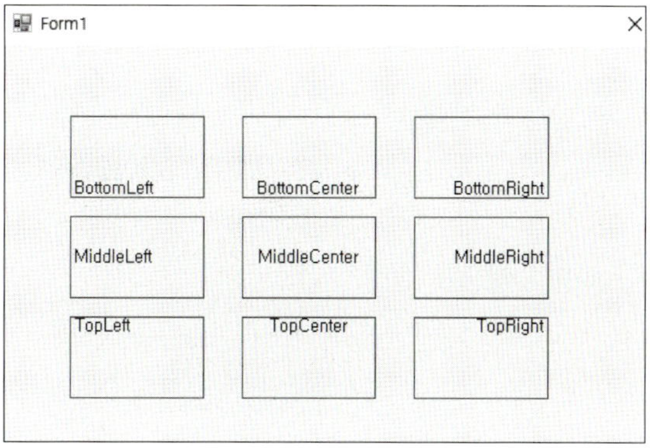

그림 4-10 TextAlign 속성

■ Image 속성

레이블 컨트롤에 표시되는 이미지를 설정하거나 반환한다. Image 속성 오른쪽의 (...)을 클릭 후 대화상자가 나타나면 이미지의 위치를 설정한다.

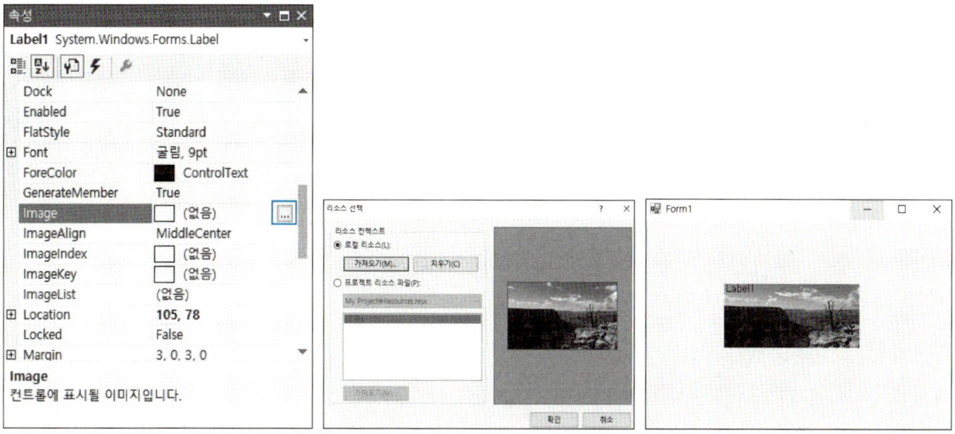

그림 4-11 Image 속성을 사용하여 이미지 표시

2) 레이블(Label) 컨트롤의 주요 이벤트

레이블 컨트롤은 마우스 작업에 대한 이벤트를 포함하여 Mouse Over, Button Click, DoubleClick, Down, Up, DragDrop, DragOver 등의 이벤트를 처리할 수 있다. 그러나 컨트롤의 주요 기능이 문자열을 표시하는 기능이므로 거의 사용하지 않는다.

3) 레이블(Label) 컨트롤의 주요 메서드

자주 사용하는 메서드는 다음과 같다.

- Hide 메서드

컨트롤을 사용자에게 보이지 않도록 설정

- OnResize 메서드

Resize 이벤트 발생

- Select 메서드

컨트롤을 활성화시킴

- Show 메서드

컨트롤을 사용자에게 보이도록 설정

실습 4-1 **레이블 컨트롤 설정하고 변경하기**

[속성] 창을 사용하여 레이블 컨트롤의 속성을 설정해 보고, 코드를 작성하여 폼이 실행된 후 속성이 변경되도록 한다.

[1단계] Windows Form 만들기

① **[파일]** > **[새로 만들기]** > **[프로젝트]**를 차례로 선택한다.
② [새 프로젝트] 대화 상자의 '템플릿'–'Visual Basic'을 선택한다.
③ 가운데 창에서 'Windows Forms 응용 프로그램 템플릿'을 선택한다.
④ '이름' 상자에 프로젝트의 이름을 'LabelTest'라고 입력하고, 저장 위치를 설정한 다음, [확인] 버튼을 클릭한다.

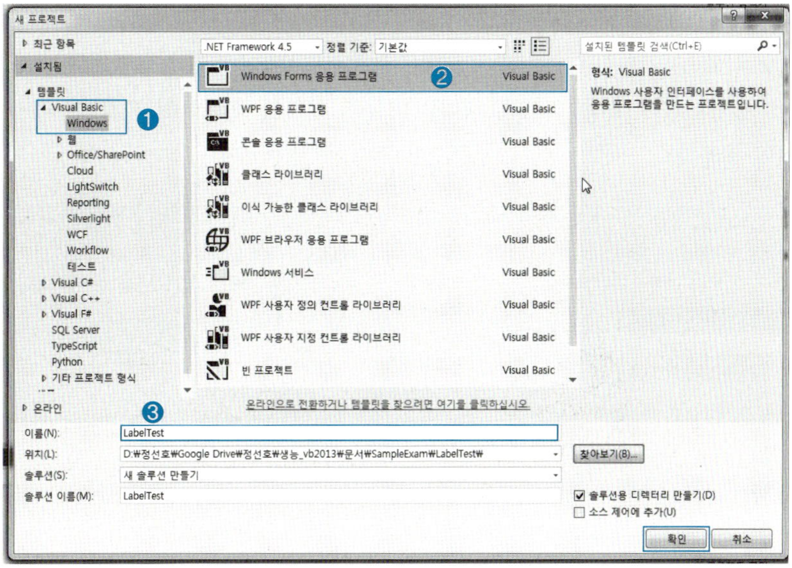

[2단계] Form에 컨트롤 추가하기

⑤ Windows Forms 디자이너가 열리고 Form1이 표시되면, 레이블 컨트롤을 6개 추가한다.

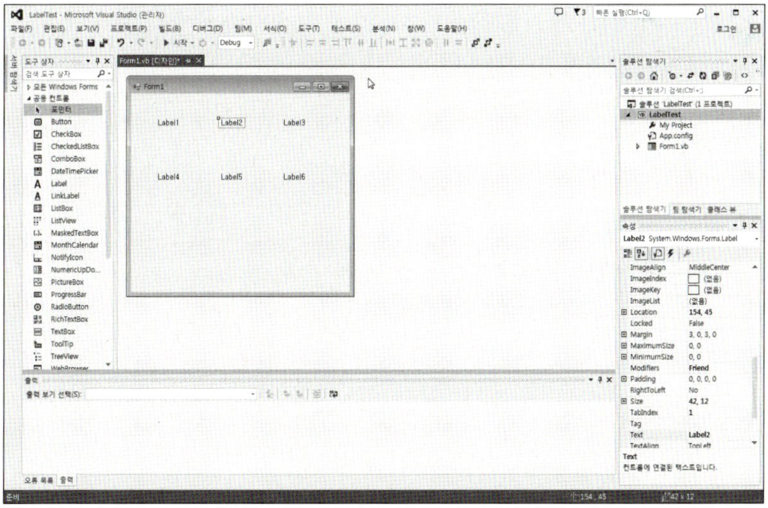

[3단계] 컨트롤의 위치 및 간격 맞추기

⑥ 〈Shift〉 키를 누르고 위쪽 레이블 컨트롤(Label1~Label3) 3개를 클릭한다.

⑦ **[서식] > [가로 간격 조정] > [모두 같게]** 메뉴를 차례로 선택하여 컨트롤 사이의 간격을 일정하게 맞춘다.

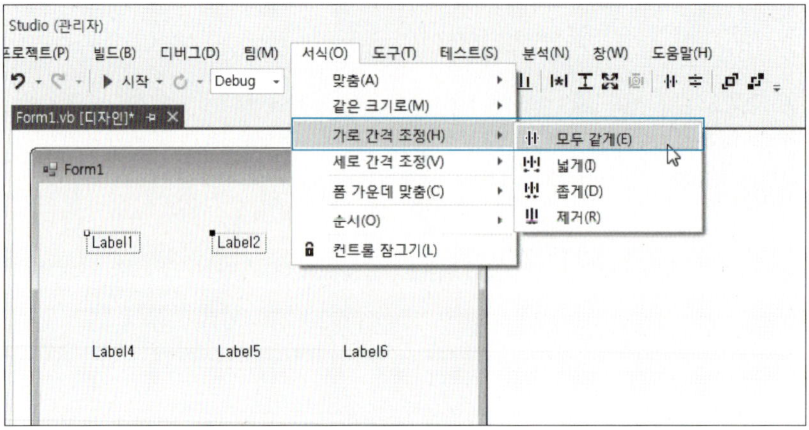

⑧ 〈Shift〉 키를 누르고 왼쪽 2개의 컨트롤(Label1, Label4)을 차례로 클릭한다.

⑨ **[서식] > [맞춤] > [왼쪽]** 메뉴를 차례로 선택하여 컨트롤의 왼쪽을 맞춘다.

⑩ 나머지 컨트롤들의 간격과 위치를 맞춘다.

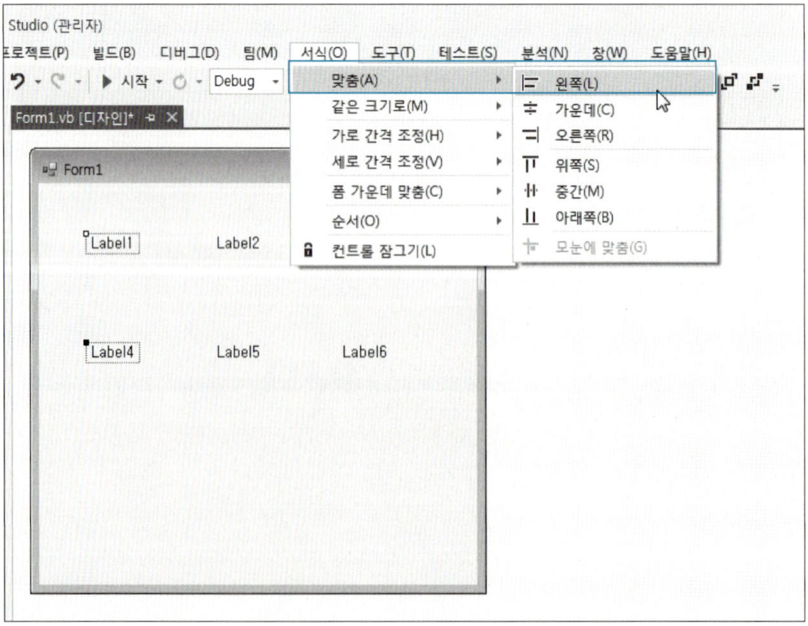

[4단계] [속성] 창에서 Border Style 속성 설정하기

⑪ 'Label 1' 컨트롤을 선택하고, [속성] 창에서 Border Style 속성 값이 'None'임을 확인한다.

⑫ 'Label 2' 컨트롤을 선택하고, Border Style 속성 값으로 'FixedSingle'을 선택한다.

⑬ 'Label 3' 컨트롤을 선택하고, Border Style 속성 값으로 'Fixed3D'을 선택한다.

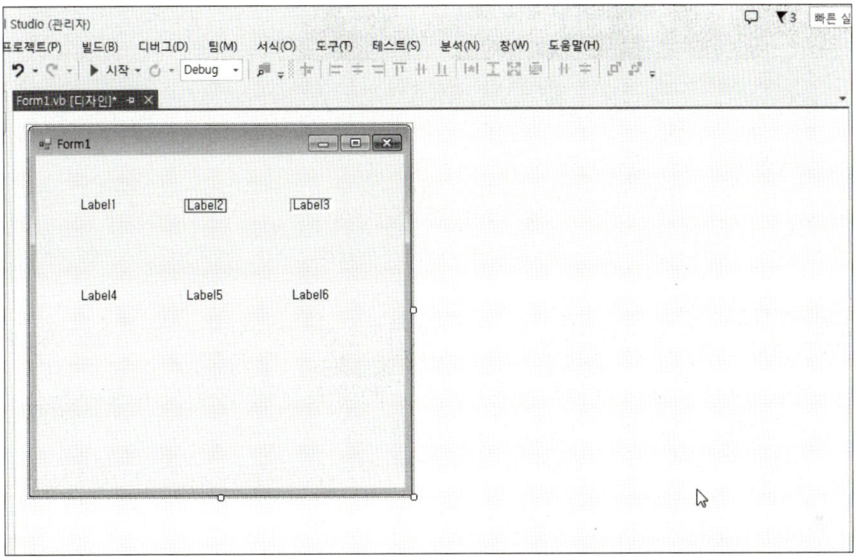

[5단계] 폼이 실행될 때 레이블 컨트롤의 Border Style 속성 설정하기

⑭ 폼을 클릭하고 [속성] 창에서 이벤트 단추(⚡)를 클릭한 다음, 사용 가능한 이벤트 목록에서 'Load' 이벤트를 클릭한다.

⑮ 이벤트 오른쪽에 이벤트 처리기 이름 'Label_Set'을 입력한 다음 〈Enter〉 키를 누른다.

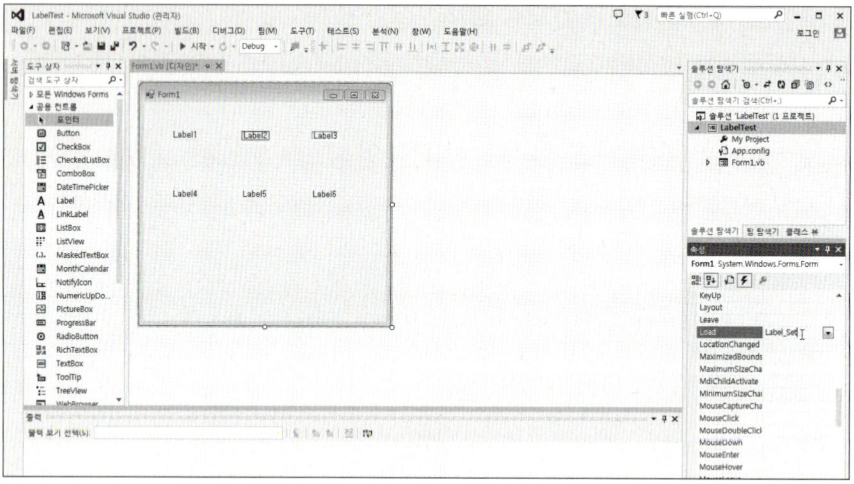

⑯ 추가된 이벤트 처리기에 다음과 같이 입력한다.

```
Private Sub Label_Set(sender As Object, e As EventArgs) Handles MyBase.Load
    Label4.BorderStyle = BorderStyle.Fixed3D
    Label5.BorderStyle = BorderStyle.FixedSingle
    Label4.Text = "Label 설정"
    Label5.Enabled = False
    Label6.BorderStyle = BorderStyle.FixedSingle
    Label6.AutoSize = False
    Label6.Size = New Size(50, 100)
End Sub
```

⑰ 〈F5〉 키를 눌러 결과를 확인한다.

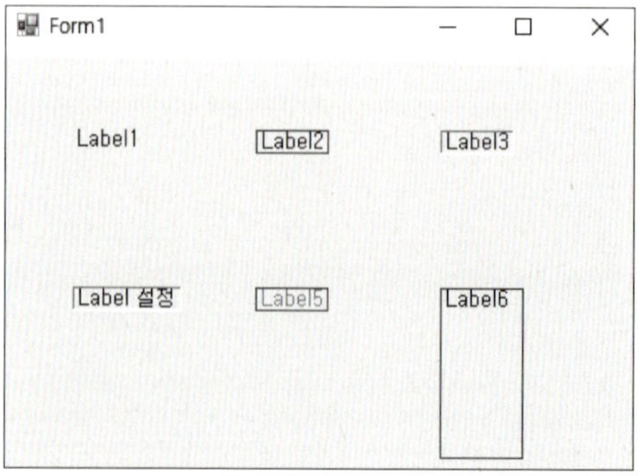

Tip 컨트롤 맞추기

• [서식] 메뉴를 사용하여 컨트롤의 크기, 위치 정렬, 간격 조정 등이 가능하다. 정렬이나 크기 조정 등은 기준 컨트롤의 위치에 따라 맞춰진다.

• [레이아웃] 도구 모음을 사용하여 정렬해도 된다.

• 기준 컨트롤 지정하기

첫 번째로 선택한 컨트롤은 다른 컨트롤의 크기와 위치를 정하는 기준이 된다. 기준 컨트롤의 크기 조정 핸들은 내부가 비어있는 실선으로 표시된다.

기준 컨트롤을 변경하려면 〈Ctrl〉 또는 〈Shift〉 키를 누른 채로 기준 컨트롤로 사용할 컨트롤을 한 번 더 클릭하여 선택을 해제하고 다시 클릭하여 선택하여 지정할 수 있다.

• [맞춤]: 선택한 컨트롤들의 위치를 맞출 수 있다.

• [같은 크기로]: 선택한 컨트롤들의 크기를 기준 컨트롤의 크기와 동일하게 설정한다.

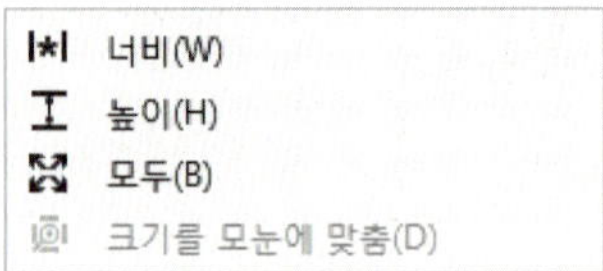

• [가로 간격 조정]/[세로 간격 조정]: 선택한 컨트롤들의 간격이 일정하게 유지되도록 설정한다.

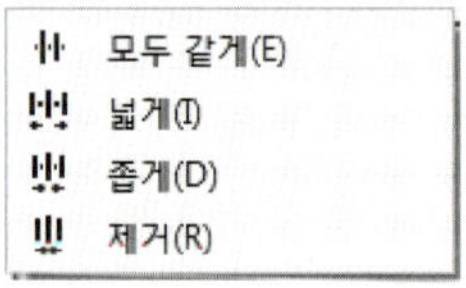

• [폼 가운데 맞춤]: 선택한 컨트롤들이 폼의 가로/세로의 가운데 위치하도록 설정한다.

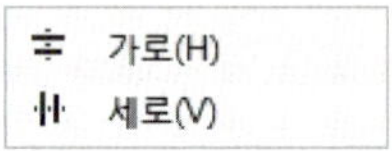

• [순서]: 선택한 개체를 다른 개체의 맨 앞 또는 맨 뒤로 이동한다.

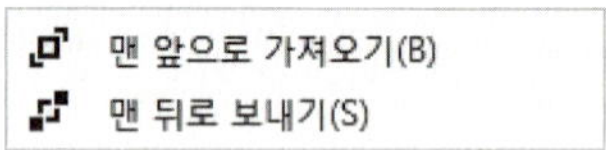

Section 03 텍스트박스(TextBox) 컨트롤

텍스트박스 컨트롤은 사용자의 입력을 받거나 텍스트를 표시하기 위해 사용하는 컨트롤이다. 일반적으로 텍스트를 한 줄로 입력하고 표시하는 데 사용하며 기본적으로 2,048자까지 입력할 수 있지만, Multiline 속성을 True로 설정하면 최대 32KB까지 입력할 수 있다.

1) 텍스트박스(TextBox) 컨트롤의 속성

■ AcceptsReturn 속성

Multiline 속성이 True로 설정된 상태에서 〈Enter〉 키를 누를 경우 줄바꿈이 가능하도록 할 것인지 설정한다. 기본값은 False이다.

속성값	설명
True	Multiline 속성이 True로 설정된 상태에서 〈Enter〉 키를 누를 경우 줄바꿈 표시
False	**(기본값)** 〈Enter〉 키를 누르면 버튼을 클릭한 것과 동일한 기능 실행

■ BorderStyle 속성

컨트롤의 테두리 형식을 설정하거나 반환한다.

속성값	설명
None	테두리 없음
FixedSingle	단일 선으로 된 테두리 표시
Fixed3D	**(기본값)** 3차원 테두리 표시

■ CharacterCasing 속성

문자를 입력할 때 텍스트박스 컨트롤에서 해당 문자의 대/소문자 표시 여부를 설정한다. 기본값은 Normal이다.

속성값	설명
Lower	모든 문자를 소문자로 변환
Normal	**(기본값)** 입력한 문자 그대로 표시
Upper	모든 문자를 대문자로 변환

■ Font 속성

컨트롤의 글꼴 속성을 설정하기 위해 사용한다.

■ IMEMode 속성

컨트롤의 IME(입력기) 모드를 설정한다.

속성값	설명
Alpha	영숫자 SBC(싱글바이트 문자). 한글과 일본어 입력기에 대해서만 유효
AlphaFull	영숫자 더블바이트 문자. 한글과 일본어 입력기에 대해서만 유효
Close	IME 닫음. 중국어 IME에 대해서만 유효
Disable	입력기를 사용할 수 없음. 키보드로 입력기를 켤 수 없음
Hangul	한글 SBC. 한글 입력기에 대해서만 유효
HangulFull	한글 DBC. 한글 입력기에 대해서만 유효

Hiragana	일본어 히라가나 DBC. 일본어 입력기에 대해서만 유효
Inherit	상위 컨트롤의 입력기 모드 상속
Katakana	일본어 가타가나 DBC. 일본어 입력기에 대해서만 유효
KatakanaHalf	일본어 가타가나 SBC. 일본어 입력기에 대해서만 유효
NoControl	**(기본값)** 안 함
Off	입력기가 꺼져 있음. 영어 입력 모드와 똑같이 동작
On	입력기가 켜져 있음. 중국어나 일본어의 특수 문자를 입력할 수 있음
OnHalf	HalfShape의 IME. 중국어 IME에 대해서만 유효

▪ LineCount 속성

텍스트 상자의 전체 줄 수를 반환한다.

▪ MaxLength 속성

텍스트 상자에 입력할 수 있는 최대 문자수를 설정하거나 반환한다. 기본값은 0으로, 길이에 제한이 없음을 의미한다.

▪ MaxLines 속성

표시되는 최대 줄 수를 설정하거나 반환한다.

▪ MinLines 속성

표시되는 최소 줄 수를 설정하거나 반환하며 기본값은 1이다.

▪ MultiLine 속성

텍스트 박스 컨트롤이 여러 줄을 입력할 수 있는지 여부를 나타내는 값을 설정하거나 반환한다.

속성값	설명
True	여러 줄 입력 가능
False	**(기본값)** 한 줄만 입력 가능

▪ PasswordChar 속성

텍스트 박스 컨트롤에서 문자를 마스킹하는 데 사용되는 문자를 설정하거나 반환한다. 입력된 문자를 마스킹하지 않도록 하려면 이 속성값을 공백으로 설정한다.

■ ScrollBars 속성

Multiline 속성이 True로 설정된 텍스트 박스 컨트롤에 스크롤 막대를 어떻게 표시할 것인지 설정한다. 기본값은 None이다.

속성값	설명
Both	가로 및 세로 스크롤 막대 모두 표시
Horizontal	가로 스크롤 막대만 표시
None	**(기본값)** 스크롤 막대가 표시되지 않음
Vertical	세로 스크롤 막대만 표시

■ SelectedText 속성

텍스트 상자에서 선택 영역의 내용을 설정하거나 반환한다.

■ SelectionLength 속성

텍스트 상자의 선택 영역에 있는 문자수를 나타내는 값을 설정하거나 반환한다. 기본값은 0이다.

■ SelectionStart 속성

선택 영역의 시작 위치를 설정하거나 반환한다.

■ Text 속성

컨트롤에 표시되는 문자열을 설정하거나 설정된 문자열을 반환하기 위해 사용된다.

■ TextAlign 속성

텍스트 박스의 텍스트 정렬 방법을 설정하거나 반환한다. 기본값은 Left이다.

속성값	설명
Center	텍스트가 컨트롤의 가운데에 맞춤
Left	**(기본값)** 텍스트가 컨트롤의 왼쪽에 맞춤
Right	텍스트가 컨트롤의 오른쪽에 맞춤

2) 텍스트박스(TextBox) 컨트롤의 이벤트

텍스트박스 컨트롤에서 사용자에 의해 발생할 수 있는 이벤트는 마우스 관련 이벤트와 포커스에 관련된 이벤트 등이 있다. 여러 가지 이벤트 중 가장 자주 사용되는 이벤트는 TextChanged 이벤트이며, Click, DblClick, KeyPress 등의 이벤트가 있다. 자주 사용하는 이벤트 몇 가지를 살펴보도록 한다.

- **KeyDown 이벤트**

텍스트박스 컨트롤에서 문자 키를 누르면 발생한다.

- **KeyPress 이벤트**

텍스트박스 컨트롤에서 키보드 키를 누르면 발생한다.

- **TextChanged 이벤트**

Text 속성값이 변경되면 발생한다.

3) 텍스트박스(TextBox) 컨트롤의 메서드

- **AppendText 메서드**

텍스트 상자의 현재 텍스트에 텍스트를 추가한다.

- **Clear 메서드**

텍스트박스 컨트롤의 모든 텍스트를 삭제한다.

- **ClearUndo 메서드**

텍스트 상자의 실행 취소 버퍼에서 가장 최근 작업에 대한 정보를 삭제한다.

- **Copy 메서드**

텍스트 상자에서 현재 선택한 내용을 클립보드에 복사한다.

- **Cut 메서드**

텍스트 상자에서 현재 선택한 내용을 클립보드로 이동한다.

- **DeselectAll 메서드**

컨트롤에 선택된 문자가 없도록 SelectionLength 속성값을 0으로 지정한다.

■ Focus 메서드

컨트롤에 대한 입력 포커스를 설정한다.

■ Hide 메서드

사용자에게 컨트롤을 숨기도록 설정한다.

■ Paste 메서드

텍스트 상자에서 현재 선택한 내용을 클립보드의 내용으로 바꾸도록 설정한다.

■ SelectAll 메서드

텍스트 상자의 모든 텍스트를 선택한다.

■ Undo 메서드

텍스트 상자의 마지막 편집 작업을 실행 취소한다.

실습 4-2 텍스트박스(TextBox) 컨트롤을 사용하여 암호 텍스트 상자 만들기

암호 상자는 사용자가 입력한 문자 대신 지정한 마스킹 문자를 표시하는 텍스트 상자로, PasswordChar 속성에 마스킹 문자를 설정해야 한다. PasswordChar 속성은 텍스트 상자에 표시되는 문자를 지정하는 속성으로 텍스트 상자에 입력하는 문자 대신 별표(*)가 표시되도록 하려면 PasswordChar 속성에 별표(*)를 지정한다.

[1단계] Windows Form 만들기

① [파일] > [새로 만들기] > [프로젝트]를 차례로 선택한다.

② [새 프로젝트] 대화 상자의 '템플릿'–'Visual Basic'–'Windows Forms 응용 프로그램 템플릿'을 차례로 선택한다.

③ '이름' 상자에 프로젝트의 이름을 'PasswdText'라고 입력하고, 저장 위치를 설정한 다음, [확인] 버튼을 클릭한다.

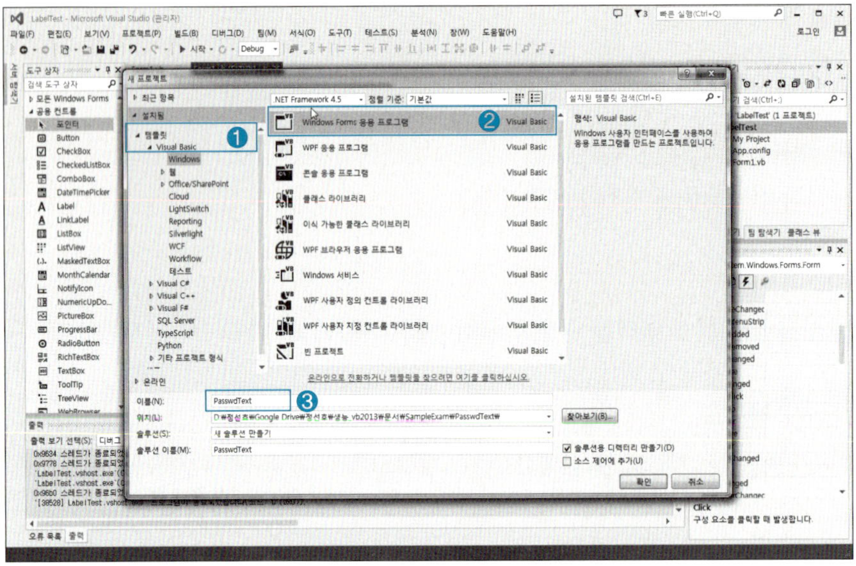

[2단계] 텍스트 박스(TextBox) 컨트롤 추가하기

④ 폼에 레이블 컨트롤과 텍스트박스 컨트롤을 추가하고 속성을 다음과 같이 설정한다.

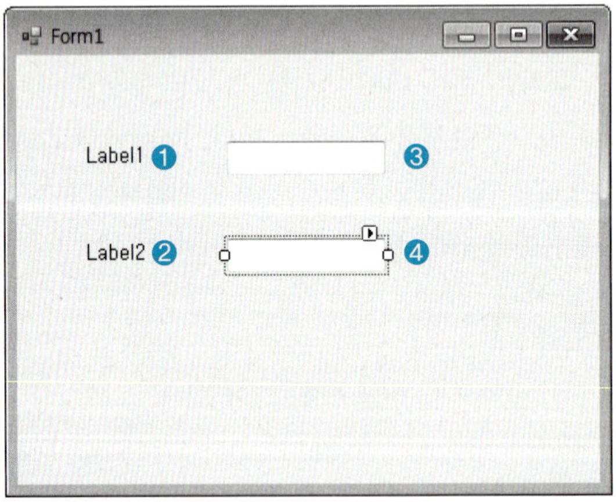

번호	컨트롤 종류	컨트롤	속성	속성값
❶	레이블	Label1	Name	lblID
			Text	아이디 :
❷	레이블	Label2	Name	lblPasswd
			Text	패스워드 :
❸	텍스트박스	Text1	Name	txtID

❹	텍스트박스	Text2	Name	txtPasswd
			Passwordchar	*

[3단계] 암호 상자 확인하기

⑤ 〈F5〉 키를 눌러 폼을 실행하고, '패스워드' 텍스트 상자에 이름을 입력한다. 입력한 문자 대신 *이 표시된다면 성공!

[4단계] 암호 검사하기

패스워드에 암호를 입력한 후 〈Enter〉 키를 눌러, 암호가 'VisualBasic'인지 확인한다. 맞으면 다음 문장이 표시되도록 코드를 작성하자.

⑥ txtPasswd 개체를 클릭하고, [속성] 창에서 이벤트 단추(⚡)를 클릭한 다음, keypress 이벤트 이름을 'passwdCheck'으로 입력한다.

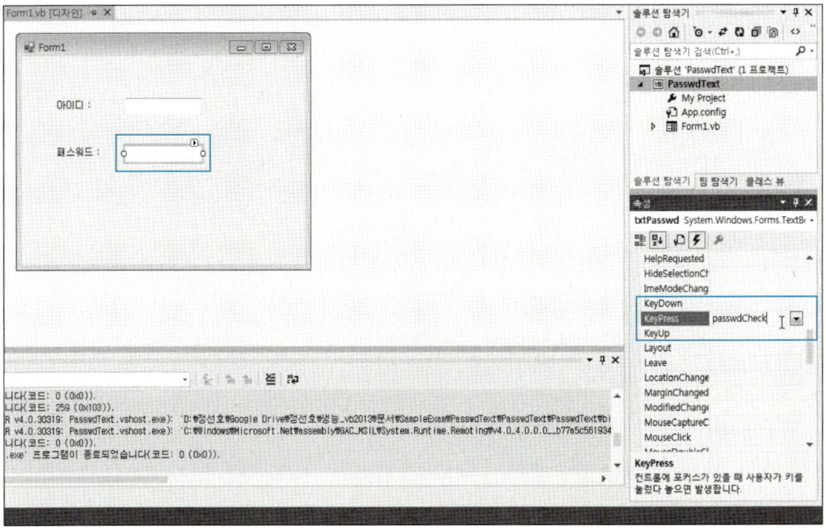

⑦ passwdCheck 이벤트 처리기에 다음과 같이 코드를 입력한다.

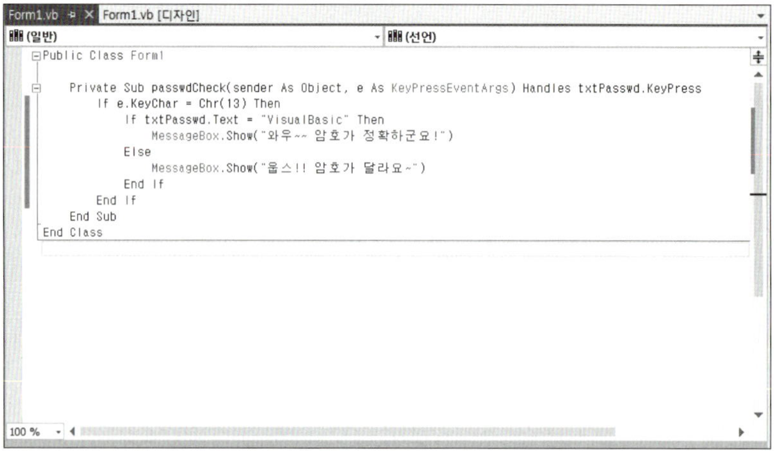


```
01 Private Sub passwdCheck(sender As Object, e As KeyPressEventArgs) Handles
   txtPasswd.KeyPress
02     If e.KeyChar = Chr(13) Then
03         If txtPasswd.Text = "VisualBasic" Then
04             MessageBox.Show("와우~~ 암호가 정확하군요!")
05         Else
06             MessageBox.Show("웁스!! 암호가 달라요~")
07         End If
08     End If
09 End Sub
```

| 코드 이해하기 |

```
02 If e.KeyChar = Chr(13) Then
08 End If
```

02행: '패스워드' 상자에서 〈Enter〉 키를 눌렀는지 확인한다. 〈Enter〉 키를 누르면 03~07행이 실행되고 〈Enter〉 키 이외의 다른 문자를 누르면 아무 것도 실행하지 않는다. 02행의 If 문은 조건이 참인 경우만 고려한다.

```
03  If txtPasswd.Text = "VisualBasic" Then
04      MessageBox.Show("와우~~ 암호가 정확하군요!")
05  Else
06      MessageBox.Show("웁스!! 암호가 달라요~")
07  End If
```

03행: '패스워드' 상자에 입력한 문자가 "VisualBasic"인지 검사해서 맞으면 True를, 틀리면 False를 반환한다.

04행: 03행의 결과가 True이면 "와우~~ 암호가 정확하군요!"를 메시지 상자를 이용하여 표시한다.

05행: Else는 03행의 조건문 검사 결과가 거짓(False)인 경우 실행할 구문을 정의하기 위해 사용한다.

06행: 03행의 결과가 False이면 "웁스!! 암호가 달라요~"를 메시지 상자를 이용하여 표시한다.

07행: If 문의 끝을 표시하기 위해 사용한다.

Tip

• Chr(Charcode) 함수

지정한 문자 코드와 연관된 문자를 반환하는 함수로, charcode는 문자에 해당하는 코드값으로 13은 〈Enter〉 키를 나타낸다.

• If 문

주어진 조건을 검사하여 조건을 만족하는 경우 특정 구문이 실행되도록 하기 위해 사용하는 조건문이다.

• MessageBox.Show 메서드

지정된 텍스트를 메시지 상자를 이용하여 표시한다.

⑧ 〈F5〉 키를 눌러 폼을 실행한 후, '패스워드' 항목에 'VisualBasic'을 입력한다. 〈Enter〉 키를 눌러 표시되는 메시지 상자를 확인해보자.

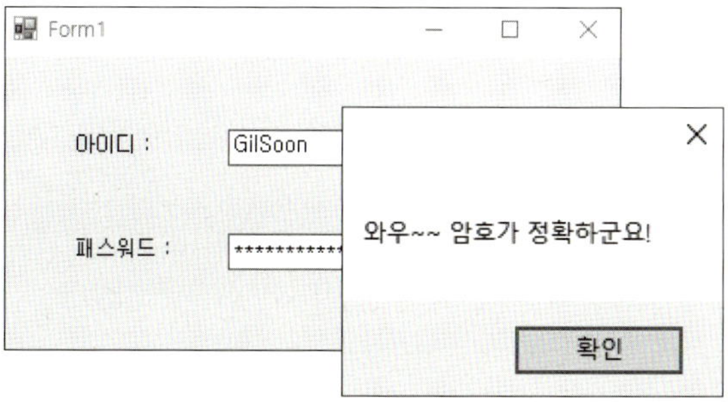

4) 텍스트박스(TextBox) 컨트롤에서 문자 제어하기

속성을 사용하여 텍스트박스 컨트롤에 입력되어 있는 문자열을 선택해 수정할 수 있다. SelectionStart, SelectionLength, SelectedText 속성은 [코드 편집기]를 사용해서만 설정 가능하다.

■ SelectionStart 속성

텍스트 문자열을 삽입할 위치를 지정하는 속성으로, 0은 가장 왼쪽을 나타낸다. 속성값이 입력된 문자 개수와 같거나 큰 경우 마지막 문자 뒤가 삽입 위치가 된다.

■ SelectionLength 속성

텍스트박스(TextBox) 컨트롤에 입력된 전체 문자열을 선택하는 속성으로 0보다 큰 값으로 설정하면 현재 삽입 위치부터 속성값만큼의 문자들이 선택된다.

■ SelectedText 속성

이 속성은 선택한 텍스트를 나타내는 값을 가져오거나 설정한다.

실습 4-3 **텍스트박스(TextBox) 컨트롤에서 텍스트 선택하기**

[실습 4-3]은 텍스트 상자에 있는 Text 속성의 값이 null 또는 빈 문자열이 아닌지 검사하고, 텍스트 상자가 포커스를 받으면 텍스트 상자의 현재 텍스트가 선택되도록 하는 예제이다.

[1단계] Windows Form 만들기

① [파일]>[새로 만들기]>[프로젝트]를 차례로 선택한다.

② [새 프로젝트] 대화 상자의 '템플릿'–'Visual Basic'–'Windows Forms 응용 프로그램 템플릿'을 차례로 선택한다.

③ '이름' 상자에 프로젝트의 이름을 'SelectionText'라고 입력하고, 저장 위치를 설정한 다음, [확인] 버튼을 클릭한다.

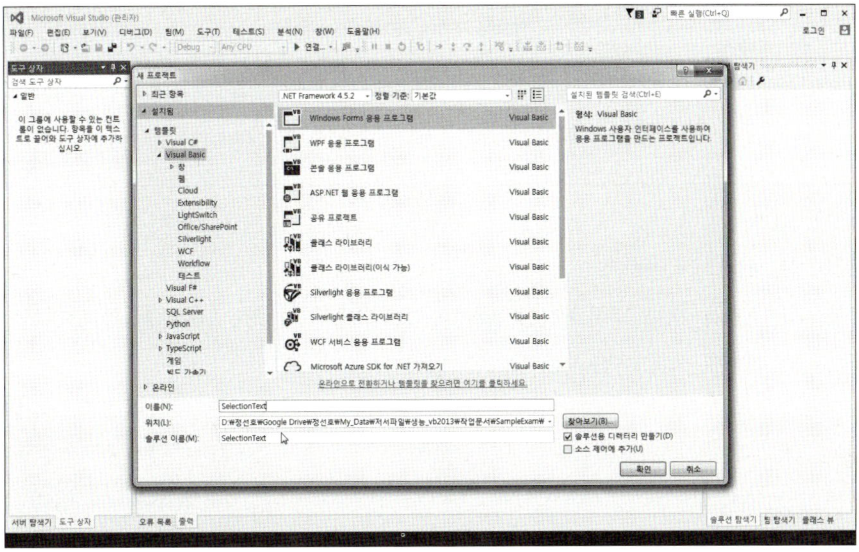

[2단계] 컨트롤 추가하고 속성 설정하기

④ 폼에 레이블 컨트롤과 텍스트박스 컨트롤을 추가하고, 다음과 같이 속성을 설정한다.

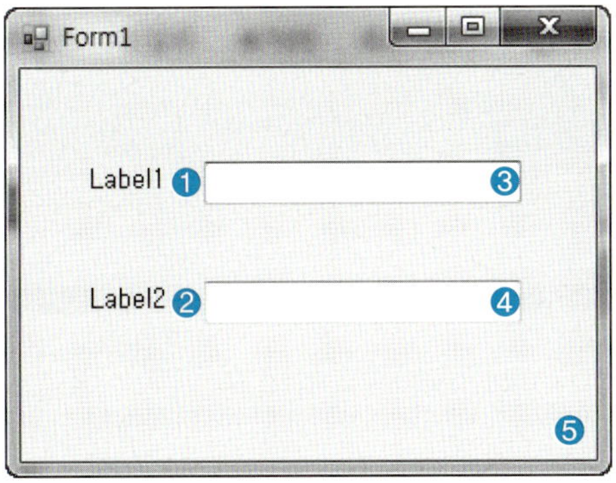

번호	컨트롤 종류	컨트롤	속성	속성값
❶	레이블	Label1	Name	lblDispText
			Text	텍스트 입력 :
❷	레이블	Label2	Name	lblSelectionText
			Text	텍스트 선택 :
❸	텍스트박스	Text1	Name	txtDispText
			Text	탭 키를 누르면 텍스트가 선택됩니다~

❹	텍스트박스	Text2	Name	txtSelectionText
			Text	Visual Basic 2013
❺	폼	Form1	Name	frmSelectonText
			Text	텍스트 선택하기

[3단계] 이벤트 처리기 작성하기

⑤ ❶ txtDispText 개체를 클릭하고, ❷ [속성] 창에서 이벤트 단추(⚡)를 클릭한 다음, keypress 이벤트 이름을 'SelectText'로 입력한다.

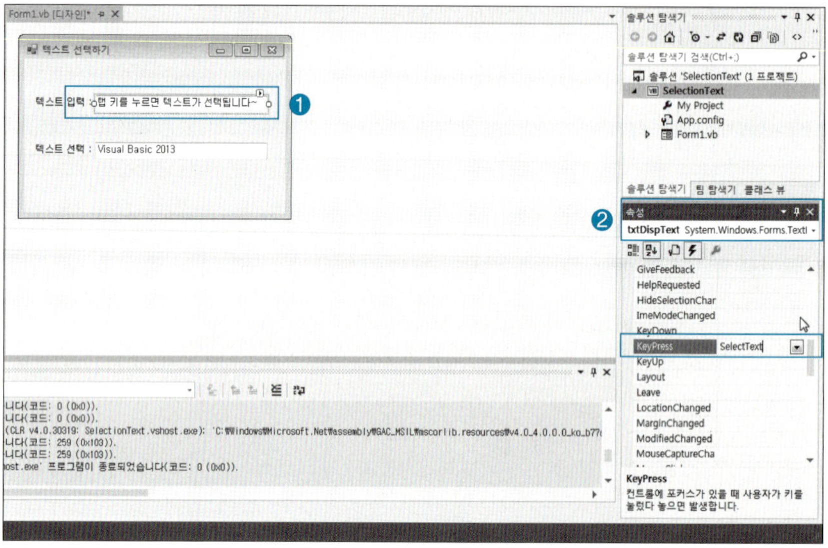

⑥ SelectText 이벤트 처리기에 다음과 같이 코드를 입력한다. txtDispText에서 〈Tab〉 키를 누르면 txtSelectionText 컨트롤의 텍스트가 선택된다.

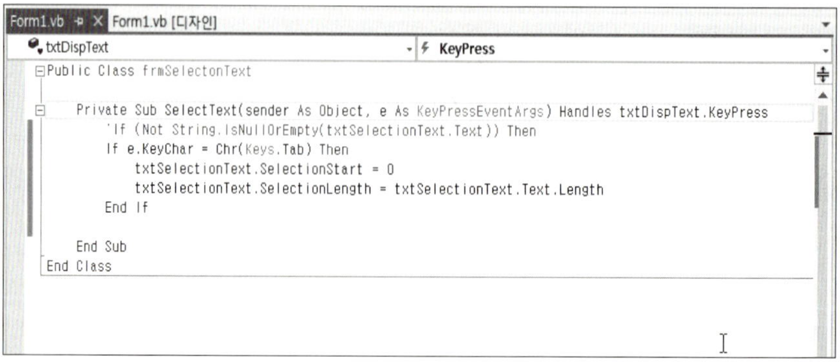


```
Public Class frmSelectonText

    Private Sub SelectText(sender As Object, e As KeyPressEventArgs) Handles txtDispText.KeyPress
        'If (Not String.IsNullOrEmpty(txtSelectionText.Text)) Then
        If e.KeyChar = Chr(Keys.Tab) Then
            txtSelectionText.SelectionStart = 0
            txtSelectionText.SelectionLength = txtSelectionText.Text.Length
        End If

    End Sub
End Class
```

```
01 Private Sub SelectText(sender As Object, e As KeyPressEventArgs) Handles
   txtDispText.KeyPress
02     If e.KeyChar = Chr(Keys.Tab) Then
03         txtSelectionText.SelectionStart = 0
04         txtSelectionText.SelectionLength = txtSelectionText.Text.Length
05     End If
06 End Sub
```

| 코드 이해하기 |

```
02 If e.KeyChar = Chr(Keys.Tab) Then
05 End If
```

02행: txtDispText 텍스트 상자에 사용자가 탭(Tab) 키를 입력했는지 검사하여 참(True)이면 03~04행을 실행한다.

```
03 txtSelectionText.SelectionStart = 0
```

03행: txtSelectionText 텍스트 상자에서 선택위치를 맨 왼쪽 첫 번째 문자 앞으로 설정한다.

```
04 txtSelectionText.SelectionLength = txtSelectionText.TextLength
```

04행: txtSelectionText 텍스트 상자에서 선택할 문자의 개수를 위치를 txtSelectionText 텍스트 상자에 입력된 문자열의 개수로 설정한다. 예를 들어, “VisualBasic”이 입력되었다면 txtSelectionText.Text.Length의 값은 11이 된다.

> **Tip TextLength 속성**
>
> 텍스트 박스 컨트롤에 입력된 문자수를 반환한다.

⑦ 〈F5〉 키를 눌러 폼을 실행한다. ‘텍스트 입력’ 항목에서 〈Tab〉 키를 눌러 ‘텍스트 선택’ 항목의 텍스트가 선택되는지 확인한다.

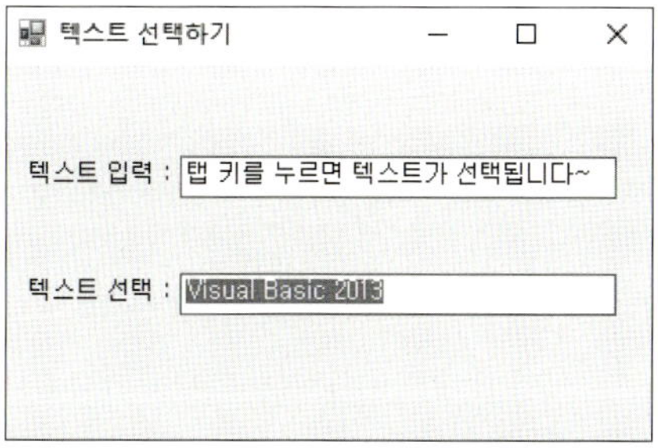

Section 04 버튼(Button) 컨트롤

버튼 컨트롤은 사용자가 버튼을 클릭했을 때 특정 동작이 수행되도록 하는 컨트롤로 텍스트와 이미지를 둘 다 표시할 수 있으며, 단추를 클릭할 때마다 Click 이벤트 처리기가 호출된다. 단추에 표시되는 텍스트는 Text 속성을 사용하여 설정하거나 반환할 수 있다.
텍스트 길이가 버튼의 너비를 초과할 경우 다음 줄에 표시되지만, 컨트롤이 텍스트의 전체 높이를 수용할 수 없는 경우 텍스트가 잘리게 된다.

1) 버튼(Button) 컨트롤의 속성

■ AutoEllipsis 속성

컨트롤의 오른쪽 가장자리에 줄임표 문자(…)가 표시되는지 설정하거나 반환한다.

속성값	설명
True	줄임표 문자(…)가 표시되도록 함
False	**(기본값)** 줄임표 문자(…)가 표시되지 않음

■ AutoSize 속성

내용에 따라 컨트롤 크기가 자동으로 조정되도록 할 것인지 설정하거나 반환한다.

속성값	설명
True	내용에 따라 컨트롤 크기가 자동으로 조정
False	**(기본값)** 내용에 따라 컨트롤 크기 조정하지 않음

■ BackColor 속성

컨트롤의 배경색을 설정하거나 반환한다.

■ BackgroundImage 속성

컨트롤에 표시할 배경 이미지를 설정하거나 반환한다.

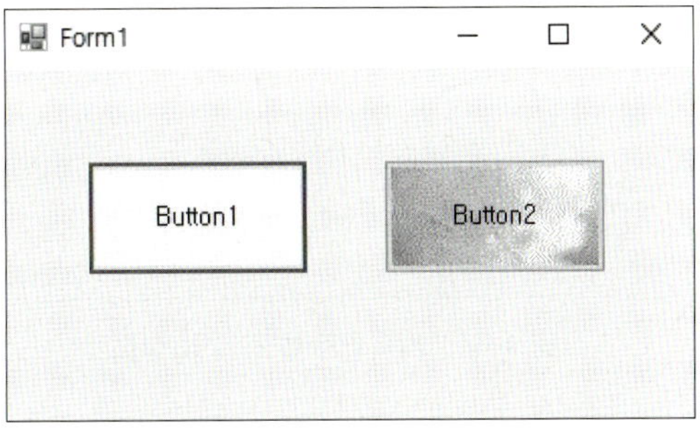

그림 4-12 버튼 컨트롤의 배경 이미지 표시

■ Enabled 속성

컨트롤의 활성화 여부를 설정하거나 반환한다.

속성값	설명
True	**(기본값)** 컨트롤을 활성화함
False	컨트롤이 비활성화되어 표시되며, 컨트롤을 선택할 수 없음

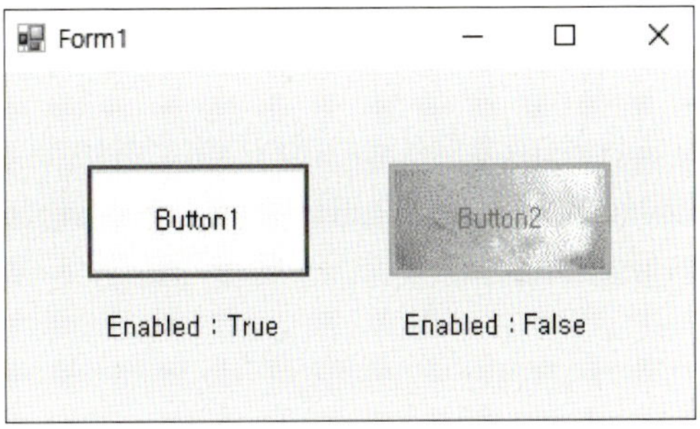

그림 4-13 버튼 컨트롤 활성화

■ FlatStyle 속성

버튼 컨트롤의 평면 스타일 모양을 설정하거나 반환한다. 기본값은 Standard이다.

속성값	설명
Flat	버튼 컨트롤이 평면으로 표시
Popup	마우스 포인터가 컨트롤 위로 이동하기 전에는 컨트롤은 평면으로 표시되지만 이동한 후에는 3차원으로 표시
Standard	**(기본값)** 컨트롤이 3차원으로 표시
System	운영 체제에 의해 컨트롤 모양 결정

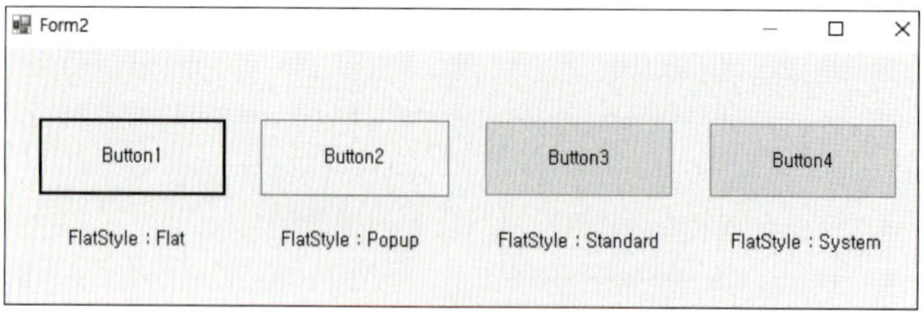

그림 4-14 버튼 컨트롤 스타일 설정

▪ Font 속성

컨트롤에서 표시되는 텍스트의 글꼴을 설정하거나 반환한다.

▪ ForeColor 속성

컨트롤의 전경색을 설정하거나 반환한다.

▪ Image 속성

버튼 컨트롤에 표시되는 이미지를 설정하거나 반환한다.

▪ ImageAlign 속성

버튼 컨트롤의 이미지 맞춤을 설정하거나 반환한다. BottomCenter, BottomLeft, BottomRight, MiddleCenter, MiddleLeft, MiddleRight, TopCenter, TopLeft, TopRight 9개 값 중 선택할 수 있다.

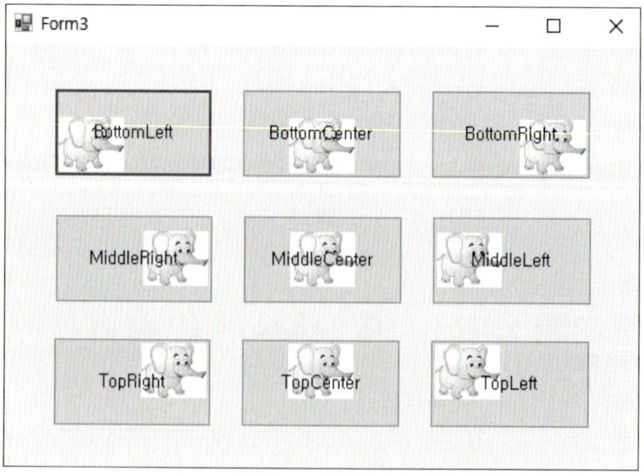

그림 4-15 버튼 컨트롤의 Image Align 속성 설정

■ Padding 속성

컨트롤의 안쪽 여백을 설정하거나 반환한다. 기본값은 네 면 모두 0이다. 안쪽 여백은 왼쪽, 위쪽, 오른쪽 및 아래쪽 순서로 지정된다.

■ Size 속성

컨트롤의 높이와 너비를 설정하거나 반환한다.

■ Text 속성

컨트롤에 표시할 텍스트를 설정하거나 반환한다.

■ TextAlign 속성

버튼 컨트롤의 텍스트 맞춤 방식을 설정하거나 반환한다. ImageAlign 속성과 같은 값을 가진다.

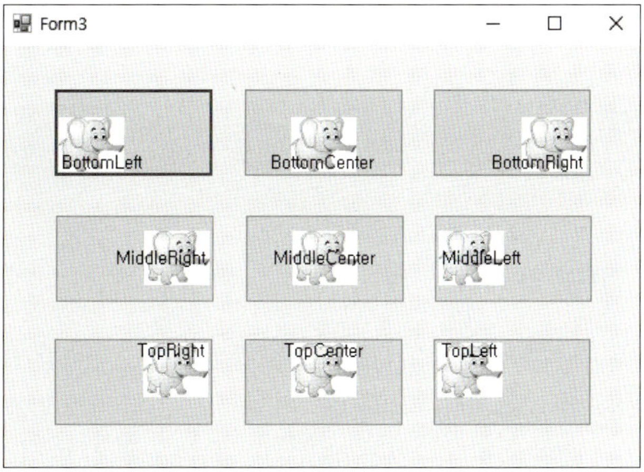

그림 4-16 버튼 컨트롤의 TextAlign 속성 설정

■ Visible 속성

컨트롤 표시 여부를 설정하거나 반환한다.

2) 버튼(Button) 컨트롤의 이벤트

버튼 컨트롤은 프로그램이 실행되는 동안 주로 마우스를 사용하여 명령을 받기 위해 사용된다. 커맨드 버튼 컨트롤에서 가장 많이 처리하는 이벤트는 Click 이벤트이다.

- **Click 이벤트**

컨트롤을 클릭하면 발생

- **GotFocus 이벤트**

컨트롤이 포커스를 받으면 발생

- **KeyDown 이벤트**

컨트롤에서 키를 누르면 발생

- **KeyPress 이벤트**

컨트롤에서 키를 누르면 발생

- **KeyUp 이벤트**

컨트롤에서 키를 눌렀다 놓으면 발생

- **LostFocus 이벤트**

컨트롤이 포커스를 잃을 때 발생

3) 버튼(Button) 컨트롤의 메서드

버튼 컨트롤은 주로 사용자의 마우스 클릭 작업을 통해 명령을 입력받거나 코드로 작성된 작업을 수행하는 용도로 사용된다. 따라서 자체의 메서드는 몇 가지 없을 뿐 아니라 잘 사용하지 않는다. 그 중 가장 많이 사용하는 메서드는 SetFocus 메서드이다.

- **Hide 메서드**

사용자가 컨트롤을 볼 수 없도록 숨김

- **Show 메서드**

컨트롤을 표시해 사용자가 볼 수 있도록 설정

실습 4-4 버튼 컨트롤의 속성 변경하기

버튼 컨트롤에 이미지를 표시하고 배경색을 변경하도록 한다.

[1단계] Windows Form 만들기

① [파일] > [새로 만들기] > [프로젝트]를 차례로 선택한다.

② [새 프로젝트] 대화 상자의 '템플릿'–'Visual Basic'–'Windows Forms 응용 프로그램 템플릿'을 차례로 선택한다.

③ '이름' 상자에 프로젝트의 이름을 'ButtonTest'라고 입력하고, 저장 위치를 설정한 다음, [확인] 버튼을 클릭한다.

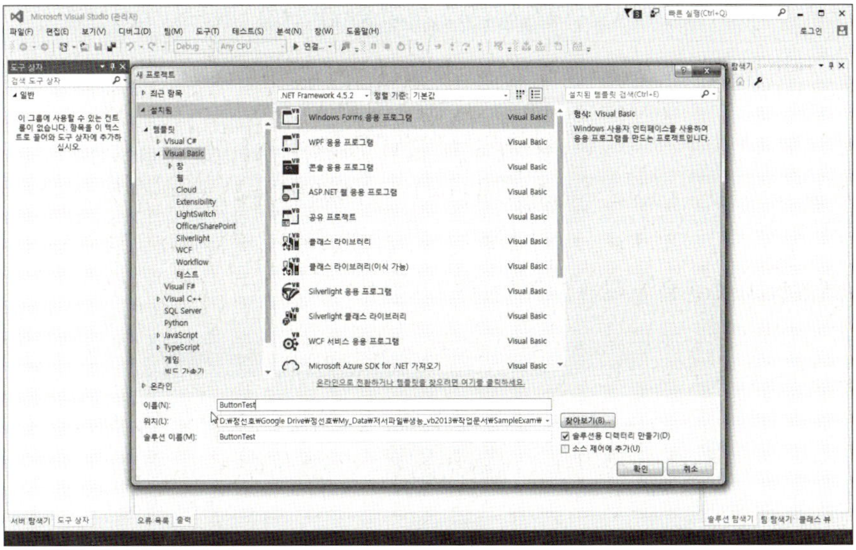

[2단계] 컨트롤 추가하고 속성 설정하기

④ 폼에 레이블 컨트롤과 텍스트박스 컨트롤을 추가하고, 다음과 같이 속성을 설정한다.

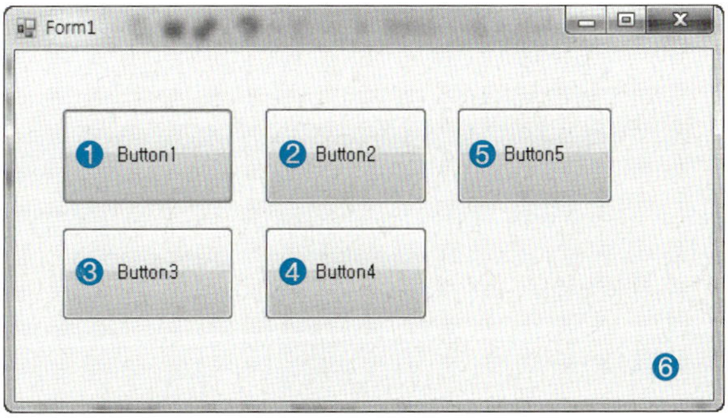

번호	컨트롤 종류	컨트롤	속성	속성값
❶	버튼	Button1	Name	cmdDefault
			Text	기본 버튼
❷	버튼	Button2	Name	cmdBackColor
			Text	배경색 설정
			BackColor	Blue
❸	버튼	Button3	Name	cmdLongText
			Text	버튼 너비보다 텍스트가 길면 자동으로 줄바꿈
❹	버튼	Button4	Name	cmdImage
			Text	Image 표시하기
			Image	(대화상자를 이용하여 이미지 선택)
❺	버튼	Button5	Name	cmdBackgrundImage
			Text	배경 이미지 표시
			BackgroundImage	(대화상자를 이용하여 이미지 선택)
❻	폼	Form1	Name	frmButtonSet

⑤ 〈F5〉 키를 눌러 폼을 실행한 후 결과를 확인한다.

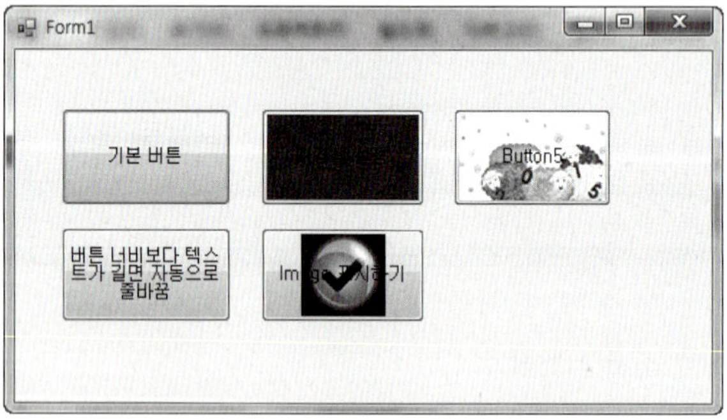

Section 05 체크박스, 라디오버튼, 그룹박스(GroupBox) 컨트롤

1) 그룹박스(GroupBox) 컨트롤

그룹박스 컨트롤은 컨트롤을 시각적으로, 기능별로 그룹화하는 데 사용하는 컨트롤이다. 그룹 박스를 사용하여 그룹화하면 그룹박스 컨트롤을 이동할 경우 포함된 모든 컨트롤이 함께 이동된다. 그룹박스 컨트롤은 '도구상자 > 컨테이너'에 포함되어 있다.
그룹박스 컨트롤은 다른 컨트롤을 포함할 수 있어 컨테이너(Container) 컨트롤이라 한다. 그룹박스 컨트롤을 먼저 폼에 추가한 후, 그 안에 다른 컨트롤을 추가하여야 한다.

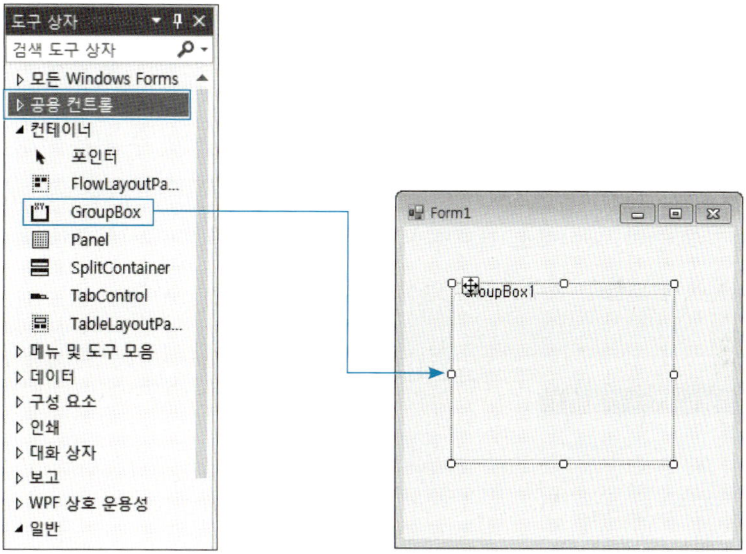

그림 4-17 그룹박스 컨트롤

컨트롤 그룹을 만드는 과정은 다음과 같다.

① 폼에 그룹박스 컨트롤을 그린다.

② 해당 그룹 상자 안에 새로 포함시킬 컨트롤을 그린다. 컨트롤은 그룹박스 안에서 그리기 시작해야 한다. 기존 컨트롤을 그룹 상자에 포함하려면 컨트롤을 선택하여 클립보드에 잘라낸 다음 그룹박스 컨트롤을 선택하고 붙여넣거나 그룹 상자에 직접 드래그한다.

③ 그룹박스의 Text 속성에 캡션을 설정한다.

■ Text 속성

컨트롤의 제목 설정 또는 반환

2) 체크박스(CheckBox) 컨트롤과 라디오 버튼(Radio Button) 컨트롤

체크박스 컨트롤과 라디오버튼 컨트롤은 특정 항목을 선택하기 위해 사용하는 컨트롤이다. 체크박스 컨트롤을 그룹박스 컨트롤로 그룹화하여 사용자가 여러 선택 항목을 표시할 수 있다.

체크박스 컨트롤은 하나 또는 그 이상의 조건에 대하여 선택 또는 해제 여부를 표시하는 경우 사용한다. 체크박스 컨트롤은 Checked와 CheckState라는 두 개의 중요한 속성을 가지고 있다. Checked 속성은 True/False를 반환하고, CheckState 속성은 Checked 또는 Unchecked를 반환한다. ThreeState 속성이 True로 설정되어 있는 경우에는 비활성화된 상태에서는 상자가 흐릿하게 표시되어 해당 옵션을 사용할 수 없음을 나타낸다.
라디오버튼 컨트롤은 두 개 이상의 항목으로 구성된 집합에서 하나의 항목을 상호 배타적으로 선택하도록 한다. 체크박스 컨트롤과 라디오버튼 컨트롤은 유사한 기능을 가지고 있지만 라디오버튼 컨트롤은 하나의 그룹에서 한 개만 선택할 수 있다.

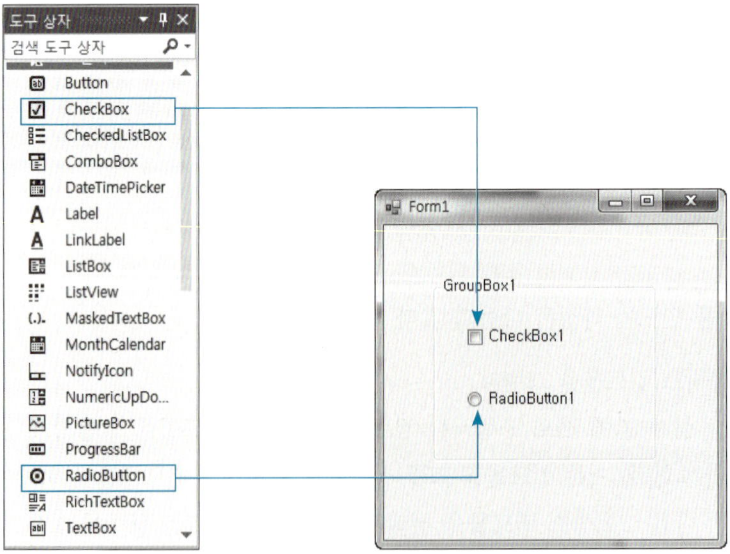

그림 4-18 체크박스 컨트롤과 라디오버튼 컨트롤

표 4-2 체크박스(CheckBox) 컨트롤과 라디오버튼(RadioButton) 컨트롤

체크박스 컨트롤	라디오버튼 컨트롤
여러 항목 선택 가능	하나의 항목만 선택 가능
True/False 상태 가능 ThreeState 속성값이 True로 설정되면 Checked/Unchecked/Indeterminate 3가지 상태 가능	True/False 상태 가능
선택은 True	선택은 True

3) 체크박스(CheckBox) 컨트롤과 라디오버튼(RadioButton) 컨트롤의 주요 속성

■ Appearance 속성

컨트롤의 모양을 설정하거나 반환한다. 기본값은 Normal이다.

속성값	설명
Normal	**(기본값)** 확인란 표시
Button	버튼 모양으로 표시

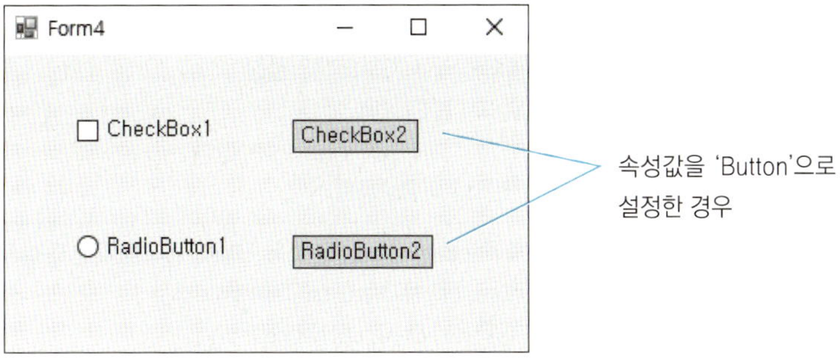

그림 4-19 Apperence 속성에 따른 컨트롤 모양

■ AutoSize 속성

내용에 따라 컨트롤 크기를 자동 조정할지 설정하거나 반환한다.

■ BackColor 속성

컨트롤의 배경색을 설정하거나 반환한다.

■ BackgroundImage 속성

컨트롤에 표시할 배경 이미지를 설정하거나 반환한다.

■ Checked 속성

컨트롤이 선택되어 있는지 설정하거나 반환한다. 체크박스 컨트롤이 선택되어 있으면 True, 그렇지 않으면 False이다. 기본값은 False이다.

■ Enabled 속성

컨트롤의 활성화 여부를 설정하거나 반환한다.

■ Image 속성

컨트롤에 표시되는 이미지를 설정하거나 반환한다.

■ ImageAlign 속성

컨트롤의 이미지 맞춤 방법을 설정하거나 반환한다.

■ Text 속성

컨트롤에 표시되는 텍스트를 설정하거나 반환한다.

표 4-3 체크박스(CheckBox) 컨트롤에서만 사용되는 속성

CheckState	체크박스(CheckBox) 컨트롤의 상태를 가져오거나 설정 - Unchecked: (기본값) 선택되지 않은 상태 - Checked: 선택된 상태 - Indeterminate: 선택되어 있으나 비활성화된 상태
ThreeState	체크박스(CheckBox) 컨트롤에 Indeterminate를 사용 가능하도록 할 것인지 설정 또는 반환 - True: 3개 선택 상태(checked, unchecked, Indeterminate) - False: (기본값) 2개 선택 상태(checked, unchecked)

4) 체크박스(CheckBox) 컨트롤과 라디오버튼(RadioButton)의 주요 이벤트

체크박스 컨트롤과 라디오버튼 컨트롤의 주요 이벤트는 다음과 같다.

■ CheckedChanged 이벤트

Checked 속성값이 변경되면 발생

■ CheckStateChanged 이벤트

CheckState 속성값이 변경되면 발생

■ Click 이벤트

컨트롤을 클릭하면 발생

체크박스 컨트롤과 라디오버튼 컨트롤을 클릭할 때마다 Click 이벤트가 발생한다. Click 이벤트 처리기에서 Checked 속성을 사용하여 해당 컨트롤의 상태를 결정하고 수행하도록 할 수 있다.

예제 4-1

```
PrivateSub CheckBox1_Click(sender AsObject, e As System.EventArgs) Handles
CheckBox1.Click
  If CheckBox1.Checked = True Then
    CheckBox1.Text = "Checked"
  Else
    CheckBox1.Text = "Unchecked"
  EndIf
EndSub
```

〈예제 4-1〉은 체크박스 컨트롤(CheckBox1)을 클릭하면 Checked라는 문자가 표시되고, 선택하지 않은 경우 Unchecked라는 텍스트가 표시되도록 한다.

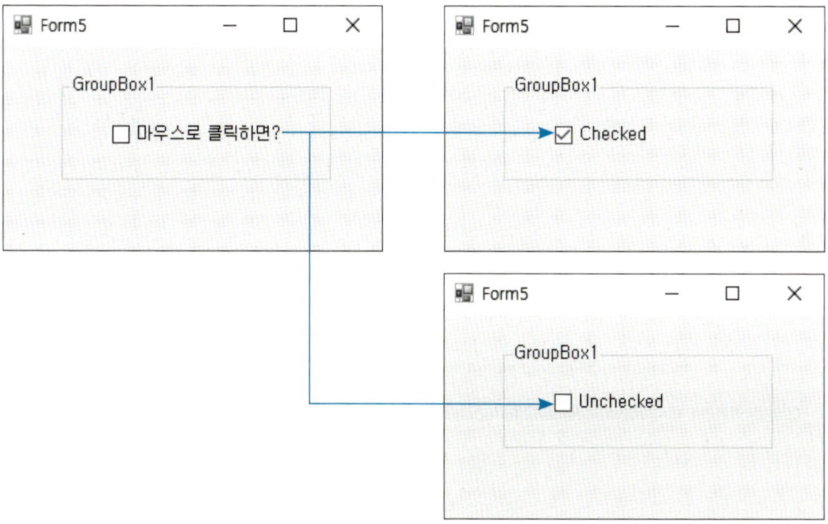

그림 4-20 〈예제 4-1〉의 실행결과

Tip

- 체크박스(CheckBox) 컨트롤을 두 번 클릭하는 경우 각 클릭은 별도로 처리된다. 즉, 체크박스 컨트롤은 더블 클릭 이벤트를 지원하지 않는다.
- AutoCheck 속성

  AutoCheck 속성이 True(기본값)인 경우 CheckBox를 클릭하면 확인란이 자동으로 선택되거나 선택 취소된다. AutoCheck 속성이 False이면 Click 이벤트 발생 시 Checked 속성을 수동으로 설정해야 한다.

실습 4-5 체크박스(CheckBox) 컨트롤과 라디오버튼(RadioButton) 컨트롤을 사용하여 설문에 응답하기

[1단계] Windows Form 만들기

① [파일] > [새로 만들기] > [프로젝트]를 차례로 선택한다.

② [새 프로젝트] 대화 상자의 '템플릿'–'Visual Basic'–'Windows Forms 응용 프로그램 템플릿'을 차례로 선택한다.

③ '이름' 상자에 프로젝트의 이름을 'Check_Radio'라고 입력하고, 저장 위치를 설정한 다음, [확인] 버튼을 클릭한다.

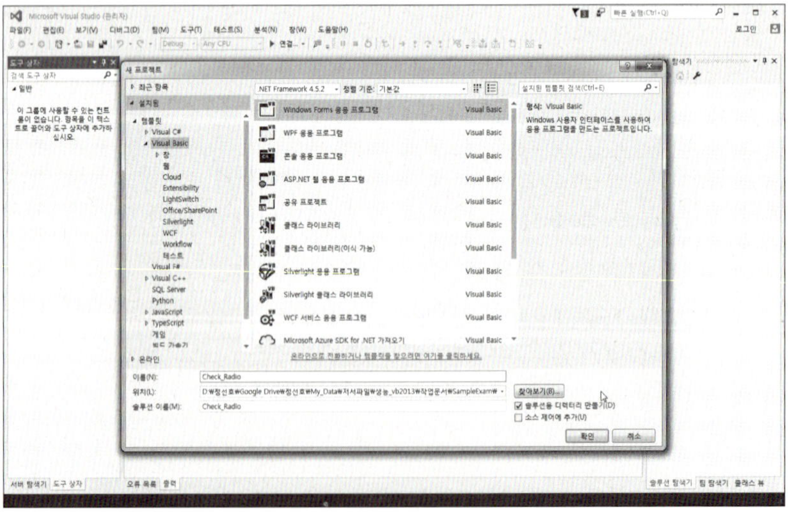

[2단계] 컨트롤 추가하고 속성 설정하기

④ 폼에 레이블 컨트롤과 텍스트박스 컨트롤을 추가하고, 다음과 같이 속성을 설정한다.

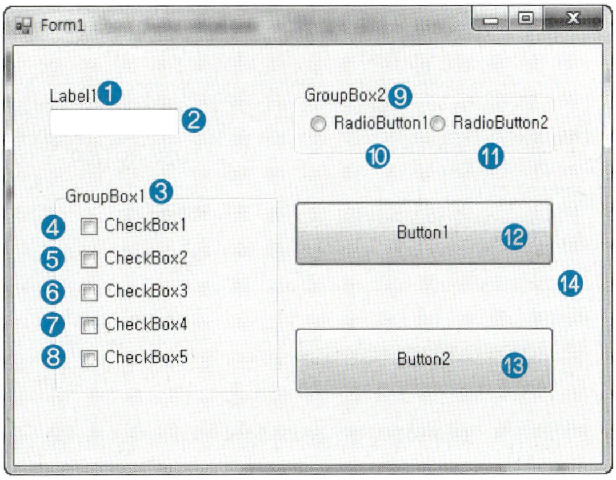

번호	컨트롤 종류	컨트롤	속성	속성값
❶	레이블	Label1	Name	lblName
			Text	이름 :
❷	텍스트박스	Text1	Name	txtName
			Text	
❸	그룹박스	GroupBox1	Name	fraFavoriteColor
			Text	좋아하는 색
❹	체크박스	CheckBox1	Name	chkRed
			Text	빨강
❺	체크박스	CheckBox2	Name	chkBlue
			Text	파랑
❻	체크박스	CheckBox3	Name	chkGreen
			Text	초록
❼	체크박스	CheckBox4	Name	chkYellow
			Text	노랑
❽	체크박스	CheckBox5	Name	chkMargenta
			Text	다홍
❾	그룹박스	GroupBox2	Name	fraGender
			Text	성별

⑩	라디오버튼	RadioButton1	Name	optMan
			Text	남자
⑪	라디오버튼	RadioButton2	Name	optWoman
			Text	여자
⑫	버튼	Button1	Name	cmdDisplay
			Text	선택 내용 확인
⑬	버튼	Button2	Name	cmdExit
			Text	종료
⑭	폼	Form1	Name	frmCheckRadio

⑤ [속성] 창에서 cmdDisplay 버튼에 Click 이벤트 처리기(cmdDisp_Click)를 설정하고, 다음과 같이 이벤트 처리기를 작성한다.

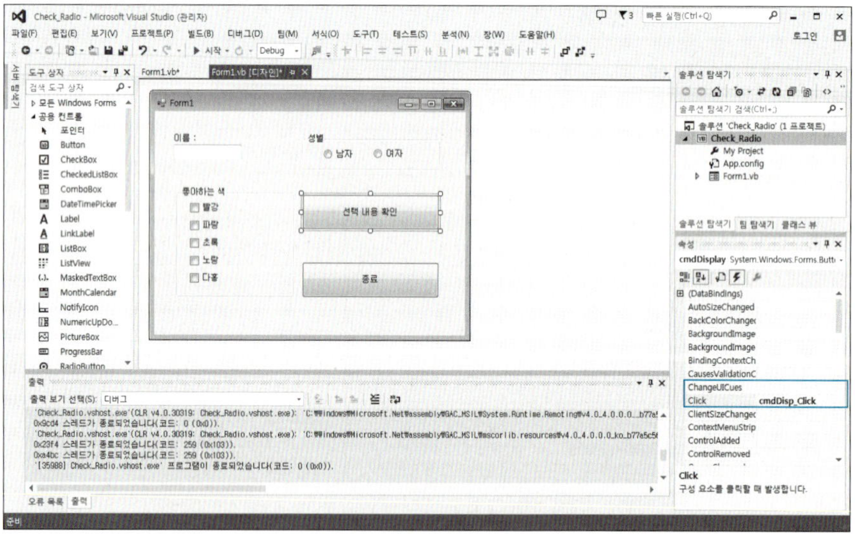


```
Private Sub cmdDisp_Click(sender As Object, e As EventArgs) Handles cmdDisplay.
Click
        Dim Disp_Text As String
        Disp_Text = lblName.Text & txtName.Text
        Disp_Text = Disp_Text & Chr(13) & Chr(10) & "성별 : "
        If rbMan.Checked = True Then
```

```
            Disp_Text = Disp_Text & optMan.Text
        Else
            Disp_Text = Disp_Text & optWoman.Text
        End If
        Disp_Text = Disp_Text & Chr(13) & Chr(10) & "좋아하는 색 : "
        If chkRed.Checked = True Then
            Disp_Text = Disp_Text & chkRed.Text & "  "
        End If
        If chkBlue.Checked = True Then
            Disp_Text = Disp_Text & chkBlue.Text & "  "
        End If
        If chkGreen.Checked = True Then
            Disp_Text = Disp_Text & chkGreen.Text & "  "
        End If
        If chkYellow.Checked = True Then
            Disp_Text = Disp_Text & chkYellow.Text & "  "
        End If
        If chkMagenta.Checked = True Then
            Disp_Text = Disp_Text & chkMagenta.Text & "  "
        End If
        MessageBox.Show(Disp_Text)
    End Sub
```

⑥ 〈F5〉 키를 눌러 폼을 실행하고, 항목을 선택한 다음 〈선택 내용 확인〉 버튼을 클릭하여 선택한 내용이 표시되는지 확인하자.

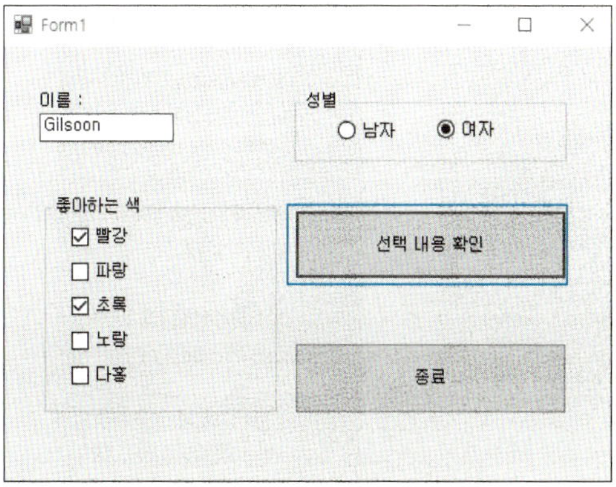

| 코드 이해하기 |

```
02  Dim Disp_Text As String
03  Disp_Text = lblName.Text & txtName.Text
04  Disp_Text = Disp_Text & Chr(13) & Chr(10) & "성별 : "
```

02행: Dim 구문은 변수를 선언하는 구문이다. 변수(Variable)는 프로그램이 실행되는 동안 사용자가 입력한 값이나 계산 결과를 저장하기 위해 사용하는 공간을 의미한다. 변수는 사용하기 전에 Dim 구문을 사용하여 선언한다.

03행: 변수(Disp_Text)에 레이블(lblName) 컨트롤의 텍스트 속성값과 텍스트박스 컨트롤(txtName)의 텍스트 속성값을 하나의 문자열로 저장한다. &는 문자열 결합 연산자로 연산자 앞뒤의 문자를 합쳐 한의 문자열로 만들어준다. 예를 들어 “홍” & “길순” 실행 결과는 “홍길순”이 된다.

04행: 값을 가지고 있는 변수에 또 다른 값을 입력하면 이전에 저장된 값은 지워지게 된다. 이전 값과 새로운 값을 함께 저장하려면 04행처럼 사용한다. = 다음에 있는 Disp_Text 변수에는 03행의 결과가 저장되고, = 앞에 있는 Disp_Text 변수에는 03행의 결과와 Chr(13) & Chr(10) & “성별 : “를 합쳐 저장된다.

예를 들어 텍스트박스에 “홍길순”을 입력했다면 Disp_Text 변수에는 각각 다음과 같은 값이 저장된다.

> **Tip** Chr(13) & Chr(10)
>
> 줄바꿈을 위해 사용하며, Chr(13) + Chr(10), vbCrLf도 같은 의미이다.

```
05  If rbMan.Checked = True Then
06          Disp_Text = Disp_Text & optMan.Text
07  Else
08          Disp_Text = Disp_Text & optWoman.Text
09  End If
```

05~06행: 라디오 버튼(남자, rbMan)이 선택되었다면, 04행의 Disp_Text 변수값에 optMan.

Text 즉 "남자"가 저장되어, Disp_Text 변수값이 "이름 : 홍길순 (줄바꿈) 성별 : 남자"가 저장된다.

07~08행: 라디오 버튼(남자, rbMan)이 선택되지 않았다면, 04행의 Disp_Text 변수값에 optWoman.Text 즉 "여자"가 저장되어, Disp_Text 변수값이 "이름 : 홍길순 (줄바꿈) 성별 : 여자"가 저장된다.

```
10  Disp_Text = Disp_Text & Chr(13) & Chr(10) & "좋아하는 색 : "
```

10행: 05~06행의 결과 또는 07~08행 결과에 "좋아하는 색" 문자를 합쳐서 변수(Disp_Text)에 저장된다. 즉, 남자를 선택했다면, Disp_Text에는 "이름 : 홍길순 (줄바꿈) 성별 : 남자 (줄바꿈) 좋아하는 색 : "이 저장된다.

```
11  If chkRed.Checked = True Then
12      Disp_Text = Disp_Text & chkRed.Text & " "
13  End If
```

11~13행: '빨강'을 선택했다면 10행의 Disp_Text 변수에 "빨강"이라는 문자를 합쳐 저장한다. 선택하지 않았다면 아무것도 실행하지 않는다.

11~13행의 구문은 다음과 같이 한 줄로 표시할 수 있다.

```
If chkRed.Checked = True Then  Disp_Text = Disp_Text & chkRed.Text & " "
```

14~25행: 다른 색도 빨강을 처리하는 것과 동일하게 처리된다.

```
26  MessageBox.Show(Disp_Text)
```

26행: 변수 Disp_Text에 저장된 값을 메시지 대화상자를 사용하여 표시한다.

Section 06 리스트박스(ListBox) 컨트롤과 콤보박스(ComboBox) 컨트롤

리스트박스 컨트롤과 콤보박스 컨트롤은 표시된 항목 중 사용자가 선택할 수 있도록 하는 컨트롤이다. 리스트박스 컨트롤은 하나 이상의 항목을 선택 가능한 목록을 표시하고, 콤보박스 컨트롤은 드롭다운 콤보 상자를 이용하여 선택 가능한 목록을 표시한다. 두 컨트롤 모두 [속성] 창에서 Items 속성을 사용하여 목록을 추가한다.

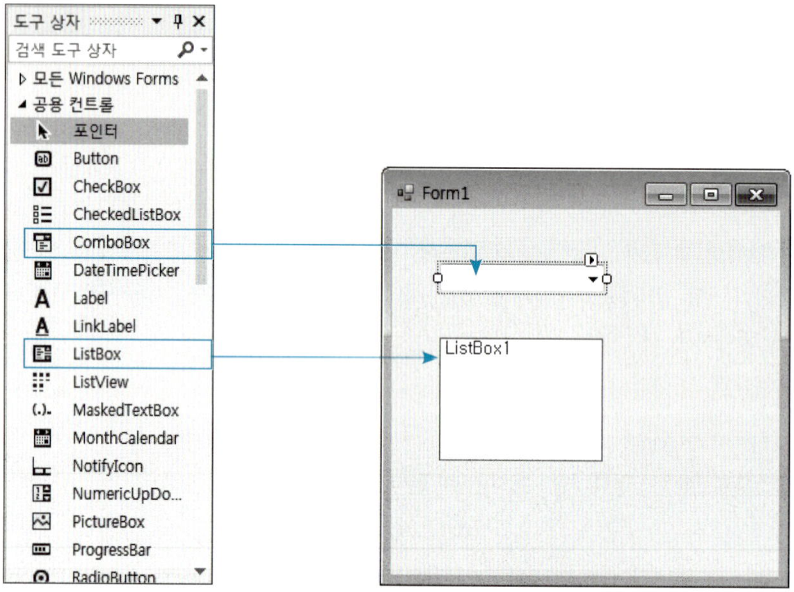

그림 4-21 콤보 박스 컨트롤과 리스트 박스 컨트롤

1) 리스트박스(ListBox) 컨트롤

리스트박스 컨트롤은 하나 이상의 선택 가능한 목록을 표시하는 컨트롤이다. 리스트박스에 모두 표시되지 않는 경우 자동으로 스크롤 막대가 표시된다.

▪ MultiColumn 속성

MultiColumn 속성을 사용하여 리스트박스(ListBox) 컨트롤에 하나 이상의 열이 표시되도록 할 것인지 설정할 수 있다.

속성값	설명
True	컨트롤의 항목이 여러 열에 표시되고 가로 스크롤 막대가 표시
False	**(기본값)** 목록 상자의 항목이 단일 열에 표시되고 세로 스크롤 막대 표시

▪ ScrollAlwaysVisible 속성

세로 스크롤 막대의 표시 여부를 설정하거나 반환하는 속성으로 True/False 값 중 하나를 가진다.

속성값	설명
True	세로 스크롤 막대 항상 표시
False	**(기본값)** 세로 스크롤 막대 표시하지 않음

■ SelectionMode 속성

항목을 선택하는 방법을 설정하거나 반환하는 속성으로, 하나의 항목이 선택되도록 할 것인지 하나 이상의 항목을 선택 가능하도록 할 것인지 설정하는 속성이다.

속성값	설명
One	**(기본값)** 하나의 항목만 선택 가능
MultiSimple	마우스 또는 스페이스 바를 클릭하여 하나 이상의 항목 선택
MultiExtended	〈Ctrl〉 또는 〈Shift〉 키를 이용하여 하나 이상의 항목 선택

2) 콤보박스(ComboBox) 컨트롤

콤보박스 컨트롤과 리스트박스 컨트롤은 유사하게 동작하기 때문에 서로 바꿔 사용할 수도 있으나, 작업에 따라 두 컨트롤 중 하나가 더 적합한 경우도 있다.

일반적으로 콤보박스 컨트롤은 추천 목록이 있는 경우에 적합하고, 리스트박스 컨트롤은 목록에 대해 항목 입력을 제한하려는 경우에 적합하다. 콤보박스 컨트롤에는 텍스트 상자 필드가 있어 목록에 없는 항목을 입력할 수 있다. 그러나 DropDownStyle 속성값에 따라 목록의 표시 방법을 설정할 수 있다.

■ DropDownStyle 속성

콤보박스(ComboBox) 컨트롤의 목록의 표시 여부를 설정하는 속성으로, Simple, DropDown, DropDownList 3개의 속성값을 제공한다. DropDownList로 설정되어 있는 경우에는 항목의 첫 글자만 입력하면 컨트롤에서 해당 항목이 자동으로 선택된다.

속성값	설명
Simple	텍스트 부분 편집 가능하며, 목록이 항상 표시
DropDown	**(기본값)** 텍스트 부분 편집 가능, (▼)를 클릭하여 목록 표시
DropDownList	텍스트 부분 편집 불가, (▼)를 클릭하여 목록 표시

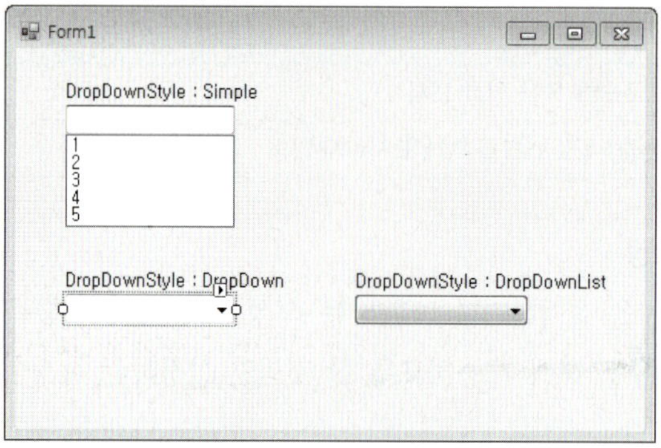

그림 4-22 DropDownStyle 속성값에 따른 콤보박스 스타일

3) 리스트박스(ListBox) 컨트롤과 콤보박스(ComboBox)의 주요 속성

■ SelectedIndex 속성

선택한 항목의 위치에 해당하는 정수값을 설정하거나 반환하는 속성이다. 항목이 선택되지 않은 경우 SelectedIndex 속성값은 -1이며, 목록의 첫 번째 항목을 선택한 경우 SelectedIndex 값은 0이 된다. 여러 항목을 선택하면 SelectedIndex 속성값은 선택한 항목 중 첫 번째 항목의 값을 반영한다.

■ SelectedItem 속성

SelectedIndex 속성이 항목의 위치를 반환한다면 SelectedItem 속성은 선택한 항목의 문자열을 반환하는 속성이다. Text 속성과 동일한 값을 반환한다.

■ Sorted 속성

컨트롤의 항목이 사전순서로 정렬할지 설정하거나 반환하는 속성으로 True/False 값을 가진다.

속성값	설명
True	컨트롤의 항목들이 사전순으로 정렬
False	**(기본값)** 정렬되지 않고 입력한 순서대로 표시

■ Text 속성

현재 선택되어 있는 항목의 텍스트를 반환하거나 검색하기 위해 사용한다.

4) 항목을 추가/삭제하기 위해 사용하는 메서드

프로그램 실행 중에 리스트박스(ListBox)와 콤보박스(ComboBox) 컨트롤에서 항목을 추가하거나 삭제하려면 Add, Insert, Clear 또는 Remove 메서드를 사용한다.

■ Add 메서드

컨트롤의 목록에 항목을 추가하기 위해 사용한다. Sorted 속성이 True로 설정되어 있으면 항목이 사전 순으로 목록에 삽입되나, False로 설정되어 있으면 목록의 끝에 삽입된다. 항목을 목록 상자의 특정 위치에 삽입하려면, Insert 메서드를 사용해야 한다.

사용형식

```
컨트롤이름.Items.Add(삽입할 항목)
```

■ Insert 메서드

지정한 위치에 항목을 추가하기 위해 사용한다.

사용형식

```
컨트롤이름.Items.Add(인덱스 위치값, 삽입할 항목)
```

■ Remove 메서드

컨트롤의 목록에서 항목을 제거하기 위해 사용한다. 제거할 항목의 인덱스를 지정하려면 RemoveAt 메서드를 사용하고, 목록에서 항목을 모두 제거하려면 Clear 메서드를 사용한다.

사용형식

```
컨트롤이름.Items.Remove(제거할 항목)
```

■ RemoveAt 메서드

컨트롤의 항목 목록에서 지정한 항목을 제거하기 위해 사용한다.

사용형식

```
컨트롤이름.Items.RemoveAt(제거할 항목의 인덱스)
```

▪ Clear 메서드

컨트롤의 모든 항목을 제거하기 위해 사용한다.

사용형식

```
컨트롤이름.Items.clear
```

실습 4-6 컨트롤에서 항목 추가 및 제거하기

Add 메서드와 Insert 메서드, Remove 메서드를 사용하여 목록에 문자열이나 개체를 추가하고 삭제하는 프로그램을 작성한다.

[1단계] Windows Form 만들기

① [파일] > [새로 만들기] > [프로젝트]를 차례로 선택한다.

② [새 프로젝트] 대화 상자의 '템플릿'–'Visual Basic'–'Windows Forms 응용 프로그램 템플릿'을 차례로 선택한다.

③ '이름' 상자에 프로젝트의 이름을 'ListComo'라고 입력하고, 저장 위치를 설정한 다음, [확인] 버튼을 클릭한다.

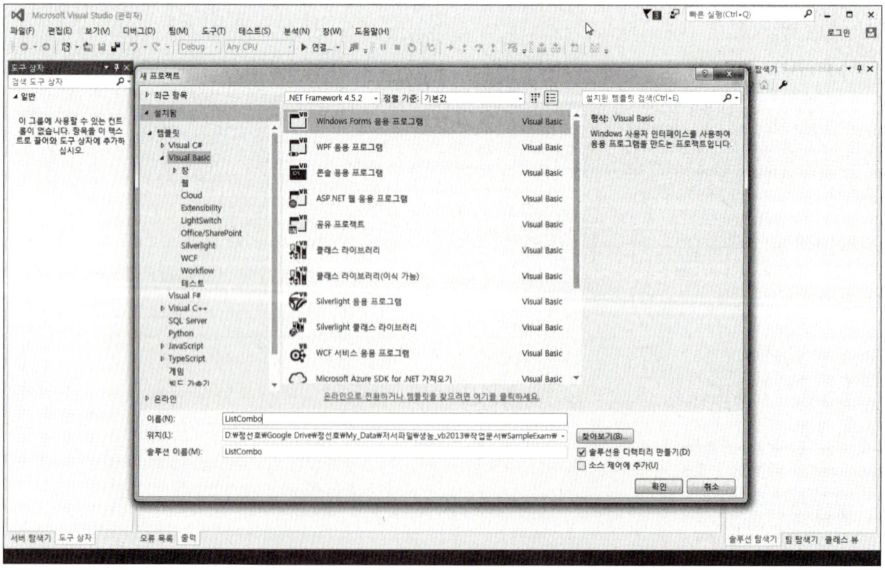

[2단계] 컨트롤 추가하고 속성 설정하기

④ 폼에 레이블 컨트롤과 텍스트박스 컨트롤을 추가하고, 다음과 같이 속성을 설정한다.

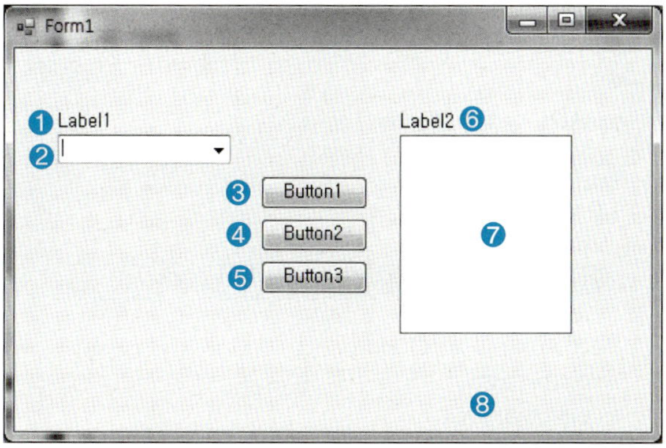

번호	컨트롤 종류	컨트롤	속성	속성값
❶	레이블	Label1	Name	lblSubject
			Text	과목명 :
❷	콤보박스	ComboBox1	Name	cboSubject
			Items	경영학, 비주얼 베이직, 컴퓨터활용, 논리적 사고와 글쓰기, 영어회화
❸	버튼	Button1	Name	cmdAdd
			Text	과목 추가 >>
❹	버튼	Button2	Name	cmdInsert
			Text	과목 삽입 >>
❺	버튼	Button3	Name	cmdRemove
			Text	과목 제거 <<
❻	레이블	Label2	Name	lblAddeddList
			Text	추가된 항목 :
❼	리스트박스	ListBox1	Name	lstAddedList
❽	폼	Form1	Name	frmListManage
			Text	항목 추가 삭제하기

[3단계] 버튼의 이벤트 처리기 작성하기

⑤ [과목 추가 >>] 버튼을 선택하고, [속성] 창에서 이벤트 단추(⚡)를 클릭한 다음, Click 이벤트 이름을 'AddSubject_Click'로 입력한다.

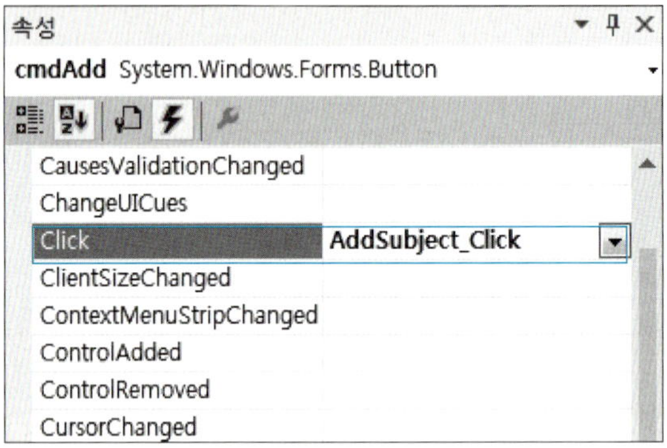

⑥ AddSubject_Click 이벤트 처리기에 ComboBox 컨트롤에서 선택한 항목이 ListBox 컨트롤에 추가되도록 다음과 같이 코드를 작성한다.

```
Private Sub AddSubject_Click(sender As Object, e As EventArgs) Handles cmdAdd.
Click
    lstAddedList.Items.Add(cboSubject.SelectedItem)
End Sub
```

⑦ [과목 삽입 >>] 버튼을 선택하고, [속성] 창에서 이벤트 단추(⚡)를 클릭한 다음, Click 이벤트 이름을 'InsertSubject_Click'로 입력한다.

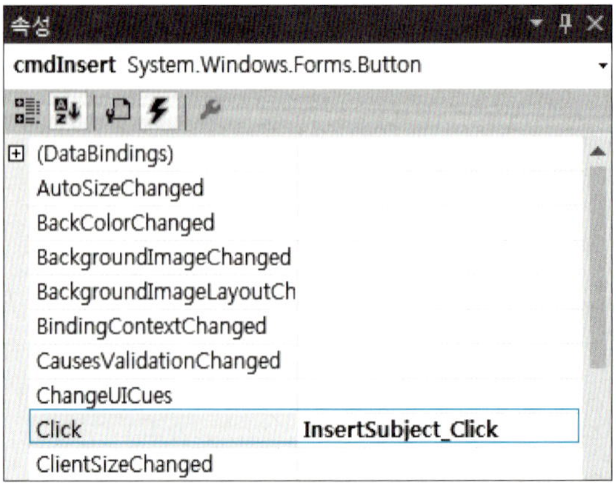

⑧ InsertSubject_Click 이벤트 처리기에 ComboBox 컨트롤에서 선택한 항목이 ListBox 컨트롤에 추가되도록 다음과 같이 코드를 작성한다. 다음과 같이 코드를 입력하면 첫 번째 항목으로 삽입된다.

```
Private Sub InsertSubject_Click(sender As Object, e As EventArgs) Handles
cmdInsert.Click
        lstAddedList.Items.Insert(0, cboSubject.SelectedItem)
End Sub
```

⑨ [과목 제거 <<] 버튼을 선택하고, [속성] 창에서 이벤트 단추(⚡)를 클릭한 다음, Click 이벤트 이름을 'RemoveSubject_Click'로 입력한다.

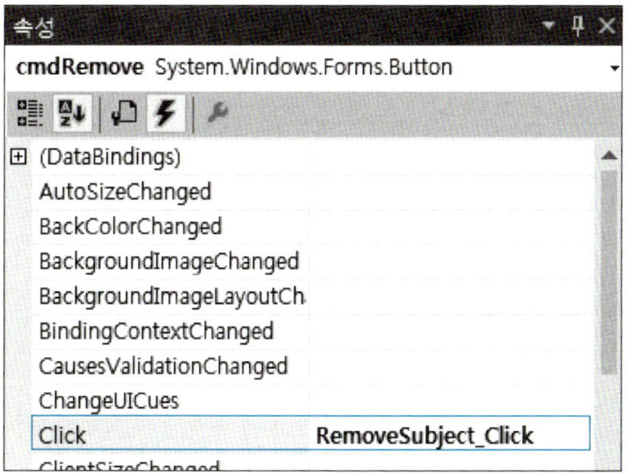

⑩ RemoveSubject_Click 이벤트 처리기에 ListBox 컨트롤에서 선택한 항목이 삭제되도록 다음과 같이 코드를 작성한다.

```
Private Sub RemoveSubject_Click(sender As Object, e As EventArgs) Handles
cmdRemove.Click
        lstAddedList.Items.Remove(lstAddedList.SelectedItem)
End Sub
```

⑪ 〈F5〉 키를 눌러 폼을 실행하자.

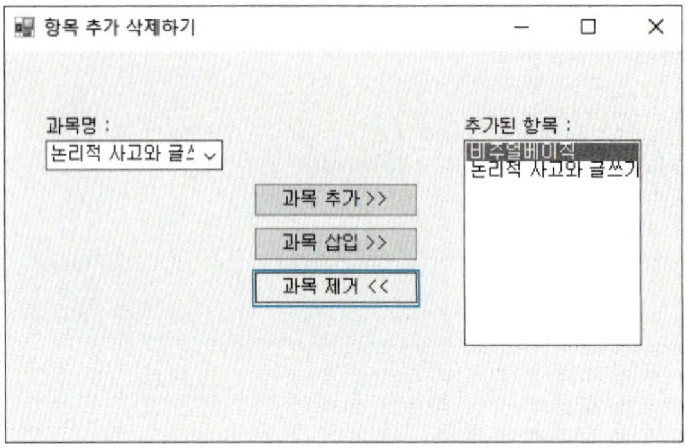

⑫ 폼을 처음 실행했을 때 ComboBox 컨트롤의 첫 번째 항목이 표시되도록 폼의 Load 이벤트 처리기에 다음과 같이 코드를 추가한 후 실행해보자.

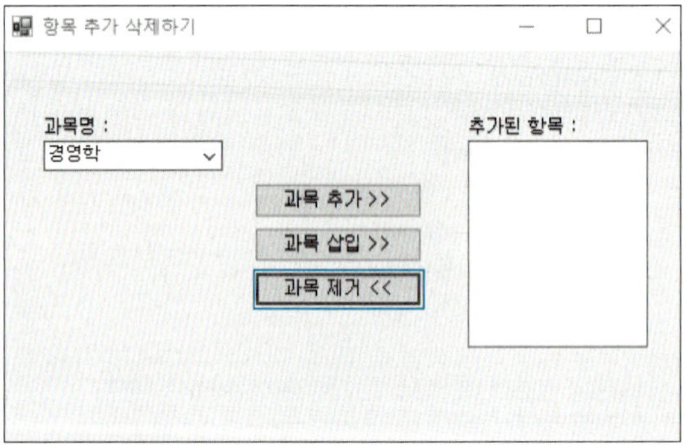


```
Private Sub Form_Load(sender As Object, e As EventArgs) Handles MyBase.Load
        cboSubject.SelectedIndex = 0
End Sub
```

| 코드 이해하기 |

```
01 Private Sub AddSubject_Click(sender As Object, e As EventArgs) Handles cmdAdd.
   Click
02    lstAddedList.Items.Add(cboSubject.SelectedItem)
03 End Sub
```

02행: 콤보박스(cboSubject)에서 선택한 항목의 문자열을 리스트박스(lstAddedList)의 맨 뒤에 추가한다.

```
04 Private Sub InsertSubject_Click(sender As Object, e As EventArgs) Handles cmdInsert.Click
05     lstAddedList.Items.Insert(0, cboSubject.SelectedItem)
06 End Sub
```

05행: 콤보박스(cboSubject)에서 선택한 항목의 문자열을 리스트박스(lstAddedList)의 맨 앞에 추가한다.

```
07 Private Sub RemoveSubject_Click(sender As Object, e As EventArgs) Handles cmdRemove.Click
08     lstAddedList.Items.Remove(lstAddedList.SelectedItem)
09 End Sub
```

08행: 리스트박스(lstAddedList)에서 선택한 항목을 리스트박스(lstAddedList)에서 삭제한다.

```
10 Private Sub Form_Load(sender As Object, e As EventArgs) Handles MyBase.Load
11     cboSubject.SelectedIndex = 0
12 End Sub
```

11행: 콤보박스(cboSubject)의 첫 번째 항목이 콤보박스의 텍스트 상자에 표시되도록 설정한다.

요약

▶ 윈도우즈 폼(Form)은 .Net 기반 윈도우 응용 프로그램의 사용자 인터페이스를 구성하는 중요한 구성요소로 System.Windows.Forms.Form 클래스에서 파생되는 파생 클래스의 객체이다.

▶ 개체 이름 작성 규칙

① 첫 번째 문자는 반드시 영문자로 시작하고, 32자 미만으로 작성

② 이름 중간에 숫자와 밑줄(_)은 사용가능하지만, 공백과 마침표(.)는 사용할 수 없음

③ 이름의 각 단어는 대문자로 시작(예: StdName, TestMyForm).

④ 이름 앞에 컨트롤의 종류를 나타내는 접두어를 사용하자(헝가리안 표기법).

▶ 레이블(Label) 컨트롤: 읽기 전용의 텍스트나 이미지를 표시하는 컨트롤

▶ 텍스트 박스(TextBox) 컨트롤: 사용자의 입력을 받거나 텍스트를 표시하기 위해 사용하는 컨트롤

▶ 버튼(Button) 컨트롤: 사용자가 버튼을 클릭했을 때 특정 동작이 수행되도록 하는 컨트롤

▶ 그룹박스(GroupBox) 컨트롤: 컨트롤을 시각적으로, 기능별로 그룹화하는 데 사용하는 컨트롤

▶ 체크박스(CheckBox) 컨트롤: 하나 또는 그 이상의 조건에 대하여 선택 또는 해제 여부를 표시하는 경우 사용하는 컨트롤

▶ 라디오버튼(RadioButton) 컨트롤: 두 개 이상의 항목으로 구성된 집합에서 하나의 항목을 상호 배타적으로 선택하도록 할 때 사용하는 컨트롤

▶ 리스트박스(ListBox) 컨트롤: 하나 이상의 항목을 선택 가능한 목록을 표시하는 컨트롤

▶ 콤보박스(ComboBox) 컨트롤: 드롭다운 콤보 상자를 이용하여 선택가능한 목록을 표시하는 컨트롤

연습문제

1. 레이블 컨트롤과 텍스트박스 컨트롤을 비교하고 주요 속성과 이벤트, 메서드에 대해 설명하라.

2. 폼에 두 개의 레이블 컨트롤을 추가하고, AutoSize 속성을 각각 True와 False로 설정한 후 Form_Load( ) 이벤트 처리기에 사용하여 다음과 같이 코드를 작성하고 실행하여 그 결과를 확인해 보도록 한다.

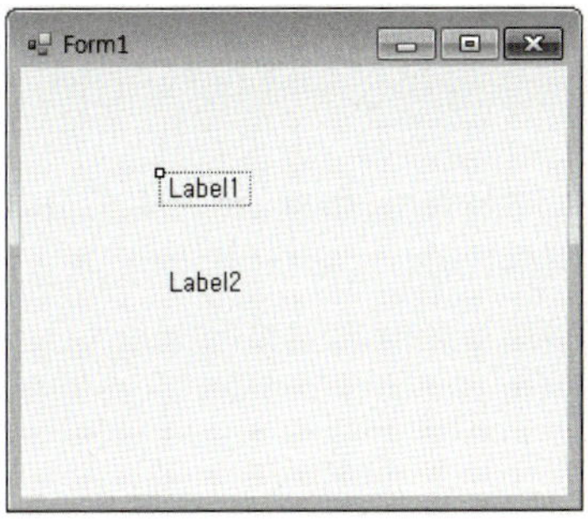


```
Private Sub Form_Load()

  Label1.Caption = "비주얼 베이직의 세계에 오신 것을 환영합니다!!. 승리하시길~"
  Label2.Caption = "비주얼 베이직의 세계에 오신 것을 환영합니다!!. 승리하시길~"

End Sub
```

3. 텍스트 박스에 문자열을 입력하면 다음과 같이 입력한 문자열의 개수만큼 *가 표시되도록 속성을 설정하자.

4. 폼 위에 버튼 컨트롤을 추가하고, Image 속성과 Text 속성, ImageAlign 속성, TextAlign 속성을 사용하여 다음과 같이 버튼에 이미지와 텍스트가 표시되도록 설정하라.

5. 프로그램을 실행하면 다음 그림과 같이 텍스트박스 컨트롤의 Text 속성에 설정된 문자열이 항상 블록으로 설정되도록 텍스트박스 컨트롤의 메서드를 사용하여 프로그램을 작성하라.

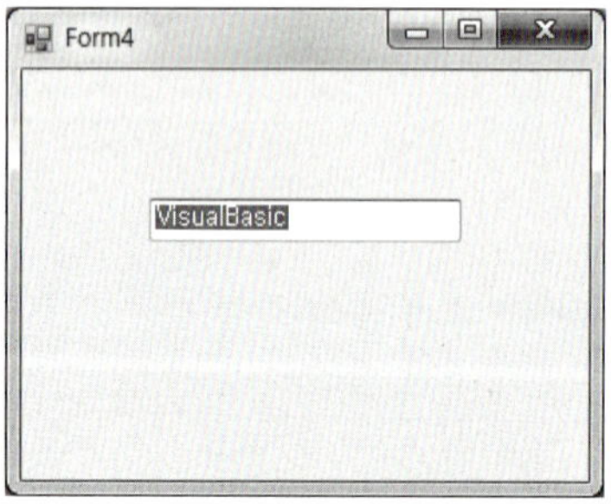

6. 다음 그림과 같이 폼을 디자인하고, 글자색과 글자 모양 항목, 글자 크기를 선택하면 입력된 문자열의 속성이 변경되도록 프로그램을 작성해보자.

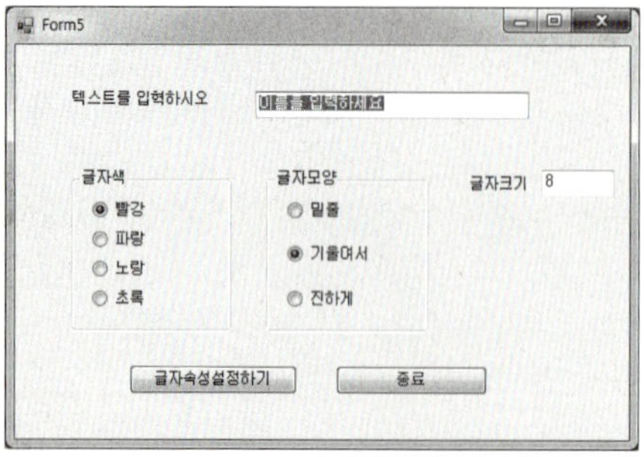

CHAPTER 05

윈도우즈 폼(Windows Form) 컨트롤-2

contents

05 윈도우즈 폼(Windows Form) 컨트롤-2

이 장에서는 픽처박스 컨트롤, 타이머 컨트롤과 같이 자주 사용하는 컨트롤의 특성을 살펴보도록 한다.

Section 01 픽처박스(PictureBox) 컨트롤

픽처박스 컨트롤은 비트맵, GIF, JPEG, 메타파일 또는 아이콘 형식의 그래픽을 표시하는 데 사용된다.

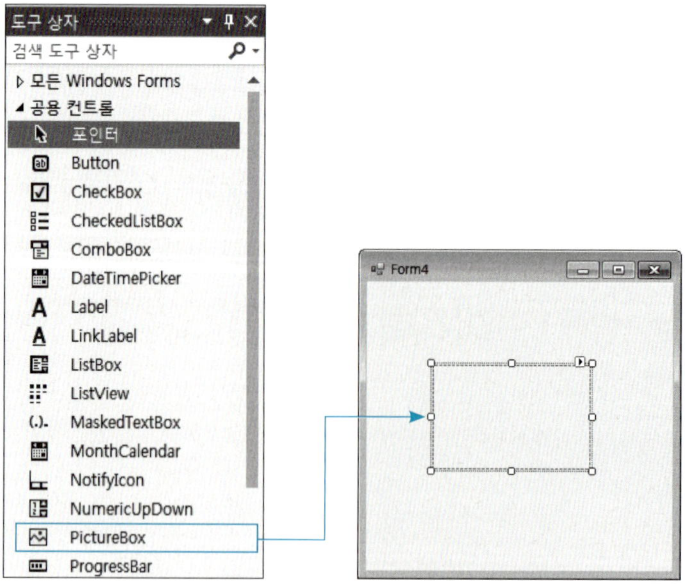

그림 5-1 픽처박스 컨트롤

1) 픽처박스(PictureBox) 컨트롤의 속성

■ Image 속성

픽처박스 컨트롤에 그림을 표시하기 위해 사용하며 〈표 5-1〉과 같은 파일 형식을 사용할 수 있다.

표 5-1 사용 가능한 파일 형식

형식	파일 확장명
비트맵	.bmp
아이콘	.ico
GIF	.gif
메타파일	.wmf
JPEG	.jpg

▶ 디자인 모드에서 그림을 표시하려면

① 폼에 픽처박스(PictureBox) 컨트롤을 그린다.

② [속성] 창에서 Image 속성을 선택한 다음 줄임표 단추를 클릭하여 열기 대화 상자를 표시한다.

③ 표시할 파일을 선택한다.

▶ 디자인 모드에서 그림을 삭제하려면

① [속성] 창에서 Image 속성을 선택한다.

② 마우스 오른쪽 단추로 이미지 개체 이름의 왼쪽에 작게 표시된 축소판 이미지를 클릭하고 '다시 설정'을 선택한다.

▶ 코드편집기를 이용하여 그림을 설정하는 경우

① Image 클래스의 FromFile 메서드를 사용하여 Image 속성을 설정한다.

■ SizeMode 속성

이미지가 표시되는 방식을 설정하는 속성으로, Normal(기본값), AutoSize, Center Image 또는 StretchImage 값 중에서 설정한다.

값	설명
Normal	**(기본값)** 이미지를 컨트롤의 왼쪽 위 모퉁이에 맞춤 이미지가 컨트롤보다 크면 이미지의 아래쪽과 오른쪽 모퉁이가 잘림
AutoSize	컨트롤 크기를 이미지 크기에 맞게 조정
CenterImage	이미지를 컨트롤의 가운데에 맞춤 이미지가 컨트롤보다 크면 이미지가 잘림
StretchImage	이미지 크기를 컨트롤 크기에 맞게 조정

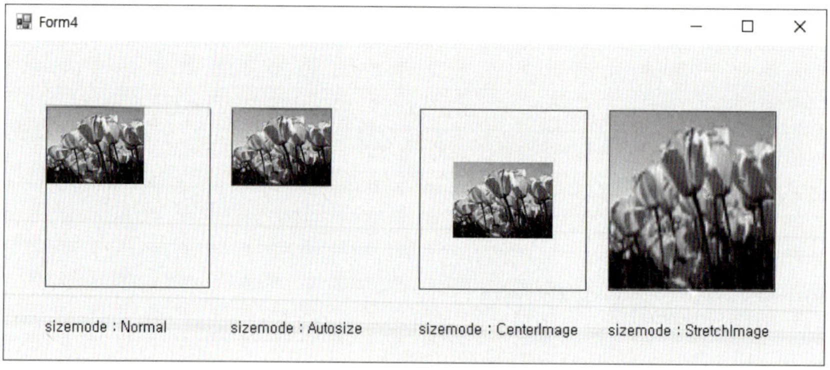

그림 5-2 SizeMode의 속성값과 컨트롤의 이미지 표시

▪ BackColor 속성

컨트롤의 배경색을 반환하거나 설정한다.

▪ BackGroundImage 속성

컨트롤에 표시할 배경 이미지를 설정한다.

▪ BackGroundImageLayout 속성

컨트롤에 표시할 배경 이미지의 위치를 설정한다. 기본값은 Tile이다.

속성 값	설명
Center	이미지가 컨트롤의 클라이언트 사각형 가운데에 맞춤
None	이미지가 컨트롤의 클라이언트 사각형 상단 왼쪽에 맞춤
Stretch	이미지가 컨트롤의 클라이언트 사각형에 맞춤
Tile	**(기본값)** 이미지가 컨트롤의 클라이언트 사각형에 바둑판식으로 배열
Zoom	이미지가 컨트롤의 클라이언트 사각형에서 확대

■ BorderStyle 속성

컨트롤의 테두리 스타일을 설정하거나 반환한다.

속성 값	설명
Fixed3D	3차원 테두리
FixedSingle	단일 선 테두리
None	**(기본값)** 테두리가 없음

실습 5-1 픽처박스(PictureBox) 컨트롤에 그림 표시하기

픽처박스(PictureBox) 컨트롤에 디자인 모드와 런타임 모드에 그림을 표시하는 예제이다.

[1단계] Windows Form 만들기

① [파일] > [새로 만들기] > [프로젝트]를 차례로 선택한다.

② [새 프로젝트] 대화 상자의 '템플릿'–'Visual Basic'–'Windows Forms 응용 프로그램 템플릿'을 차례로 선택한다.

③ '이름' 상자에 프로젝트의 이름을 'PictureBoxImage'라고 입력하고, 저장 위치를 설정한 다음 [확인] 버튼을 클릭한다.

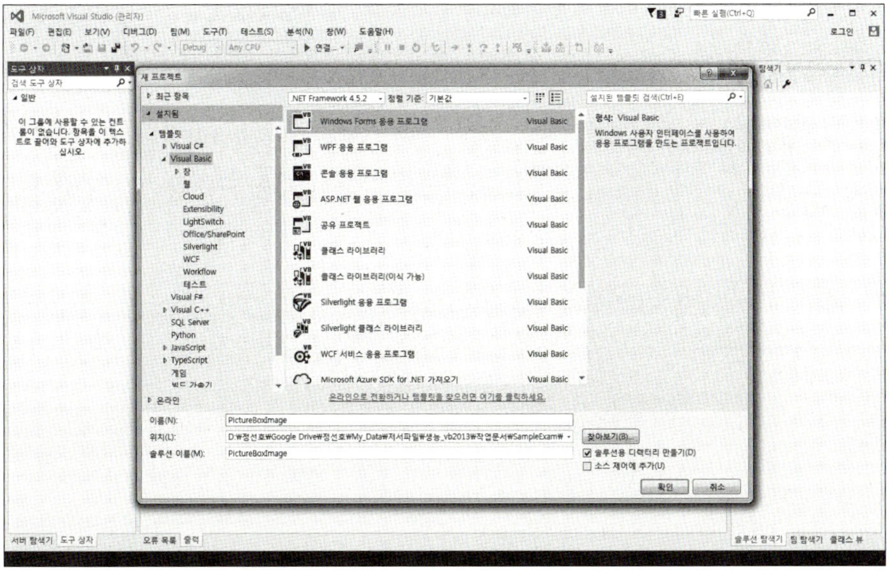

[2단계] 컨트롤 추가하고 속성 설정하기

④ 폼에 레이블(Lable) 컨트롤과 픽처박스(PictureBox) 컨트롤을 추가하고, 다음과 같이 속성을 설정한다.

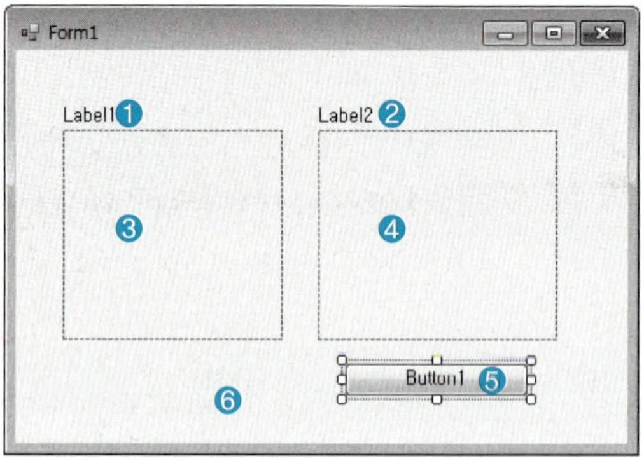

번호	컨트롤 종류	컨트롤	속성	속성값
❶	레이블	Label1	Name	lblPicture1
			Text	SizeMode : Normal
			SizeMode	Stretch
❷	레이블	Label2	Name	lblPicture2
			Image	SizeMode : StretchImage
			SizeMode	Zoom
❸	픽처박스	PictureBox1	Name	picImageLoad1
			Image	(대화상자에서 이미지 파일 선택)
❹	픽처박스	PictureBox2	Name	picImageLoad2
			Image	(대화상자에서 이미지 파일 선택)
❺	버튼	button1	Name	cmdImageLoad
			Text	이미지 바꾸기
❻	폼	Form1	Name	frmPicImage
			Text	픽처박스 컨트롤 속성 이해하기

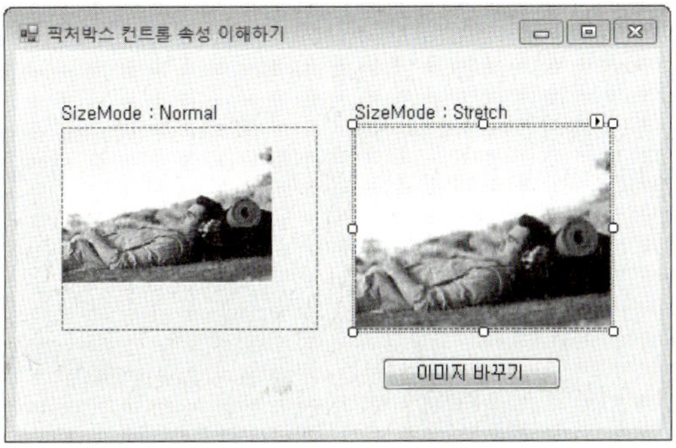

⑤ 버튼(cmdImageLoad) 컨트롤을 클릭하여 선택하고, [속성] 창에서 이벤트 단추(⚡)를 클릭한 다음, Click 이벤트 이름을 'ImageLoad'로 입력한다.

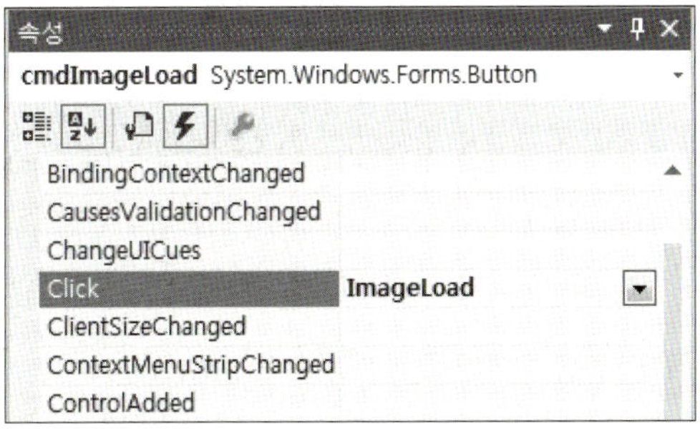

⑥ ImageLoad 이벤트 처리기에 다음과 같이 코드를 입력한다.

```
Private Sub ImageLoad(sender As Object, e As EventArgs) Handles cmdImageLoad.
Click
    picImageLoad2.Image = New Bitmap("G:\그림\tulips3.bmp")
End Sub
```

⑦ 〈F5〉키를 눌러 프로그램을 실행한 다음, [이미지 바꾸기] 버튼을 클릭하여 지정된 이미지가 표시되는지 확인하자.

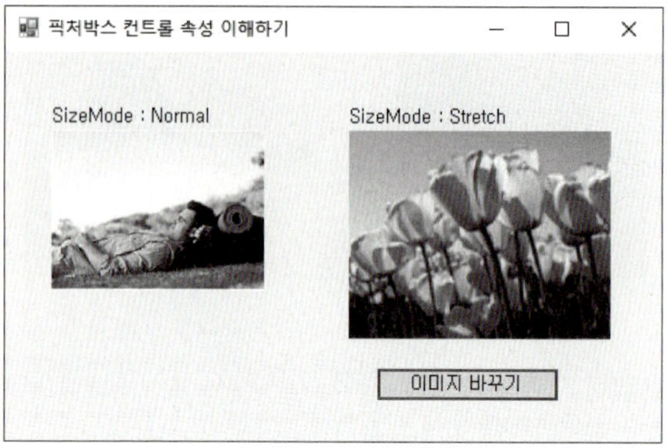

| 코드 이해하기 |

```
02  picImageLoad2.Image = New Bitmap("G:\그림\tulips3.bmp")
```

02행: 픽처박스컨트롤(picImageLoad2)에 지정된 경로("G:\그림\tulips3.bmp")에 있는 이미지를 표시한다. New 키워드는 새로운 개체 인스턴스를 만들기 위해 사용한다.

Section 02 수평(HScrollbar)/수직(VScrollbar) 스크롤바 컨트롤

비주얼 베이직에서는 윈도우에 익숙해진 사용자들이 마우스를 사용하여 원하는 입력값을 넣지 않고, 마우스로 스크롤바의 이동 탭을 눌러 값이 있는 곳으로 이동 및 선택할 수 있도록 스크롤바를 제공하고 있다. 비주얼 베이직에서 제공하는 스크롤바는 수평 스크롤바(HScrollBar)와 수직 스크롤바(VScrollBar) 두 가지가 있으며, 스크롤바를 사용하여 대량의 데이터나 긴 목록 등을 손쉽게 검색할 수 있고, 숫자를 사용하여 현재의 위치를 표시할 수 있다.

수평 스크롤바(HScrollBar)와 수직 스크롤바(VScrollBar)는 '모든 Windows Forms' 항목에서 찾을 수 있다. 수평(HScrollbar)/수직(VScrollbar) 스크롤바 컨트롤은 Scroll 이벤트를 사용하여 스크롤 막대에서 스크롤 막대의 움직임을 모니터링하고, 스크롤 막대를 드래그할 때 스크롤 막대의 값에 액세스할 수 있다.

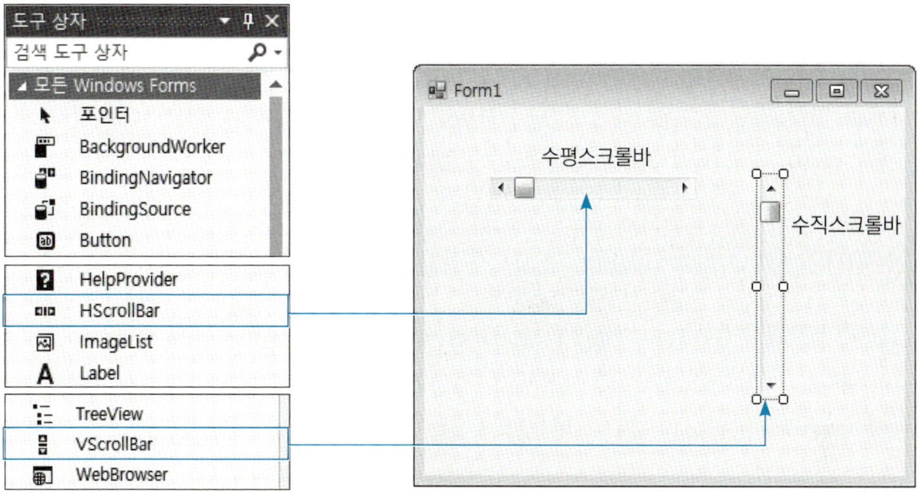

그림 5-3 수평/수직 스크롤바 컨트롤

1) 수평(HScrollbar)/수직(VScrollbar) 스크롤바 컨트롤의 속성

▪ Value 속성

스크롤 막대에서 스크롤 상자의 위치를 나타내는 (정수)값으로, 기본값은 0이다. 마우스를 클릭하여 스크롤 막대의 값을 변경하거나 스크롤 막대에서 원하는 위치로 스크롤 막대를 드래그할 수도 있다.

▪ LargeChange 및 SmallChange 속성

사용자가 〈PageUp〉 키 또는 〈PageDown〉 키를 누르거나 스크롤 막대의 좌우 여백 부분을 클릭하면 LargeChange 속성에 설정된 값에 따라 Value 속성이 변경된다. 화살표 버튼이나 스크롤 막대 단추(◀▶)를 클릭하면 SmallChange 속성에 설정된 값에 따라 Value 속성이 변경된다. 기본값은 각각 10이다.

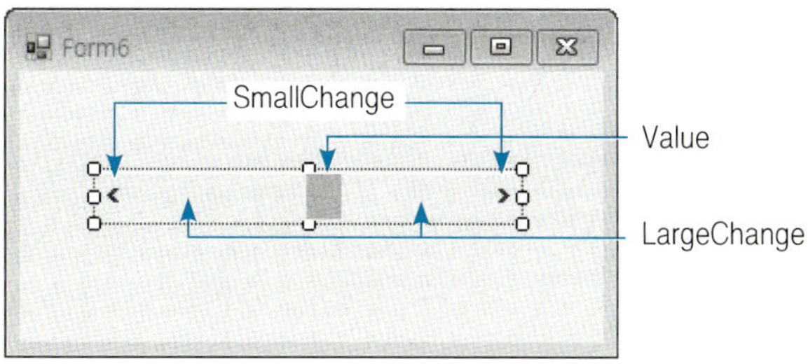

그림 5-4 스크롤바의 주요 속성

■ Maximum 속성과 Minimum 속성

Maximum 속성(기본값: 100)은 스크롤 막대 위치에 대한 Value 속성의 최대값을 설정하거나 반환하기 위해 사용하는 속성이고, Minimum 속성(기본값: 0)은 스크롤 막대 위치에 대한 Value 속성의 최소값을 반환 또는 설정하는 속성이다.

2) 수평(HScrollbar)/수직(VScrollbar) 스크롤바 컨트롤의 이벤트

스크롤바 컨트롤도 Change, KeyPress, GotFocus, Scroll 이벤트 등을 자체적으로 가지며, 이 중 Scroll 이벤트가 주로 사용된다. Scroll 이벤트를 사용하여 계산을 수행하거나 스크롤 막대가 스크롤되는 동안 이벤트를 처리할 수 있다.

실습 5-2 스크롤하는 동안 도형의 크기 바꾸기

[1단계] Windows Form 만들기

① [파일] > [새로 만들기] > [프로젝트]를 차례로 선택한다.

② [새 프로젝트] 대화 상자의 '템플릿'–'Visual Basic'–'Windows Forms 응용 프로그램 템플릿'을 차례로 선택한다.

③ '이름' 상자에 프로젝트의 이름을 'ScrollBar'라고 입력하고, 저장 위치를 설정한 다음 [확인] 버튼을 클릭한다.

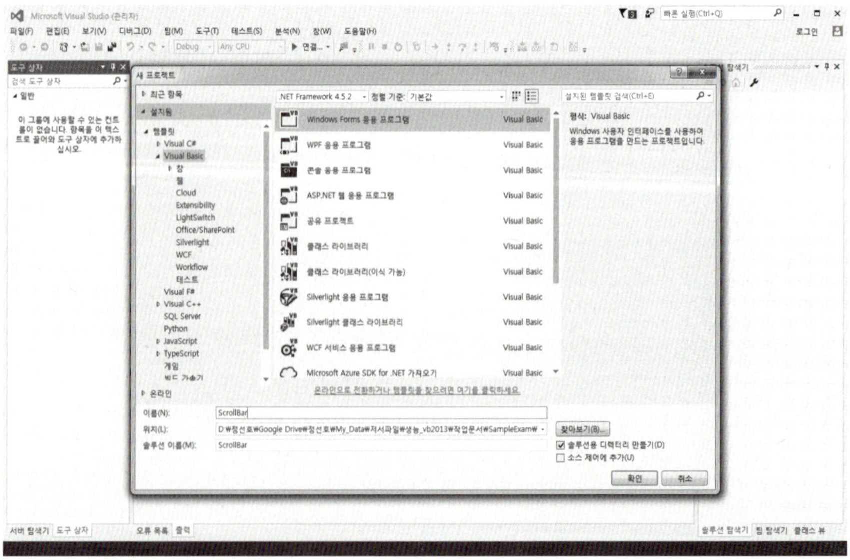

[2단계] 컨트롤 추가하고 속성 설정하기

④ 폼에 레이블(Label) 컨트롤과 수평 스크롤바 컨트롤을 추가하고 속성을 설정한다.

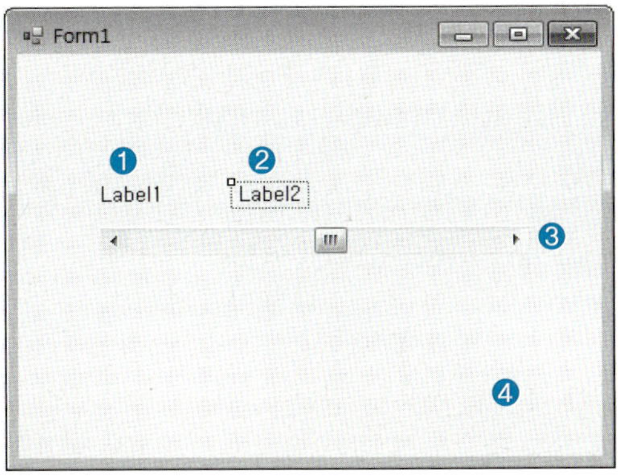

번호	컨트롤 종류	컨트롤	속성	속성값
❶	레이블	Label1	Name	lblScrollText
			Text	Scroll Value :
			BorderStyle	FixedSingle
			Autosize	False
❷	레이블	Label2	Name	lblScrollValue
			Text	
❸	수평스크롤바	HScrollbar1	Name	HScrollBar1
			Minimum	0
			Maximum	Hscrollbar1.Width
❹	폼	Form1	Name	frmScrollBar

⑤ HScrollbar1 컨트롤의 Value 속성값이 lblScrollValue 컨트롤의 Text 속성값으로 초기화되어 설정되도록 폼을 클릭하고, [속성] Text창에서 이벤트 단추(⚡)를 클릭한 다음, Load 이벤트 이름을 'Form_Load'로 입력한다.

```
Private Sub Form_Load(sender As Object, e As EventArgs) Handles MyBase.Load
        lblScrollValue.Text = HScrollBar1.Value
        HScrollBar1.Maximum = HScrollBar1.Width
End Sub
```

⑥ HScrollbar1 컨트롤을 클릭하여 선택하고, [속성] 창에서 이벤트 단추( )를 클릭한 다음 Click 이벤트 이름을 'ScrollBar_Scroll'로 입력한다. 이 이벤트 처리기는 스크롤 버튼을 움직이면 레이블 컨트롤(lblScrollText)의 크기를 변경하도록 한다.

```
Private Sub ScrollBar_Scroll(sender As Object, e As ScrollEventArgs) Handles
HScrollBar1.Scroll
    lblScrollText.Width = HScrollBar1.Value
    lblScrollValue.Text = HScrollBar1.Value
End Sub
```

⑦ 〈F5〉 키를 눌러 실행하고, 스크롤 막대를 움직이면 레이블 컨트롤의 크기가 변하는 것을 확인해보자.

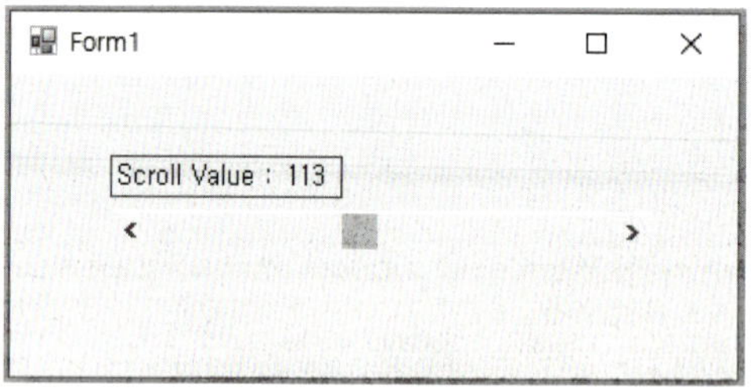

| 코드 이해하기 |

```
01  Private Sub Form_Load(sender As Object, e As EventArgs) Handles MyBase.Load
02      lblScrollValue.Text = HScrollBar1.Value
03      HScrollBar1.Maximum = HScrollBar1.Width
04  End Sub
```

01행: 폼이 실행될 때 실행되는 이벤트처리기로 02~03행을 실행한다.

02행: 스크롤바(HScrollBar1) 컨트롤의 스크롤 막대의 위치값을 레이블 컨트롤(lblScrollValue)에 표시한다.

03행: 스크롤바(HScrollBar1) 컨트롤에서 스크롤 막대의 최대값(Maximum)을 스크롤바(HScrollBar1) 컨트롤의 너비(width) 값으로 설정한다.

```
05  Private Sub ScrollBar_Scroll(sender As Object, e As ScrollEventArgs) Handles
    HScrollBar1.Scroll
06      lblScrollText.Width = HScrollBar1.Value
07      lblScrollValue.Text = HScrollBar1.Value
08  End Sub
```

05행: 스크롤바(HScrollBar1) 컨트롤의 스크롤 막대를 움직이면 실행되는 이벤트 처리기로 06~07행을 실행한다.

06행: 스크롤바(HScrollBar1) 컨트롤의 스크롤 막대의 위치값(value)으로 레이블 컨트롤(lblScrollText)의 너비를 설정한다.

07행: 스크롤바(HScrollBar1) 컨트롤의 스크롤 막대의 위치값(value)을 레이블 컨트롤(lblScrollText)에 표시한다.

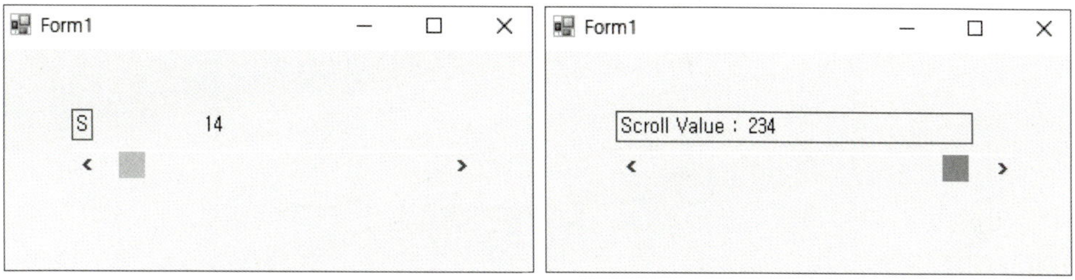

그림 5-5 스크롤 막대의 위치에 따른 레이블 컨트롤의 크기

3) 수평(HScrollbar)/수직(VScrollbar) 스크롤바 컨트롤의 메서드

수평/수직 스크롤바 컨트롤은 자체의 메서드로 Drag, Mover, Refresh, SetGocus 메서드 등을 가지고 있으나 거의 사용하지 않는다.

실습 5-3 픽처박스(PictureBox) 컨트롤의 배경색 바꾸기

[1단계] Windows Form 만들기

① [파일] > [새로 만들기] > [프로젝트]를 차례로 선택한다.

② [새 프로젝트] 대화 상자의 '템플릿'–'Visual Basic'–'Windows Forms 응용 프로그램 템플릿'을 차례로 선택한다.

③ '이름' 상자에 프로젝트의 이름을 'ScrollBarColor'라고 입력하고, 저장 위치를 설정한 다음 [확인] 버튼을 클릭한다.

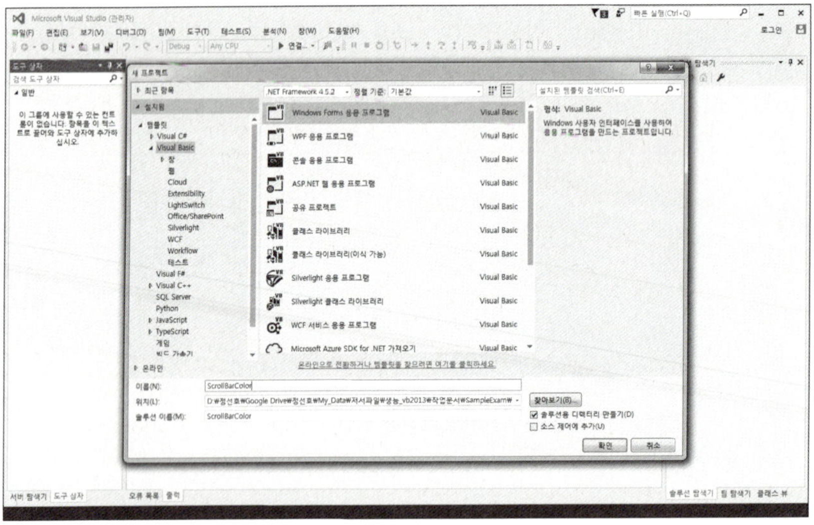

[2단계] 컨트롤 추가하고 속성 설정하기

④ 폼에 픽처박스(PictureBox) 컨트롤과 레이블(Label) 컨트롤과 수평 스크롤바 컨트롤을 추가하고 속성을 설정한다.

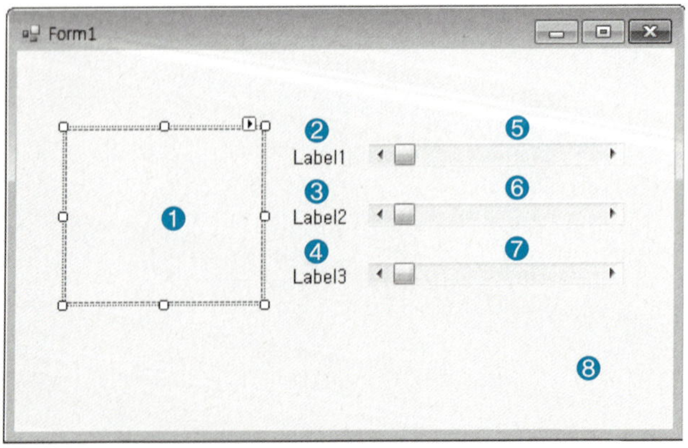

번호	컨트롤 종류	컨트롤	속성	속성값
❶	픽처박스	PictureBox1	Name	picColor
			BackColor	control
❷	레이블	Label1	Name	lblRed
			Text	빨강 :
❸	레이블	Label2	Name	lblGreen
			Text	초록 :
❹	레이블	Label3	Name	lblBlue
			Text	파랑 :
❺	수평스크롤바	HScrollbar1	Name	hsbRed
			Minimum	0
			Maximum	255
❻	수평스크롤바	HScrollbar2	Name	hsbGreen
			Minimum	0
			Maximum	255
❼	수평스크롤바	HScrollbar3	Name	hsbBlue
			Minimum	0
			Maximum	255
❽	폼	Form1	Name	frmPicColor

⑤ 스크롤바 컨트롤의 Value 속성 값이 픽처박스 컨트롤의 배경색을 변경하도록 각 스크롤바 컨트롤에 대하여 [속성] Text창에서 이벤트 단추( )를 클릭한 다음, 이벤트 처리기 이름을 입력하고, 이벤트 처리기를 작성하자.

컨트롤	이벤트	이벤트 처리기 이름
hsbRed	Scroll	hsbRed_Scroll
hsbGreen	Scroll	hsbGreen_Scroll
hsbBlue	Scroll	hsbBlue_Scroll

```
Private Sub hsbRed_Scroll(sender As Object, e As ScrollEventArgs) Handles hsbRed.Scroll
    picColor.BackColor = Color.FromArgb(255, hsbRed.Value, hsbGreen.Value,
                hsbBlue.Value)
End Sub
Private Sub hsbGreen_Scroll(sender As Object, e As ScrollEventArgs) Handles
hsbGreen.Scroll
    picColor.BackColor = Color.FromArgb(255, hsbRed.Value, hsbGreen.Value,
                hsbBlue.Value)
End Sub
Private Sub hsbBlue_Scroll(sender As Object, e As ScrollEventArgs) Handles
hsbBlue.Scroll
    picColor.BackColor = Color.FromArgb(255, hsbRed.Value, hsbGreen.Value,
                hsbBlue.Value)
End Sub
```

⑥ 〈F5〉 키를 눌러 폼을 실행한 후, 스크롤 버튼을 이동하여 픽처박스 컨트롤의 색상이 변경되는지 확인하자.

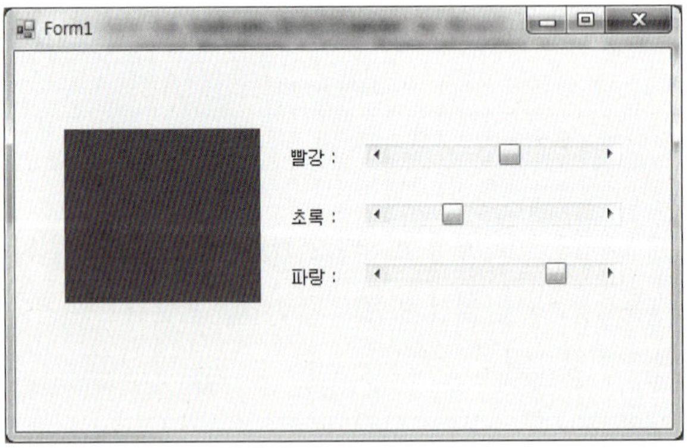

| 코드 이해하기 |

```
01  Private Sub hsbRed_Scroll(sender As Object, e As ScrollEventArgs) Handles hsbRed.Scroll
02      picColor.BackColor = Color.FromArgb(255, hsbRed.Value, hsbGreen.Value,
                hsbBlue.Value)
03  End Sub
```

01행: 빨강 스크롤바(hsbRed)의 스크롤 막대를 움직일 때 실행되는 이벤트 처리기이다.

02행: 빨강 스크롤바(hsbRed)의 위치값(value), 초록 스크롤바(hsbGreen)의 위치값(value), 파랑 스크롤바(hsbBlue)의 위치값(value)을 사용한 FromArgb 메서드를 사용하여 픽처박스 컨트롤(picColor)의 배경색을 설정한다.

Tip Color.FromArgb 메서드

알파(불투명도) 성분, Red 성분, Green 성분, Blue 성분을 조합하여 Color 구조체를 만드는 메서드로, 각 성분의 값은 0에서 255 사이의 범위를 지정하여 사용한다.

```
형식: Color.FromArgb(Alpha 성분, Red 성분, Green 성분, Blue 성분)
```

Alpha 값이 255에 가까울수록 불투명한 색이, 0에 가까울수록 투명한 색이 표시된다.

Section 03 타이머(Timer) 컨트롤

타이머(Timer) 컨트롤은 일정한 간격으로 이벤트를 발생시키는 컨트롤이다. 타이머 컨트롤은 폼이 실행된 후에는 폼에 표시되지 않으며 '구성요소'에 포함되어 있다.

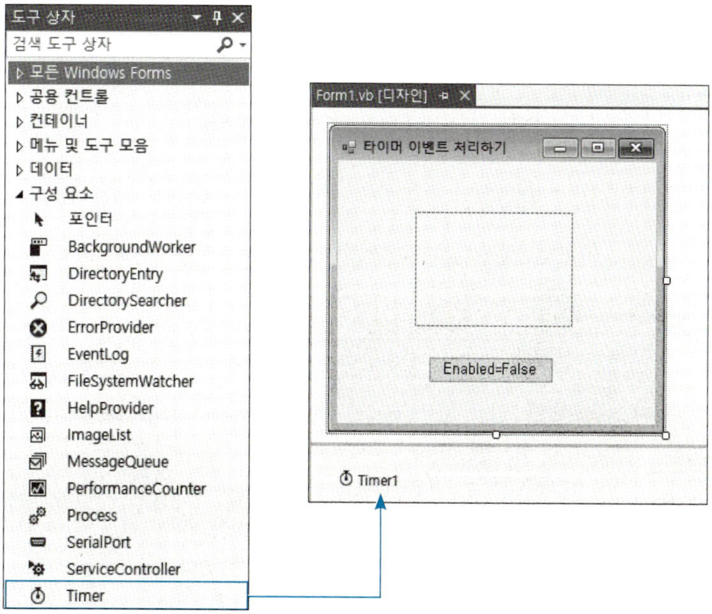

그림 5-5 타이머 컨트롤

1) 주요 속성

▪ Interval 속성

밀리초(1/1000초) 단위의 값으로 간격의 길이를 설정한다. 1초 단위로 타이머 이벤트가 발생하도록 하려면 Interval 속성의 값을 1000으로 설정해야 한다. 타이머(Timer)가 활성화되면 매 간격마다 Tick 이벤트가 발생한다. 기본값은 100이다.

▪ Enabled 속성

타이머 이벤트의 수행을 실행하거나 중지시키기 위해 사용하는 속성으로 Enabled 속성이 True로 설정되면 Interval 속성에 설정된 시간 간격으로 타이머 이벤트를 발생시키고, False로 설정되면 타이머 이벤트의 실행을 중지한다.

속성 값	설명
True	Interval 속성에 설정된 시간 간격으로 타이머 이벤트 발생
False	타이머 이벤트의 실행 중지

2) 주요 이벤트

▪ Tick 이벤트

지정된 타이머 간격이 경과되고 타이머를 사용할 수 있을 때 발생한다.

실습 5-4 픽처박스(PictureBox) 컨트롤의 배경색 변경하기

1초 간격으로 픽처박스(PictureBox) 컨트롤의 색상이 번갈아 표시되도록 다음과 같이 코드를 작성하자.

[1단계] Windows Form 만들기

① [파일] > [새로 만들기] > [프로젝트]를 차례로 선택한다.

② [새 프로젝트] 대화 상자의 '템플릿'–'Visual Basic'–'Windows Forms 응용 프로그램 템플릿'을 차례로 선택한다.

③ '이름' 상자에 프로젝트의 이름을 'TimerOn'라고 입력하고, 저장 위치를 설정한 다음 [확인] 버튼을 클릭한다.

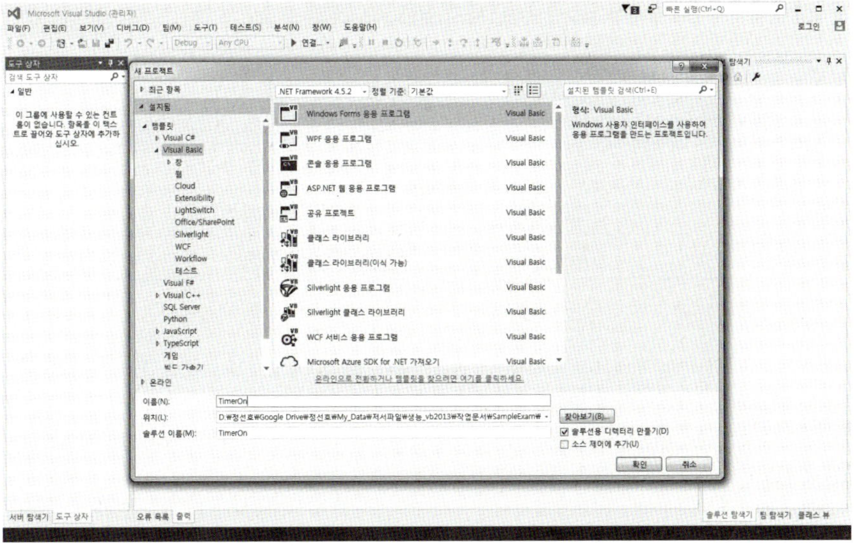

[2단계] 컨트롤 추가하고 속성 설정하기

④ 폼에 픽처박스(PictureBox) 컨트롤과 타이머(Timer) 컨트롤, 버튼(Button) 컨트롤을 추가하고, 다음과 같이 속성을 설정한다.

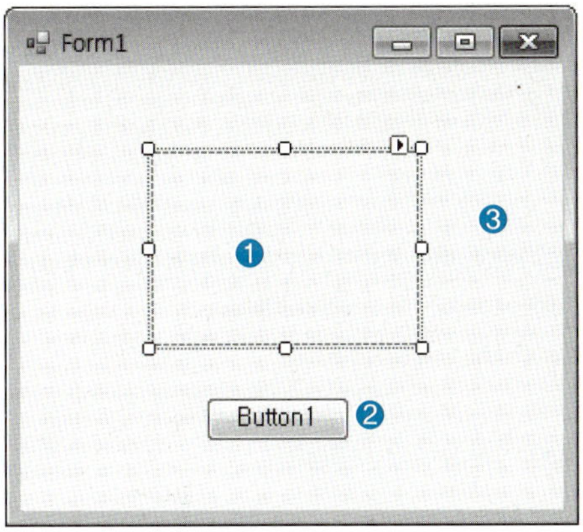

번호	컨트롤 종류	컨트롤	속성	속성값
❶	픽처박스	PictureBox1	Name	picTimer
❷	버튼	Button1	Name	cmdStart
			Text	Enabled=False
❸	폼	Form1	Name	frmTimer
			Text	타이머 이벤트 처리하기

⑤ 폼이 실행되면 타이머 이벤트가 발생하지 않도록 폼의 Load 이벤트 처리기를 작성하고, 버튼을 클릭하면 타이머 이벤트가 발생하도록 이벤트 처리기를 작성하자.

컨트롤	이벤트	이벤트 처리기 이름
frmTimer	Load	Form_Load
cmdStart	Click	TimerEnabled_Click
Timer1	Tick	Timer1_Tick

```
Private Sub Form_Load(sender As Object, e As EventArgs) Handles MyBase.Load
      Timer1.Interval = 1000
      Timer1.Enabled = False
End Sub

Private Sub TimerEnabled_Click(sender As Object, e As EventArgs) Handles cmdStart.Click
      If cmdStart.Text = "Stop" Then
         cmdStart.Text = "Start"
         Timer1.Enabled = False
      Else
         cmdStart.Text = "Stop"
         Timer1.Enabled = True
      End If
End Sub

Private Sub Timer1_Tick(sender As Object, e As EventArgs) Handles Timer1.Tick
      If picTimer.BackColor = Color.Red Then
         picTimer.BackColor = Color.Blue
      Else
         picTimer.BackColor = Color.Red
      End If
End Sub
```

⑥ 〈F5〉 키를 눌러 폼을 실행한 후, 버튼을 클릭하여 픽처박스 컨트롤의 색상이 1초 간격으로 변경되는지 확인하자.

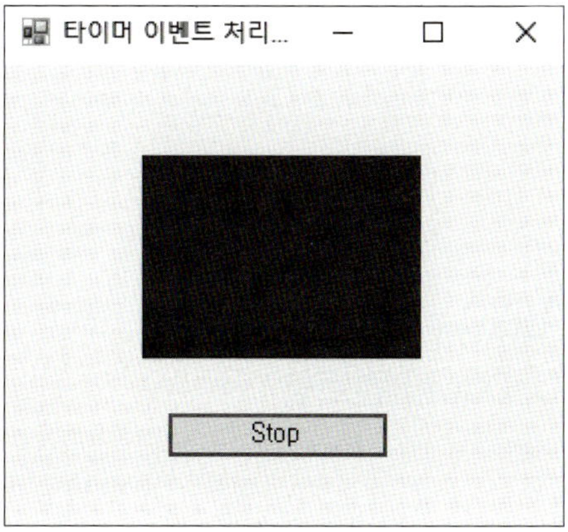

| 코드 이해하기 |

```
01 Private Sub Form_Load(sender As Object, e As EventArgs) Handles MyBase.Load
02     Timer1.Interval = 1000
03     Timer1.Enabled = False
04 End Sub
```

01~04행: 폼이 실행되면 타이머 컨트롤(Timer1)의 Interval 속성값을 1000으로, Enaled 속성을 Flase로 설정하여 Tick 이벤트가 발생하지 않도록 설정한다.

```
05 Private Sub TimerEnabled_Click(sender As Object, e As EventArgs) Handles
   cmdStart.Click
06         If cmdStart.Text = "Stop" Then
07             cmdStart.Text = "Start"
08             Timer1.Enabled = False
09         Else
10             cmdStart.Text = "Stop"
11             Timer1.Enabled = True
12         End If
13 End Sub
```

05~13행: 버튼(cmdStart)을 클릭하면 버튼의 텍스트와 타이머 컨트롤의 Enabled 속성을 설정한다.

06~08행: 버튼(cmdStart)의 Text 속성값이 "Stop"이면 Text 속성값을 "Start"로 변경하고, 타이머 컨트롤의 Enabled 속성을 False로 설정한다.

09~11행: 버튼(cmdStart)의 Text 속성값이 "Stop"이 아니면 Text 속성값을 "Stop"으로 변경하고, 타이머 컨트롤의 Enabled 속성을 True로 설정한다.

Section 04 도메인업다운(DomainUpDown) 컨트롤과 뉴메릭업다운(NumericUpDown) 컨트롤

도메인업다운 컨트롤은 목록을 위나 아래로 이동하는 컨트롤로 선택 목록에 있는 문자 항목을 표시하는 컨트롤이다. 업다운 버튼과 텍스트 상자로 구성되어 있으며, 화살표 키 또는 업다운 버튼을 누르거나, 목록에 있는 항목과 일치하는 문자열을 입력함으로써 항목을 선택할 수 있다.

뉴메릭업다운 컨트롤은 텍스트 상자와 값을 조정하기 위해 클릭할 수 있는 위아래 화살표가 결합된 컨트롤로, 선택 목록에 있는 숫자값을 표시하거나 설정한다. 이동 단추()를 클릭하거나, 화살표 키 또는 숫자를 입력하여 숫자값을 증가 또는 감소시킬 수 있다.

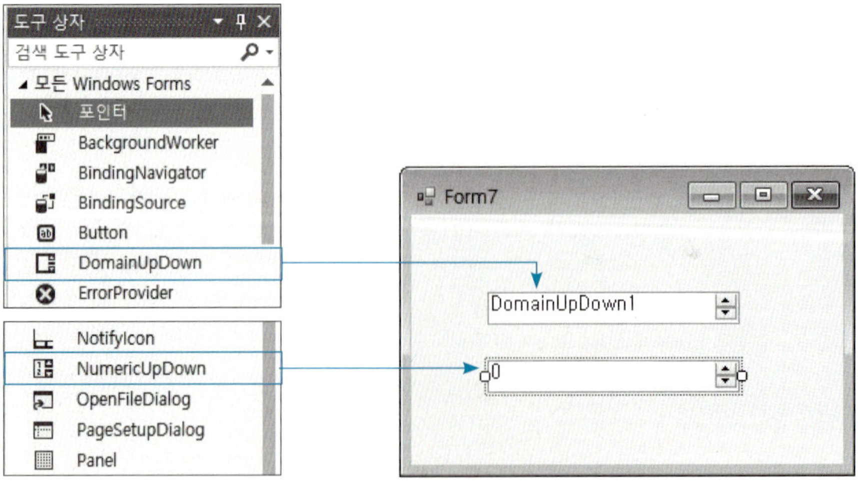

그림 5-6 도메인업다운/뉴메릭업다운 컨트롤

1) 도메인업다운 컨트롤과 뉴메릭업다운 컨트롤의 주요 속성

■ Value 속성

컨트롤에서 값을 설정하거나 반환한다.

■ Increment 속성

위/아래 이동 단추를 클릭할 때 증가하거나 감소하는 숫자 값의 크기를 설정하거나 반환한다. 기본값은 1이다.

■ Items 속성

컨트롤 내에 목록을 추가하기 위해 사용한다.

■ Maximum 속성

컨트롤의 최대값을 설정하거나 반환한다. 기본값은 100이다.

■ Minimum 속성

컨트롤의 최소값을 설정하거나 반환한다. 기본값은 0이다.

■ Accelerations 속성

위쪽 또는 아래쪽 화살표를 계속 누르는 경우 Accelerations 속성을 사용하여 컨트롤이 숫자 사이에서 이동하는 속도를 높일 수 있다.

형식	NumericUpDownAcceleration(초, 증가/감소값)
증가/감소값	가속되는 동안 표시되는 값을 증가시키거나 감소시킬 수량
초	가속이 시작될 때까지 위로 또는 아래로 단추를 누르고 있어야 하는 시간(초)

예를 들어, 이동 단추(⬍)의 ValueChanged 이벤트 처리기에 다음과 같이 코드를 작성하면, 이동 단추(⬍)를 2초 이상 누르면 값이 100씩 이동하게 된다.

```
Private Sub NumericUpDown1_ValueChanged(sender As Object, e As EventArgs)
   Handles NumericUpDown1.ValueChanged
      NumericUpDown1.Accelerations.Add(New NumericUpDownAcceleration(2, 100))
End Sub
```

2) 도메인업다운(DomainUpDown) 컨트롤과 뉴메릭업다운(NumericUpDown)의 주요이벤트

도메인업다운 컨트롤과 뉴메릭업다운 컨트롤의 주요 이벤트는 〈표 5-2〉와 같다.

표 5-2 도메인업다운/뉴메릭업다운 컨트롤의 주요 이벤트

컨트롤	설명	
도메인업다운 (DomainUpDown) 컨트롤	`Scroll`	값이 스크롤될 때 발생
	`SelectedItemChanged`	선택 항목이 변경될 때 발생
뉴메릭업다운 (NumericUpDown) 컨트롤	`Value`	스핀상자에 할당된 값 설정
	`ValueChanged`	Value 속성값이 변경되면 발생

3) 뉴메릭업다운(NumericUpDown) 컨트롤의 주요 메서드

■ UpButton 메서드

뉴메릭업다운 컨트롤의 값을 Increment 속성에 지정된 값만큼 증가시킨다.

■ DownButton 메서드

뉴메릭업다운 컨트롤의 값을 Increment 속성에 지정된 값만큼 감소시킨다.

실습 5-5 도메인업다운(DomainUpDown) 컨트롤을 사용하기

[1단계] Windows Form 만들기

① [파일] > [새로 만들기] > [프로젝트]를 차례로 선택한다.

② [새 프로젝트] 대화 상자의 '템플릿'–'Visual Basic'–'Windows Forms 응용 프로그램 템플릿'을 차례로 선택한다.

③ '이름' 상자에 프로젝트의 이름을 'DomainUpDown'라고 입력하고, 저장 위치를 설정한 다음, [확인] 버튼을 클릭한다.

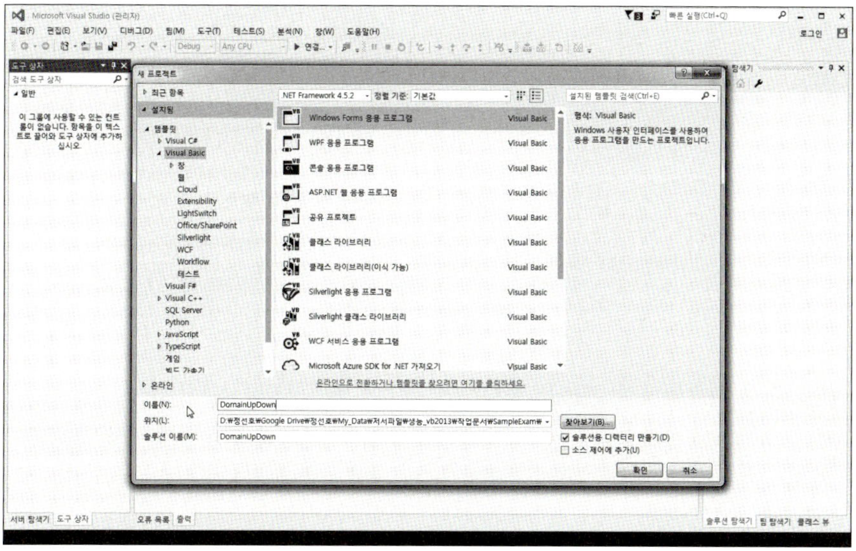

[2단계] 컨트롤 추가하고 속성 설정하기

④ 폼에 픽처박스(PictureBox) 컨트롤과 레이블(Label) 컨트롤과 수평 스크롤바 컨트롤을 추가하고 속성을 설정한다.

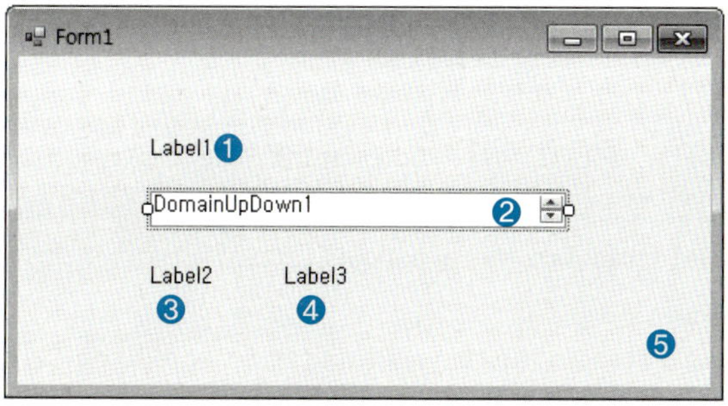

번호	컨트롤 종류	컨트롤	속성	속성값
❶	레이블	Label1	Name	lblUpDown
			Text	목록을 선택하세요
❷	도메인업다운	DomainUpDown1	Name	upDownList
			Items	Visual Basic 2013 Visual C# Visual C++ Visual J++
			Text	항목을 선택하세요
❸	레이블	Label2	Name	lblSelected
			Text	선택한 항목은 :
❹	레이블	Label3	Name	lblSelectedList
			Text	""
			Autosize	False
❺	폼	Form1	Name	frmDomainUpDown
			Text	도메인업다운 컨트롤 사용하기

⑤ 도메인업다운 컨트롤에서 항목을 선택하면 레이블 컨트롤(lblSelectedList)에 선택항목이 표시되도록 도메인업다운 컨트롤에 대하여 [속성] Text창에서 이벤트 단추()를 클릭한다. ValueChanged 이벤트에 이벤트 처리기 이름을 입력한 다음, 이벤트 처리기를 작성하자.

컨트롤	이벤트	이벤트 처리기 이름
upDownList	SelectedItemChanged	upDownList_Changed

```
Private Sub upDownList_Changed(sender As Object, e As EventArgs) Handles
upDownList.SelectedItemChanged
    Select Case upDownList.SelectedIndex
        Case 0
            lblSelectedList.Text = upDownList.SelectedItem.ToString()
        Case 1
            lblSelectedList.Text = upDownList.SelectedItem.ToString()
        Case 2
            lblSelectedList.Text = upDownList.SelectedItem.ToString()
```

```
            Case 3
                lblSelectedList.Text = upDownList.SelectedItem.ToString()
        End Select
    End Sub
```

⑥ 〈F5〉 키를 눌러 폼을 실행한 후, 업다운 버튼을 이동하여 항목을 선택하자.

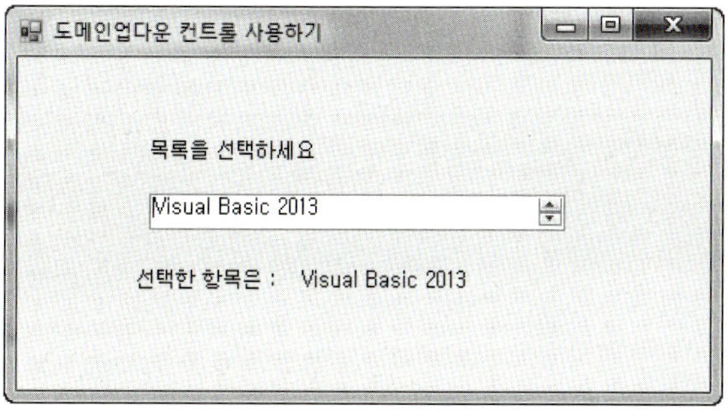

| 코드 이해하기 |

```
02  Select Case upDownList.SelectedIndex
03          Case 0
04              lblSelectedList.Text = upDownList.SelectedItem.ToString()
05          Case 1
06              lblSelectedList.Text = upDownList.SelectedItem.ToString()
07          Case 2
08              lblSelectedList.Text = upDownList.SelectedItem.ToString()
09          Case 3
10              lblSelectedList.Text = upDownList.SelectedItem.ToString()
11  End Select
```

02~11행: 도메인업다운 컨트롤(upDomainList)에서 선택한 항목의 위치값(SelectedIndex)에 따라 0(첫 번째 항목)이면 04행을 실행하고, 1(두 번째 항목)이면 06행을 실행한다. 2(세 번째 항목)이면 08행, 3(세 번째 항목)이면 10행을 실행한다.

Tip **Select Case 문**

Select Case 문은 Select Case 명령어 오른쪽 식의 값에 따라 값에 해당하는 case 문을 실행한다. Select Case 문은 반드시 End Select 문으로 종료한다.

실습 5-6 뉴메릭업다운(NumericUpDown) 컨트롤을 사용하여 도형 색 변경하기

[1단계] Windows Form 만들기

① [파일] > [새로 만들기] > [프로젝트]를 차례로 선택한다.

② [새 프로젝트] 대화 상자의 '템플릿'–'Visual Basic'–'Windows Forms 응용 프로그램 템플릿'을 차례로 선택한다.

③ '이름' 상자에 프로젝트의 이름을 'NumericUpDown'라고 입력하고, 저장 위치를 설정한 다음 [확인] 버튼을 클릭한다.

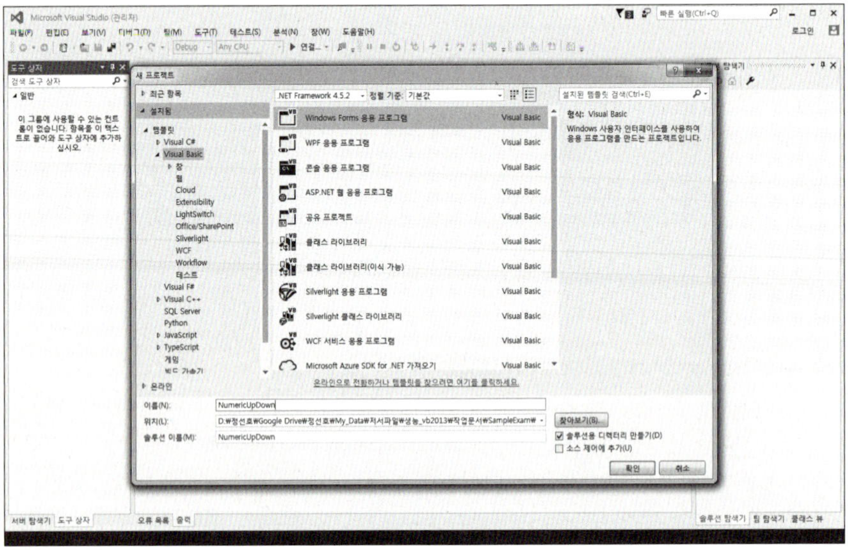

[2단계] 컨트롤 추가하고 속성 설정하기

④ 폼에 픽처박스(PictureBox) 컨트롤과 레이블(Label) 컨트롤과 수평 스크롤바 컨트롤을 추가하고 속성을 설정한다.

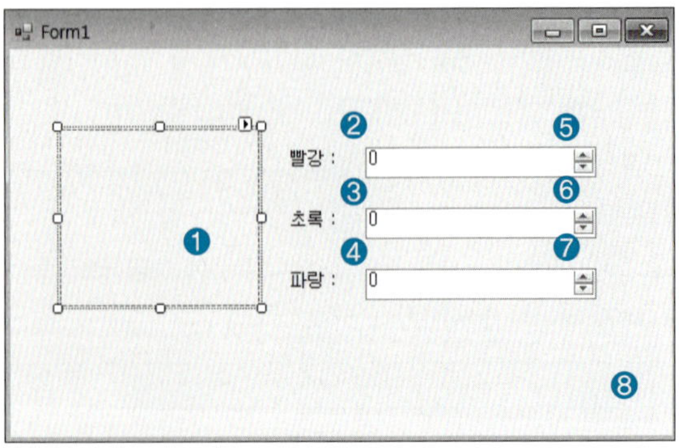

번호	컨트롤 종류	컨트롤	속성	속성값
❶	픽처박스	PictureBox1	Name	picColor
			BackColor	control
			BorderStyle	FixedSingle
❷	레이블	Label1	Name	lblRed
			Text	빨강 :
❸	레이블	Label2	Name	lblGreen
			Text	초록 :
❹	레이블	Label3	Name	lblBlue
			Text	파랑 :
❺	뉴메릭업다운	NumericUpDown1	Name	NumericRed
			Minimum	0
			Maximum	255
❻	뉴메릭업다운	NumericUpDown2	Name	NumericGreen
			Minimum	0
			Maximum	255
❼	뉴메릭업다운	NumericUpDown3	Name	NumericBlue
			Minimum	0
			Maximum	255
❽	폼	Form1	Name	frmPicColor
			Text	도형 색 변경하기

⑤ 뉴메릭업다운 컨트롤의 Value 속성값이 픽처박스(picColor) 컨트롤의 배경색을 변경하도록 각 컨트롤에 대하여 [속성] Text창에서 이벤트 단추(⚡)를 클릭한 다음, 이벤트 처리기 이름을 입력하고 이벤트 처리기를 작성하자.

컨트롤	이벤트	이벤트 처리기 이름
NumericRed	ValueChanged	NumericRed_Changed
NumericGreen	ValueChanged	NumericGreen_Changed
NumericBlue	ValueChanged	NumericBlue_Changed

```
Private Sub numericRed_Changed(sender As Object, e As EventArgs) Handles NumericRed.ValueChanged
    picColor.BackColor = Color.FromArgb(255, NumericRed.Value,
                                NumericGreen.Value, NumericBlue.Value)
End Sub
Private Sub numericGreen_Changed(sender As Object, e As EventArgs) Handles NumericGreen.ValueChanged
    picColor.BackColor = Color.FromArgb(255, NumericRed.Value,
                                NumericGreen.Value, NumericBlue.Value)
End Sub
Private Sub numericBlue_Changed(sender As Object, e As EventArgs) Handles NumericBlue.ValueChanged
    picColor.BackColor = Color.FromArgb(255, NumericRed.Value,
                                NumericGreen.Value, NumericBlue.Value)
End Sub
```

⑥ 〈F5〉 키를 눌러 폼을 실행한 후, 업다운 버튼을 이동하여 픽처박스 컨트롤의 색상이 변경되는지 확인하자.

| 코드 이해하기 |

```
Private Sub numericRed_Changed(sender As Object, e As EventArgs) Handles NumericRed.ValueChanged
    picColor.BackColor = Color.FromArgb(255, NumericRed.Value,
                                NumericGreen.Value, NumericBlue.Value)
End Sub
```

01행: 빨간색의 뉴메릭업다운 컨트롤(numericRed)의 스핀상자의 값이 변경되었을 때 실행되는 이벤트 처리기이다.

02행: 빨간색 뉴메릭업다운 컨트롤(numericRed)의 값(value), 초록색 뉴메릭업다운 컨트롤(numericRed)의 값(value), 파란색 뉴메릭업다운 컨트롤(numericRed)의 값(value)을 사용한 FromArgb 메서드를 사용하여 픽처박스 컨트롤(picColor)의 배경색을 설정한다.

요약

▶ 픽처박스(PictureBox) 컨트롤: 비트맵, GIF, JPEG, 메타파일 또는 아이콘 형식의 그래픽을 표시하는 데 사용되는 컨트롤

▶ 수평 스크롤바(HScrollBar)와 수직 스크롤바(VScrollBar): 스크롤바를 사용하여 대량의 데이터나 긴 목록 등을 손쉽게 검색할 수 있고, 현재의 위치를 숫자를 사용하여 표시할 수 있도록 하는 컨트롤

▶ 타이머(Timer) 컨트롤: 일정한 간격으로 이벤트를 발생시키는 컨트롤

▶ 도메인 업다운(DomainUpDown) 컨트롤: 목록을 위나 아래로 이동하는 컨트롤로 선택 목록에 있는 문자 항목을 표시하는 컨트롤

▶ 뉴메릭업다운(NumericUpDown) 컨트롤: 텍스트 상자와 값을 조정하기 위해 클릭할 수 있는 위아래 화살표가 결합된 컨트롤로, 선택 목록에 있는 숫자 값을 표시하거나 설정하는 컨트롤

연습문제

1. 픽처박스 컨트롤에서 사용할 수 있는 그림의 종류에는 어떤 것이 있는지 설명하라.

2. 레이블 컨트롤에 시스템에 설정된 현재 시간을 표시하도록 프로그램을 작성하라(Now 함수 사용).

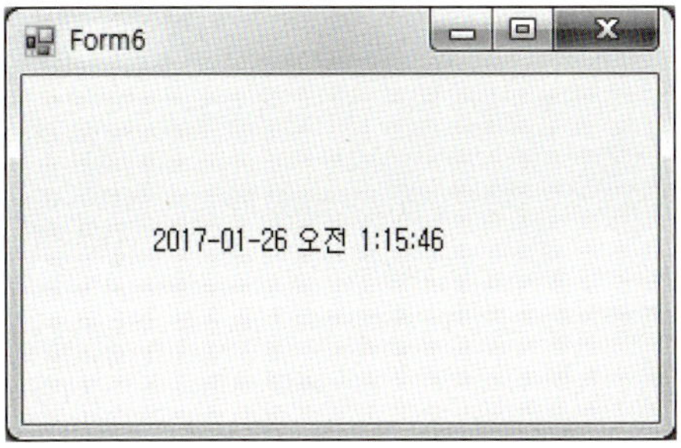

3. 타이머 컨트롤을 사용하여 1초마다 1부터 10까지 숫자를 표시하고 10이 되면 "끝!"이라는 문자가 표시되도록 프로그램을 작성하라.

PART 03

프로그래밍의 기초

CHAPTER 06

프로그래밍을 위한 구조 이해하기

contents

06 프로그래밍을 위한 구조 이해하기

이 단원에서는 간단한 비주얼 베이직 프로그램을 사용하여 일반적인 비주얼 베이직(Visual Basic) 프로그램 구조와 코드 작성을 위한 규칙에 대해 설명한다. 코드 규칙은 프로그램의 논리가 아니라 물리적 구조와 모양에 중점을 둔 것으로 코드 규칙을 따르면 코드를 읽고 이해하며 관리하기가 쉬워진다. 코드 규칙에 포함되는 사항은 다음과 같다.

① 코드에 레이블을 지정하고 주석을 표시하는 표준화된 형식
② 코드의 공백, 형식 지정 및 들여쓰기에 대한 지침
③ 개체, 변수 및 프로시저에 대한 명명 규칙

Section 01 비주얼 베이직 프로그램 문장 해부하기

1) 비주얼 베이직(Visual Basic) 프로그램의 구조

비주얼 스튜디오(Visual Studio)는 폴더와 파일, 참조, 데이터 연결과 같이 개발 작업에 필요한 항목들을 효율적으로 관리할 수 있도록 솔루션(Solution)과 프로젝트(Project) 두 개의 컨테이너를 제공한다. 솔루션 탐색기를 사용하면 프로젝트와 솔루션 관련 항목을 쉽게 관리할 수 있다.

(1) 솔루션(Solution)

응용 프로그램을 만드는 데 필요한 항목 및 프로젝트와 파일 및 전체 솔루션을 정의하는 메타 데이터가 포함된다. 솔루션에는 하나 이상의 프로젝트가 포함될 수 있으며, 관련 프로젝트를 그룹으로 구성하고 해당 프로젝트 그룹에 대한 작업을 수행할 수 있다.

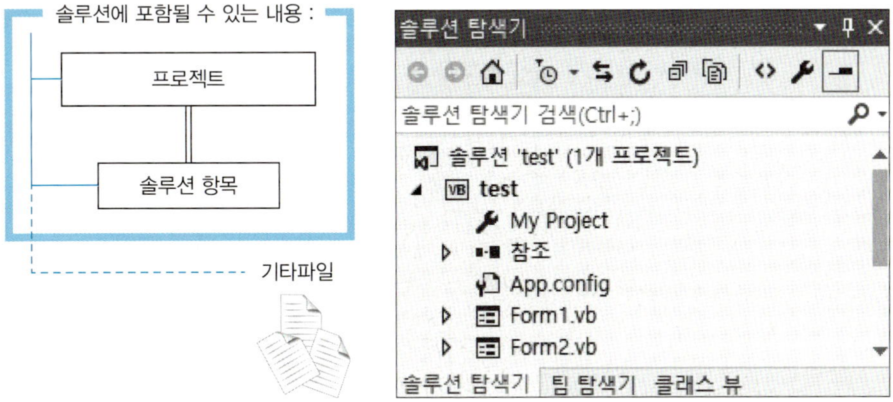

그림 6-1 솔루션과 솔루션 탐색기

새 프로젝트를 만들면 비주얼 스튜디오(Visual Studio)는 솔루션을 자동으로 생성하고, 필요한 경우 솔루션에 다른 프로젝트를 추가할 수 있다. 솔루션 탐색기는 전체 솔루션의 그래픽 뷰를 제공하여 솔루션의 프로젝트와 파일을 쉽게 관리할 수 있도록 한다.

솔루션에 대한 정의는 *.sln과 *.suo 파일에 저장된다. 솔루션 정의 파일(.sln)에는 솔루션에 연결된 프로젝트, 솔루션 수준에서 사용할 수 있으며 특정 프로젝트에 연결되지 않은 항목 등 솔루션을 정의하는 메타데이터가 저장되고, 프로젝트에 참여한 각 사용자에 대한 설정, 기본 설정 및 구성 정보 등의 메타 데이터는 *.suo 파일에 저장된다.

(2) 프로젝트(Project)

프로젝트는 개발 중인 항목을 구성하고, 이러한 항목을 이용한 작업을 수행할 수 있도록 하기 위해 솔루션 내에서 응용 프로그램을 구성하는 항목을 논리적으로 관리, 빌드 및 디버깅하기 위한 컨테이너로 사용된다. 프로젝트의 출력은 일반적으로 실행 프로그램(.exe), 동적 연결 라이브러리(.dll) 파일 또는 모듈이다.

비주얼 스튜디오(Visual Studio)는 여러 가지 미리 정의된 다양한 프로젝트 템플릿을 제공하므로, 이 템플릿을 사용하여 기본 프로젝트 컨테이너를 만들고 응용 프로그램, 클래스, 컨트롤 또는 라이브러리를 개발하는 데 필요한 항목들을 사용할 수 있다.

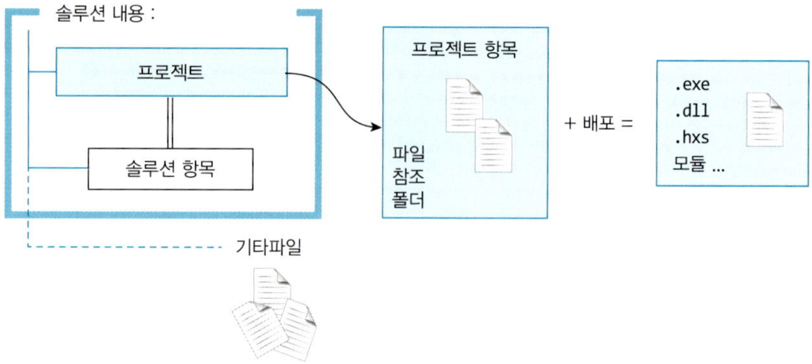

그림 6-2 비주얼 베이직 프로젝트

Section 02 정보 저장을 위한 변수 이해하기

1) 변수(Variable)

비주얼 베이직에서 제공하는 여러 가지 컨트롤의 속성, 이벤트 및 메서드의 세 가지 요소를 적절히 활용하여 윈도우 응용 프로그램을 만들 수 있다. 그러나 이렇게 값을 바로 사용하는 경우도 있지만 여러 가지 과정을 통해 변경하고 변경된 값에 의해 프로그램이 작동하는 경우가 대부분이다. 이와 같은 작업을 위해 개발자가 변수와 함수를 사용하여 코드를 작성하게 된다. 코드 작업의 중요한 첫 번째 요소인 변수에 대해 알아보도록 하자.

변수란 컴퓨터 프로그래밍에서 중요한 개념으로, 값을 저장할 수 있는 문자 또는 이름을 의미한다. 변수를 사용하면 프로그램에 필요한 모든 종류의 정보를 나타낼 수 있다. 변수는 프로그램이 실행될 때 표시하는 값으로 프로그램이 실행되는 동안 변경되는 값들을 저장하여 표시할 수 있도록 하기 위해 사용한다.

그림 6-3 변수의 개념

변수(Variable)는 다음 3단계를 거쳐 정보를 저장한다.

1단계: 변수 선언 ➡ 2단계: 변수 할당 ➡ 3단계: 변수 사용

그림 6-4 변수의 사용

(1) 변수 선언

사용할 변수의 이름과 종류(형식)를 프로그램에 공식적으로 정의하는 것으로, 변수 이름은 원하는 대로 지정할 수 있으나 첫 글자는 반드시 문자나 밑줄로 지정해야 한다. 변수는 보통 Dim 및 As 키워드를 사용하여 선언한다.

비주얼 베이직에서의 변수 선언 방법은 명시적 선언과 묵시적 선언 두 가지 방법이 있다.

▪ 명시적 선언

변수의 명시적 선언은 변수 선언자 Dim을 사용해서 변수를 선언하는 것으로, 이 과정에서 변수는 저장할 수 있는 정보의 형태가 결정되어지므로 선언된 형식과 다른 값이 입력되면 오류를 일으키게 된다.

사용형식

```
Dim  변수이름 [As 데이터형식]
```

아래와 같이 선언된 형식과 입력된 값의 형식이 다르면 오류가 발생하게 된다.

```
Dim Kor As Integer     '정수를 저장하기 위한 Kor 변수 선언
Kor = "홍길동"          'Kor 변수에 "홍길동" 저장
```

As 절을 생략하여 형식을 명시하지 않고 변수를 선언하는 경우 선언된 변수의 데이터 형식은 맨 처음 입력된 값의 형식에 따라 결정된다. 따라서 아래와 같이 형식을 명시하지 않고 변수를 선언할 수 있다.

사용예

```
Dim no2 = 5
```

변수 no2는 정수로 형식이 결정된다.

변수를 반드시 선언한 후 사용하도록 하려면 선언 영역에 Option Explict 구문을 추가하면 된다.
변수 선언자에는 Dim 이외에 다음과 같은 선언자가 있다.

표 6-1 변수 선언자

선언 영역	사용 가능 선언자	변수의 사용 가능 영역
모듈	Dim	해당 모듈 전체
	Public	전체 모듈
	Private	해당 모듈 전체
함수 내부	Dim	해당 함수내부
	Static	해당 함수 내부

각 선언자는 선언되는 위치에 따라서 변수를 사용할 수 있는 영역이 결정되므로 사용 가능한 영역 밖에서는 사용할 수 없다. 따라서 변수를 선언할 때 변수가 사용될 영역을 고려하여 선언하여야 한다.

■ 묵시적 선언

Dim과 같은 선언자를 사용하지 않는 경우로 저장되는 값에 따라 자동으로 형식이 결정되어진다.

```
Kor = "홍길동"          'Kor 변수에 "홍길동" 저장
```

이 한 줄에 의해 Kor라는 변수는 "Dim Kor As String"이라고 선언한 것과 같은 결과를 낳는다. 묵시적 선언은 해당 변수에 첫 번째로 들어가는 값에 따라 변수의 형태가 결정되기 때문이다. 그러나 이러한 방법은 프로그램 작성 중 에러를 일으킬 가능성이 높기 때문에 가능하면 명시적으로 변수를 선언하기를 권한다.

(2) 변수 할당

변수에 값을 할당할 때는 대입 연산자인 = 기호를 사용한다. 변수를 사용하기 전에 값을 할당하면 오류가 발생하게 된다.

```
Dim count As Integer
count = 10    '정수형 변수 count에 10이 할당됨
```

변수는 선언하면서 해당 변수에 값을 할당할 수도 있다.

사용예

```
Dim count As Integer = 10
Dim stdName As String = "Gilsoon Hong"
```

(3) 복수 변수 선언하기

하나의 선언문에서 데이터형식이 동일한 여러 변수를 선언할 수 있다. 변수가 여러 개인 경우 다음과 같이 쉼표로 구분한다.

사용예

```
Dim stdNo, stdAge As Integer
```

하나의 선언문에 선언하는 변수마다 별도의 As 절을 사용하여 여러 변수에 서로 다른 데이터 형식을 지정할 수 있다.

사용예

```
Dim a, b, c As Sitring, x, y As Double, i As Integer
```

(4) 변수 이름 작성 규칙

변수 이름은 자유롭게 사용할 수 있지만 비주얼 베이직에서 제안하는 규칙은 다음과 같다.

- 영문자 또는 밑줄(_)로 시작해야 한다.
- 영문자, 10진수 및 밑줄만으로 이루어져야 한다.
- 밑줄로 시작할 경우에는 반드시 하나 이상의 영문자나 10진수를 포함해야 한다.
- 1,023자를 넘을 수 없다.

올바른 변수 선언법과 올바르지 않은 변수 선언법은 〈표 6-2〉와 같다.

표 6-2 올바른 변수 선언과 올바르지 않은 변수 선언

올바른 변수 선언	올바르지 않은 변수 선언
Dim Class_Name As String Dim 이름 As String Dim Kor As Integer	Dim Str* As String Dim Str? As Integer Dim 4반성적 As Integer Dim _Jumsu As Long

표 6-3 변수의 데이터 형식과 범위

데이터 형식	크기	범위
Byte	1바이트	0부터 255까지
Boolean	2바이트	True 또는 False
Integer	2바이트	-32,768부터 32,767
Long	4바이트	-2,147,438,648 ~ 2,147,438,647
Single (단정도 부동 소수점)	4바이트	-3.402823E38 ~ -1.401298E45(음수) 1.401298E45 ~ 3.402823E38 (양수)
Double (배정도 부동 소수점)	8바이트	-1.79769313486232E308 ~ -4.94065645841247E324 (음수) 4.94065645841247E324 ~ 1.79769313486232E308 (양수)
Currency(정수값 잘림)	8바이트	-922,337,203,685,477.5808 ~ 922,337,203,685,477.5807
Date	8바이트	100년 1월 1일 ~ 9999년 10월 31일
Object	4바이트	모든 개체 참조
String(가변길이)	문자열	10바이트 + 문자열 길이 0부터 약 2조까지
String(고정길이)	문자열	길이 1부터 약 65,400(2^16)까지
Variant(숫자)	16바이트	Double 형 범위 내의 모든 숫자
Variant(문자)	24바이트	문자열 길이 + 22바이트
사용자 정의 형식(Type 사용)		

〈실습 6-1〉을 통해 입력되는 값의 형식에 따라 어떻게 처리되는지 배워보자.

실습 6-1 성적 계산하기

[1단계] Windows Form 만들기

① [파일] > [새로 만들기] > [프로젝트]를 차례로 선택한다.

② [새 프로젝트] 대화 상자의 '템플릿'–'Visual Basic'–'Windows Forms 응용 프로그램 템플릿'을 차례로 선택한다.

③ '이름' 상자에 프로젝트의 이름을 'variableTest'라고 입력하고, 저장 위치를 설정한 다음, [확인] 버튼을 클릭한다.

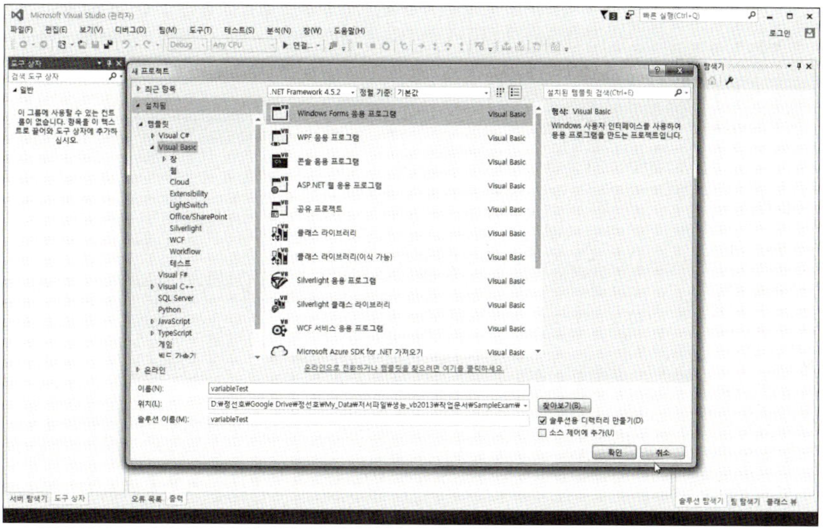

[2단계] 컨트롤 추가하고 속성 설정하기

④ 폼에 레이블(Label) 컨트롤과 텍스트 박스(TextBox) 컨트롤, 버튼(Button) 컨트롤을 추가하고, 다음과 같이 속성을 설정한다.

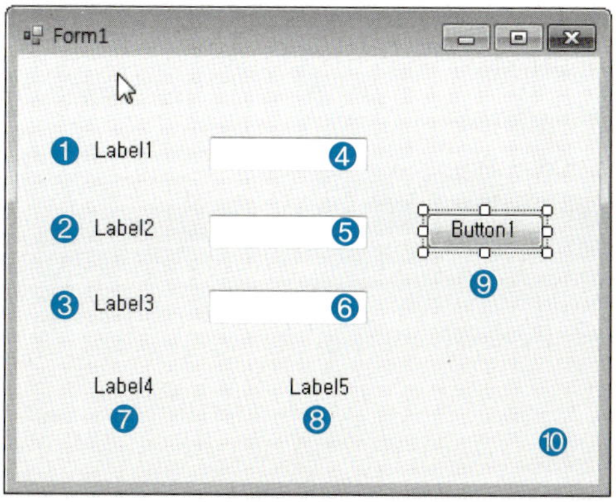

번호	컨트롤 종류	컨트롤	속성	속성값
❶	레이블	Label1	Name	lblKor
			Text	국어 :
❷	레이블	Label2	Name	lblMath
			Text	수학 :
❸	레이블	Label3	Name	lblEng
			Text	영어 :
❹	텍스트박스	TextBox1	Name	txtKor
			Text	
❺	텍스트박스	TextBox2	Name	txtMath
			Text	
❻	텍스트박스	TextBox3	Name	txtEng
			Text	
❼	레이블	Label4	Name	lblTotal
			Text	세 과목 점수의 합계는
❽	레이블	Label5	Name	lblOutput
			Text	0
❾	버튼	Button1	Name	cmdSum
			Text	계산
❿	폼	Form1	Name	frmDataType
			Text	데이터 타입 바꾸기

⑤ 국어, 영어, 수학 과목의 텍스트 박스에 점수를 입력하고 [계산] 버튼을 누르면 합계가 표시되도록 다음과 같이 버튼의 이벤트 처리기(sum_Click)를 작성하자.

```
Private Sub sum_Click(sender As Object, e As EventArgs) Handles cmdSum.Click
    Dim Kor, Mat, Eng, Total As Integer
    Kor = Val(txtKor.Text)
    Mat = Val(txtMath.Text)
    Eng = Val(txtEng.Text)
    Total = Kor + Mat + Eng
    lblOutput.Text = Str(Total)
End Sub
```

⑥ 〈F5〉 키를 눌러 폼을 실행한 후, 버튼을 클릭하여 합계가 계산되어 표시되는지 확인하자.

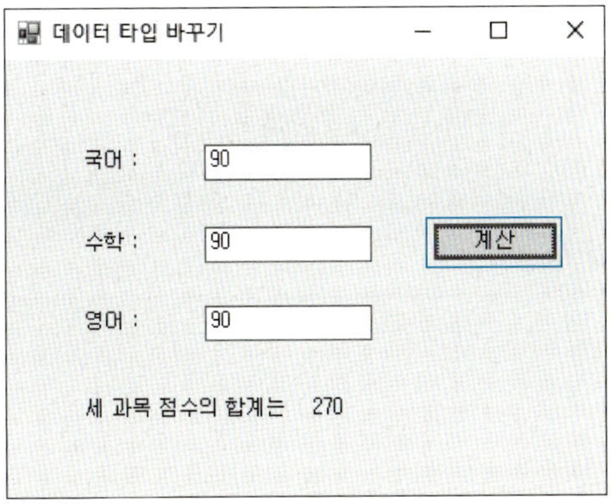

| 코드 이해하기 |

```
02  Dim Kor, Mat, Eng, Total As Integer
```

02행: Kor, Mat, Eng, Total을 정수형 변수로 선언한다.

```
03  Kor = Val(txtKor.Text)
04  Mat = Val(txtMath.Text)
05  Eng = Val(txtEng.Text)
06  Total = Kor + Mat + Eng
```

03행: 국어 점수를 입력한 텍스트박스 컨트롤(txtKor)의 텍스트(text) 속성값을 정수로 변환(Val 함수)하여 Kor 변수에 할당한다.

04행: 수학 점수를 입력한 텍스트박스 컨트롤(txtMath)의 텍스트(text) 속성값을 정수로 변환(Val 함수)하여 Mat 변수에 할당한다.

05행: 영어 점수를 입력한 텍스트박스 컨트롤(txtEng)의 텍스트(text) 속성값을 정수로 변환(Val 함수)하여 Eng 변수에 할당한다.

06행: 변수 Kor, Mat, Eng의 값을 더해 Total에 저장한다.

```
07  lblOutput.Text = Str(Total)
```

07행: 변수 Total에 저장된 값을 문자 형식으로 변환한 다음 레이블 컨트롤(lblOutput)에 표시한다.

Tip 함수 이해하기

• Val 함수

Val 함수는 문자열에 포함되어 있는 숫자를 숫자 값으로 반환하는 함수이다.

• Str 함수

숫자를 문자 형식의 값으로 반환하는 함수이다. 양수를 문자열로 반환하는 경우 해당 부호를 표시하기 위해 숫자 앞에 공백이 표시된다.

Section 03 비주얼 베이직 연산자를 이용한 작업하기

연산자는 선언한 변수에 값을 넣어 계산하거나 비교하여 값을 처리할 수 있도록 하는 것으로 산술 연산자, 비교 연산자, 논리 및 연결 연산자 등이 있다. 각 연산자에 대해 알아보도록 하자.

1) 산술 연산자

산술 연산자는 숫자값의 비트 패턴을 변경하는 것을 포함하여 숫자값 계산을 수행한다. 수학적 계산을 수행하는 연산자로 더하기(+), 빼기(–), 곱하기(*), 나누기(/)의 사칙 연산자와 나머지(Mod), 몫(\), 지수(^) 연산자가 있다.

표 6-4 산술 연산자의 종류

연산자	설명
+	더하기
–	빼기
*	곱하기
/	나누기
Mod	두 수를 나누고 나머지를 돌려줌
^	지수승
\	두 수를 나누고 정수 몫을 돌려줌

Mod와 \ 연산자는 나머지와 몫을 구하기 위해 사용한다. 다음 예제에서처럼 Mod 연산자는 나머지를 구하는 연산자이므로 10 Mod 3이면 1을 출력하고, \는 몫을 구하는 연산자이므로 10\3은 3을 출력하게 된다.

$$\begin{array}{r} 3 \leftarrow \text{몫} \\ 3\sqrt{10} \\ 9 \\ \hline 1 \leftarrow \text{나머지} \end{array}$$

> **Tip '+'의 의미**
>
> '+'는 숫자를 더하는 계산을 하기도 하지만, 문자열과 문자열을 연결하기 위해서도 사용된다. 예를 들어 Label1.Caption="대한" + "민국"을 실행하면 Label1에 "대한민국"을 출력하게 된다.

2) 비교연산자

비교 연산자는 두 식을 비교하여 값의 관계를 나타내는 Boolean 값을 반환하는 연산자로, 숫자값을 비교하는 연산자, 문자열을 비교하는 연산자, 개체를 비교하는 연산자가 있다.

표 6-5 비교 연산자의 종류

연산자	설명
=	같다
<>	같지 않다
<	보다 작다
>	보다 크다
<=	작거나 같다
=>	작거나 크다
IS	두 개체가 가리키는 값이 같은지 알아냄
ISNOT	두 개체가 가리키는 값이 다른지 알아냄
LIKE	두 문자열을 비교함

두 식을 비교할 때 식이 숫자인지 문자열인지 결정하지 않아도 된다. 〈표 6-6〉을 통해 각 식이 Variant가 아닐 경우에 어떻게 비교 연산자가 계산되는지 알아보자.

표 6-6 비교 연산자의 계산 방법

조건	결과
두 식이 Numeric 데이터 형식(Byte, Boolean, Integer, Long, Single, Double, Date, Currency, Decimal)일 경우	숫자 비교
두 식이 문자열일 경우	문자열 비교 수행
한 식이 Numeric 데이터 형식이고, 다른 식이 수의 Variant일 경우	숫자 비교
한 식이 Numeric 데이터 형식이고, 다른 식이 숫자로 변환되지 않는 문자열의 Variant일 경우	'형식이 일치하지 않습니다.' 라는 오류 발생
한 식이 String이고, 다른 식이 Null이 아닌 데이터 형식의 Variant일 경우	문자열 비교 수행
한 식이 Empty이고, 다른 식이 Numeric 데이터 형식일 경우	Empty 식을 0으로 놓고 숫자 비교 수행
한 식이 Empty이고, 다른 식이 String	Empty 식을 ("")로 놓고 문자열 비교 수행

〈예제 6-1〉을 통해 식의 비교를 위해 사용하는 여러 비교 연산자의 사용법을 알아보자.

예제 6-1

```
Dim MyResult, Var1, Var2
MyResult = (45 < 35)          ' False를 반환.
MyResult = (45 = 45)          ' True를 반환.
MyResult = (4 <> 3)           ' True를 반환.
MyResult = ("5" > "4")        ' True를 반환.
Var1 = "5" : Var2 = 4         ' 변수를 초기화.
MyResult = (Var1 > Var2)      ' True를 반환.
Var1 = 5 : Var2 = Empty
MyResult = (Var1 > Var2)      ' True를 반환.
Var1 = 0 : Var2 = Empty
MyResult = (Var1 = Var2)      ' True를 반환.
```

(1) LIKE 연산자

Like 연산자를 사용하여 패턴을 지정하고, 패턴에 대해 문자열을 비교하여 일치하면 True를 반환하고 그렇지 않으면, 결과는 False가 된다. Like 연산자는 다음 형식으로 사용된다.

사용형식

```
결과 = 문자열 Like 패턴
```

주어진 패턴 일치 방법은 문자열 비교에 있어 다양한 기능을 제공한다. 패턴을 쓸 때 와일드카드 문자, 문자열, 문자 범위 등을 자유자재로 사용할 수 있다. 〈표 6-7〉을 통해 패턴에 쓰이는 매개변수와 그와 관련된 의미를 확인해보자.

표 6-7 매개 변수와 의미

패턴에 사용된 매개변수	일치하는 문자열
?	비교문자열 중에 한 문자를 모르는 경우 ?를 사용하면 유사한 문자열로 모두 True로 반환
*	비교문자열 이전/이후 %를 사용하면 유사한 문자열로 모두 True로 반환
#	비교문자열 중 숫자를 모르는 경우 사용하면 True를 반환
[시작문자 - 끝문자]	비교문자열 중 한 문자가 지정한 범위의 문자 범위에 해당하면 True를 반환
[!시작문자 - 끝문자]	비교문자열 중 한 문자가 지정한 범위의 문자 범위에 속하지 않으면 True를 반환

(2) IS 연산자/ISNOT 연산자

IS 연산자는 두 개체가 가리키는 변수가 같은 경우에는 True를 전달하고 다르면 False를 전달하기 위해 사용하는 연산자로 다음 형식으로 사용된다.

사용형식

```
결과 = 개체이름1 IS 개체이름2
```

ISNOT 연산자는 두 개체가 가리키는 변수가 다른 경우에는 True를 전달하고 다르면 False를 전달하기 위해 사용하는 연산자로 다음 형식으로 사용된다.

사용형식

```
결과 = 개체이름1 ISNOT 개체이름2
```

3) 논리 및 비트 연산자

논리 및 비트 연산자는 Boolean 또는 숫자값을 결합하여 동일한 데이터 형식으로 결과값을 반환한다. 논리 연산자는 참과 거짓을 나타내는 True, False를 가지고, AND, OR, XOR, EQV, IMP 연산을 수행하여 True, False 값을 출력하는 연산자이다. 각 연산자의 논리값은 〈표 6-8〉과 같다.

표 6-8 논리 연산자의 논리값

좌변	우변	And	Or	Xor	Imp	Eqv
True	True	True	True	False	True	True
True	False	False	True	True	False	False
False	True	False	True	True	True	False
Flase	False	False	False	False	True	True

4) 연결 연산자

연결 연산자는 여러 문자열을 단일 문자열로 조인한다. 문자열이나 수식을 연결하기 위해 사용하는 연산자로 '+'와 '&'가 있다. '+'와 '&'에는 약간 차이가 있으므로 주의해야 한다.

표 6-9 연결 연산자의 종류와 차이점

연산자	설명
&	두 수식을 연결할 때 사용
+	문자열과 문자열을 연결할 때 사용

〈예제 6-2〉를 통해 연결 연산자의 차이점을 살펴보자.

예제 6-2

```
Private Sub (sender As Object, e As EventArgs) Handles cmdSum.Click
    Label1.Text = "대한" & "민국"
    Label2.Text = "대한" + "민국"
End Sub
```

〈예제 6-2〉를 실행하면 Label1과 Label2에는 모두 '대한민국'이 출력된다. 그러나 〈예제 6-3〉은 조금 다르다.

예제 6-3

```
Private Sub (sender As Object, e As EventArgs) Handles cmdSum.Click
    Int =10
    Label1.Text = "정수 = " & Int
    Label2.Text = "정수 = " + Int
End Sub
```

〈예제 6-3〉을 실행하면 Label1에는 '정수 = 10'이 출력되지만, Label2는 에러가 발생한다. '+' 연산자는 문자열과 문자열만을 연결할 수 있기 때문이다.

'+' 연산자를 사용하여 두 문자열을 연결할 수도 있지만 명확하게 하기 위해서는 '&(문자열 연결)' 연산자를 사용해야 한다. '+' 연산자를 사용할 때 덧셈을 수행할지 또는 문자열을 연결할지 여부를 결정해야 하는 경우 다음 규칙에 따르게 된다(〈표 6-10〉 참조).

표 6-10 '+' 연산자 사용 규칙

경우	동작
두 식이 모두 수식인 경우	덧셈
두 식이 모두 문자식인 경우	문자열 연결
수식과 문자식인 경우	오류

5) 연산자의 우선순위

두 개 이상의 연산자를 가진 수식의 경우 어느 연산자를 먼저 사용하느냐에 따라 결과가 달라질 수 있다.

식에 두 개 이상의 항목 연산자가 있을 때 산술 연산자가 제일 먼저 계산되고, 비교 연산자가 그 다음에 그리고 논리 연산자가 마지막으로 계산된다. 비교 연산자들은 모두 우선순위가 같기 때문에 나타나는 순서대로 왼쪽에서 오른쪽으로 계산된다. 산술 연산자와 논리 연산자들은 다음의 우선순위 순서대로 계산된다.

표 6-11 연산자의 우선순위

순위	연산자 종류	순서	연산자
1	산술 연산자	1	지수(^)
		2	부정(~)
		3	곱셈과 나눗셈(*, /)
		4	정수 나눗셈(\)
		5	나머지 연산자(Mod)
		6	덧셈과 뺄셈(+, -)
		7	문자열 연결(&)
2	비교연산자	왼쪽에서 오른쪽으로	=, <>, <, >, <=, >=, IS
3	논리연산자	1	Not
		2	And
		3	Or
		4	Xor
		5	Eqv
		6	Imp

[그림 6-5]를 보면 이해하는 데 도움이 될 것이다.

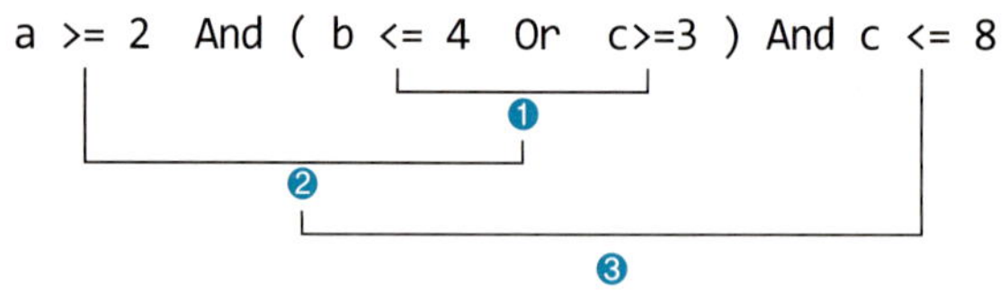

그림 6-5 연산자의 우선순위

실습 6-2 연산자를 이용한 계산기 만들기

산술 연산자와 논리 연산자, 비교 연산자를 사용하여 결과를 표시하는 프로그램을 작성하도록 한다.

[1단계] Windows Form 만들기

① [파일] > [새로 만들기] > [프로젝트]를 차례로 선택한다.

② [새 프로젝트] 대화 상자의 '템플릿'–'Visual Basic'–'Windows Forms 응용 프로그램 템플릿'을 차례로 선택한다.

③ '이름' 상자에 프로젝트의 이름을 'OperatorTest'라고 입력하고, 저장 위치를 설정한 다음, [확인] 버튼을 클릭한다.

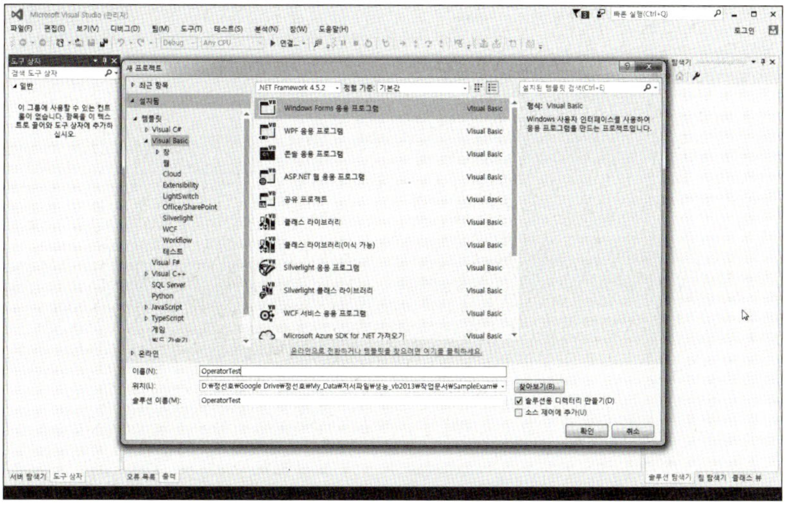

[2단계] 컨트롤 추가하고 속성 설정하기

④ 폼에 레이블 컨트롤과 텍스트박스 컨트롤을 추가하고, 다음과 같이 속성을 설정한다.

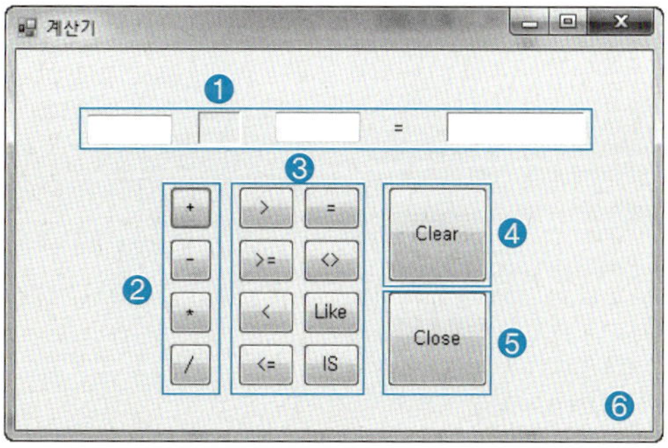

번호	컨트롤 종류	컨트롤	속성	속성값
❶	레이블/텍스트	Text1	Name	txtOperand1
			Text	“”
			TextAlign	Center
		Label1	Name	lblOperator
			Text	“”
			Autosize	False
			BorderStyle	Fixed3D
			BackColor	Control
			TextAlign	MiddleCenter
		Text2	Name	txtOperand2
			Text	“”
			TextAlign	Center
		Label2	Name	lblEqual
			Text	“”
			Autosize	False
			BorderStyle	None
			BackColor	White
			TextAlign	MiddleCenter
		Label3	Name	lblResult
			Text	“”
			Autosize	False
			BorderStyle	Fixed3D
			BackColor	White
			TextAlign	MiddleCenter
❷	버튼	Button1	Name	btnPlus
			Size	30,30
			Text	+
		Button2	Name	btnMinus
			Size	30,30
			Text	−

		Button3	Name	btnMultiply
			Size	30,30
			Text	*
		Button4	Name	btnDivide
			Size	30,30
			Text	/
❸	버튼	Button5	Name	btnGreaterThan
			Size	30,30
			Text	>
		Button6	Name	btnGreaterThanEqual
			Size	30,30
			Text	>=
		Button7	Name	btnLessThan
			Size	30,30
			Text	<
		Button8	Name	btnLessThanEqual
			Size	30,30
			Text	<=
		Button9	Name	btnEqual
			Size	30,30
			Text	=
		Button10	Name	btnNotEqual
			Size	30,30
			Text	<>
		Button11	Name	btnLike
			Size	30,30
			Text	Like
		Button12	Name	btnIS
			Size	30,30
			Text	IS

❹	버튼	Button14	Name	btnClear
			Size	70,70
			Text	Clear
❺	버튼	Button15	Name	btnClose
			Size	70,70
			Text	Close
❻	폼	Form1	Name	frmOperator
			Text	계산기

[3단계] 버튼의 이벤트 처리기 작성하기

⑤ 산술 연산자 버튼을 각각 선택하고, [속성] 창에서 이벤트 단추( )를 클릭한 다음, Click 이벤트 핸들러를 다음과 같이 작성한다.

컨트롤	이벤트	이벤트 처리기 이름
btnPlus	Click	btnPlus_Click
btnMinus	Click	btnMinus_Click
btnMultiply	Click	btnMultiply_Click
btnDevide	Click	btnDevide_Click

```
Private Sub btnPlus_Click(sender As Object, e As EventArgs) Handles btnPlus.Click
        Dim iNum1, iNum2 As Integer
        Dim iResult As Long
        iNum1 = CInt(txtOperand1.Text)
        iNum2 = CInt(txtOperand2.Text)
        lblOperator.Text = btnPlus.Text
        iResult = iNum1 + iNum2
        lblResult.Text = iResult
End Sub

Private Sub btnMinus_Click(sender As Object, e As EventArgs) Handles btnMinus.Click
        Dim iNum1, iNum2 As Integer
        Dim iResult As Long
        iNum1 = CInt(txtOperand1.Text)
        iNum2 = CInt(txtOperand2.Text)
```

```
        lblOperator.Text = btnMinus.Text
        iResult = iNum1 - iNum2
        lblResult.Text = iResult
    End Sub

    Private Sub btnMultiply_Click(sender As Object, e As EventArgs) Handles btnMultiply.Click
        Dim iNum1, iNum2 As Integer
        Dim iResult As Long
        iNum1 = CInt(txtOperand1.Text)
        iNum2 = CInt(txtOperand2.Text)
        lblOperator.Text = btnMultiply.Text
        iResult = iNum1 * iNum2
        lblResult.Text = iResult
    End Sub

    Private Sub btnDivide_Click(sender As Object, e As EventArgs) Handles btnDivide.Click
        Dim iNum1, iNum2 As Integer
        Dim iResult As Single
        iNum1 = CInt(txtOperand1.Text)
        iNum2 = CInt(txtOperand2.Text)
        lblOperator.Text = btnDivide.Text
        iResult = iNum1 / iNum2
        lblResult.Text = iResult
    End Sub
```

⑥ 관계 연산자 버튼을 각각 더블 클릭하고, Click 이벤트 핸들러를 다음과 같이 작성한다.

컨트롤	이벤트	이벤트 처리기 이름
btnGreaterthan	Click	btnGreaterthan_Click
btnGreaterthanEqual	Click	btnGreaterthanEqual_Click
btnLessThan	Click	btnLessThan_Click
btnLessThanEqual	Click	btnLessThanEqual_Click
btnEqual	Click	btnEqual_Click
btnNotEqual	Click	btnNotEqual_Click
btnLike	Click	btnLike_Click
btnIS	Click	btnIS_Click

```
Private Sub btnGreaterthan_Click(sender As Object, e As EventArgs) Handles btnGreaterthan.Click
        Dim iNum1, iNum2 As Integer
        Dim iResult As Boolean
        iNum1 = CInt(txtOperand1.Text)
        iNum2 = CInt(txtOperand2.Text)
        lblOperator.Text = btnGreaterthan.Text
        iResult = iNum1 > iNum2
        lblResult.Text = iResult
End Sub
```

```
Private Sub btnGreaterthanEqual_Click(sender As Object, e As EventArgs) Handles btnGreaterthanEqual.Click
        Dim iNum1, iNum2 As Integer
        Dim iResult As Boolean
        iNum1 = CInt(txtOperand1.Text)
        iNum2 = CInt(txtOperand2.Text)
        lblOperator.Text = btnGreaterthanEqual.Text
        iResult = iNum1 >= iNum2
        lblResult.Text = iResult
End Sub
```

```
Private Sub btnLessThan_Click(sender As Object, e As EventArgs) Handles btnlessThan.Click
        Dim iNum1, iNum2 As Integer
        Dim iResult As Boolean
        iNum1 = CInt(txtOperand1.Text)
        iNum2 = CInt(txtOperand2.Text)
        lblOperator.Text = btnLessThan.Text
        iResult = iNum1 < iNum2
        lblResult.Text = iResult
End Sub
```

```
Private Sub btnLessThanEqual_Click(sender As Object, e As EventArgs) Handles btnLessThanEqual.Click
        Dim iNum1, iNum2 As Integer
        Dim iResult As Boolean
        iNum1 = CInt(txtOperand1.Text)
```

```
        iNum2 = CInt(txtOperand2.Text)
        lblOperator.Text = btnLessThanEqual.Text
        iResult = iNum1 <= iNum2
        lblResult.Text = iResult
    End Sub

    Private Sub btnEqual_Click(sender As Object, e As EventArgs) Handles btnEqual.Click
        Dim iNum1, iNum2 As Integer
        Dim iResult As Boolean
        iNum1 = CInt(txtOperand1.Text)
        iNum2 = CInt(txtOperand2.Text)
        lblOperator.Text = btnEqual.Text
        iResult = iNum1 = iNum2
        lblResult.Text = iResult
    End Sub

    Private Sub btnNotEqual_Click(sender As Object, e As EventArgs) Handles btnNotEqual.Click
        Dim iNum1, iNum2 As Integer
        Dim iResult As Boolean
        iNum1 = CInt(txtOperand1.Text)
        iNum2 = CInt(txtOperand2.Text)
        lblOperator.Text = btnNotEqual.Text
        iResult = iNum1 <> iNum2
        lblResult.Text = iResult
    End Sub

    Private Sub btnLike_Click(sender As Object, e As EventArgs) Handles btnLike.Click
        Dim iNum1, iNum2 As String
        Dim iResult As Boolean
        iNum1 = txtOperand1.Text
        iNum2 = txtOperand2.Text
        lblOperator.Text = btnLike.Text
        iResult = iNum1 Like iNum2
        lblResult.Text = iResult
    End Sub
```

```
Private Sub btnIS_Click(sender As Object, e As EventArgs) Handles btnIS.Click
    Dim thisObject, thatObject As Object
    Dim iResult As Boolean
    thisObject = New System.Windows.Forms.TextBox
    thatObject = New System.Windows.Forms.Label
    iResult = thatObject Is thisObject
    txtOperand1.Text = "TextBox"
    txtOperand2.Text = "Label"
    lblOperator.Text = btnIS.Text
    lblResult.Text = iResult
End Sub
```

⑦ Clear 버튼과 Close 버튼을 더블클릭하여 각각 이벤트 핸들러를 다음과 같이 작성한다.

```
Private Sub btmClear_Click(sender As Object, e As EventArgs) Handles btnClear.Click
    txtOperand1.Clear()
    txtOperand2.Clear()
    lblOperator.Text = ""
    lblResult.Text = ""
End Sub
Private Sub btnClose_Click(sender As Object, e As EventArgs) Handles btnClose.Click
    End
End Sub
```

⑧ 〈F5〉 키를 눌러 폼을 실행 한 후 텍스트박스 컨트롤(txtOperand1, txtOpernd2)에 값을 입력하고, 연산자 버튼을 클릭하여 결과를 확인한다.

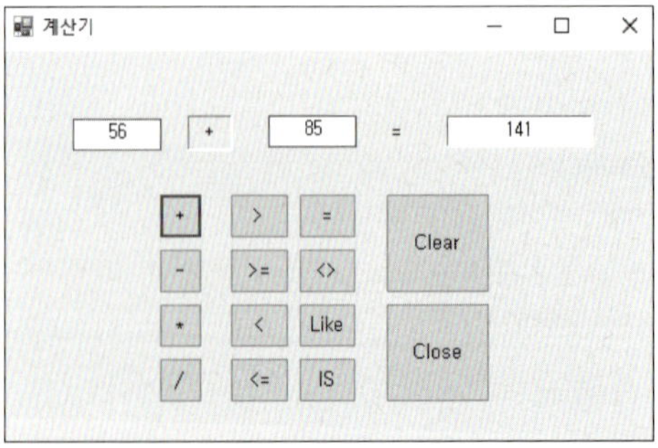

| 코드 이해하기 |

```
01  Private Sub btnPlus_Click(sender As Object, e As EventArgs) Handles btnPlus.Click
02          Dim iNum1, iNum2 As Integer
03          Dim iResult As Long
04          iNum1 = CInt(txtOperand1.Text)
05          iNum2 = CInt(txtOperand2.Text)
06          lblOperator.Text = btnPlus.Text
07          iResult = iNum1 + iNum2
08          lblResult.Text = iResult
09  End Sub
```

01행: (+) 버튼을 클릭했을 때 실행되는 이벤트 처리기이다.

02~03행: 연산을 위해 사용할 값을 저장하는 변수(iNum1, iNum2)와 연산 결과를 저장할 변수(iResult)를 선언한다.

04~05행: 형식변환함수인 CInt 함수를 사용하여 텍스트박스 컨트롤(txtOperand1, txtOperand2)에 입력된 값을 부호 있는 32비트(4바이트) 정수로 변수(iNum1, iNum2)에 저장한다.

> **Tip CInt 함수와 Int 함수**
>
> CInt 함수는 –2,147,483,648~2,147,483,647의 값 범위에 있는 부호 있는 32비트(4바이트) 정수를 저장하는 형식변환함수로, 숫자의 소수 부분을 잘라내는 대신 가장 가까운 정수값으로 반올림한다.
> Int 함수는 숫자의 소수 부분을 반올림하여 정수값으로 표현하는 함수이다.

06행: 선택한 연산자의 텍스트 속성 값(+)을 레이블 컨트롤(lblOperator)에 표시한다.

07행: 변수(iNum1, iNum2)를 더해서 변수(iResult)에 저장한다.

08행: 변수(iResult)에 저장된 값을 레이블 컨트롤(lblResult)에 표시한다.

```
16  iResult = iNum1 - iNum2
17  lblResult.Text = iResult
```

16~17행: 변수(iNum1)에 저장된 값에서 변수(iNum2)에 저장된 값을 빼서 변수(iResult)에 저장한 다음, 레이블 컨트롤(lblResult)에 표시한다.

```
25  iResult = iNum1 * iNum2
26  lblResult.Text = iResult
```

25~26행: 변수(iNum1)에 저장된 값에서 변수(iNum2)에 저장된 값을 곱해서 변수(iResult)에 저

장한 다음, 레이블 컨트롤(lblResult)에 표시한다.

```
34  iResult = iNum1 / iNum2
35  lblResult.Text = iResult
```

34~35행: 변수(iNum1)에 저장된 값에서 변수(iNum2)에 저장된 값을 나누어 결과를 변수(iResult)에 저장한 다음, 레이블 컨트롤(lblResult)에 표시한다.

```
43  iResult = iNum1 > iNum2
44  lblResult.Text = iResult
```

43~44행: 변수(iNum1)에 저장된 값과 변수(iNum2)에 저장된 값을 비교하여 변수(iNum1)에 저장된 값이 크면 결과를 변수(iResult)에 저장한 다음, 레이블 컨트롤(lblResult)에 표시한다.

```
52  iResult = iNum1 >= iNum2
53  lblResult.Text = iResult
```

52~53행: 변수(iNum1)에 저장된 값과 변수(iNum2)에 저장된 값을 비교하여 변수(iNum1)에 저장된 값이 크거나 같으면 결과를 변수(iResult)에 저장한 다음, 레이블 컨트롤(lblResult)에 표시한다.

```
61  iResult = iNum1 < iNum2
62  lblResult.Text = iResult
```

61~62행: 변수(iNum1)에 저장된 값과 변수(iNum2)에 저장된 값을 비교하여 변수(iNum1)에 저장된 값이 작으면 결과를 변수(iResult)에 저장한 다음, 레이블 컨트롤(lblResult)에 표시한다.

```
70  iResult = iNum1 <= iNum2
71  lblResult.Text = iResult
```

70~71행: 변수(iNum1)에 저장된 값과 변수(iNum2)에 저장된 값을 비교하여 변수(iNum1)에 저장된 값이 작거나 같으면 결과를 변수(iResult)에 저장한 다음, 레이블 컨트롤(lblResult)에 표시한다.

```
79  iResult = iNum1 = iNum2
80  lblResult.Text = iResult
```

79~80행: 변수(iNum1)에 저장된 값과 변수(iNum2)에 저장된 값을 비교하여 변수(iNum1)에 저장된 값이 같으면 결과를 변수(iResult)에 저장한 다음, 레이블 컨트롤(lblResult)에 표시한다.

```
88  iResult = iNum1 <> iNum2
89  lblResult.Text = iResult
```

88~89행: 변수(iNum1)에 저장된 값과 변수(iNum2)에 저장된 값을 비교하여 변수(iNum1)에 저장된 값이 같지 않으면 결과를 변수(iResult)에 저장한 다음, 레이블 컨트롤(lblResult)에 표시한다.

```
97  iResult = iNum1 Like iNum2
98  lblResult.Text = iResult
```

97~98행: 변수(iNum1)에 저장된 값과 변수(iNum2)에 저장된 값(문자열 패턴)을 비교하여 패턴을 충족하면 결과(True/False)를 변수(iResult)에 저장한 다음, 레이블 컨트롤(lblResult)에 표시한다.

```
100  Private Sub btnIS_Click(sender As Object, e As EventArgs) Handles btnIS.Click
101          Dim thisObject, thatObject As Object
102          Dim iResult As Boolean
103          thisObject = New System.Windows.Forms.TextBox
104          thatObject = New System.Windows.Forms.Label
105          iResult = thatObject Is thisObject
106          txtOperand1.Text = "TextBox"
107          txtOperand2.Text = "Label"
108          lblOperator.Text = btnIS.Text
109          lblResult.Text = iResult
110  End Sub
```

101~102행: Object형 변수(thisObject, thatObject)와 결과(True/False)를 저장할 변수(iResult)를 선언한다.

103행: 변수(thisObject)에 텍스트박스 개체를 생성하여 개체 인스턴스를 참조하도록 한다.

104행: 변수(thatObject)에 레이블 개체를 생성하여 개체 인스턴스를 참조하도록 한다.

105행: 변수(thisObject)와 변수(thatObject)가 같은 개체를 참조하는지 검사하여 결과(True/False)를 변수(iResult)에 저장한다.

109행: 변수(iResult)에 저장한 값을 레이블 컨트롤(lblResult)에 표시한다.

```
111 Private Sub btmClear_Click(sender As Object, e As EventArgs) Handles
    btnClear.Click
112     txtOperand1.Clear()
113     txtOperand2.Clear()
114     lblOperator.Text = ""
115     lblResult.Text = ""
116 End Sub
117 Private Sub btnClose_Click(sender As Object, e As EventArgs) Handles
    btnClose.Click
118      End
119 End Sub
```

111행: [Clear] 버튼을 클릭했을 때 실행되는 이벤트 처리기이다.

112~113행: Clear 함수를 사용하여 텍스트박스 컨트롤(txtOperand1, txtOperand2)를 초기화시킨다.

114~115행: 레이블 컨트롤(lblOperator, lblResult)의 텍스트 속성값을 초기화한다.

118행: End 문을 사용하여 응용 프로그램을 종료한다.

요약

▶ 솔루션(Solution): 응용 프로그램을 만드는 데 필요한 항목 및 프로젝트와 파일 및 전체 솔루션을 정의하는 메타 데이터가 포함된다. 솔루션에는 하나 이상의 프로젝트가 포함될 수 있으며, 관련 프로젝트를 그룹으로 구성하고 해당 프로젝트 그룹에 대한 작업을 수행할 수 있다.

▶ 솔루션 정의 파일(.sln): 솔루션에 연결된 프로젝트, 솔루션 수준에서 사용할 수 있으며 특정 프로젝트에 연결되지 않은 항목 등 솔루션을 정의하는 메타데이터가 저장된다.

▶ 사용자 옵션 파일(*.suo): 프로젝트에 참여한 각 사용자에 대한 설정, 기본 설정 및 구성 정보 등의 메타 데이터가 저장된다.

▶ 프로젝트(Project): 개발 중인 항목을 구성하고, 이러한 항목을 이용한 작업을 수행할 수 있도록 하기 위해 솔루션 내에서 응용 프로그램을 구성하는 항목을 논리적으로 관리, 빌드 및 디버깅하기 위한 컨테이너로 사용된다.

▶ 변수: 프로그램이 실행될 때 표시하는 값으로 프로그램이 실행되는 동안 변경되는 값들을 저장하여 표시할 수 있도록 하기 위해 사용한다.

▶ 비주얼 베이직에서의 변수 선언은 명시적 선언과 묵시적 선언 두 가지 방법이 있다.
- 명시적 선언: Dim 키워드를 사용해서 변수를 선언한 후 사용
- 묵시적 선언: 변수를 선언하지 않고 사용

▶ 비주얼 베이직(Visual Basic)에서는 다음과 같은 연산자를 제공한다.
- 산술 연산자: 숫자 값의 비트 패턴을 변경하는 것을 포함하여 숫자 값 계산 수행
- 비교 연산자: 두 식을 비교하여 비교 결과를 나타내는 Boolean 값을 반환
- 연결 연산자: 여러 문자열을 단일 문자열로 조인
- 논리 및 비트 연산자: Boolean 또는 숫자 값을 결합하여 동일한 데이터 형식으로 결과값 반환

| 연습문제 |

1. 변수를 선언하는 두 가지 방법에 대해 설명하라.

2. 다음 변수 선언문을 보고 오류가 있는 부분을 찾아 수정하라.

   - Dim Name* As String
   - Dim 5Car As Integer
   - Dim Sub As String
   - Dim S tar As String

3. 다음 코드를 보고 오류가 발생하는 부분을 수정하라.

```
Private Sub Command1_Click()
   Dim InputData_1 As String
   Dim inputData_2 As String
   Dim Sum As Integer

   InputData_1 = Text1.Text
   inputData_2 = Text2.Text

   Sum = InputData_1 + inputData_2

   Label1.capp = Sum

End Sub
```

4. 네 개의 커맨드 버튼 컨트롤의 Click 이벤트 프로시저에 텍스트 박스 컨트롤에 입력된 숫자에 대한 사칙 연산을 수행하고 결과를 표시하는 프로그램을 작성하라.

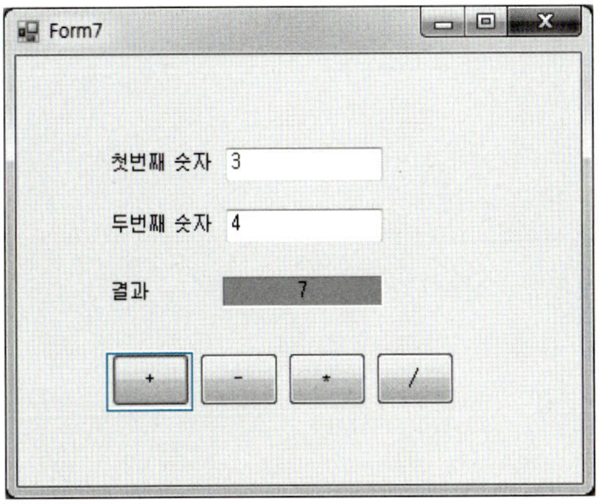

CHAPTER 07

조건문 사용하기

contents

07 조건문 사용하기

일반적으로 프로그램 코드는 순서대로 실행된다. 그러나 경우에 따라 프로그램이 실행되는 순서를 인위적으로 변경해야 하는 경우 특정 조건에 따라 프로그램의 실행 순서를 변경하기 위해서 사용하는 것이 조건문이다. 조건문은 주어진 조건을 검사하여 결과가 참인지 거짓인지에 따라 해당하는 코드를 실행하기 위해 사용한다. 조건문에는 If~Then 문과 Select~Case 문이 있다.

표 7-1 조건문의 종류

조건 개수	이벤트	형식
조건이 1개일 때	단일 If 문	If~Then~End if If~Then~Else~End if
조건이 2개 이상일 때	중첩 If 문	If~Then ElseIf~Then Else~End if
	Select~Case문	Select Case 조건(식) case End Select

Section 01 If~Then 구문 이해하기

IF~THEN 문은 주어진 조건에 따라 다르게 작업해야할 때 자주 사용하는 구문으로 If 문의 조건이 참인지, 거짓인지를 판단하고 결과에 따라 동작을 실행하도록 할 때 사용한다. 조건이 참인 경우는 0 값을 전달하고 조건이 거짓이면 1 이외의 값을 전달한다.

[그림 7-1]은 조건을 검사하고, 참(True) 또는 거짓(False) 여부에 따라 각기 다른 작업을 수행하는 구조이다.

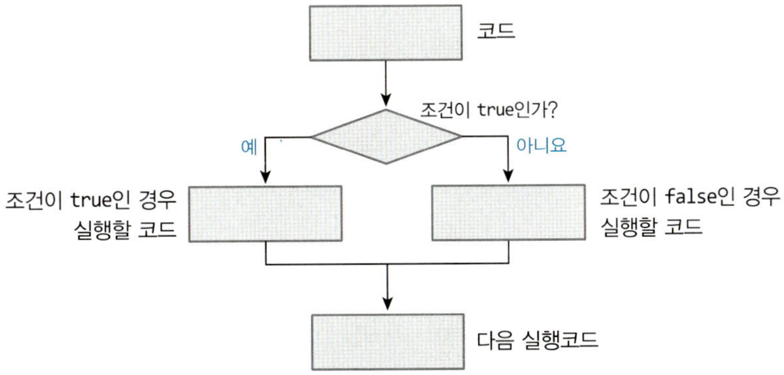

그림 7-1 IF문 작업수행 구조

비주얼 베이직에서 IF~THEN 문의 구문 형식은 다음 3가지가 있다.

① 형식 1: 조건이 1개인 경우(참인 경우만 고려하는 경우)

```
IF 조건 THEN
    조건이 참인 경우 수행할 동작
END IF
```

② 형식 2: 조건이 1개인 경우(참과 거짓에 따라 다르게 실행하는 경우)

```
IF 조건 THEN
    조건이 참인 경우 처리할 작업
ELSE
    조건이 거짓인 경우 수행할 동작
END IF
```

③ 형식 3: 조건이 2개 이상인 경우

```
IF 조건1 THEN
    조건1이 참인 경우 수행할 동작
ELSE IF 조건2 THEN
    조건1은 거짓이고 조건2가 참인 경우 수행할 동작
    .....
ELSE
    위의 어느 조건도 만족하지 않은 경우 수행할 동작
END IF
```

형식 1의 IF~THEN 문은 [그림 7-2]처럼 조건을 만족하면 THEN 다음의 '조건을 만족하는 경우 처리할 문장'을 수행하고 거짓이면 IF 문 안의 문장을 한 번도 수행하지 않고 END IF 다음에 있는 문장을 처리하게 된다.

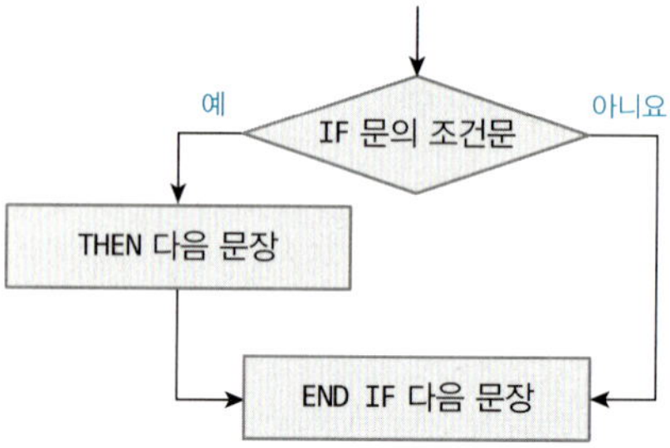

그림 7-2 IF~THEN 문 처리 방법

짧고 간단한 테스트를 수행하는 경우 한 줄 구문을 사용할 수 있다. Then 키워드 다음에 오는 문을 검사하여 문이 한 줄 If인지를 판단한다. 동일한 줄에서 Then 다음에 주석 이외의 다른 문이 오면 이 문은 한 줄 형태인 If 문으로 처리된다. 모든 문은 같은 줄에 있어야 하며 콜론(:)을 사용하여 구분한다.

```
If A > 10 Then A = A + 1 : B = B + A : C = C + B
```

간단한 예를 살펴보자. 〈예제 7-1〉은 텍스트박스(TextBox1)에 점수를 입력하고 입력한 점수가 90 이상이면 레이블(Label1) 컨트롤에 "참 잘했어요~."라는 문장을 출력하고 90점 미만이면 아무것도 출력하지 않는다.

예제 7-1

```
Private Sub Button1_Click(sender As Object, e As EventArgs) Handles Button1.Click
        Dim Jumsu As Integer
        Jumsu = Val(TextBox1.Text)
        If Jumsu >= 90 Then
            Label1.Text = " 참 잘했어요~. "
        End If
End Sub
```

형식 2는 [그림 7-3]처럼 조건을 만족하는 경우에는 THEN 다음에 있는 문장을 실행하고 조건을 만족하지 않으면 ELSE 다음 문장을 수행하는 구문이다.

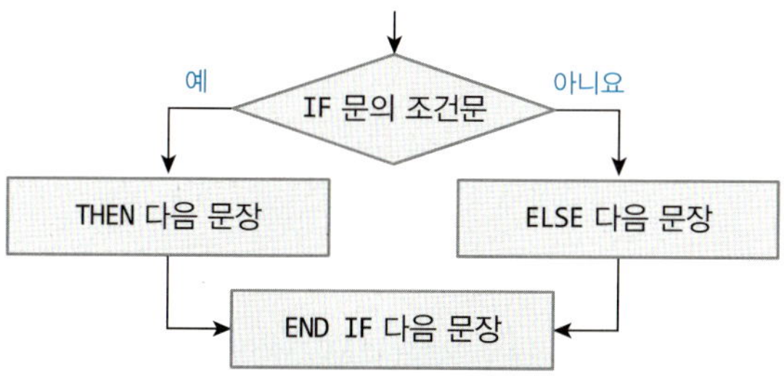

그림 7-3 IF~THEN~ELSE 문 처리 방법

〈예제 7-2〉는 텍스트박스(Text1)에 점수를 입력하고 입력한 점수가 90 이상이면 레이블(Label1)에 "참 잘했어요~."라는 문장을 출력하고 90점 미만이면 "아쉽네요."라는 문장을 출력한다.

예제 7-2

```
Private Sub Button1_Click(sender As Object, e As EventArgs) Handles Button1.Click
        Dim Jumsu As Integer
        Jumsu = Val(TextBox1.Text)
        If Jumsu >= 90 Then
            Label1.Text = " 참 잘했어요~. "
        Else
            Label1.Text = " 아쉽네요~. "
        End If
End Sub
```

형식 3은 다중 IF 문으로 [그림 7-4]와 같이 수행한다. 간단한 예제를 작성하여 다중 IF~THEN 문의 사용법을 익혀보자.

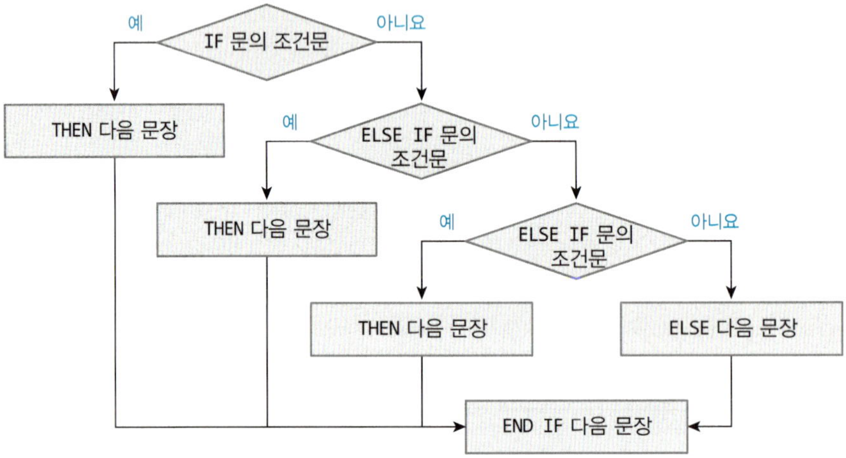

그림 7-4 IF~THEN~ELSE IF 문 처리 방법

실습 7-1 간단한 성적 처리 프로그램 만들기

[1단계] Windows Form 만들기

① [파일] > [새로 만들기] > [프로젝트]를 차례로 선택한다.

② [새 프로젝트] 대화 상자의 '템플릿'–'Visual Basic'–'Windows Forms 응용 프로그램 템플릿'을 차례로 선택한다.

③ '이름' 상자에 프로젝트의 이름을 'ifThen'라고 입력하고, 저장 위치를 설정한 다음 [확인] 버튼을 클릭한다.

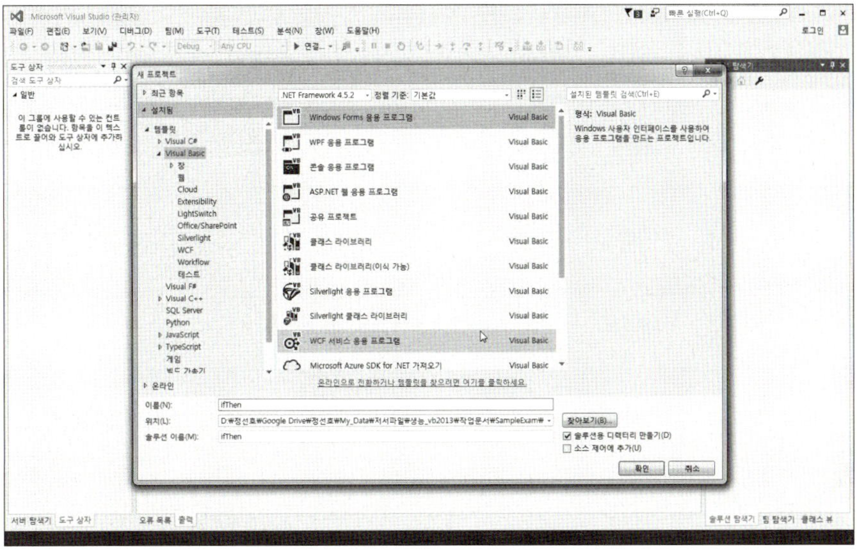

[2단계] 컨트롤 추가하고 속성 설정하기

④ 폼에 레이블(Lable) 컨트롤과 픽처박스(PictureBox) 컨트롤을 추가하고, 다음과 같이 속성을 설정한다.

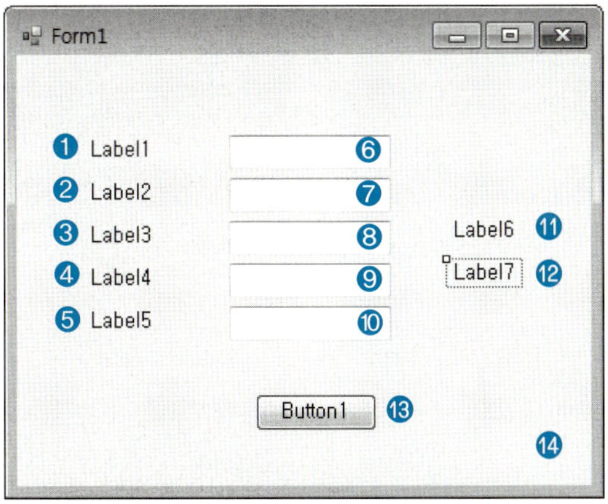

번호	컨트롤 종류	컨트롤	속성	속성값
❶	레이블	Label1	Name	lblKor
			Text	국어 :
❷	레이블	Label2	Name	lblEng
			Image	영어 :

❸	레이블	Label3	Name	lblMath
			Image	수학 :
❹	레이블	Label4	Name	lblTotal
			Image	총점 :
❺	레이블	Label5	Name	lblAverage
			Text	평균 :
❻	텍스트 박스	textBox1	Name	txtKor
			Text	
❼	텍스트 박스	textBox2	Name	txtEng
			Text	
❽	텍스트 박스	textBox3	Name	txtMath
			Text	
❾	텍스트 박스	textBox4	Name	txtTotal
			Text	
❿	텍스트 박스	textBox5	Name	txtAverage
			Text	
⓫	레이블	Label6	Name	lblGrade
			Text	등급 :
⓬	레이블	Label7	Name	lblGradeDisp
			Text	
			BorderStyle	Fixed3D
			Autosize	False
			Padding	5, 5, 5, 5
⓭	버튼	Button1	Name	cmdCaculate
			Text	계산하기
⓮	폼	Form1	Name	frmIfThen
			Text	If~Then 문 사용하기

⑤ 폼이 실행되면 타이머 이벤트가 발생하지 않도록 폼의 Load 이벤트 처리기를 작성하고, 버튼을 클릭하면 타이머 이벤트가 발생하도록 이벤트 처리기를 작성하자.

컨트롤	이벤트	이벤트 처리기 이름
cmdCaculate	Load	cmdCaculate_Click

```
Private Sub Button1_Click(sender As Object, e As EventArgs) Handles cmdCaculate.Click
        Dim Kor, Eng, Math, Total As Integer
        Dim Aver, Average As Double
        Kor = Val(txtKor.Text)
        Eng = Val(txtEng.Text)
        Math = Val(txtMath.Text)
        Total = Kor + Eng + Math
        Aver = Total / 3
        Average = Math.Round(Aver, 2)
        If Average >= 90 Then
            lblGradeDisp.text = "A"
        ElseIf Average >= 80 Then
            lblGradeDisp.text = "B"
        ElseIf Average >= 70 Then
            lblGradeDisp.text = "C"
        Else
            lblGradeDisp.text = "F"
        End If
End Sub
```

⑥ 〈F5〉 키를 눌러 폼을 실행한 후, 과목 성적을 입력하고 [계산하기] 버튼을 클릭하여 등급이 표시되는지 확인하자.

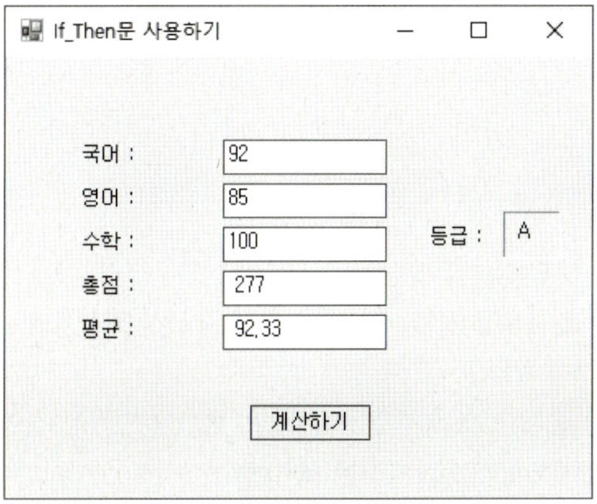

| 코드 이해하기 |

```
02 Dim Kor, Eng, Math, Total As Integer
03 Dim Aver, Average As Double
04 Kor = Val(txtKor.Text)
05 Eng = Val(txtEng.Text)
06 Math = Val(txtMath.Text)
```

02~03행: 정수형 변수(Kor, Eng, Mat, Total)와 Double형 변수(Aver, Average)를 선언한다.

04~06행: 텍스트박스 컨트롤(txtKor, txtEng, txtMath)에 입력된 값을 정수로 변환하여 각각 정수형 변수(Kor, Eng, Math)에 저장한다.

```
07 Total = Kor + Eng + Math
08 Aver = Total / 3
09 Average = Math.Round(Aver, 2)
```

07행: Kor, Eng, Math 변수에 저장된 값을 더하여 변수 Total에 저장한다.

08행: Total 변수에 저장된 값을 3으로 나누어 Aver 변수에 저장한다.

09행: Aver 변수에 저장된 값을 소수점 3번째 자리에서 반올림한 후 Average 변수에 저장한다. 즉, 소수점 두 번째 자리로 표현한다.

```
10 If Average >= 90 Then
11     lblGradeDisp.text = "A"
12 ElseIf Average >= 80 Then
13     lblGradeDisp.text = "B"
14 ElseIf Average >= 70 Then
15     lblGradeDisp.text = "C"
16 Else
17     lblGradeDisp.text = "F"
18 End If
```

10~11행: Average 변수에 저장된 값이 90보다 크거나 같은지 검사하여, True이면 레이블컨트롤(lblGradeDisp)에 A를 표시한다.

12~13행: 10행의 조건식 결과가 False라면, Average 변수에 저장된 값이 80보다 크거나 같다면 레이블컨트롤(lblGradeDisp)에 B를 표시한다.

14~15행: 10행과 12행의 조건식 결과가 모두 False이고, Average 변수에 저장된 값이 70보다 크거나 같다면 레이블컨트롤(lblGradeDisp)에 C를 표시한다.

16~17행: 10행, 12행, 14행의 조건식 결과가 모두 False인 경우 레이블컨트롤(lblGradeDisp)에 F를 표시한다.

Tip Double형과 Round 함수

• Double형 데이터 타입

값의 범위가 −1.79769313486231570E+308에서 −4.94065645841246544E−324까지(음수) 또는 4.94065645841246544E−324에서 1.79769313486231570E+308까지(양수)인 부호 있는 64비트(8바이트) 배정밀도 부동 소수점 숫자를 표현할 수 있다. 숫자 뒤에 R을 붙여 데이터 타입을 Double형으로 변경할 수 있다. 또는 식별자 형식 문자 #을 식별자에 추가하여 Double형으로 선언할 수도 있다.

Dim dub As Double = 4.0R

Dim num# = 3

• math.Round 함수

Round 함수는 반올림하여 지정한 소수점 자리까지 반환하기 위해 사용하는 함수이다. 형식은 Round(변수, 소수점자리)와 같이 사용한다.

Section 02 Select~Case 구문 이해하기

프로그램 코드를 작성하다 보면 하나의 변수값(또는 수식)에 따라 각각 서로 다른 작업을 해야 하는 경우 중첩된 IF~THEN 문을 사용할 수 있지만 IF 문을 중첩해서 사용하다 보면 프로그램 코드가 복잡해지기 때문에 이해하기 어려워지는 단점이 있다. 이런 경우 IF 문보다는 SELECT~CASE 문을 사용하여 좀 더 깔끔하게 프로그램을 작성할 수 있다. SELECT~CASE 문은 〈예제 7-3〉과 같은 형식으로 사용한다.

예제 7-3

```
SELECT CASE 변수
    CASE   상수1
                처리할 문장1
    CASE   상수2, 상수3, 상수4
                처리할 문장2
    CASE   상수5 To 상수7
                처리할 문장3
    ..
    CASE ELSE
                처리할 문장 n
END IF
```

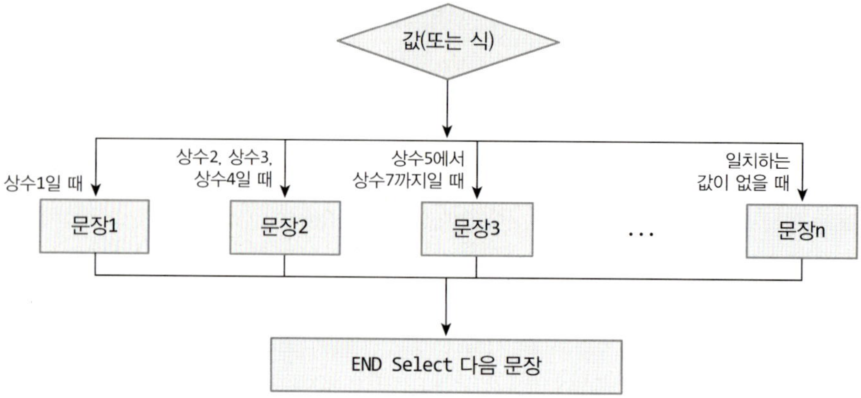

그림 7-5 SELECT-CASE 문 처리 방식

SELECT~CASE 문은 하나의 조건식이나 변수의 값이 무엇인지에 따라 여러 가지 작업을 수행할 때 편리하다. Case에 해당하는 값이 하나도 없는 경우는 Case Else 문을 사용하여 수행할 내용을 지정할 수 있다.

Case 문의 각 절에 여러 개의 식이나 범위를 사용할 수 있다. 다음에 사용되는 값은 '상수5 To 상수7'과 같이 범위로 표시할 수도 있고, '상수2, 상수3, 상수4'와 같이 여러 값을 나열할 수도 있다.

Case 또는 Case Else문 블록 내에 있는 코드를 더 이상 실행할 필요가 없는 경우에는 Exit Select 문을 사용하여 블록을 종료할 수 있다. Exit Select 문을 만나면 End Select 문 다음에 오는 문으로 제어가 이동된다.

IF 문을 사용하여 작성한 성적 처리 프로그램을 SELECT~CASE 문을 이용하여 변경해 보자.

실습 7-2 SELECT~CASE 문을 사용한 성적 처리 프로그램

[1단계] Windows Form 만들기

① [파일] > [새로 만들기] > [프로젝트]를 차례로 선택한다.

② [새 프로젝트] 대화 상자의 '템플릿'–'Visual Basic'–'Windows Forms 응용 프로그램 템플릿'을 차례로 선택한다.

③ '이름' 상자에 프로젝트의 이름을 'SelectCase'라고 입력하고, 저장 위치를 설정한 다음, [확인] 버튼을 클릭한다.

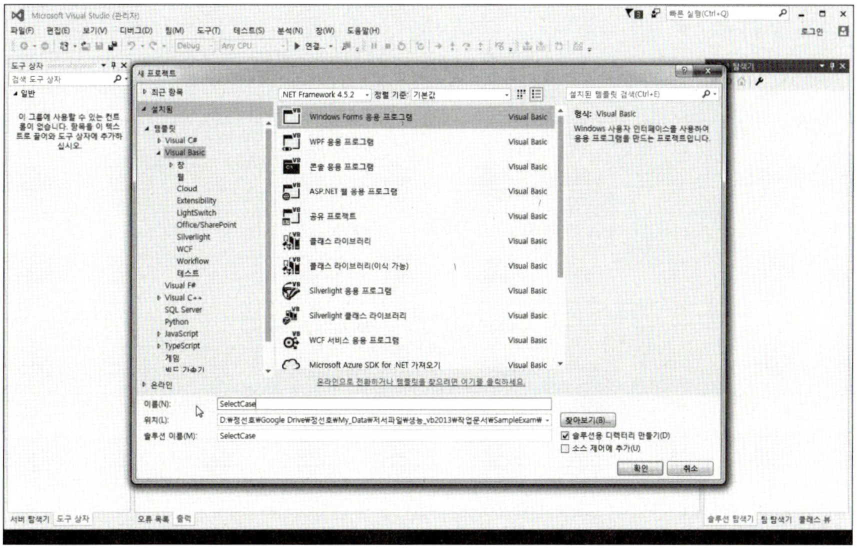

[2단계] 컨트롤 추가하고 속성 설정하기

④ 폼에 레이블(Lable) 컨트롤과 픽처박스(PictureBox) 컨트롤을 추가하고, 다음과 같이 속성을 설정한다.

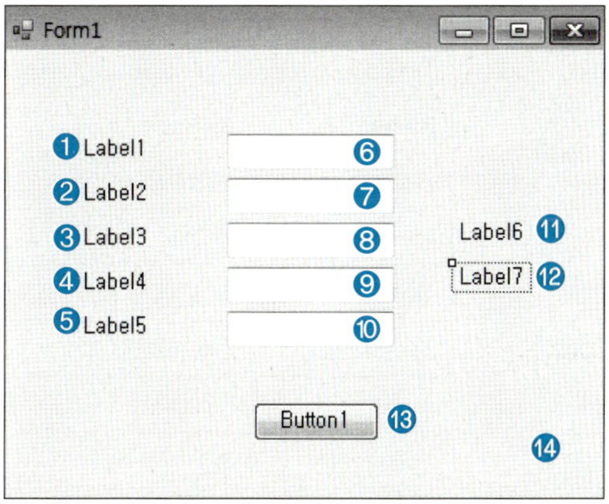

번호	컨트롤 종류	컨트롤	속성	속성값
❶	레이블	Label1	Name	lblKor
			Text	국어 :
❷	레이블	Label2	Name	lblEng
			Image	영어 :
❸	레이블	Label3	Name	lblMath
			Image	수학 :
❹	레이블	Label4	Name	lblTotal
			Image	총점 :
❺	레이블	Label5	Name	lblAverage
			Text	평균 :
❻	텍스트 박스	textBox1	Name	txtKor
			Text	
❼	텍스트 박스	textBox2	Name	txtEng
			Text	
❽	텍스트 박스	textBox3	Name	txtMath
			Text	
❾	텍스트 박스	textBox4	Name	txtTotal
			Text	
❿	텍스트 박스	textBox5	Name	txtAverage
			Text	
⓫	레이블	Label6	Name	lblGrade
			Text	등급 :
⓬	레이블	Label7	Name	lblGradeDisp
			Text	
			BorderStyle	Fixed3D
			Autosize	False
			Padding	5, 5, 5, 5
⓭	버튼	Button1	Name	cmdCaculate
			Text	계산하기
⓮	폼	Form1	Name	frmSelectCase
			Text	SelectCase 문 사용하기

⑤ 폼이 실행되면 타이머 이벤트가 발생하지 않도록 폼의 Load 이벤트 처리기를 작성하고, 버튼을 클릭하면 타이머 이벤트가 발생하도록 이벤트 처리기를 작성하자.

컨트롤	이벤트	이벤트 처리기 이름
cmdCaculate	Load	cmdCaculate_Click

```
Private Sub Button1_Click(sender As Object, e As EventArgs) Handles
cmdCaculate.Click
        Dim Kor, Eng, Mat, Total As Integer
        Dim Aver, Average As Double
        Kor = Val(txtKor.Text)
        Eng = Val(txtEng.Text)
        Mat = Val(txtMath.Text)
        Total = Kor + Eng + Mat
        Aver = Total / 3
        Average = Math.Round(Aver, 2)
        Select Case Average
           Case 90 To 100
               lblGradeDisp.Caption = "A"
           Case 80 To 89.99
               lblGradeDisp.Caption = "B"
           Case 70 To 79.99
               lblGradeDisp.Caption = "C"
           Case Else
               lblGradeDisp.Caption = "F"
    End Select
End Sub
```

Tip Select Case 구문 중첩

Select Case 구문은 중첩될 수 있다. 중첩된 각 Select Case 구문에는 일치하는 End Select 문이 있어야 하며 중첩된 Select Case 구문의 내부에 있는 외부 Select Case 구문의 Case 또는 Case Else 문 블록 내에 완전히 포함되어야 한다.

⑥ 〈F5〉 키를 눌러 폼을 실행한 후, 과목 성적을 입력하고 [계산하기] 버튼을 클릭하여 등급이 표시되는지 확인하자.

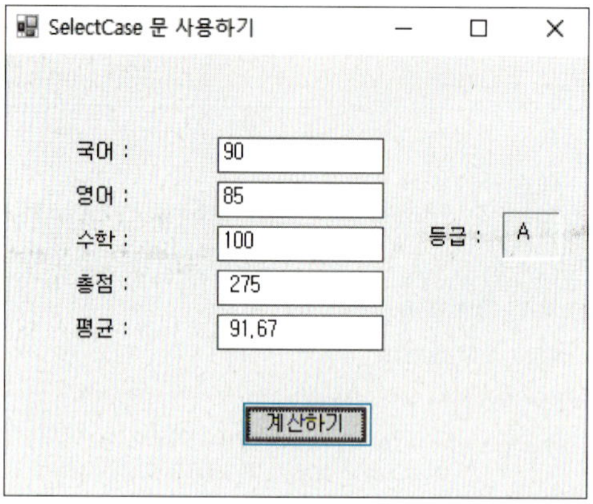

요약

- 조건문: 주어진 조건을 검사하여 결과가 참인지 거짓인지에 따라 해당하는 코드를 실행하기 위해 사용한다. 조건문에는 IF~Then문과 Select~Case문이 있다.

- IF~THEN 문은 주어진 조건에 따라 다르게 작업할 필요가 있을 때 자주 사용하는 구문으로 If 문의 조건이 참인지, 거짓인지를 판단하고 결과에 따라 동작을 실행하도록 할 때 사용한다. 조건이 참인경우는 0값을 전달하고 조건이 거짓이면 1 이외의 값을 전달한다.

형식 1(조건이 1개인 경우: 조건이 참인 경우만 고려)

```
IF 조건 THEN
    조건이 참인 경우 수행할 동작
END IF
```

형식 2(조건이 1개인 경우: 조건이 참인 경우와 거짓인 경우 모두 고려)

```
IF 조건 THEN
    조건이 참인 경우 처리할 작업
ELSE
    조건이 거짓인 경우 수행할 동작
END IF
```

형식 3(조건이 2개 이상인 경우)

```
IF 조건1 THEN
    조건1이 참인 경우 수행할 동작
ELSE IF 조건2 THEN
    조건1은 거짓이고 조건2가 참인 경우 수행할 동작
    .....
ELSE
    위의 어느 조건도 만족하지 않은 경우 수행할 동작
END IF
```

▶ Select~Case 문

하나의 식의 값에 따라 각각 다른 작업을 해야 하는 경우 IF~THEN 문을 여러 개 사용 할 수 있지만 IF 문을 다중으로 사용하면 이해하기가 복잡해진다. 이런 경우 SELECT~CASE 문을 사용하면 속도면에서도 빠르고 코드를 이해하기 쉽다.

```
SELECT CASE 변수
    CASE   상수1
        처리할 문장1
    CASE   상수2, 상수3, 상수4
        처리할 문장2
    CASE   상수5 To 상수7
        처리할 문장3
   ..
    CASE ELSE
        처리할 문장 n
END IF
```

| 연습문제 |

1. IF 문을 사용하여 다음 조건을 만족하도록 프로그램하라.

   조건

   ① 1~9까지의 숫자 중 하나를 입력하고 [입력하기] 버튼을 클릭하면 입력한 횟수를 카운트

   ② 카운트하고 난 후 입력된 숫자 삭제

   ③ [입력된 횟수 표시하기] 버튼을 클릭하면 다음과 같이 입력된 개수와 합을 계산하여 표시

   ④ [다시] 버튼을 클릭하면 화면 초기화

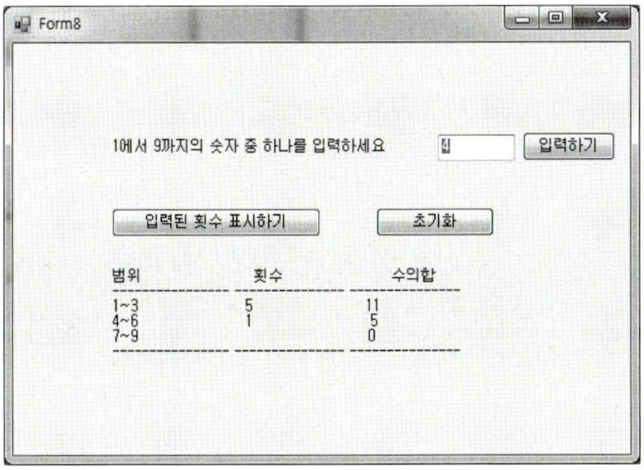

2. 1번의 예제를 Select~Case 문을 사용하여 작성하라.

CHAPTER 08

루프(Loop) - 반복문 이해하기

contents

08 루프(Loop) - 반복문 이해하기

루프(Loop) 구조 즉, 반복문을 사용하면 프로그램 내의 특정 명령문을 반복적으로 실행할 수 있다. 루프 구조의 종류에는 Do 루프, While 루프, For 루프, For Each 루프가 있으며, 조건이 True 또는 False일 때까지 루프 구조에서 지정된 횟수만큼 또는 컬렉션의 각 요소에 대해 한 번씩 명령문을 반복 수행하게 된다.
특정 조건을 만족하는 경우 명령문이 반복되도록 하려면 Do 루프 또는 While 루프를 사용하고, 지정 횟수만큼 루프가 반복되도록 하려면 For 루프를 사용한다.

Section 01 For~Next 문

For~Next 구문은 루프를 지정한 횟수만큼 반복 수행한다. For~Next 구문은 카운터(counter)라고도 하는 루프 제어 변수를 사용하여 반복을 제어하며, 카운터에 대한 시작값과 끝값을 지정하고, 하나의 반복에서 다음 빈복으로 증가하는 정도를 선택적으로 지정할 수 있다.

1) For~Next 문

For~Next 문은 정해진 문장들을 지정한 횟수만큼 반복 수행하기 위해 사용하는 반복문이다. For~Next 문의 구문 형식은 다음과 같다. [ ]로 표시된 항목들은 생략 가능하다.

```
For 카운터 [ As datatype ] = 시작값 To 종료값 [ Step 증감값 ]
    실행문
    [ Continue For ]
    [ 실행문]
    [ Exit For ]
    [ 실행문]
Next [ counter ]
```

- 카운터 : (필수) 루프를 제어하는 숫자 변수
- datatype : (선택) 카운터의 데이터 형식
- 시작값 : (필수) 숫자 또는 숫자 식, 카운터의 초기 값
- 종료값 : (필수) 숫자 또는 숫자 식, 카운터의 최종 값
- 증감값 : (선택) 숫자 또는 숫자 식. 루프가 실행될 때마다 카운터가 증감되는 정도
- Continue For : (선택) 제어를 다음 루프 반복으로 이동
- Exit For : (선택) For 루프의 외부로 제어 이동
- Next : (필수) For 루프 구문 종료

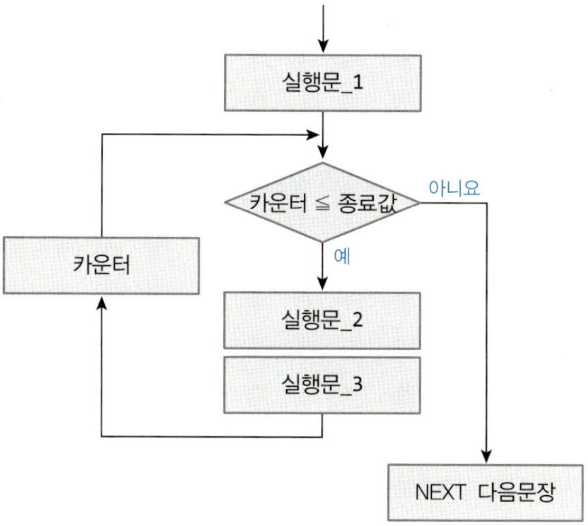

그림 8-1 For 문 실행 방법

For 문의 루프 제어 변수인 카운터는 '시작값'으로 설정된 값으로 초기화되고 '증가값'으로 주어진 값에 따라 변수의 값을 증가 또는 감소시키면서 반복적으로 작업을 수행한다. '증가값'을 지정하지 않으면 변수의 값이 1씩 증가하면서 반복문이 수행된다. 변수의 값이 '최종값'과 같아지면 반복문을 수행한 후 For~Next 문을 빠져나가게 된다.

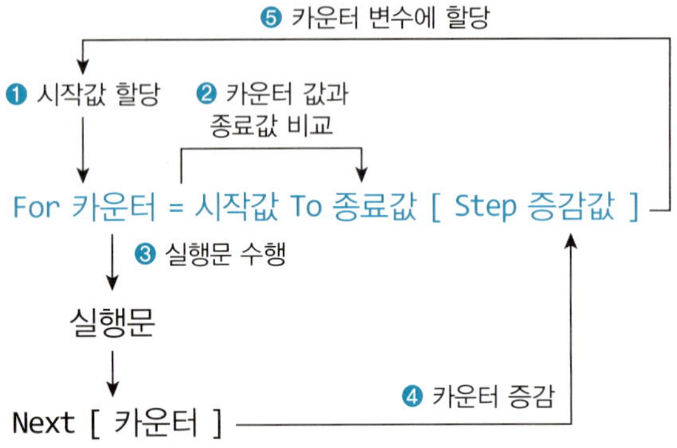

❶ 카운터 변수에 시작값을 할당한다.

❷ 카운터 변수의 값과 종료값을 비교하여 종료값보다 작으면

❸ 실행문을 실행한다.

❹ Next 문을 만나면 Step 문에 정의된 값만큼 카운터 변수의 값을 증가(또는 감소)한 다음 ❺ 카운터 변수에 값을 할당하고, ❷~❹의 과정을 반복 실행한다. ❹문의 카운터 변수값이 종료값과 같으면 ❸의 실행문을 실행하고 For 문을 종료한다.

그림 8-2 For 문 동작 원리

〈예제 8-1〉은 카운터인 변수 index가 1부터 5까지 루프를 반복하고, '1 2 3 4 5'를 출력한다. Step 절이 생략되어 1씩 증가하게 된다.

예제 8-1

```
For index As Integer = 1 To 5
    Debug.Write(index.ToString & " ")
Next
Debug.WriteLine("")
```

실습 8-1 For~Next 문을 사용하여 1에서 10까지 합 구하기

[1단계] Windows Form 만들기

① [파일] > [새로 만들기] > [프로젝트]를 차례로 선택한다.

② [새 프로젝트] 대화 상자의 '템플릿'–'Visual Basic'–'Windows Forms 응용 프로그램 템플릿'을 차례로 선택한다.

③ '이름' 상자에 프로젝트의 이름을 'ForNext'라고 입력하고, 저장 위치를 설정한 다음 [확인] 버튼을 클릭한다.

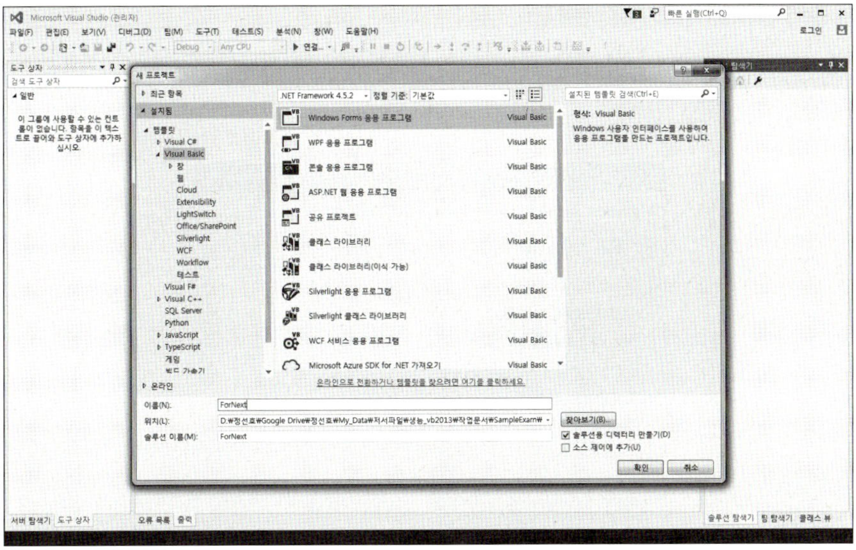

[2단계] 컨트롤 추가하고 속성 설정하기

④ 폼에 레이블 컨트롤을 추가하고, 다음과 같이 속성을 설정한다.

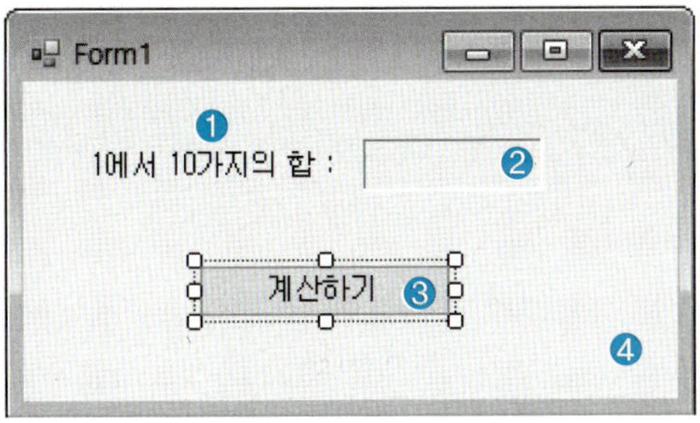

번호	컨트롤 종류	컨트롤	속성	속성값
❶	레이블	Label1	Name	lblSum
			Text	1에서 10까지의 합 :
			AutoSize	False
❷	레이블	Label2	Name	lblOutput
			Text	
			AutoSize	False
❸	버튼	Button1	Name	btnSum
			Text	계산하기
❹	폼	Form1	Name	frmOutput

[3단계] 폼의 이벤트 처리기 작성하기

⑤ 폼을 선택하고, [속성] 창에서 이벤트 단추(⚡)를 클릭한 다음, Click 이벤트 이름을 'btnSum_Click'로 입력한다.

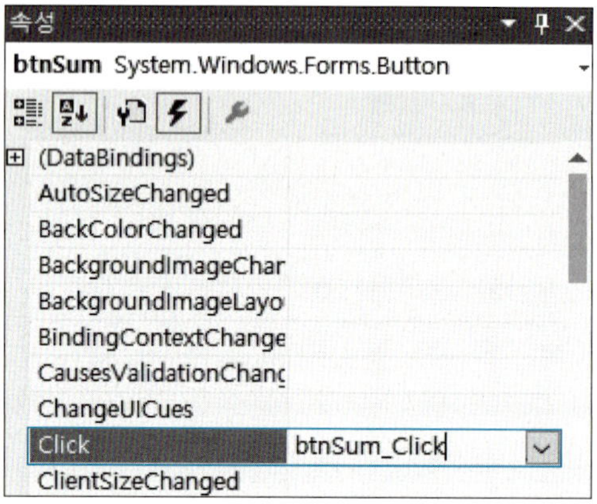

⑥ 폼이 실행된 후에 For 루프의 결과가 레이블 컨트롤에 출력되도록 다음과 같이 코드를 작성한다.

```
Private Sub btnSum_Click(sender As Object, e As EventArgs) Handles btnSum.Click
  Dim num, sum As Integer
  sum = 0
  For num = 1 To 10 Step 1
     sum = sum + num
  Next num
  lblOutput.Text = sum
End Sub
```

⑦ 〈F5〉 키를 눌러 폼을 실행 한 후 [계산하기] 버튼을 클릭하여 결과를 확인한다.

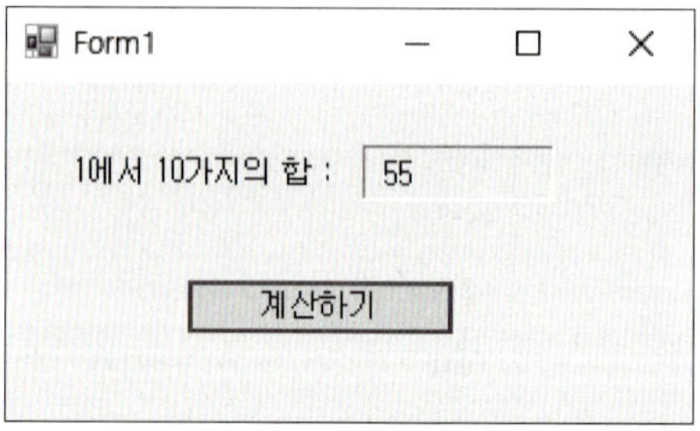

```
02  Dim num, sum As Integer
03  sum = 0
```

02~03행: 정수형 변수 num과 sum을 선언하고, 변수 sum의 초기값을 0으로 설정한다.

```
04  For num = 1 To 10 Step 1
05      sum = sum + num
06  Next num
07  lblOutput.Text = sum
```

04~06행: 변수 num에 시작값 1을 할당하고, 종료값(10)보다 작으므로 sum 변수(0)에 num(1)을 더하여 sum 변수에 저장한다. num 변수의 값을 1 증가시키고, num이 10보다 작으므로 다시 05행을 실행하여 = 오른쪽 수식의 sum(1)에 num(2)을 더하여 왼쪽 sum에 합 3을 저장한다. 이 과정을 num 변수값이 10이 될 때까지 반복한다.

07행: 변수 sum 값을 레이블컨트롤(lblOutput)에 표시한다.

2) For 문 중첩하기

하나의 루프를 다른 루프 내에 배치하여 For 루프를 서로 중첩할 수 있다. 반복문을 중간에 종료하기 위해서 Exit For 문을 사용할 수 있으며, Exit For 문은 For 문의 어느 곳에서나 사용할 수 있다.

〈예제 8-2〉는 For~Next 문을 중첩해서 사용하는 예이다.

예제 8-2

```
For I = 1 To 10
    For J = 1 To 10
        For K = 1 To 10
            ...
        Next K
    Next J
Next I
```

중첩된 For~Next 구문으로 외부 루프는 루프가 반복될 때마다 문자열을 생성하고, 내부 루프는 루프가 반복될 때마다 루프 카운터를 감소시킨다.

실습 8-2 For~Next 중첩하기

[1단계] Windows Form 만들기

① [파일] > [새로 만들기] > [프로젝트]를 차례로 선택한다.

② [새 프로젝트] 대화 상자의 '템플릿'–'Visual Basic'–'Windows Forms 응용 프로그램 템플릿'을 차례로 선택한다.

③ '이름' 상자에 프로젝트의 이름을 'ForNextNested'라고 입력하고, 저장 위치를 설정한 다음 [확인] 버튼을 클릭한다.

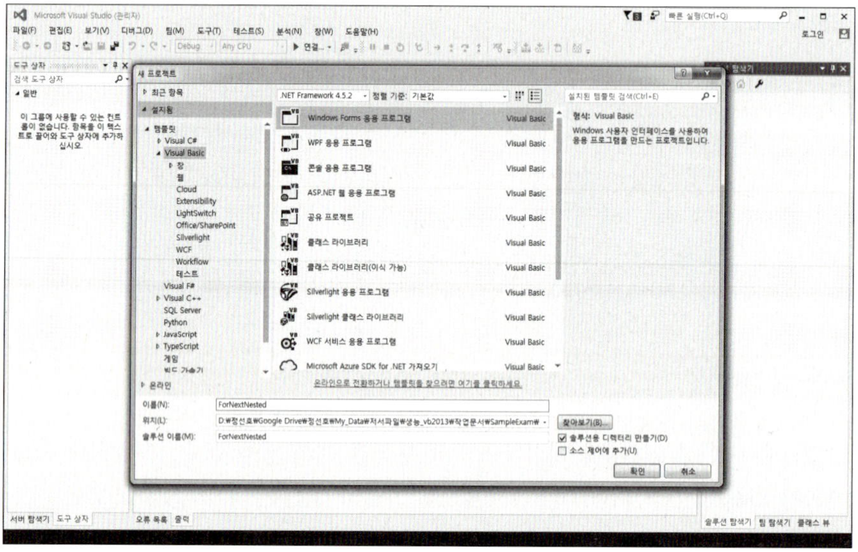

[2단계] 컨트롤 추가하고 속성 설정하기

④ 폼에 레이블 컨트롤을 추가하고, 다음과 같이 속성을 설정한다.

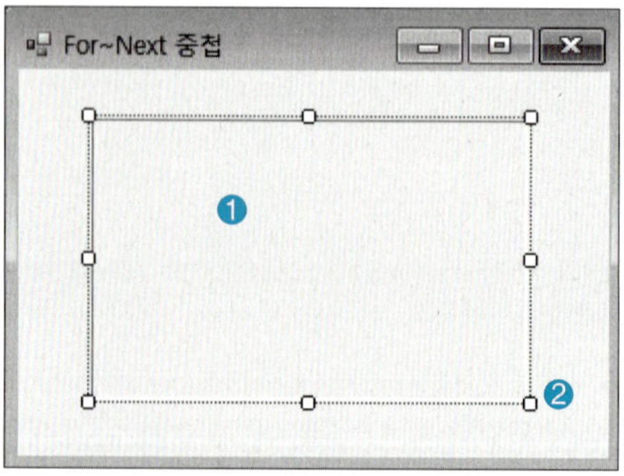

번호	컨트롤 종류	컨트롤	속성	속성값
❶	레이블	Label1	Name	lblOutput
			Text	
			AutoSize	False
			BorderStyle	Fixed3D
			Left	5
			Top	5
❷	폼	Form1	Name	frmOutput
			Text	For~Next 중첩

[3단계] 폼의 이벤트 처리기 작성하기

⑤ 폼을 선택하고, [속성] 창에서 이벤트 단추(⚡)를 클릭한 다음, Click 이벤트 이름을 'FormOutput_Load'로 입력한다.

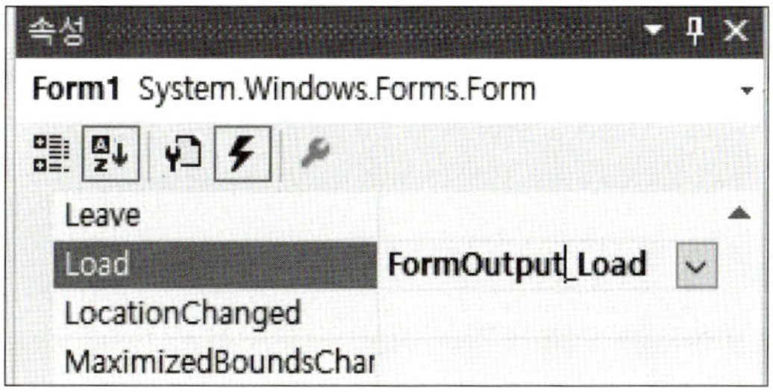

⑥ 폼이 실행된 후에 For 루프의 결과가 레이블 컨트롤에 출력되도록 다음과 같이 코드를 작성한다.

```
Private Sub Form1_Load(sender As Object, e As EventArgs) Handles MyBase.Load
    Dim indexA, indexB As Integer
    Dim appendText As New System.Text.StringBuilder()
    For indexA = 1 To 3
        lblOutput.Text = lblOutput.Text & "IndexA = " & _
                    indexA & chr(13) & chr(10)
        For indexB = 20 To 1 Step -3
            appendText.Append(indexB.ToString)
            appendText.Append(" ")
```

```
        Next indexB
        lblOutput.Text = lblOutput.Text & "IndexB = " & appendText.ToString & _
                    ControlChars.CrLf & ControlChars.CrLf
    Next indexA
End Sub
```

⑦ 〈F5〉 키를 눌러 폼을 실행 한 후 결과를 확인한다.

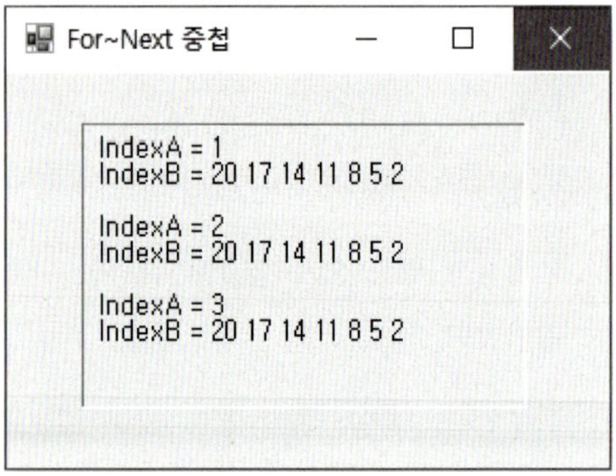

| 코드 이해하기 |

```
02  Dim indexA, indexB As Integer
03  Dim appendText As New System.Text.StringBuilder()
04  For indexA = 1 To 3
05      lblOutput.Text = lblOutput.Text & "IndexA = " & _
                    indexA & chr(13) & chr(10)
06      For indexB = 20 To 1 Step -3
07          appendText.Append(indexB.ToString)
08          appendText.Append(" ")
09      Next indexB
10      lblOutput.Text = lblOutput.Text & "IndexB = " & appendText.ToString &
                    ControlChars.CrLf & ControlChars.CrLf
11  Next indexA
```

02~03행: 정수형 변수 indexA, indexB와 StringBuilder 객체를 사용하여 appendText 변수를 선언한다.

04행: indexA 변수에 1을 할당하고

05행: 레이블컨트롤(lblOutput)에 "IndexA = 1"을 출력한다.

06행: 변수 indexB에 20을 할당하고

07행: StringBuilder 개체의 Append 메서드를 사용하여 변수 indexB의 값을 appendText의 맨 끝에 추가한다.

08행: 07행의 값 뒤에 공백(" ")을 추가하여 변수 appendText에 할당한다.

10행: 07~08행에서 indexA 값이 1인 경우 indexB 값을 20에서 3씩 감소시키면서 출력하여 appendText에 저장하고, indexB 값이 1보다 작아지면 레이블컨트롤(lblOutput)에 appendText 변수를 출력하고, 2줄을 띈 다음 04행으로 돌아가서 05~10행까지를 반복한다.

Tip

• String 자료형과 StringBuilder 객체

문자열 결합 형식 등을 통한 일반적인 몇 자 안되는 문자열 생성 등에는 string 타입 변수 선언을 해서 이용하는 것이 좋고, 대규모의 문자열에서 잦은 수정과 반복을 통한 추가 등 연산이 반복적으로 많이 일어나는 경우 StringBuilder을 쓰는 게 좋을 수 있다.

• StringBuilder.Append 메서드

지정된 문자열을 StringBuilder 개체 인스턴스의 끝에 추가한다.

• toString 메서드

현재 변수의 값을 문자열 형식으로 저장한다.

• ControlChars.CrLf

ControlChars crlf클래스에 포함되는 멤버로 줄바꿈을 하기 위해 사용하는 상수이다. chr(13)&chr(10)과 같은 결과를 표시한다.

3) For Each~Next 문

컬렉션이나 배열의 각 요소에 대해 여러 문을 반복하려는 경우 For Each~Next 루프를 사용한다. For Each~Next 문은 다음과 같은 형식으로 사용한다.

```
For each 요소반복_변수 [ As datatype ] in 참조변수
    실행문
    [ Continue For ]
    [ 실행문]
    [ Exit For ]
    [ 실행문]
Next [ 요소반복_변수 ]
```

- 요소반복_변수 : (필수) 컬렉션의 요소를 반복하는 데 사용할 변수
- datatype : (선택) 요소반복_변수의 데이터 형식
- 참조변수 : (필수) 컬렉션 형식 또는 개체 형식을 사용하는 변수
- Continue For : (선택) 제어를 다음 루프 반복으로 이동
- Exit For : (선택) For 루프의 외부로 제어 이동
- Next : (필수) For 루프 구문 종료

예를 들어 〈예제 8-3〉과 같이 목록 컬렉션을 정의하고 컬렉션의 모든 요소를 화면에 출력하도록 할 수 있다.

예제 8-3

```
Private Sub Button1_Click(sender As Object, e As EventArgs) Handles Button1.Click
    Dim lst As New List(Of String) From {"abc", "def", "ghi"}
    Label2.Text = ""
    For Each item As String In lst
        Label2.Text = Label2.Text & item & " "
    Next
End Sub
```

〈예제 8-3〉을 실행하면 레이블 컨트롤에 목록 컬렉션의 값(abc def ghi)이 출력된다. 한 루프를 다른 루프 내에 배치하여 For Each 문을 서로 중첩할 수 있다. 〈예제 8-4〉는 중첩된 For Each~Next이다.

예제 8-4

```
Private Sub Button1_Click(sender As Object, e As EventArgs) Handles Button1.Click
    Dim numbers() As Integer = {1, 4, 7}
    Dim letters() As String = {"a", "b", "c"}
    Label2.Text = ""
    For Each number As Integer In numbers
        For Each letter As String In letters
            Label2.Text = Label2.Text & number.ToString & letter & " "
        Next
        Label2.Text = Label2.Text & ControlChars.CrLf
    Next
End Sub
```

〈예제 8-4〉를 실행하면 다음과 같은 결과가 실행된다.

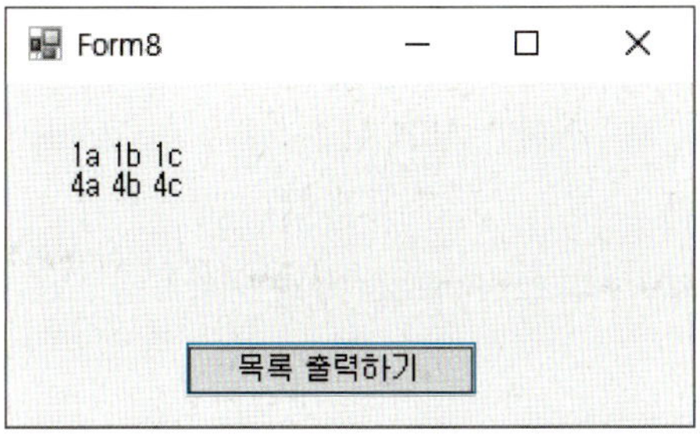

그림 8-3 〈예제 8-4〉의 실행결과

Tip 제어구조 겹치기

제어구조는 겹칠 수 없다. 즉, 모든 중첩 구조는 다음의 가장 안쪽 구조 내에 완전히 포함되어야 한다. 예를 들어, 다음과 같은 구조는 안쪽 With 블록이 종료되기 전에 For 루프가 종료되므로 올바르지 않다.

```
For i As Integer = 1 to maxValue
    With sendButton
Next i
    End Qith
```

그림 8-4 제어구조 겹치기의 잘못된 예

[그림 8-4]와 같이 겹치는 제어 구조를 작성하면 컴파일 시 오류가 발생하게 된다.

4) Exit For 문/Countinue For 문

Exit For 문을 만나면 For 루프를 즉시 빠져 나가고, 제어를 Next 다음으로 이동한다. For~Next 루프에 하나 이상의 Exit For 문을 배치할 수 있다. 중첩된 For~Next 루프 내에 Exit For를 사용하면 Exit For는 가장 안쪽의 루프를 끝내고 중첩 수준이 그 다음으로 높은 루프로 제어를 전달한다.

Continue For 문은 제어를 루프의 다음 반복 부분으로 제어를 이동하기 위해 사용한다.

〈실습 8-3〉은 Continue For 및 Exit For 문을 사용하는 방법을 확인하는 예제이다.

실습 8-3 Exit For 문과 countinue For 문 사용하기

[1단계] Windows Form 만들기

① [파일] > [새로 만들기] > [프로젝트]를 차례로 선택한다.

② [새 프로젝트] 대화 상자의 '템플릿'–'Visual Basic'–'Windows Forms 응용 프로그램 템플릿'을 차례로 선택한다.

③ '이름' 상자에 프로젝트의 이름을 'ForExit'라고 입력하고, 저장 위치를 설정한 다음 [확인] 버튼을 클릭한다.

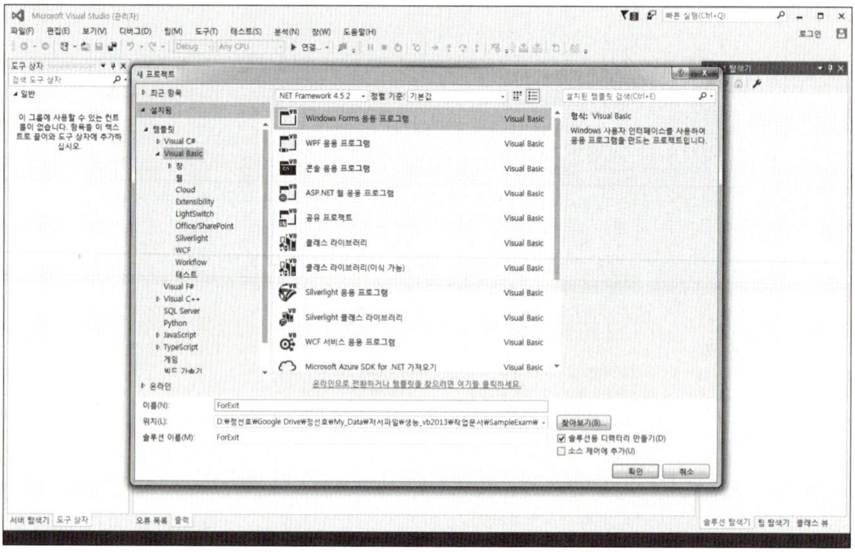

[2단계] 컨트롤 추가하고 속성 설정하기

④ 폼에 레이블 컨트롤과 바튼 컨트롤을 추가하고, 다음과 같이 속성을 설정한다.

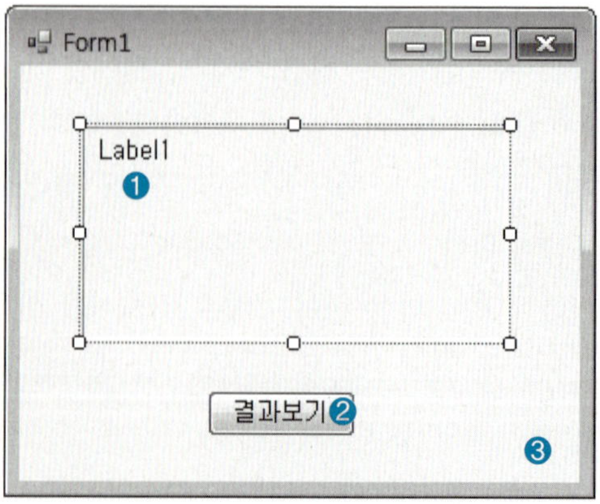

번호	컨트롤 종류	컨트롤	속성	속성값
❶	레이블	Label1	Name	lblOutput
			Text	
			BorderStyle	Fixed3D
			AutoSize	False
			Padding	5, 5, 0, 0
❷	버튼	Button1	Name	cmdOutput
			Text	결과보기
❸	폼	Form1	Name	frmExitFor

[3단계] 버튼의 이벤트 처리기 작성하기

⑤ [결과보기] 버튼을 선택하고, [속성] 창에서 이벤트 단추(⚡)를 클릭한 다음, Click 이벤트 이름을 'output_Click'로 입력한다.

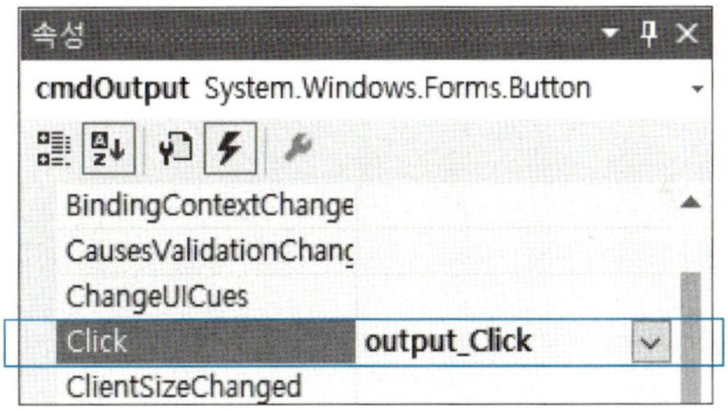

⑥ 폼이 실행된 후에 For 루프의 결과가 레이블 컨트롤에 출력되도록 다음과 같이 코드를 작성한다.

```
Private Sub output_Click(sender As Object, e As EventArgs) Handles cmdOutput.
Click
        For counter As Integer = 1 To 100000
            ' count 값이 5와 7사이의 값이면 다음 조건을 검색
            If counter >= 5 And counter <= 7 Then
                Continue For
            End If
            lblForExit.Text = lblForExit.Text & counter.ToString & " "
            ' count가 10이면 루프를 빠져나감
```

```
08              Exit For
09          End If
10      Next
11  End Sub
```

⑦ 〈F5〉 키를 눌러 폼을 실행 한 후 버튼을 클릭하여 출력되는 결과를 확인한다.

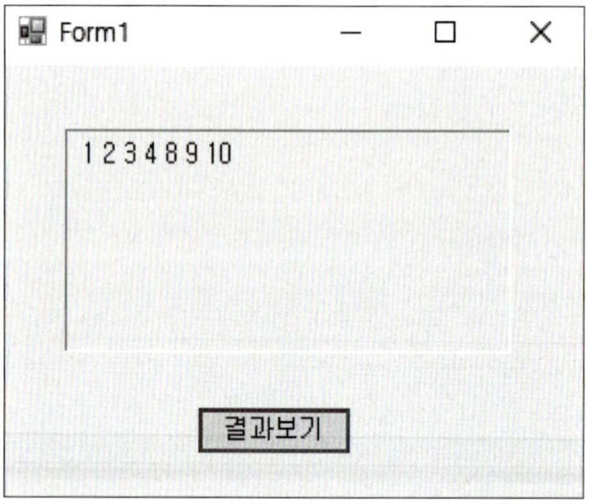

| 코드 이해하기 |

```
02  For counter As Integer = 1 To 100000
03      If counter >= 5 And counter <= 7 Then
04          Continue For
05      End If
06      lblForExit.Text = lblForExit.Text & counter.ToString & " "
07      If counter = 10 Then
08          Exit For
09      End If
10  Next
```

02행: count 변수값에 1을 할당하고 03행에서 09행까지를 반복 수행한다.

03~05행: counter 변수의 값이 5보다 작거나 같고, 7보다 크거나 같으면 06행부터 실행한다.

06행: 레이블 컨트롤에 변수값을 출력한다.

07~09행: counter 변수의 값이 10이면 .For 문을 중지한다.

Section 02 While 루프 사용하기

While 문은 while 다음에 나오는 [조건식]의 값이 참이거나 변수값이 0이 아닌 경우 End While 문을 만날 때까지 작업을 계속 반복하여 실행하는 구문이다. While 문은 다음과 같은 형식으로 사용한다.

```
While 조건식 또는 변수
    실행문
    [ Continue While ]
    [ statements ]
    [ Exit While ]
    [ statements ]
End While
```

- Continue While : (선택) 다음 While 블록으로 제어 전달
- Exit While : (선택) While 블록의 외부로 제어 전송
- End While : (필수) While 블록의 끝

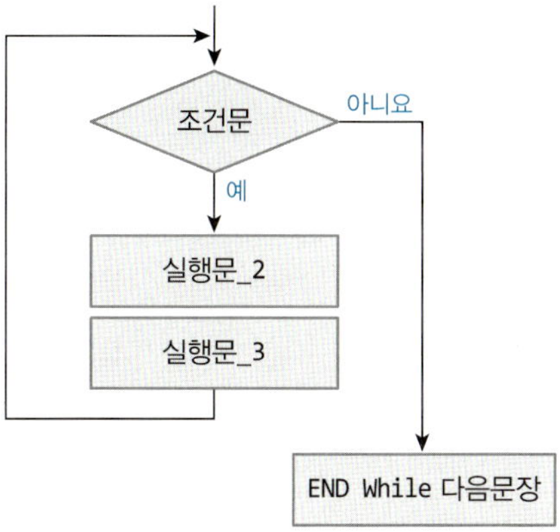

그림 8-5 While 문 실행 방법

While 문은 먼저 조건을 검사하고, 그 결과가 참이면 명령문을 실행하므로, 조건이 참(True)인 동안 실행문을 무한히 반복하려면 While~End While 구조를 사용한다. 조건을 테스트하는 위치나 테스트 결과에 따라 융통성을 주려면 Do~Loop 문을 사용하는 것이 나을 수도 있다.

〈예제 8-5〉는 count 변수가 10보다 커질 때까지 계속 실행되고, 0 1 2 3 4 5 6 7 8 9 10을 출력하게 된다.

예제 8-5

```
Dim index As Integer = 0
While index <= 10
   Debug.Write(index.ToString & " ")
   index += 1
End While
```

Tip Debug.Write 출력은 어디서?

편집 화면의 [출력] 창에서 결과를 확인할 수 있다.

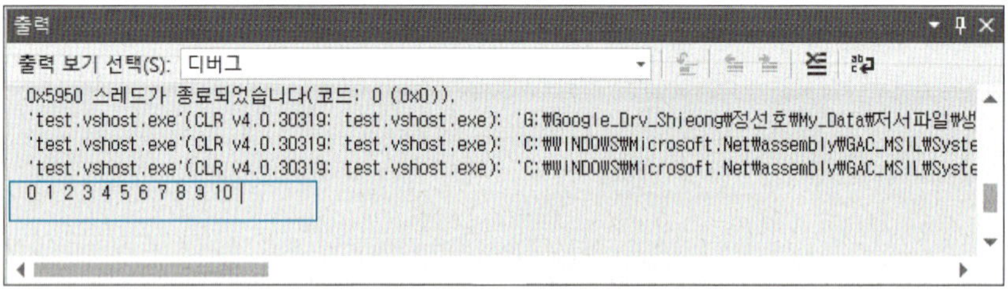

그림 8-6 [출력]창에 결과 출력하기

실습 8-4 While 문으로 구구단 출력하기

[1단계] Windows Form 만들기

① [파일] > [새로 만들기] > [프로젝트]를 차례로 선택한다.

② [새 프로젝트] 대화 상자의 '템플릿'–'Visual Basic'–'Windows Forms 응용 프로그램 템플릿'을 차례로 선택한다.

③ '이름' 상자에 프로젝트의 이름을 'While_Gugudan'라고 입력하고, 저장 위치를 설정한 다음 [확인] 버튼을 클릭한다.

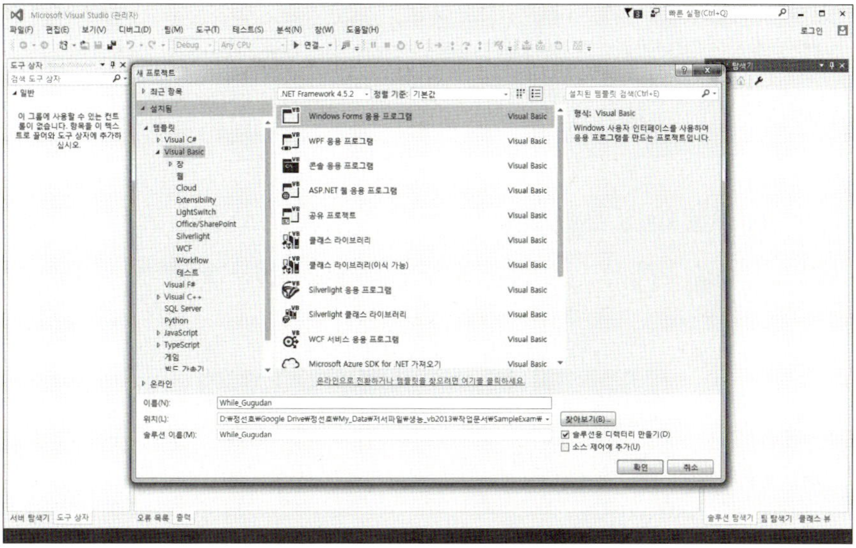

[2단계] 컨트롤 추가하고 속성 설정하기

④ 폼에 레이블 컨트롤과 버튼 컨트롤을 추가하고, 다음과 같이 속성을 설정한다.

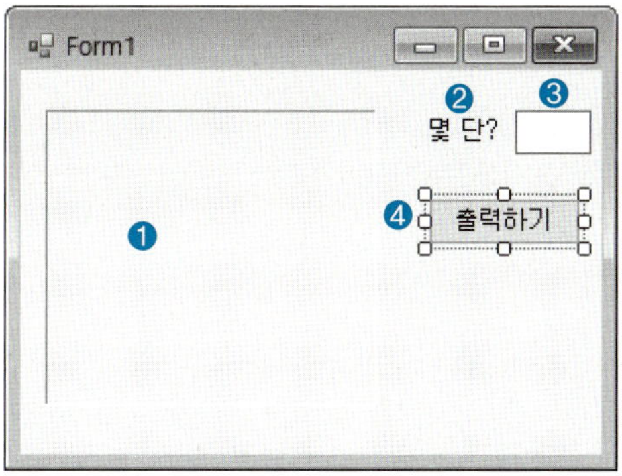

번호	컨트롤 종류	컨트롤	속성	속성값
❶	레이블	Label1	Name	lblDisplay
			Text	
			BorderStyle	Fixed3D
			AutoSize	False
			Padding	5, 5, 0, 0
❷	레이블	Label2	Name	lblDan
			Text	몇 단?

❸	텍스트박스	textBox1	Name	txtDan
			Text	
❹	버튼	Button1	Name	cmdOutput

[3단계] 버튼의 이벤트 처리기 작성하기

⑤ [출력하기] 버튼을 선택하고, [속성] 창에서 이벤트 단추( )를 클릭한 다음, Click 이벤트 이름을 'cmdOutput_Click'로 입력한다.

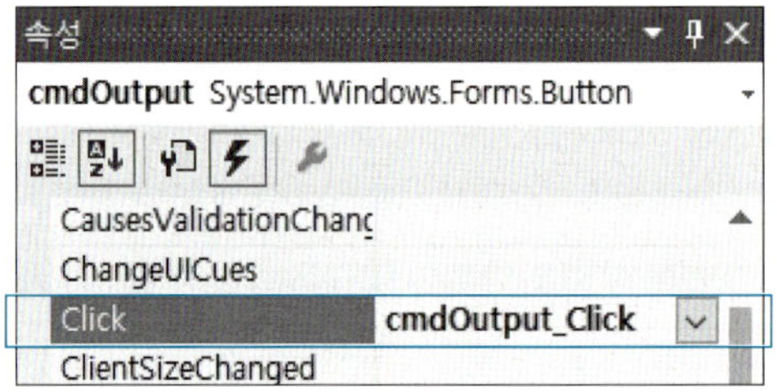

⑥ 폼이 실행된 후에 For 루프의 결과가 레이블 컨트롤에 출력되도록 다음과 같이 코드를 작성한다.

```
Private Sub cmdOutput_Click(sender As Object, e As EventArgs) Handles
cmdOutput.Click
    Dim danNum, i As Integer
    i = 1
    danNum = Val(txtDan.Text)
    While i <= 9
      lblDisplay.Text = lblDisplay.Text & danNum & " * " & i & " = " & _
                  danNum * i & ControlChars.CrLf
        i = i + 1
    End While
End Sub
```

⑦ 〈F5〉 키를 눌러 폼을 실행 한 후, 출력할 단 값을 입력하고 [출력하기] 버튼을 클릭하여 출력되는 결과를 확인한다.

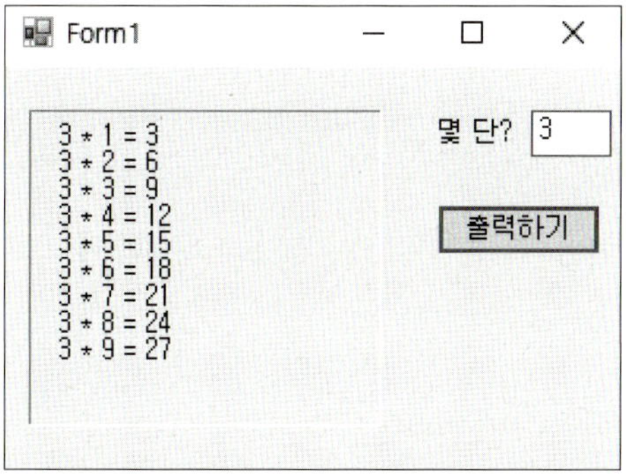

| 코드 이해하기 |

```
02  Dim danNum, i As Integer
03  i = 1
04  danNum = Val(txtDan.Text)
```

02~03행: danNum와 i를 정수형 변수로 선언하고, i에 초기값으로 1을 할당한다.
04행: danNum 변수에 텍스트박스 컨트롤(txtDan)에 입력된 값을 정수로 변환하여 저장한다.

```
05  While i <= 9
06      lblDisplay.Text = lblDisplay.Text & danNum & " * " & i & " = " & _
                danNum * i & ControlChars.CrLf
07          i = i + 1
08  End While
```

05행: 변수 i의 값이 에고이스트보다 작거나 같으면, 06~07행을 반복 실행한다.
06행: 레이블 컨트롤에 구구단을 표시한 식을 출력하고
07행: i 값을 1 증가시킨다.

〈실습 8-5〉는 Continue While 문과 Exit While 문을 사용하는 예로, 1 2 3 4 9 10을 출력한다.

실습 8-5 Continue While 문과 Exit While 문 사용하기

[1단계] Windows Form 만들기

① [파일] > [새로 만들기] > [프로젝트]를 차례로 선택한다.

② [새 프로젝트] 대화 상자의 '템플릿'–'Visual Basic'–'Windows Forms 응용 프로그램 템플릿'을 차례로 선택한다.

③ '이름' 상자에 프로젝트의 이름을 'While_End'라고 입력하고, 저장 위치를 설정한 다음 [확인] 버튼을 클릭한다.

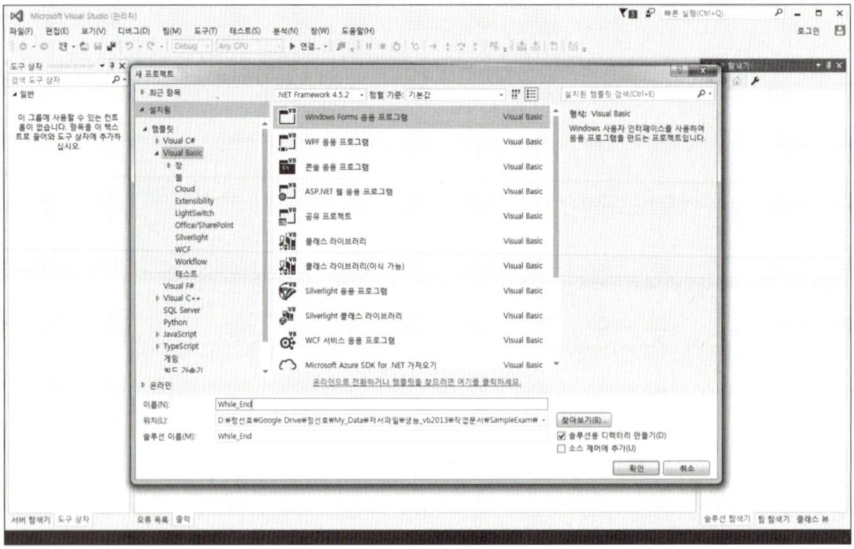

[2단계] 컨트롤 추가하고 속성 설정하기

④ 폼에 레이블 컨트롤과 버튼 컨트롤을 추가하고, 다음과 같이 속성을 설정한다.

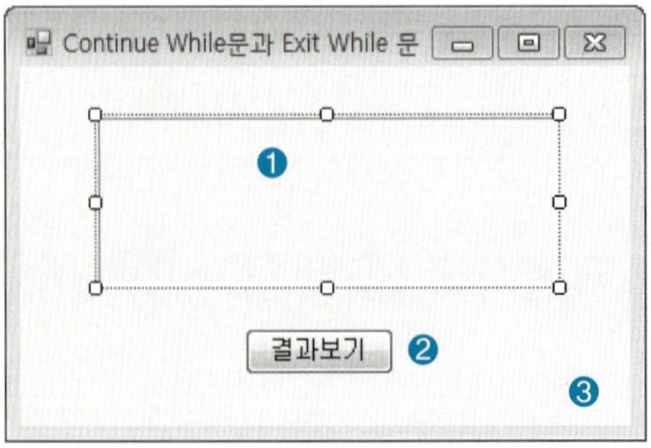

번호	컨트롤 종류	컨트롤	속성	속성값
❶	레이블	Label1	Name	lblOutput
			Text	
			BorderStyle	Fixed3D
			AutoSize	False
			Padding	5, 5, 0, 0
❷	버튼	Button1	Name	cmdOutput
			Text	결과보기
❸	폼	Form1	Name	frmWhile

[3단계] 버튼의 이벤트 처리기 작성하기

⑤ [결과보기] 버튼을 선택하고, [속성] 창에서 이벤트 단추( )를 클릭한 다음, Click 이벤트 이름을 'output_Click'로 입력한다.

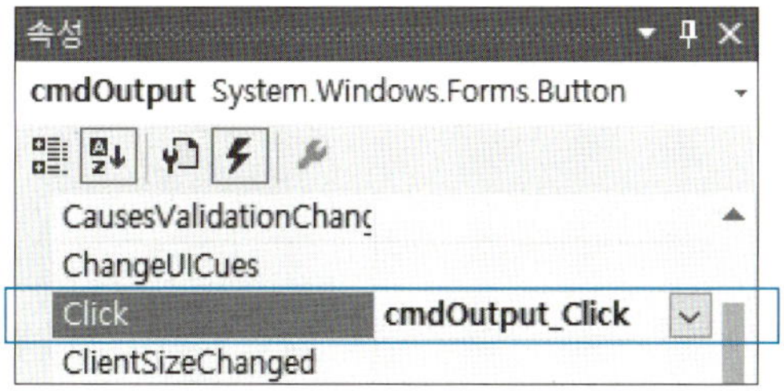

⑥ 폼이 실행된 후에 For 루프의 결과가 레이블 컨트롤에 출력되도록 다음과 같이 코드를 작성한다.

```
Private Sub cmdOutput_Click(sender As Object, e As EventArgs) Handles cmdOutput.Click
      Dim counter As Integer = 0
      While counter < 100
         counter += 1
         If counter >= 5 And counter <= 8 Then
            Continue While
         End If
         lblWhile.Text = lblWhile.Text & counter.ToString & " "
         If counter = 10 Then
```

```
            Exit While
        End If
    End While
End Sub
```

⑦ 〈F5〉 키를 눌러 폼을 실행 한 후 버튼을 클릭하여 출력되는 결과를 확인한다.

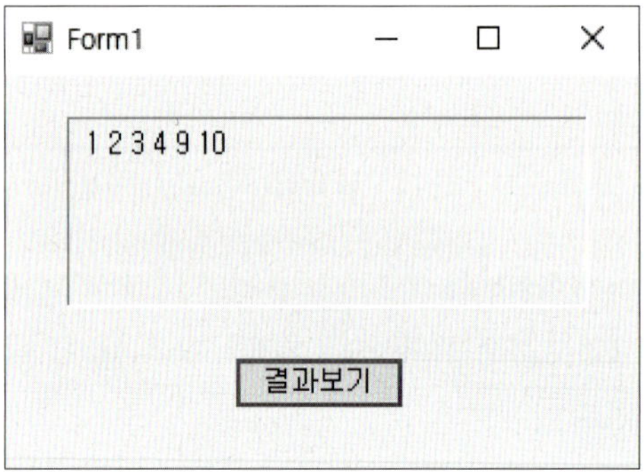

| 코드 이해하기 |

```
02  Dim counter As Integer = 0
03  While counter < 100
04          counter += 1
05          If counter >= 5 And counter <= 8 Then
06              Continue While
07          End If
08              lblWhile.Text = lblWhile.Text & counter.ToString & " "
09          If counter = 10 Then
10              Exit While
11          End If
12  End While
```

02행: 정수형 변수 counter를 선언하고 초기값 0으로 할당한다.

03행: counter 변수값이 100보다 작으면 04~11행까지를 반복 실행한다.

04행: counter 변수값이 100보다 작으면 counter 변수 값을 1 증가시킨다.

05~07행: counter 변수값이 5 이상 8 이하면 While 문(05행)으로 돌아간다.

08행: 레이블컨트롤(lblWhile)에 counter 변수값을 표시한다.

09~11행: counter 변수값이 10이면 while 문을 종료한다.

Section 03 Do 구문 작성하기

Do~Loop 구문을 사용하면 루프 구조의 시작 부분이나 끝 부분에서 조건을 테스트하여, 조건이 True 상태인 동안 루프를 반복할지 또는 조건이 True가 될 때까지 루프를 반복할지 여부를 지정할 수 있다. For~Next 문이 정해진 횟수만큼 반복 처리하지만, Do~Loop 문은 반복하는 횟수가 일정하지 않은 경우 주로 사용한다.
Do~While 문은 조건이 True인 동안 실행하고, Do~Until 문을 사용하면 조건이 True일 때까지 코드 블록을 반복한다.

Do~Loop 구문은 다음과 같은 형식으로 사용한다.

```
Do { While | Until } 조건식
   실행문
   [ Continue Do ]
   [ 실행문 ]
   [ Exit Do ]
   [ 실행문 ]
Loop
```

- 조건식 : (선택) Boolean 식. 조건이 없으면 False로 간주
- Continue Do : (선택) 다음 Do 루프로 제어 전달
- Exit Do : (선택) Do 루프 밖으로 제어 전송
- Loop : (필수) Do 루프 종료

Do~Loop 구조는 조건이 충족될 때까지 문을 무한히 반복하기 위해 사용하며 다음과 같은 특징을 가지고 있다.

- While 또는 Until 중 하나를 사용하여 조건을 지정할 수 있으나 둘 다 사용할 수는 없다.
- 루프의 시작 부분이나 끝 부분에서 조건을 한 번만 테스트할 수 있다.
- 루프의 시작 부분에 있는 Do 문에서 조건을 테스트하는 경우 루프가 한 번도 실행되지 않을 수 있다.
- Loop 문의 루프 끝 부분에서 테스트하는 경우 루프는 항상 한 번 이상 실행된다.
- 한 루프를 다른 루프 내에 배치하여 Do 루프를 서로 중첩할 수 있다.

〈예제 8-6〉에서 Do~Loop 문은 index 변수가 10보다 커질 때까지 실행되고, 0 1 2 3 4 5 6 7 8 9 10을 결과로 출력한다.

예제 8-6

```
Dim index As Integer = 0
Do Until index > 10
   Debug.Write(index.ToString & " ")
   index += 1
Loop
```

〈예제 8-7〉에서는 Until 절 대신 While 절을 사용하며, 루프의 끝 부분이 아닌 시작 부분에서 조건을 검사한다. 마찬가지로 0 1 2 3 4 5 6 7 8 9 10을 결과로 출력한다.

예제 8-7

```
Dim index As Integer = 0
Do While index <= 10
   Debug.Write(index.ToString & " ")
   index += 1
Loop
```

〈예제 8-8〉에서는 index 변수가 100보다 클 때 루프가 정지된다. 하지만 루프에 If 문을 사용하여 index 변수가 10보다 커질 때 Exit Do 문이 루프를 중단하게 된다. 따라서 다음 예제도 0 1 2 3 4 5 6 7 8 9 10을 결과로 출력한다.

예제 8-8

```
Dim index As Integer = 0
Do While index <= 100
   If index > 10 Then
      Exit Do
   End If

   Debug.Write(index.ToString & " ")
   index += 1
Loop
```

실습 8-6 Do 문 사용하기

[1단계] Windows Form 만들기

① [파일] > [새로 만들기] > [프로젝트]를 차례로 선택한다.

② [새 프로젝트] 대화 상자의 '템플릿'–'Visual Basic'–'Windows Forms 응용 프로그램 템플릿'을 차례로 선택한다.

③ '이름' 상자에 프로젝트의 이름을 'Do_Loop'라고 입력하고, 저장 위치를 설정한 다음, [확인] 버튼을 클릭한다.

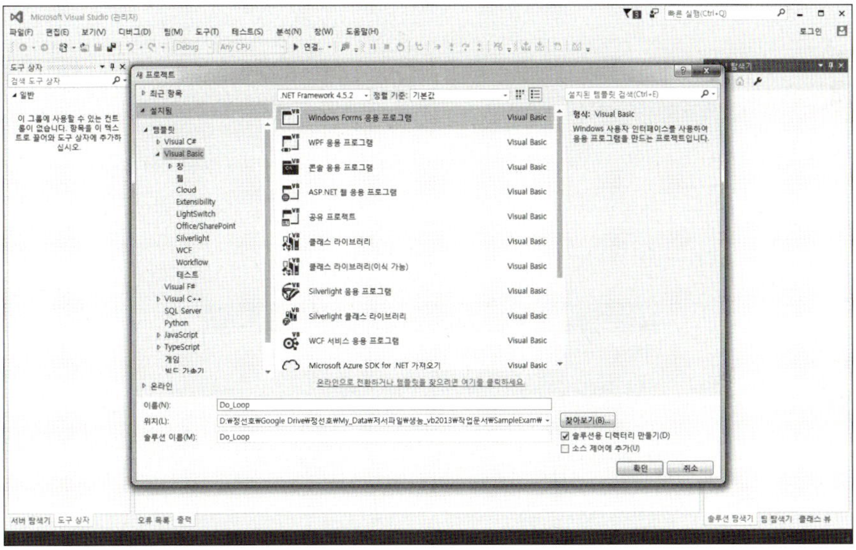

[2단계] 컨트롤 추가하고 속성 설정하기

④ 폼에 레이블 컨트롤과 버튼 컨트롤을 추가하고, 다음과 같이 속성을 설정한다.

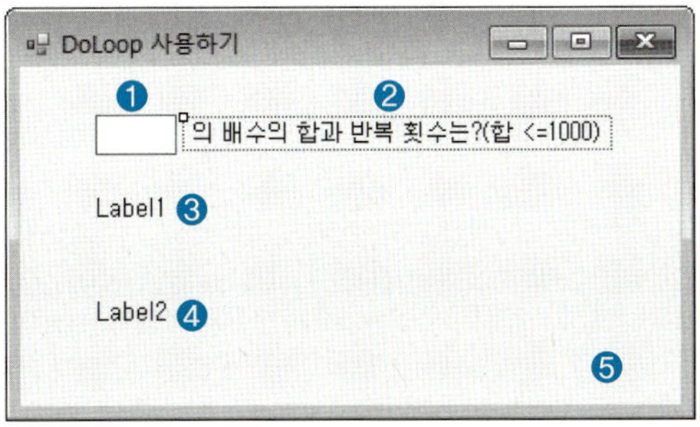

번호	컨트롤 종류	컨트롤	속성	속성값
❶	텍스트박스	TextBox1	Name	txtNum
			Text	
❷	레이블	Label1	Name	lblNum
			Text	의 배수의 합과 반복 횟수는?(합 <=1000)
❸	레이블	Label2	Name	lblLooNum
❹	레이블	Label3	Name	lblSum
❺	폼	Form1	Name	frmDoLoop
			Text	DoLoop 사용하기

[3단계] 버튼의 이벤트 처리기 작성하기

⑤ 텍스트박스에서 〈Enter〉 키를 입력하면 배수의 합과 반복 횟수를 표시하도록, 텍스박스 컨트롤을 클릭하고 [속성] 창에서 이벤트 단추( )를 클릭한 다음, KeyPress 이벤트 이름을 'EnterInput'로 입력한다.

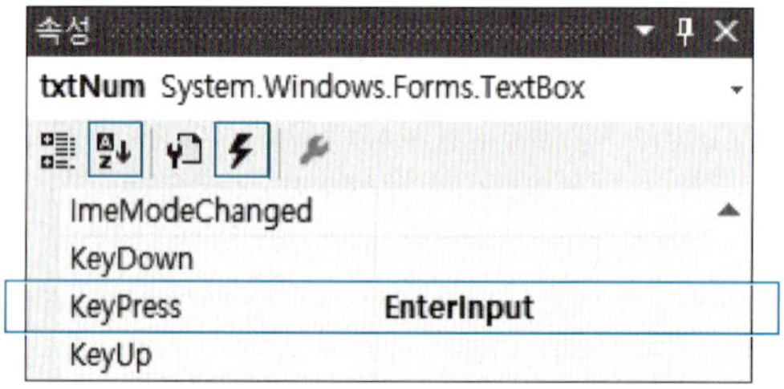

⑥ 폼이 실행된 후에 For 루프의 결과가 레이블 컨트롤에 출력되도록 다음과 같이 코드를 작성한다.

```
Private Sub EnterInput(sender As Object, e As KeyPressEventArgs) Handles txtNum.KeyPress
        If e.KeyChar = vbCr Then
            Dim sum2 As Integer = 0
            Dim counter2 As Integer = 0
            Do Until sum2 >= 1000
                sum2 = sum2 + Val(txtNum.Text)
                counter2 = counter2 + 1
            Loop
            lblLoopNum.Text = "The loop has run " & counter2 & " times!"
            lblSum.Text = "Sum : " & sum2
        End If
End Sub
```

⑦ 〈F5〉 키를 눌러 폼을 실행 한 후 버튼을 클릭하여 출력되는 결과를 확인한다.

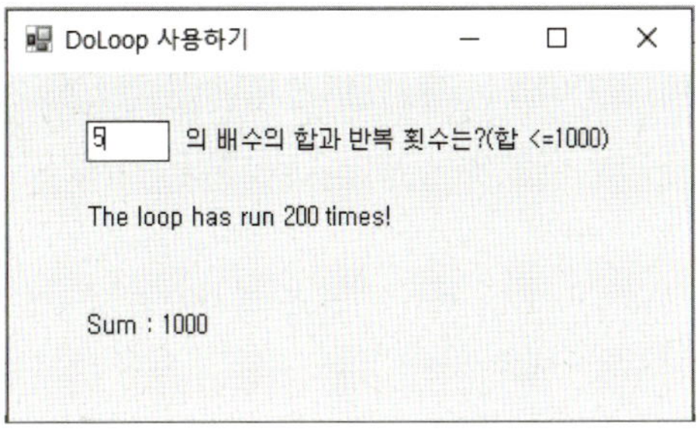

| 코드 이해하기 |

```
If e.KeyChar = vbCr Then
        Dim sum2 As Integer = 0
        Dim counter2 As Integer = 0
        Do Until sum2 >= 1000
            sum2 = sum2 + Val(txtNum.Text)
            counter2 = counter2 + 1
        Loop
        lblLoopNum.Text = "The loop has run " & counter2 & " times!"
        lblSum.Text = "Sum : " & sum2
End If
```

02행: 텍스트상자에 입력된 문자가 〈Enter〉인지 확인하여 〈Enter〉 키이면 03~11행까지를 실행하고, 〈Enter〉 이외의 문자가 입력되면 IF 문을 실행한다.
03~04행: sum2, counter2 변수를 정수형으로 선언하고, 초기값을 0으로 할당한다.
05~08행: sum2의 값이 1000보다 크거나 같을 때까지 06~07행을 반복 실행한다.
06행: 텍스트박스 컨트롤(txtNum)에 입력된 값을 정수형으로 변환한 후 sum2에 더해준다.
07행: counter2의 값을 1씩 증가시켜 반복 횟수를 계산한다.

Section 04 With 문과 Exit 문

하나의 개체에 대해 반복적으로 여러 작업을 수행해야 하는 경우 개체의 이름을 여러 번 지정하지 않고 지정된 개체에 대한 여러 코드를 수행할 수 있다.

1) With 문

With 문은 중복하여 입력하는 개체의 이름을 생략하여 코드를 단순화하기 위하여 사용한다. 대체로 개체 멤버에 접근하기 위해서는 '개체.멤버' 형식을 사용하는데, 이때 개체의 이름이 길거나 여러 개의 값을 설정해야 하는 경우 With 문을 사용하면 코드를 단순화할 수 있다.
With...End With 문을 With...End With 내에 포함시켜 중첩된 With 문을 만들 수도 있다.

```
Command1.Text = "확인"
Command1.Visible = True
Command1.Top = 200
Command1.Left = 5000
Command1.Enabled = True
```

➡

```
With Command1
    .Text = "확인"
    .Visible = True
    .Top = 200
    .Left = 5000
    .Enabled = True
End With
```

그림 8-7 With 문을 사용한 코드단순화

2) Exit 문

Exit 문은 반복 중이거나 실행 중에 조건에 따라 반복을 종료하거나 프로시저를 종료할 때 사용한다.

표 8-1 Exit 문의 종류

문	설명
Exit Do	Do~Loop 문 안에서만 사용하며 반복을 중지하고자 할 때 사용 중첩된 Do~Loop 문 내에서 사용될 경우 Exit Do는 Exit Do가 발생하는 루프보다 하나 위에 있는 Do Loop 문을 수행
Exit For	For~Next나 For Each~Next 루프에서만 사용 Exit For는 Next 문 다음의 실행문을 수행 중첩된 For 루프 내에서 사용될 경우 Exit For는 Exit For가 발생하는 루프보다 한 중첩 위인 For~Next 문을 실행
Exit Function	Function 프로시저를 바로 종료할 때 사용
Exit Property	Property 프로시저를 바로 종료할 때 사용
Exit Sub	Sub 프로시저를 바로 종료할 때 사용

〈예제 8-9〉는 Exit 문을 사용하여 For~Next 루프, Do~Loop, Sub 프로시저를 종료하는 예이다.

예제 8-9

```
Sub ExitTest()
  Dim I, Test_num
  Do           ' 무한 루프.
    For I = 1 To 1000   ' 1000번 반복.
      Test_num = Int(Rnd * 1000)   ' 무작위 수 생성.
      Select Case Test_num
        Case 10: Exit For   ' 10이면 For...Next 문 종료.
        Case 30: Exit Do    ' 30이면 Do...Loop 문 종료.
        Case 99: Exit Sub   ' 99이면 Sub 프로시저 종료.
      End Select
    Next I
  Loop
End Sub
```

Section 05 오류 처리하기

Error 문은 오류 처리 구문이 사용 가능하도록 만들고 프로시저 안에서 에러 처리 구문을 지정하기 위해 사용된다. Error 문을 사용하여 오류 처리 구문을 사용할 수 없도록 만드는 경우에도 사용할 수 있다. On Error 문을 사용하지 않는 경우 발생한 모든 실행 오류는 치명적으로, 오류 메시지가 표시되고 실행이 멈춘다.
Error 문은 다음과 같은 형식으로 사용된다.

1) On Error Resume Next 문

On Error Resume Next 문은 실행 오류를 발생시킨 문장 바로 뒤에 나오는 문장이나 On Error Resume Next 문을 포함하는 프로시저에서 마지막으로 호출한 문 바로 뒤에 나오는 문장을 사용하여 계속 실행하도록 한다. 따라서 실행 오류가 발생해도 계속 실행될 수 있으며, 프로시저 안에서 인라인 오류 처리 루틴을 구현할 수 있다. 다른 프로시저를 호출할 때 On Error Resume Next 문은 비활성화하므로 해당 루틴 안에서 인라인 오류를 처리할 경우 호출되는 각 루틴에서 On Error Resume Next 문을 실행해야 한다.

2) On Error GoTo 0

현재 프로시저에서 사용 가능한 오류 처리기를 사용할 수 없도록 만든다.

3) On Error GoTo line

에러를 처리하기 위해 line 인수에 지정된 줄 번호 또는 줄 레이블로 제어를 이동하도록 하기 위해 사용하는 구문이다.
〈예제 8-10〉은 0으로 나눈 경우 오류 메시지를 표시하도록 On Error GoTo 구문을 사용한 예제이다.

예제 8-10

```
Private Sub Form1_Load(sender As Object, e As EventArgs) Handles MyBase.Load
        On Error GoTo ErrorHandler
        Dim x As Integer = 10
        Dim y As Integer = 0
        Dim z As Integer
        z = x / y   ' 0으로 나누는 수식으로 오류 발생
ErrorHandler:
        Select Case Err.Number
            Case 6
                Label1.Text = "Err.Number = " & Err.Number
                Label2.Text = "0으로 나눌 수 없습니다.~"
            Case Else
                Label2.Text = "웁스~"
        End Select
        Resume Next
    End Sub
```

> **Tip 오류 처리 루틴**
>
> 오류 처리 루틴은 Sub 프로시저나 Function 프로시저가 아니고, 줄 레이블이나 줄 번호로 표시된 코드의 부분을 말한다.

요약

▶ 반복문: 프로그램 내의 특정 명령문을 반복적으로 실행하기 위해 사용하며, Do 루프, While 루프, For 루프, For Each 루프가 있다.

▶ FOR~NEXT 문: FOR~NEXT 문은 정해진 문장들을 지정한 횟수만큼 반복 수행하기 위해 사용하는 반복문이다.

```
For 가운더 [ As datatype ] = 시작값 To 종료값 [ Step 증감값 ]
    실행문
    [ Continue For ]
    [ 실행문]
    [ Exit For ]
    [ 실행문]
Next [ counter ]
```

▶ For 문의 중첩: 하나의 루프를 다른 루프 내에 배치하여 For 루프를 서로 중첩할 수 있으며, 반복문을 중간에 종료하기 위해서 Exit For 문을 사용할 수 있다.

▶ While 문: while 다음에 나오는 [조건식]의 값이 참이거나 변수 값이 0이 아닌 경우 End While문을 만날 때까지 작업을 계속 반복하여 실행하는 구문이다.

```
While 조건식 또는 변수
    실행문
    [ Continue While ]
    [ statements ]
    [ Exit While ]
    [ statements ]
End While
```

▶ Do...Loop 구문: 루프 구조의 시작 부분이나 끝 부분에서 조건을 테스트하여, 조건이 True 상태인 동안 루프를 반복할지 또는 조건이 True가 될 때까지 루프를 반복할지

여부를 지정할 수 있다. For~Next 문이 정해진 횟수만큼 반복 처리하지만, Do~Loop 문은 반복하는 횟수가 일정하지 않은 경우 주로 사용한다.

```
Do { While | Until } 조건식
   실행문
   [ Continue Do ]
   [ 실행문 ]
   [ Exit Do ]
   [ 실행문 ]
Loop
```

▶ Do...While 문: 조건이 True인 동안 실행하고, Do...Until 문을 사용하면 조건이 True일 때까지 코드 블록을 반복한다.

▶ With 문: 중복하여 입력하는 개체의 이름을 생략하여 코드를 단순화하기 위하여 사용한다.

▶ Error 문: 오류 처리 구문이 사용 가능하도록 만들고 프로시저 안에서 에러 처리 구문을 지정하기 위해 사용된다. Error 문을 사용하여 오류 처리 구문을 사용할 수 없도록 만드는 경우에도 사용할 수 있다. On Error 문을 사용하지 않는 경우 발생한 모든 실행 오류는 치명적으로, 오류 메시지가 표시되고 실행이 멈춘다.

| 연습문제 |

1. IF 문과 For 문을 사용하여 다음 조건을 만족하도록 프로그램하라.

조건

① 1~9까지의 숫자 중 하나를 입력하고 [입력하기] 버튼을 클릭하면 입력한 횟수를 카운트

② 카운트하고 난 후 입력된 숫자 삭제

③ [입력된 전체 수 표시하기] 버튼을 클릭하면 다음과 같이 입력된 개수와 합을 계산하여 표시

④ [다시] 버튼을 클릭하면 화면 초기화

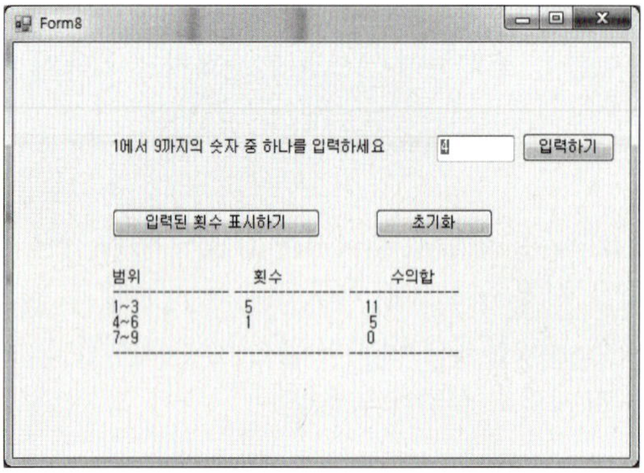

2. For 문을 사용하여 1에서부터 10까지의 숫자를 다음과 같이 출력하도록 프로그램을 작성하라.

실행결과

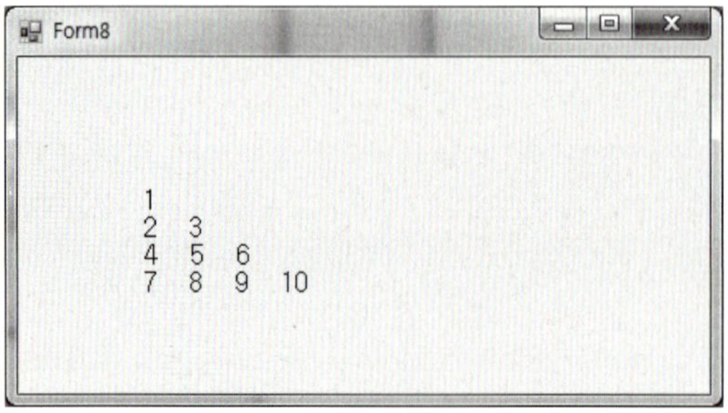

3. 다음과 같이 10까지의 숫자 중 홀수와 짝수를 표시하도록 While 문을 사용하여 프로그램하라.

실행결과

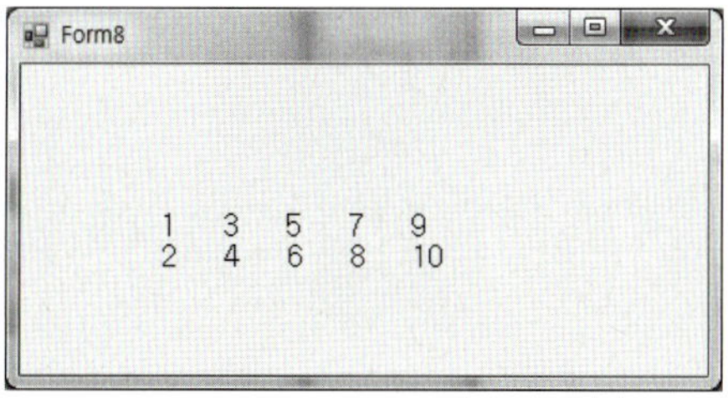

CHAPTER 09

배열과 컬렉션을 사용하여 데이터 관리하기

contents

09 배열과 컬렉션을 사용하여 데이터 관리하기

Section 01 배열(Array) 이해하기

배열은 같은 크기와 순서를 가지고 연속적으로 나열되어 있는, 논리적으로 서로 관련된 값들의 집합으로, 배열을 사용하면 이러한 값들을 동일한 이름으로 참조하고 인덱스(Index) 또는 첨자를 사용하여 구분할 수 있다. 배열을 사용하면 인덱스 번호를 사용하여 모든 요소를 효율적으로 처리하는 루프를 설정할 수 있으므로 다양한 상황에 대해 더욱 짧고 간결한 코드를 만들 수 있다.

배열의 크기는 차원의 수와 차원의 길이로 나타내며, 선형구조와 같은 배열을 1차원 배열, 바둑판처럼 열과 행을 가지는 2차원 배열, 2차원 배열 구조를 여러 장 겹쳐놓은 형태의 3차원 배열 등이 있으며, 2차원 이상의 차원을 다차원 배열이라 한다. 비주얼 베이직 2015에서는 최대 32차원까지 가능하다.

1) 1차원 배열 선언하기

1차원 배열은 표열을 표시하는 첨자가 하나인 배열로 선형구조 형태로 되어 있다. 다른 변수와 동일한 방법으로 Dim 문을 사용하여 배열 변수를 선언할 수 있다. 형식 또는 변수 이름 뒤에 한 쌍 이상의 괄호를 붙여서 배열임을 나타낸다. 배열을 선언한 후에 ReDim 문을 사용하여 크기를 다시 정의할 수 있다.

사용형식

```
Dim 배열이름( ) [As 데이터형]
Dim 배열이름(배열의 최대 인덱스) [As 데이터형]
Dim 배열이름( ) [As 데이터형] = { 초기값0, 초기값1, ... }
Dim 배열이름( 시작값 To 종료값 ) [As 데이터형]
```

[그림 9-1]처럼 1차원 배열 변수를 선언하면, 0부터 15까지 모두 16개의 요소들을 가지게 되며, 정수형(Integer) 데이터만을 저장하게 된다.

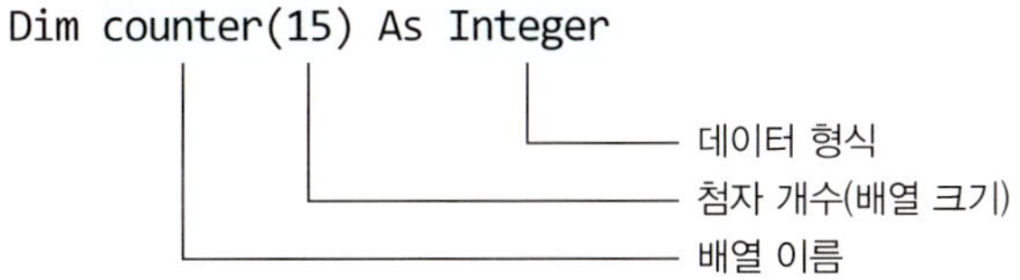

그림 9-1 1차원 배열의 선언

counter(15)에서 15는 마지막 배열 요소 번호가 되므로 전체 배열의 요소의 크기는 선언한 배열 원소수보다 1개 많은 16개가 된다.

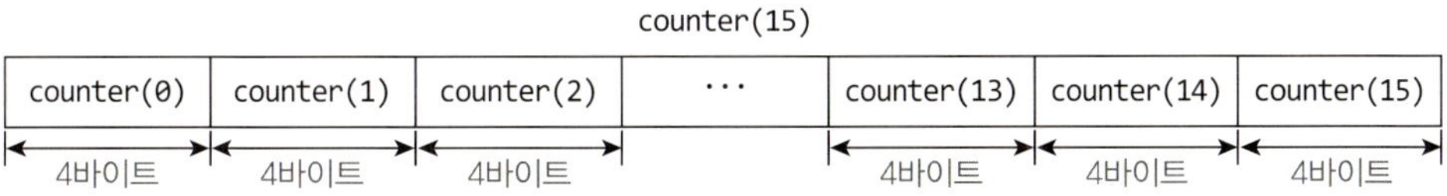

그림 9-2 counter(15) 기억장소와 배열 구조

2) 1차원 배열 초기화하기

Integer 형식의 인덱스를 사용하여 각 배열 위치를 참조하여 배열의 값을 저장하고 검색할 수 있다. 다음은 배열에 값을 저장하는 예제이다.

예제 9-1

```
Dim numbers(3) As Integer
numbers(0) = 10
numbers(1) = 20
numbers(2) = 30
numbers(3) = 40
```

> **Tip 인덱스의 시작은 0부터?**
>
> 기본적으로 배열의 인덱스는 0부터 시작하지만, 1부터 시작하도록 하고 싶다면 프로시저를 시작하기 전에 'Option Base 1'이라고 선언하면 된다.

〈예제 9-1〉은 numbers 배열 이름으로 크기가 4바이트인 numbers(0), numbers(1), numbers(2), numbers(3) 배열 요소에 각각 10, 20, 30, 40으로 초기화한 예제이다.
배열 리터럴을 사용하여 초기값 집합이 포함된 배열을 만들 수 있다. 배열 리터럴은 중괄호({ })로 묶인 쉼표로 구분된 값의 목록으로, 배열 리터럴을 사용하여 배열을 만드는 경우 배열 형식을 제공하거나 형식 유추를 사용하여 아래와 같이 배열 형식을 결정할 수 있다.

```
Dim numbers( ) As Integer = {1, 3, 5, 7, 9}
Dim doubles = {1.5, 4, 9.9, 18}
```

첫 번째 열은 변수 형식을 제공하고, 두 번째 열은 형식 유추를 사용한 예이다.
형식 유추를 사용할 때 배열의 형식은 배열 리터럴에 제공된 값 목록의 기준 형식에 의해 결정된다. 기준 형식은 배열 리터럴의 다른 모든 형식이 확대 변환될 수 있는 고유 형식이며, 이 고유 형식을 확인할 수 없는 경우 기준 형식은 배열의 다른 모든 형식이 축소 변환될 수 있는 고유 형식이 된다. 두 고유 형식을 모두 확인할 수 없는 경우 기준 형식은 Object가 된다.

예를 들어, 배열 리터럴에 제공된 값 목록에 Integer, Long 및 Double 형식의 값이 포함되어 있으면 결과 배열은 Double 형식이 되고, Integer와 Long 모두 Double로만 확대 변환된다. 따라서 Double이 기준 형식이 된다.

유추 규칙은 클래스 멤버에 정의된 지역 변수인 배열에 대해 유추되는 형식에 적용된다. 클래스 수준 변수를 만들 때는 배열 리터럴을 사용할 수 있지만 클래스 수준에서 형식 유추를 사용할 수는 없다. 따라서 클래스 수준에서 지정된 배열 리터럴은 배열 리터럴에 제공된 값을 Object 형식으로 유추한다.

배열 리터럴을 사용하여 만든 배열의 요소 형식을 명시적으로 지정할 수 있다. 이 경우 배열 리터럴의 값이 배열의 요소 형식으로 확대 변환되어야 한다. 다음 코드 예제에서는 정수 목록에서 Double 형식의 배열을 만든다.

```
Dim values As Double( ) = {1, 2, 3, 4, 5, 6}
```

Tip 선언한 배열의 요소수와 초기값의 수가 다른 경우

선언한 배열의 요소수보다 초기값의 수가 많은 경우 오류가 발생하게 되고, 반대로 지정된 요소의 수보다 초기값의 수가 크면 초기화되지 않은 배열에는 0으로 채워져 정상적으로 실행된다.

```
Dim numbers(2) As Integer
numbers(0) = 10
numbers(1) = 20
numbers(2) = 30
numbers(3) = 40  '오류
```

```
Dim numbers(3) As Integer
numbers(0) = 10
numbers(1) = 20
numbers(2) = 30
'numbers(3)에는 0 입력
```

실습 9-1 1차원 배열을 사용한 구구단 표시하기

[1단계] Windows Form 만들기

① [파일] > [새로 만들기] > [프로젝트]를 차례로 선택한다.

② [새 프로젝트] 대화 상자의 '템플릿'–'Visual Basic'–'Windows Forms 응용 프로그램 템플릿'을 차례로 선택한다.

③ '이름' 상자에 프로젝트의 이름을 'arrayGugudan'라고 입력하고, 저장 위치를 설정한 다음 [확인] 버튼을 클릭한다.

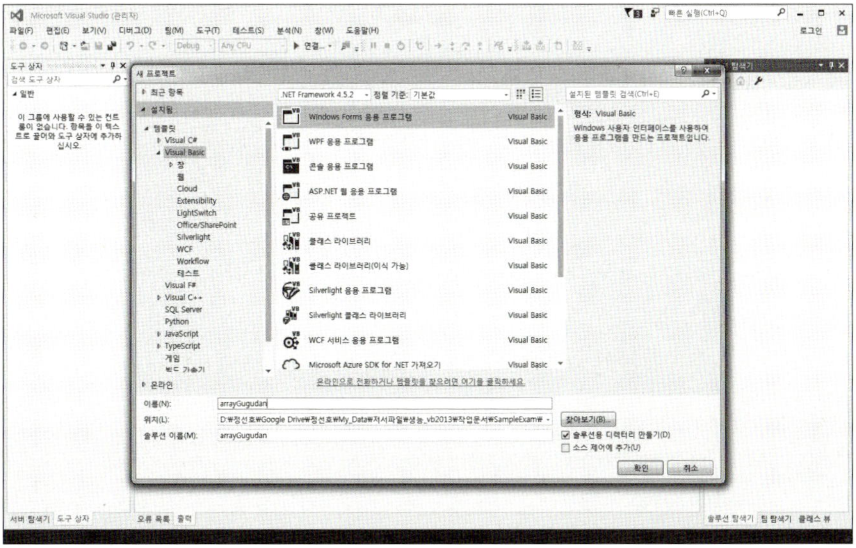

[2단계] 컨트롤 추가하고 속성 설정하기

④ 폼 레이블 컨트롤을 추가하고, 다음과 같이 속성을 설정한다.

번호	컨트롤 종류	컨트롤	속성	속성값
❶	레이블	Label1	Name	lblOutput
			Text	
			BorderStyle	FixedSingle
			AutoSize	False
			Padding	5, 5, 5, 5
❷	폼	Form1	Name	frmGugudan
			Text	구구단~

[3단계] 폼의 이벤트 처리기 작성하기

⑤ 폼이 실행되면 구구단이 표시되도록 폼을 더블클릭하여 Form1_Load 이벤트 처리기를 표시하고 다음과 같이 코드를 작성하자.

```
Private Sub frmGugudan_Load(sender As Object, e As EventArgs) Handles
MyBase.Load
        Dim i, j As Integer
        Dim k As Integer
        Dim n As Integer
        Dim l, m, o As String
        lbloutput.Text = ""
```

```
        lbloutput.Text = lbloutput.Text & vbCrLf & Space(35) & _
                    "** 구 구 단 **" & vbCrLf & vbCrLf
        For i = 1 To 7 Step 3
            k = i + 1
            n = i + 2
            lbloutput.Text = lbloutput.Text & Space(10) & i & "단" & _
                    Space(17) & k & "단" & Space(17) & n & "단" & vbCrLf
            For j = 1 To 9
                l = IIf(i * j < 10, " " & i * j, i * j)
                m = IIf(k * j < 10, " " & k * j, k * j)
                o = IIf(n * j < 10, " " & n * j, n * j)
                lbloutput.Text = lbloutput.Text & Space(5) & i & " * " & j & _
                    " = " & l & _
                    Space(10) & k & " * " & j & " = " & m
                    Space(10) & n & " * " & j & " = " & o & vbCrLf
            Next j
            lbloutput.Text = lbloutput.Text & vbCrLf
        Next i
    End Sub
```

⑥ 〈F5〉 키를 눌러 폼을 실행 한 후 출력되는 결과를 확인한다.

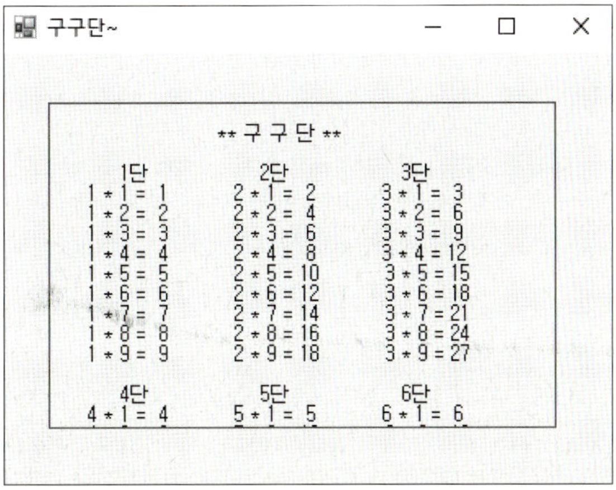

| 코드 이해하기 |

```
02  Dim i, j As Integer
03  Dim k As Integer
04  Dim n As Integer
05  Dim l, m, o As String
06  lbloutput.Text = ""
07  lbloutput.Text = lbloutput.Text & vbCrLf & Space(35) & _
                         "** 구 구 단 **" & vbCrLf & vbCrLf
```

02~05행: 정수형 변수(i, j, k, n)와 문자형 변수(l, m, o)를 선언한다.

06행: 레이블 컨트롤(lbloutput)의 Text 속성값을 초기화한다.

07행: 레이블 컨트롤(lbloutput)에 25칸의 공백과 "** 구 구 단 **" 문자열을 출력한다.

```
08  For i = 1 To 7 Step 3
09      k = i + 1
10      n = i + 2
11      lbloutput.Text = lbloutput.Text & Space(10) & i & "단" & _
                    Space(17) & k & "단" & Space(17) & n & "단" & vbCrLf
12      For j = 1 To 9
13         l = IIf(i * j < 10, " " & i * j, i * j)
14         m = IIf(k * j < 10, " " & k * j, k * j)
15         o = IIf(n * j < 10, " " & n * j, n * j)
16         lbloutput.Text = lbloutput.Text & Space(5) & i & " * " & j & _
                    " = " & l & _
                    Space(10) & k & " * " & j & " = " & m & _
                    Space(10) & n & " * " & j & " = " & o & vbCrLf
17      Next j
18      lbloutput.Text = lbloutput.Text & vbCrLf
19  Next i
```

08~10행: 가로에 표시되는 첫 번째 단을 제어하기 위해 사용하는 변수 i에 1을 할당한다. j에는 i+1 즉, 2를 할당하고, k에는 i+2 즉, 3을 할당한다. 12~18행을 수행하면 1단~3단까지가 한 줄에 표시된다.

11행: 레이블 컨트롤(lbloutput)에 1단, 2단, 3단을 표시한다.

12행: 변수 j에 1을 할당하고, 13~17행을 실행한다.

13행: i*j 값이 10보다 작으면 i*i 값 앞에 공백(" ")을 함께 표시하고, i*j 값이 10보다 크면 i*i 값을 변수 l에 저장한다.

14행: k*j 값이 10보다 작으면 k*j 값 앞에 공백(" ")을 함께 표시하고, k*j 값이 10보다 크면 i*i 값을 변수 l에 저장한다.

15행: n*j 값이 10보다 작으면 n*j 값 앞에 공백(" ")을 함께 표시하고, n*j 값이 10보다 크면 i*i 값을 변수 l에 저장한다.

16행: 레이블 컨트롤(lbloutput)에 5칸의 공백(space(5))을 출력하고 각 단의 식과 결과를 표시한다(11행의 결과를 표시하고, 그 다음 줄에 1 * 1 = 1　2 * 1 = 2　3 * 1 = 3을 표시하고 그 다음 줄에 1 * 2 = 2　2 * 2 = 4　3 * 2 = 6을 표시한다. 이 과정을 9까지 반복 실행한다).

18행: 16행의 결과 다음 줄바꿈을 실행하여 레이블 컨트롤에 표시한다.

3) 2차원 배열 선언하기

2차원 배열을 선언하면 비주얼 베이직은 다음과 같이 저장을 위한 저장 공간을 테이블 모양으로 확보한다.

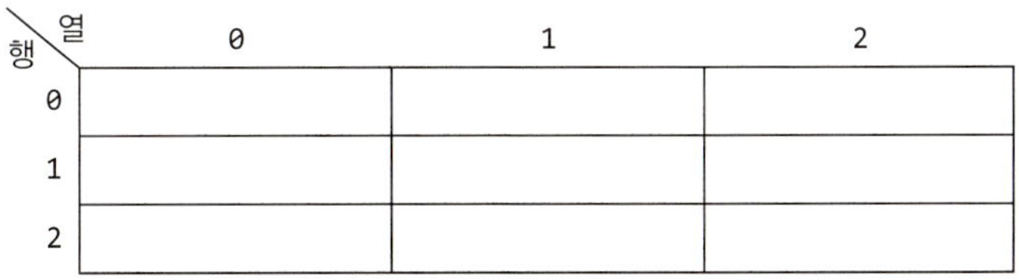

그림 9-3 2차원 배열의 저장 구조

2차원 배열은 다음과 같은 형식으로 선언할 수 있다.

사용형식

```
Dim 배열이름(행의 크기, 열의 크기) [As 데이터형]
Dim 배열이름( , 열의 크기) [As 데이터형]
Dim 배열이름( , 열의 크기) [As 데이터형] = { {초기값0, 초기값1, ...}, ...}
Dim 배열이름( 시작값 To 종료값, 시작값 To 종료값) [As 데이터형]
```

다음 예는 배열 원소가 3행 4열인 2차원 배열을 Short형으로 선언한 경우이다. 배열의 요소가 0부터 시작되므로 다음과 같은 저장구조의 배열이 만들어진다.

사용예

```
Dim matrix_int(2, 3) As Integer
```

행 \ 열	0	1	2	3
0	matrix_int(0,0)	matrix_int(0,1)	matrix_int(0,2)	matrix_int(0,3)
1	matrix_int(1,0)	matrix_int(1,1)	matrix_int(1,2)	matrix_int(1,3)
2	matrix_int(2,0)	matrix_int(2,1)	matrix_int(2,2)	matrix_int(2,3)

그림 9-4 2차원 배열 matrix_int(2, 3)의 저장 구조

2차원 배열을 초기화하는 방법은 1차원과 같다. 예를 들어 2차원 배열 matrix_int(2, 3)은 다음과 같이 초기화할 수 있다.

```
Dim matrix_int(,) As Integer = {{1, 2, 3, 4}, {4, 5, 6, 8}, {6, 7, 8, 9}}
Dim matrix_int(2, 3) As Integer
matrix_int(0,0) = 1
matrix_int(0,1) = 2
matrix_int(0,2) = 3
matrix_int(0,3) = 4
matrix_int(1,0) = 1
matrix_int(1,1) = 2
matrix_int(1,2) = 3
matrix_int(1,3) = 4
matrix_int(2,0) = 1
matrix_int(2,1) = 2
matrix_int(2,2) = 3
matrix_int(2,3) = 4
```

실습 9-2 2차원 배열(3 X 3)을 사용한 구구단 표시하기

[1단계] Windows Form 만들기

① [파일] > [새로 만들기] > [프로젝트]를 차례로 선택한다.

② [새 프로젝트] 대화 상자의 '템플릿'-'Visual Basic'-'Windows Forms 응용 프로그램 템플릿'을 차례로 선택한다.

③ '이름' 상자에 프로젝트의 이름을 'arrayGugudan2'라고 입력하고, 저장 위치를 설정한 다음, [확인] 버튼을 클릭한다.

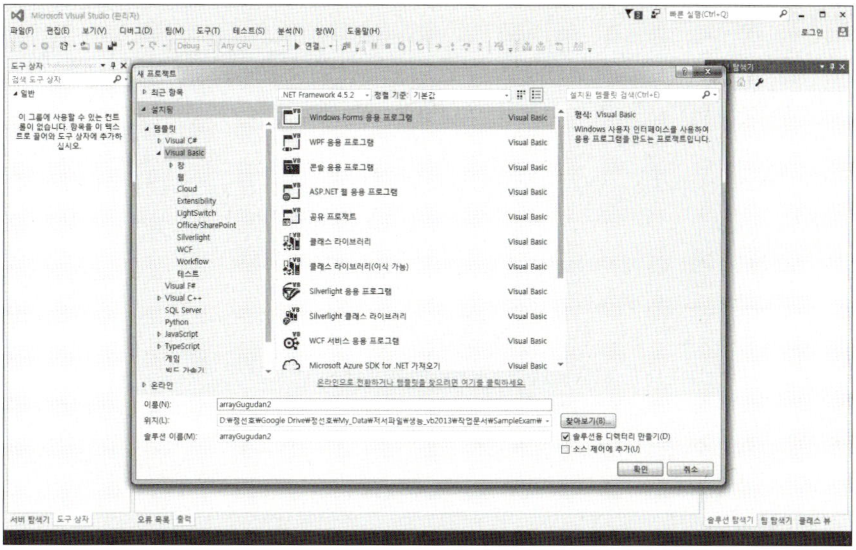

[2단계] 컨트롤 추가하고 속성 설정하기

④ 폼에 레이블 컨트롤을 추가하고, 다음과 같이 속성을 설정한다.

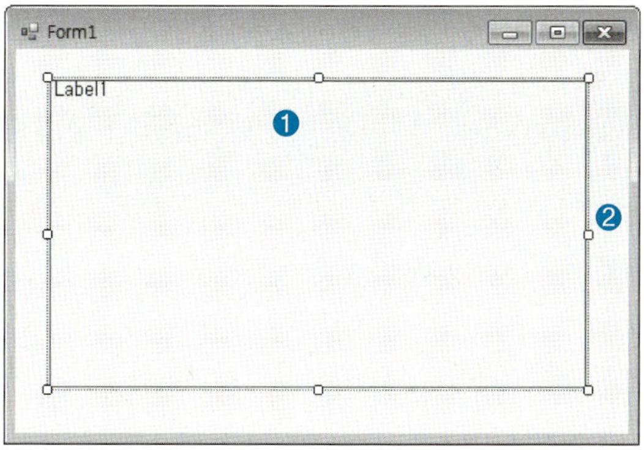

번호	컨트롤 종류	컨트롤	속성	속성값
❶	레이블	Label1	Name	lblOutput
			Text	
			BorderStyle	FixedSingle
			AutoSize	False
			Padding	5, 5, 5, 5
❷	폼	Form1	Name	frmGugudan
			Text	이차원 배열로 구구단을~

[3단계] 폼의 이벤트 처리기 작성하기

⑤ 폼이 실행되면 구구단이 표시되도록 폼을 더블클릭하여 frmGugudan_Load 이벤트 처리기를 표시하고 다음과 같이 코드를 작성하자.

```
Private Sub frmGugudan_Load(sender As Object, e As EventArgs) Handles
MyBase.Load
      Dim i, r1, c1 As Integer
      Dim result(9, 9) As integer
      For r1 = 0 To 8 Step 1
         For c1 = 0 To 8 Step 1
                  result(r1, r2) = IIf((r1 + 1) * (c1 + 1) < 10, " " & _
                     (r1 + 1) * (c1 + 1), (r1 + 1) * (c1 + 1))
         Next c1
      Next r1
      lbloutput.Text = ""
      For i = 1 To 9 Step 1
         lbloutput.Text = lbloutput.Text & Space(5) & i & "단" & Space(7)
      Next
      lbloutput.Text = lbloutput.Text & vbCrLf
      For r1 = 0 To 8 Step 1
         For c1 = 0 To 8 Step 1
               lbloutput.Text = lbloutput.Text & (r1 + 1) & " * " & (c1 + 1) & _
                     " = " & result(r1, c1) & Space(5)
         Next r2
         lbloutput.Text = lbloutput.Text & vbCrLf
      Next r1
   End Sub
```

⑥ 〈F5〉 키를 눌러 폼을 실행 한 후 출력되는 결과를 확인한다.

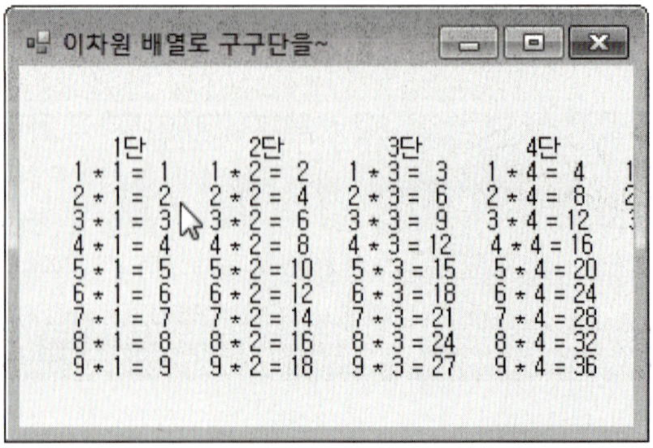

| 코드 이해하기 |

```
02 Dim i, r1, c1 As Integer
03 Dim result(9, 9) As integer
```

02행: 정수형 변수 i, r1, c1을 선언한다.

03행: result를 9행 9열의 2차원 배열로 선언한다.

```
04 For r1 = 0 To 8 Step 1
05     For c1 = 0 To 8 Step 1
06         result(r1, r2) = IIf((r1 + 1) * (c1 + 1) < 10, " " & _
                         (r1 + 1) * (c1 + 1), (r1 + 1) * (c1 + 1))
07     Next c1
08 Next r1
```

04~05행: 2단부터 9단까지의 구구단을 출력하기 위해 10행을 반복 실행한다.

06행: (r1 + 1) * (c1 + 1) < 10이면 (r1 + 1) * (c1 + 1) 앞에 공백(" ")을 함께 출력하고, 그렇지 않으면 (r1 + 1) * (c1 + 1)를 값을 배열에 저장한다.

```
09 lbloutput.Text = ""
10 For i = 1 To 9 Step 1
11     lbloutput.Text = lbloutput.Text & Space(5) & i & "단" & Space(7)
12 Next
13 lbloutput.Text = lbloutput.Text & vbCrLf
```

09행: 레이블컨트롤(lbloutput)의 Text 속성값을 초기화한다.

10~12행: 1단에서 9단까지 단을 표시하는 문자열을 출력한다.

13행: 단수를 출력한 다음 줄을 바꾸어준다.

```
14 For r1 = 0 To 8 Step 1
15     For c1 = 0 To 8 Step 1
16         lbloutput.Text = lbloutput.Text & (r1 + 1) & " * " & (c1 + 1) & _
                   " = " & result(r1, c1) & Space(5)
17     Next r2
18     lbloutput.Text = lbloutput.Text & vbCrLf
19 Next r1
```

14~19행: 레이블컨트롤(lbloutput)의 Text에 한 행씩 각 단의 구구단 식(1 * 2 =)과 배열 result에서 결과 값을 표시한다.

4) 반복문을 사용하여 배열 사용하기

배열의 각 요소들을 참조하기 위해서는 배열의 각 요소를 가장 낮은 인덱스에서 가장 높은 인덱스로 액세스해야 하는데, For~Next 문, For Each 문, While 문, Do~Loop 문 등의 반복문을 사용하면 배열의 요소에 대한 반복적인 참조를 쉽게 할 수 있다.

다음 예제는 For~Next 문을 사용해서 1차원 배열을 반복 액세스한 것으로, GetUpperBound 메서드는 인덱스에 허용되는 가장 높은 값을 반환한다. 가장 낮은 인덱스 값은 항상 0이다.

예제 9-2

```
Dim array_Test = {10, 20, 30}
For index = 0 To array_Test.GetUpperBound(0)
 'GetUpperBound(0) : 첫 번째 배열의 마지막 인덱스 반환
   Label1.Text = Label1.Text & "Index : " & index & "= " & _
            array_Test(index) & vbCrLf & vbCrLf
Next
```

〈예제 9-2〉는 다음과 같이 결과를 출력한다.

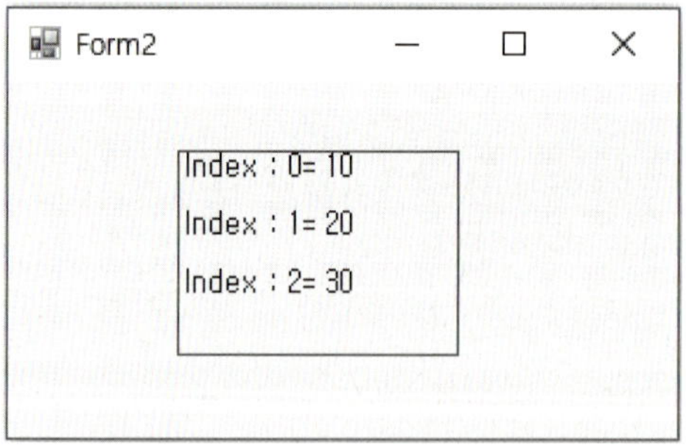

그림 9-5 〈예제 9-2〉의 실행결과

〈예제 9-2〉의 For Each~Next 문을 사용해서 다음과 같이 작성할 수 있다.

예제 9-3

```
Private Sub Button1_Click(sender As Object, e As EventArgs) Handles Button1.Click
    Dim numbers = {10, 20, 30}
    For Each number In numbers
        Label2.Text = Label2.Text & "number : " & number & vbCrLf & vbCrLf
    Next
End Sub
```

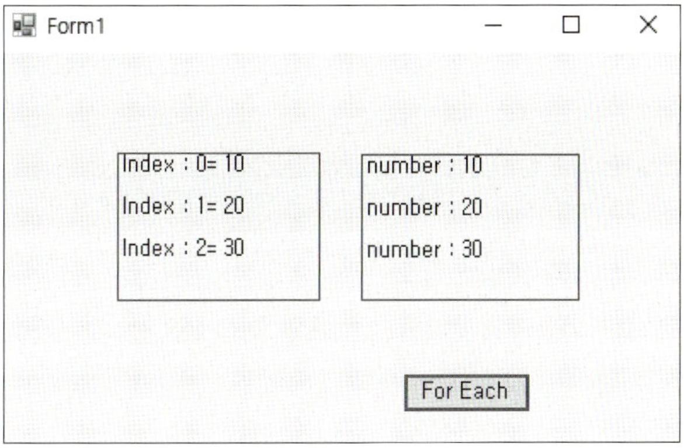

그림 9-6 실행결과

Section 02 동적배열과 ReDim 사용하기

비주얼 베이직의 배열 형태는 컴파일 과정에서 기억장소를 할당하는 정적배열(고정크기 배열)과 프로그램을 실행할 때 기억장소를 할당하는 동적 배열이 있다. 정적배열은 정해진 배열 요소가 한 번 지정되면 그 크기가 변하지 않는 배열을 의미하며, 동적배열은 배열요소의 개수가 정해지지 않아 프로그램이 실행되는 중에 배열의 크기를 확장할 수 있는 배열을 의미한다.

1) 동적배열 선언하기

프로그램이 실행되는 중에 배열의 크기를 얼마만큼 확보하는 것이 좋을지 모르는 경우 동적 배열을 사용하면 편리하다. 동적 배열은 다음과 같은 형식으로 선언한다.

사용형식

```
Dim 배열이름( ) [As 데이터형]
```

동적배열은 첨자 없이 괄호만으로 배열을 선언하고 언제든 필요에 따라 배열의 크기를 재지정하고 해제할 수 있다. 배열의 크기를 재지정하기 위해서는 ReDim 문을 사용한다. ReDim 문을 사용하여 배열의 크기를 재정할 수는 있으나 차원을 변경할 수는 없다. ReDim 문은 다음과 같은 형식으로 사용한다.

사용형식

```
ReDim [Preserve] 배열이름(첨자)
```

ReDim 문을 사용하여 동적배열을 새로 구성하면 기존 배열에 저장된 배열의 요소들은 모두 삭제되고 새로 초기화 된다. 만일 기존 배열요소에 있는 데이터를 보존하고자 하는 경우 Preserve라는 명령어를 사용해야 한다.

사용예

```
Dim intArray( ) As Integer
ReDim intArray(4)
```

프로그램 실행 중에 ReDim Preserve문을 실행하여 기존 값을 보존하고 첨자 범위를 하나 더 증가시켜 사용하고자 하는 경우 다음과 같이 사용한다.

```
ReDim Preserve intArray(UBound(intArray) + 1)
```

Tip UBound와 LBound 함수

UBound와 LBound 함수를 사용하면 배열의 상위 경계값과 하위 경계값을 반환하기 위해 사용할 수 있다.

실습 9-3 동적배열 사용하기

[1단계] Windows Form 만들기

① [파일] > [새로 만들기] > [프로젝트]를 차례로 선택한다.

② [새 프로젝트] 대화 상자의 '템플릿'-'Visual Basic'-'Windows Forms 응용 프로그램 템플릿'을 차례로 선택한다.

③ '이름' 상자에 프로젝트의 이름을 'DynamicArray'라고 입력하고, 저장 위치를 설정한 다음, [확인] 버튼을 클릭한다.

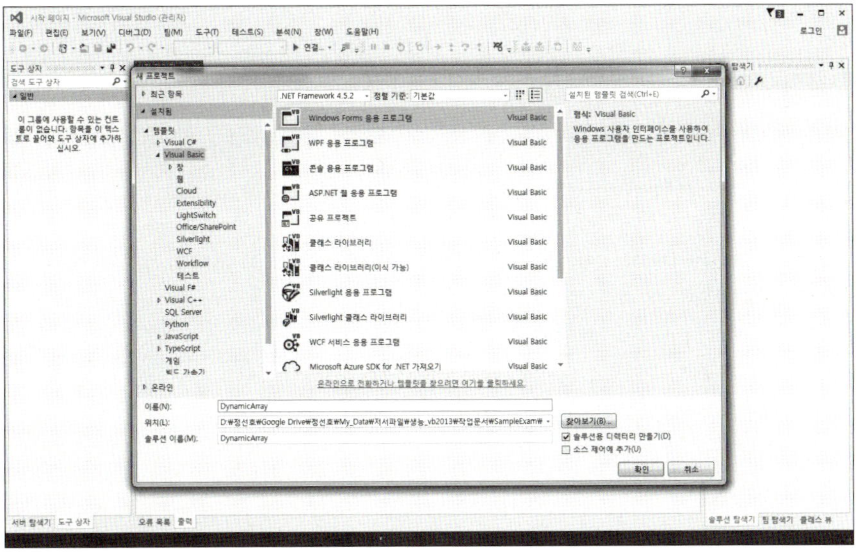

[2단계] 컨트롤 추가하고 속성 설정하기

④ 폼에 레이블 컨트롤을 추가하고, 다음과 같이 속성을 설정한다.

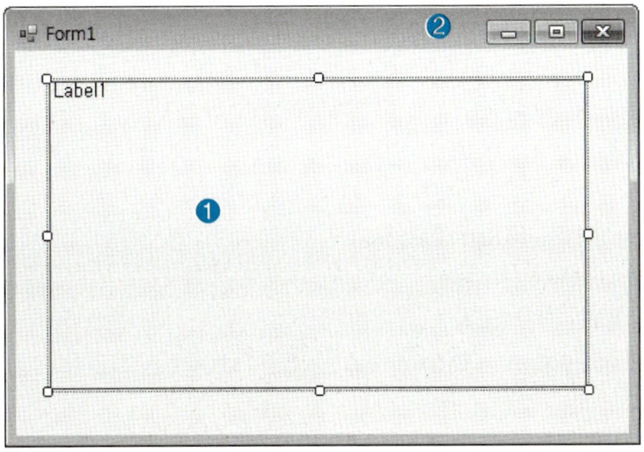

번호	컨트롤 종류	컨트롤	속성	속성값
❶	레이블	Label1	Name	lblOutput
			Text	
			BorderStyle	FixedSingle
			AutoSize	False
			Padding	5, 5, 5, 5
❷	폼	Form1	Name	frmDynamicArray
			Text	ReDim 문과 동적배열

[3단계] 폼의 이벤트 처리기 작성하기

⑤ 폼이 실행되면 값이 표시되도록 [속성] 창에서 이벤트 단추(⚡)를 클릭한 다음, Load 이벤트 이름을 'frmDynamicArray_Load'로 입력한 다음과 같이 이벤트 처리기를 작성한다.

```
Private Sub frmDynamicArray_Load(sender As Object, e As EventArgs) Handles MyBase.Load
    Dim intArray() As Integer
    Dim i As Integer
    ReDim intArray(5)
    For i = 1 To 5
        intArray(i) = i
    Next
    lblDisplay.Text = lblDisplay.Text & "intArray 배열의 값 출력~" & vbCrLf
    For i = 1 To 5
        lblDisplay.Text = lblDisplay.Text & "intArray(" & i & ") = " & _
                    intArray(i) & vbCrLf
    Next
    lblDisplay.Text = lblDisplay.Text & vbCrLf
    ReDim Preserve intArray(UBound(intArray) + 2)
    For i = UBound(intArray) - 1 To UBound(intArray)
        intArray(i) = i * 10
    Next
    lblDisplay.Text = lblDisplay.Text & "동적배열 intArray 배열의 값 출력~" & _
                vbCrLf
    For i = 1 To UBound(intArray) + 2
        lblDisplay.Text = lblDisplay.Text & "intArray(" & i & ") = " & _
```

```
                        intArray(i) & vbCrLf
20      Next
21  End Sub
```

⑥ 〈F5〉 키를 눌러 폼을 실행 한 후 출력되는 결과를 확인한다.

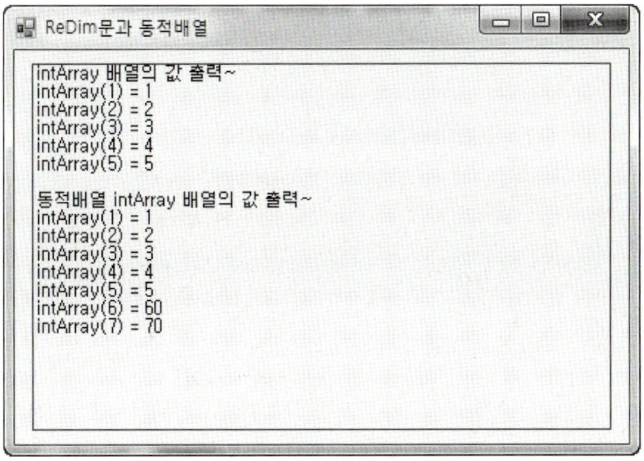

| 코드 이해하기 |

```
02  Dim intArray() As Integer
03  Dim i As Integer
04  ReDim intArray(5)
```

02행: 정수값을 저장하는 1차원 배열 intArray를 선언한다.

03행: 정수형 변수 i를 선언한다.

04행: intArray을 크기가 5인 동적배열로 선언한다.

```
05  For i = 1 To 5
06      intArray(i) = i
07  Next
08  lblDisplay.Text = lblDisplay.Text & "intArray 배열의 값 출력~" & vbCrLf
```

05~07행: 배열 intArray에 1에서 5까지의 정수값을 할당한다.

08행: 레이블 컨트롤(lblDisplay)에 텍스트("intArray 배열의 값 출력~")를 출력하고 줄을 바꾸어준다.

```
09  For i = 1 To 5
10    lblDisplay.Text = lblDisplay.Text & "intArray(" & i & ") = " & _
              intArray(i) & vbCrLf
11  Next
12  lblDisplay.Text = lblDisplay.Text & vbCrLf
```

09~11행: 레이블 컨트롤(lblDisplay)에 배열 intArray의 위치와 값(1에서 5)을 표시한다.

12행: 레이블 컨트롤(lblDisplay) 다음에 줄을 바꾸어 준다.

```
13  ReDim Preserve intArray(UBound(intArray) + 2)
14  For i = UBound(intArray) - 1 To UBound(intArray)
15        intArray(i) = i * 10
16  Next
17  lblDisplay.Text = lblDisplay.Text & "동적배열 intArray 배열의 값 출력~" & _
            vbCrLf
```

13행: 배열 intArray에 UBound 함수를 사용하여 intArray 배열의 최고 첨자인 5에 2를 더하여 저장공간의 크기를 7로 다시 할당한다.

14~15행: intArray(6)과 intArray(7)에 변수 i 값에 10을 곱해서 저장한다.

17행: 레이블컨트롤(lblDisplay)에 문자열("동적배열 intArray 배열의 값 출력~")을 출력하고 줄을 바꾸어준다.

```
18  For i = 1 To UBound(intArray) + 2
19       lblDisplay.Text = lblDisplay.Text & "intArray(" & i & ") = " & _
                intArray(i) & vbCrLf
20  Next
```

18~20행: 1에서 7까지 배열값을 반복하여 레이블 컨트롤에 표시한다.

Section 03 Array 클래스의 메서드 이용하기

비주얼 베이직(Visual Basic) .NET에서 정의하는 모든 형식은 모두 특정 네임스페이스(Namespace)에 포함된다. 배열 역시 System 네임스페이스의 Array 클래스에서 상속되며, Array 클래스의 속성과 메서드를 사용할 수 있다. Array 클래스에는 배열을 만들고, 조작하고, 검색 및 정렬하여 런타임에서 모든 배열의 기본 클래스 역할을 수행하도록 하는 메서드를 제공한다.

Array 클래스는 배열의 차수를 계산하거나 배열 요소의 수를 계산하는 속성들을 제공한다.

표 9-1 Array 클래스의 주요 속성

속성	설명
IsFixedSize	배열의 크기가 고정되어 있는지 여부를 나타내는 값 반환
IsReadOnly	배열이 읽기 전용인지 여부를 나타내는 값 반환
Length	배열의 총 요소 수를 나타내는 32비트 정수 반환
LongLength	배열의 총 요소 수를 나타내는 64비트 정수 반환
Rank	배열의 순위(차원 수) 반환. 1차원 배열은 1, 2차원 배열은 2 반환

예를 들어 〈예제 9-4〉와 같이 Rank 속성과 Length 속성을 사용하면 차수와 배열 요소의 수를 구할 수 있다.

예제 9-4

```
Private Sub Form1_Load(sender As Object, e As EventArgs) Handles MyBase.Load
        Dim IntArray(5) As Integer
        Label3.Text = intarray.rank
        Label4.Text = IntArray.Length
End Sub
```

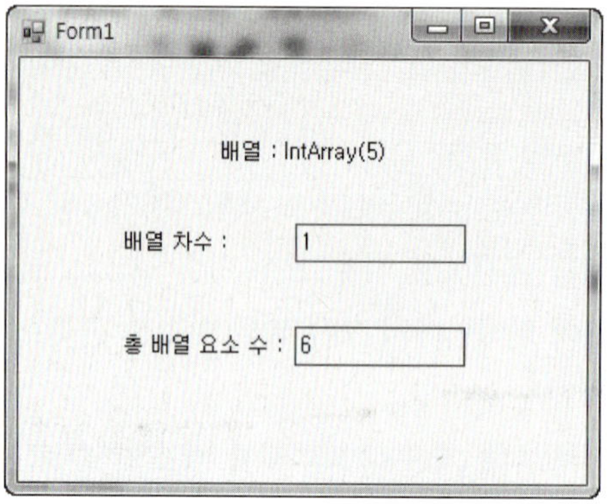

그림 9-7 〈예제 9-4〉의 실행결과

Array 클래스의 메서드를 사용하면 배열을 정렬하거나 배열의 차원의 길이를 구할 수 있다.

표 9-2 Array 클래스의 주요 메서드

속성	설명
Clear	배열의 각 요소 형식의 기본값으로 요소의 범위 설정
Copy(Array1, Array2, 정수)	지정된 길이를 가진 Array1의 첫 번째 요소부터 복사하여 Array2에 첫 번째 요소부터 복사
CreateInstance(Type, 정수)	지정한 형식 및 차원 길이를 가진 인덱스가 0부터 시작하는 1차원 배열 작성
CreateInstance(Type, 정수, 정수)	지정한 형식 및 차원 길이를 가진 인덱스가 0부터 시작하는 2차원 배열 작성
GetLength	배열 요소의 수를 나타내는 정수 반환
GetLowerBound	배열에서 지정된 차원의 첫 번째 요소의 인덱스 반환
GetUpperBound	배열에서 지정된 차원의 마지막 요소의 인덱스 반환
GetValue(정수)	1차원 배열의 지정한 위치로 부터 값 반환
Initialize	해당 값 형식의 기본 생성자를 호출하여 배열의 모든 요소 초기화
Reverse(배열)	1차원 배열의 모든 요소를 역순으로 설정
SetValue(값, 정수)	값을 1차원 배열의 지정한 위치 요소로 설정
Sort(Array)	1차원 배열 전체의 요소 정렬

실습 9-4 Array 배열 사용하기

[1단계] Windows Form 만들기

① [파일] > [새로 만들기] > [프로젝트]를 차례로 선택한다.

② [새 프로젝트] 대화 상자의 '템플릿'–'Visual Basic'–'Windows Forms 응용 프로그램 템플릿'을 차례로 선택한다.

③ '이름' 상자에 프로젝트의 이름을 'ArrayClass'라고 입력하고, 저장 위치를 설정한 다음, [확인] 버튼을 클릭한다.

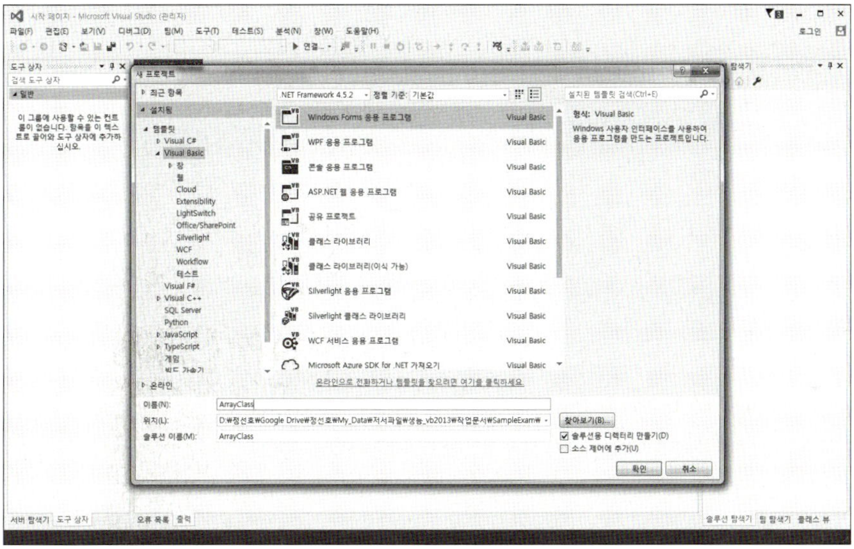

[2단계] 컨트롤 추가하고 속성 설정하기

④ 폼에 레이블 컨트롤을 추가하고, 다음과 같이 속성을 설정한다.

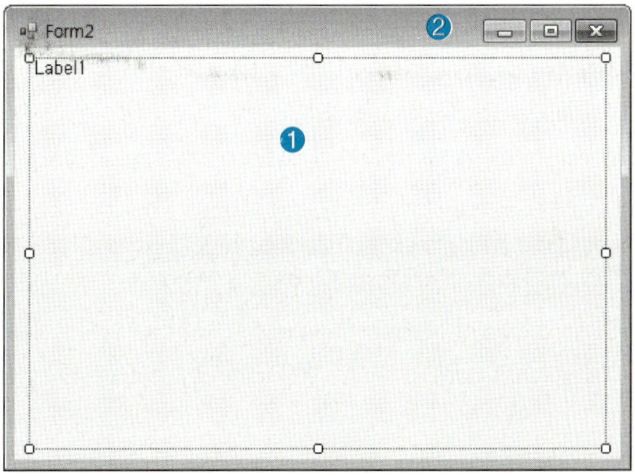

번호	컨트롤 종류	컨트롤	속성	속성값
❶	레이블	Label1	Name	lblDisp
			Text	
			AutoSize	False
			Padding	5, 5, 0, 0
❷	폼	Form1	Name	frmArrayClass
			Text	Array Class

[3단계] 버튼의 이벤트 처리기 작성하기

⑤ 폼을 더블클릭하고, Load 이벤트 처리기에 다음과 같이 코드를 작성한다.

```
Private Sub Form2_Load(sender As Object, e As EventArgs) Handles MyBase.Load
        Dim myFirstArray() As Integer = {1, 2, 3, 4, 5}
        Dim mySecondArray() As Object = {26, 27, 28, 29, 30}
        Dim dispStr As String
        Dim i As Integer
        dispStr = "First Array : " + ControlChars.NewLine
        For i = 0 To UBound(myFirstArray)
           dispStr = dispStr & Space(10) & myFirstArray(i)
        Next i
        dispStr = dispStr & ControlChars.NewLine & ControlChars.NewLine & _
                "Second Array : " + ControlChars.NewLine & vbCrLf
        For i = 0 To UBound(mySecondArray)
           dispStr = dispStr & Space(10) & mySecondArray(i)
        Next i
        System.Array.Copy(myFirstArray, mySecondArray, 3)
        dispStr = dispStr & ControlChars.NewLine & ControlChars.NewLine &_
                "Copy Array : " + ControlChars.NewLine & vbCrLf
        For i = 0 To UBound(mySecondArray)
           dispStr = dispStr & Space(10) & mySecondArray.GetValue(i)
        Next i
        dispStr = dispStr & ControlChars.NewLine & ControlChars.NewLine & _
                "mySecondArray - GetLowerBound : " & _
                mySecondArray.GetLowerBound(0) & ControlChars.NewLine
        dispStr = dispStr & ControlChars.NewLine & ControlChars.NewLine & _
```

```
                "mySecondArray - GetUpperBound : " & _
                mySecondArray.GetUpperBound(0) & ControlChars.NewLine & _
                vbCrLf
21          lblDisp.Text = dispStr
22      End Sub
```

⑥ 〈F5〉 키를 눌러 폼을 실행 한 후 버튼을 클릭하여 출력되는 결과를 확인한다.

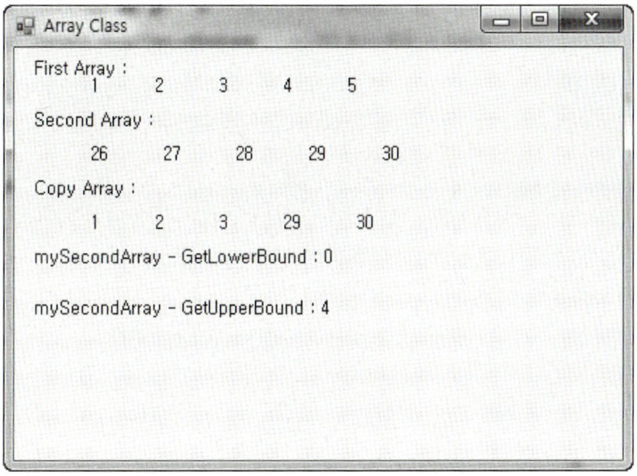

| 코드 이해하기 |

```
02  Dim myFirstArray() As Integer = {1, 2, 3, 4, 5}
03  Dim mySecondArray() As Object = {26, 27, 28, 29, 30}
04  Dim dispStr As String
05  Dim i As Integer
```

02행: 1차원 배열 myFirstArray을 선언하고 초기값을 할당한다.
03행: 1차원 배열 객체 mySecondArray를 선언하고 초기값을 할당한다.
04~05행: 문자형 변수 dispStr과 정수형 변수 i를 선언한다.

```
06  dispStr = "First Array : " + ControlChars.NewLine
07  For i = 0 To UBound(myFirstArray)
08      dispStr = dispStr & Space(10) & myFirstArray(i)
09  Next i
```

06행: 변수 dispStr에 문자열과 줄바꿈을 위한 코드를 저장한다.

07~09행: 0에서 배열 myFirstArray의 최고 첨자 4까지 myFirstArray 배열에 저장된 값을 변수에 할당한다.

```
10 dispStr = dispStr & ControlChars.NewLine & ControlChars.NewLine & _
            "Second Array : " + ControlChars.NewLine & vbCrLf
11 For i = 0 To UBound(mySecondArray)
12     dispStr = dispStr & Space(10) & mySecondArray(i)
13 Next i
```

10행: 변수 dispStr에 2줄을 띄고, 문자열("Second Array : ")과 줄바꿈을 위한 코드를 저장한다.

11~13행: 0에서 배열 mySecondArray의 최고 첨자 4까지 mySecondArray 배열에 저장된 값을 변수에 할당한다.

```
14 System.Array.Copy(myFirstArray, mySecondArray, 3)
15 dispStr = dispStr & ControlChars.NewLine & ControlChars.NewLine &_
        "Copy Array : " + ControlChars.NewLine & vbCrLf
```

14행: 배열 myFirstArray의 배열 요소 3개를 배열 mySecondArray에 복사한다.

15행: dispStr 변수에 줄바꿈을 두 번 실행하고, 문자열("Copy Array : ")과 줄바꿈을 두 번 실행하여 저장한다.

```
16 For i = 0 To UBound(mySecondArray)
17     dispStr = dispStr & Space(10) & mySecondArray.GetValue(i)
18 Next i
19 dispStr = dispStr & ControlChars.NewLine & ControlChars.NewLine & _
        "mySecondArray - GetLowerBound : " & _
        mySecondArray.GetLowerBound(0) & ControlChars.NewLine
20 dispStr = dispStr & ControlChars.NewLine & ControlChars.NewLine & _
        "mySecondArray - GetUpperBound : " & _
        mySecondArray.GetUpperBound(0) & ControlChars.NewLine & _
        vbCrLf
21 lblDisp.Text = dispStr
```

16~18행: 0부터 배열 mySecondArray의 최고 첨자 4까지 배열 값을 읽어 변수에 저장한다.

19행: dispStr 변수에 배열 mySecondArray의 최저 첨자 0을 출력하는 구문을 저장한다.

20행: dispStr 변수에 배열 mySecondArray의 최저 첨자 5를 출력하는 구문을 저장한다.

Tip

• 배열 개체 선언하기

일반 배열과 배열 개체는 모두 다차원을 선언할 수 있지만, 선언되는 형식은 조금 다르다.

```
Dim IntValues(5, 5) As Integer
IntValues(1, 1) = 100

Dim IntValues As Array = Array.CreateInstance(GetType(Integer), 5, 5)
IntValues.SetValues(100, 1, 2)
```

• 배열 재선언하기

일반 배열에서 배열을 선언하고 ReDim 문을 이용하여 재열을 재구성할 수 있다. 그러나 배열 개체를 사용하는 경우 다른 개체를 선언한 후 복사해서 사용해야 한다.

```
Dim IntValues(10) As Integer

ReDim Preserve IntValues(20)

Dim IntValues As Array = Array.CreateInstance(GetType(Integer), 10)
Dim copyValues As Array = Array.CreateInstance(GetType(Integer), 20)

IntValues.CopyTo(copyValues, 0)
IntValues = copyValues
```

요약

▶ 배열(Array): 같은 크기와 순서를 가지고 연속적으로 나열되어 있는, 논리적으로 서로 관련된 값들의 집합으로, 배열을 사용하면 이러한 값들을 동일한 이름으로 참조하고 인덱스(index) 또는 첨자를 사용하여 구분할 수 있다.

▶ 1차원 배열: 행/열을 표시하는 첨자가 하나인 배열로 선형구조 형태로 되어 있다.

```
Dim 배열이름( ) [As 데이터형]
Dim 배열이름(배열의 최대 인덱스) [As 데이터형]
Dim 배열이름( ) [As 데이터형] = { 초기값0, 초기값1, ... }
Dim 배열이름( 시작값 To 종료값 ) [As 데이터형]
```

▶ 2차원 배열: 저장 공간을 테이블 모양으로 확보한다.

```
Dim 배열이름(행의 크기, 열의 크기 ) [As 데이터형]
Dim 배열이름( , 열의 크기) [As 데이터형]
Dim 배열이름( , 열의 크기) [As 데이터형] = { {초기값0, 초기값1, ...}, ...}
Dim 배열이름( 시작값 To 종료값, 시작값 To 종료값 ) [As 데이터형]
```

▶ 동적배열: 프로그램이 실행되는 중에 배열의 크기를 얼마만큼 확보하는 것이 좋을지 모르는 경우 동적 배열을 사용한다.

```
Dim 배열이름( ) [As 데이터형]
```

동적배열은 첨자없이 괄호만으로 배열을 선언하고 언제든 필요에 따라 배열의 크기를 재지정하고 해제할 수 있다. 배열의 크기를 재지정하기 위해서는 ReDim문을 사용한다.

```
ReDim [Preserve] 배열이름(첨자)
```

▶ Array 클래스: 배열을 만들고, 조작하고, 검색 및 정렬하여 런타임에서 모든 배열의 기본 클래스 역할을 수행하도록 하는 메서드를 제공한다.

▶ Array 클래스는 배열을 지원하는 기본 클래스로, 포함할 수 있는 요소의 총수에 해당하는 값을 인수로 가지며, 배열의 차수를 계산하거나 배열 요소의 수를 계산하는 속성을 제공한다. 또한 배열을 만들고, 조작하고, 검색 및 정렬하여 런타임에서 모든 배열의 기본 클래스 역할을 수행하도록 하는 메서드를 제공한다.

연습문제

1. 2차원 배열을 사용하여 다음과 같이 10까지의 숫자 중 홀수와 짝수를 표시하도록 프로그램하라.

   실행결과

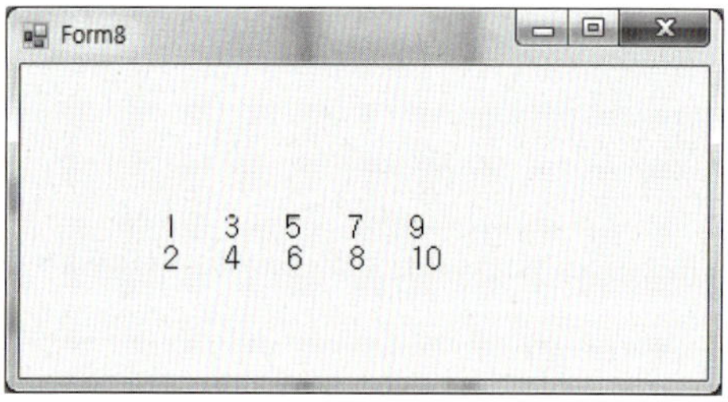

2. 세 수를 입력한 후 [정렬하기] 버튼을 클릭하면 작은 수에서 큰 수로 오름차순 정렬하여 결과를 출력하도록 1차원 배열을 사용하여 프로그램하라.

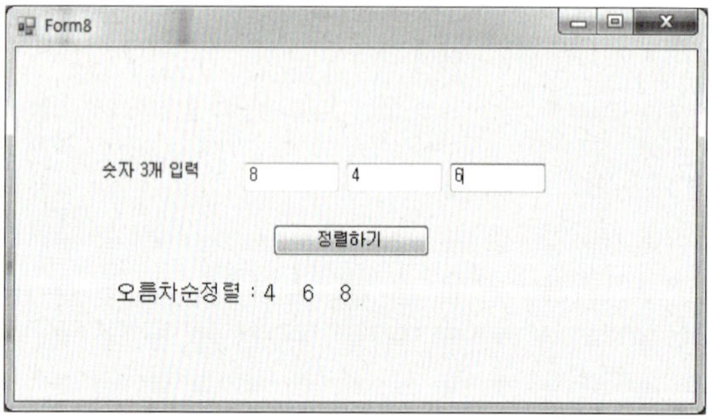

PART 04

비주얼 베이직 고급프로그래밍

CHAPTER 10

윈도우즈 폼 컨트롤-3

contents

10 윈도우즈 폼 컨트롤-3

Section 01 체크리스트박스(CheckedListBox) 컨트롤

체크리스트박스 컨트롤은 리스트박스(ListBox) 컨트롤과 같이 목록을 표시할 뿐만 아니라 항목 옆에 확인란을 표시하는 컨트롤이다. 체크리스트박스 컨트롤은 리스트박스 컨트롤을 확장한 컨트롤로, 리스트박스 컨트롤의 거의 모든 기능을 가지고 있다. 두 컨트롤의 차이점은 체크리스트박스 컨트롤은 DrawMode 속성 값을 Normal만 지원하며, 하나의 항목만 선택하거나 아무 항목도 선택하지 않을 수 있다는 것이다.
체크리스트박스컨트롤에서 데이터를 표시할 때는 CheckedItems 속성을 사용하거나 GetItemChecked 메서드를 사용하여 선택된 항목을 확인할 수 있다.

1) CheckedListBox 컨트롤의 주요 속성

▪ CheckedItems 속성

CheckedListBox에서 선택한 항목의 컬렉션을 가져온다.

▪ Items 속성

CheckedListBox에 포함된 항목의 컬렉션을 가져온다.

2) CheckedListBox 컨트롤의 주요 이벤트

▪ Click 이벤트

사용자가 CheckedListBox 컨트롤을 클릭하면 발생한다.

CheckedListBox 컨트롤에서 선택된 항목을 확인하려면

▶ **방법1:** CheckedItems 컬렉션을 사용하여 0에서 시작하여 해당 컬렉션에서 선택된 항목의 목록의 항목 번호를 반환함으로써 확인할 수 있다.

▶ **방법2:** Items 컬렉션을 단계적으로 수행하여 각 항목에 대한 GetItemChecked 메서드를 호출하고, 이 메서드에서 사용자에게 항목 번호를 반환하도록 한다.

3) CheckedListBox 컨트롤의 주요 메서드

■ GetItemChecked 메서드

지정된 항목이 선택되어 있는지를 나타내는 값을 반환한다. 해당 항목이 선택되면 True를, 그렇지 않으면 False를 반환한다.

■ GetItemCheckState 메서드

현재 항목의 선택 상태를 나타내는 값을 Checked, Indeterminate, Unchecked 값 중 하나를 반환한다.

사용형식

```
컨트롤.GetItemCheckState(선택한 항목의 인덱스)
```

값	설명
Checked	선택한 상태의 컨트롤
Indeterminate	결정되지 않은 상태의 컨트롤 결정되지 않은 상태의 컨트롤은 일반적으로 회색으로 표시됨
Unchecked	선택하지 않은 상태의 컨트롤

실습 10-1 선택한 항목 확인하기(단일 항목 선택)

[1단계] Windows Form 만들기

① [파일] > [새로 만들기] > [프로젝트]를 차례로 선택한다.

② [새 프로젝트] 대화 상자의 '템플릿'–'Visual Basic'–'Windows Forms 응용 프로그램 템플릿'을 차례로 선택한다.

③ '이름' 상자에 프로젝트의 이름을 'CheckedListBox'라고 입력하고, 저장 위치를 설정한 다음, [확인] 버튼을 클릭한다.

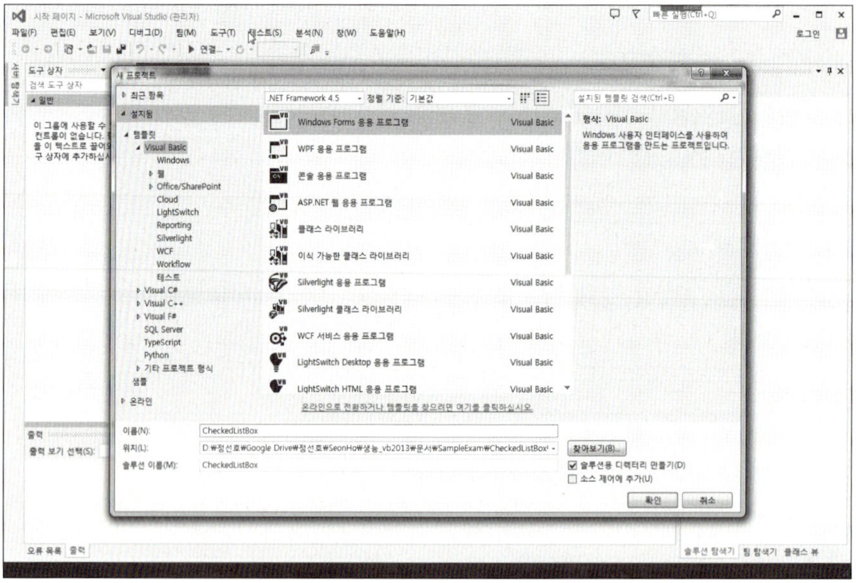

[2단계] 컨트롤 추가하고 속성 설정하기

④ 폼에 2개의 CheckedListBox 컨트롤을 추가하고, 다음과 같이 속성을 설정한다.

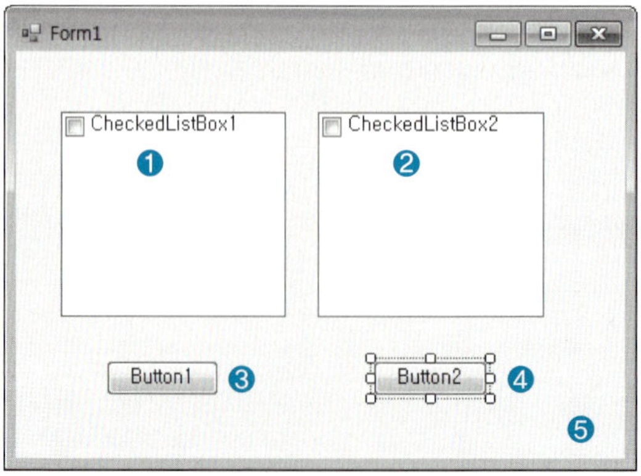

번호	컨트롤 종류	컨트롤	속성	속성값
❶	확인리스트박스	CheckedListBox1	Name	chkListBox1
			Items	경영학, 비주얼 베이직, 컴퓨터활용, 논리적 사고와 글쓰기, 영어회화
❷	확인리스트박스	CheckedListBox2	Name	chkListBox2
			Items	경영학, 비주얼 베이직, 컴퓨터활용, 논리적 사고와 글쓰기, 영어회화
❸	버튼	Button1	Name	cmdCheckedList
			Text	선택 항목 보기
❹	버튼	Button2	Name	cmdCheckedCount
			Text	선택 항목 개수
❺	폼	Form1	Name	frmCheckedList

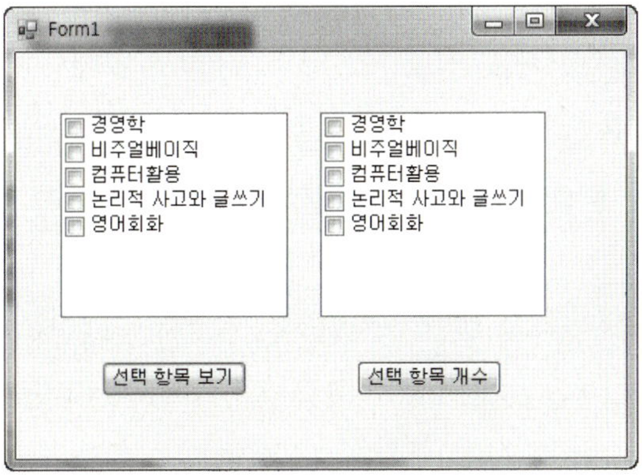

[3단계] 이벤트 처리기 작성하기

⑤ cmdCheckedList 컨트롤을 클릭하여 선택하고, [속성] 창에서 이벤트 단추(⚡)를 클릭한 다음, Click 이벤트 이름을 'CheckedList_Click'로 입력한다.

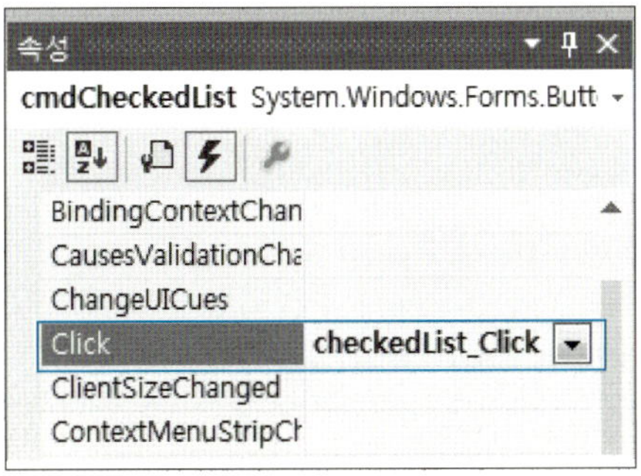

⑥ CheckedList_Click 이벤트 처리기에 다음과 같이 코드를 입력한다.

```
Private Sub checkedList_Click(sender As Object, e As EventArgs) Handles cmdCheckedList.Click
   Dim i As Integer
   Dim CheckedList As String = ""
   If chkListBox1.CheckedItems.Count <> 0 Then
     For i = 0 To chkListBox1.CheckedItems.Count - 1
        CheckedList = CheckedList & "Checked List : " & (i + 1).ToString & _
               " = " & chkListBox1.CheckedItems(i).ToString & ControlChars.CrLf
     Next i
     MessageBox.Show(CheckedList)
   End If
End Sub
```

⑦ cmdCheckedCount 컨트롤을 클릭하여 선택하고, [속성] 창에서 이벤트 단추(⚡)를 클릭한 다음 Click 이벤트 이름을 'CheckedCount_Click'로 입력한다.

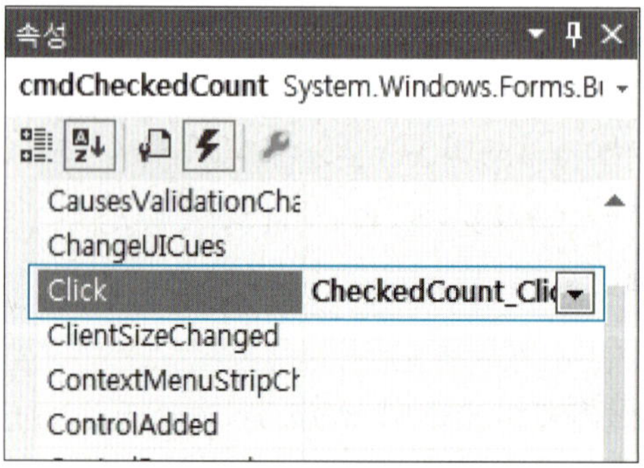

⑧ CheckedCount_Click 이벤트 처리기에 다음과 같이 코드를 입력한다.

```
Private Sub checkedList_Click(sender As Object, e As EventArgs) Handles cmdCheckedList.Click
      Dim i, SelectedCount As Integer
      For i = 0 To (chkListBox2.Items.Count - 1)
         If chkListBox2.GetItemChecked(i) = True Then
            SelectedCount = SelectedCount + 1
```

```
            End If
        Next
        MessageBox.Show("Checked Count :" & SelectedCount)
    End Sub
```

⑨ 〈F5〉 키를 눌러 폼을 실행하고, 항목을 선택한 후 표시되는 메시지 대화상자의 내용을 확인해보자.

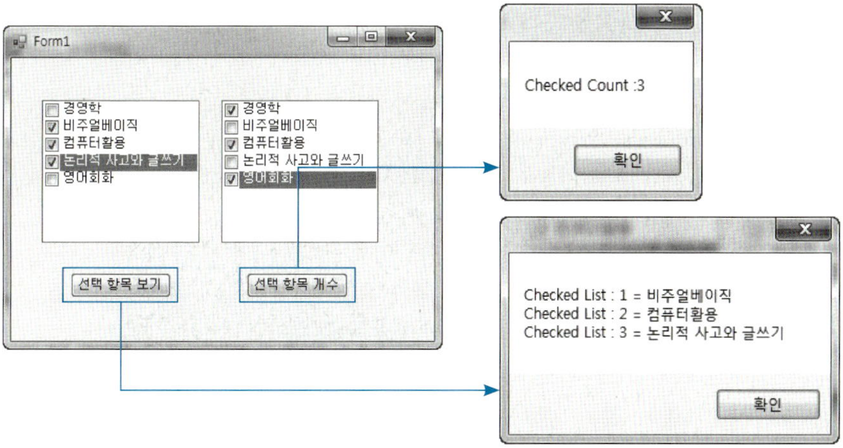

| 코드 이해하기 |

```
04  If chkListBox1.CheckedItems.Count <> 0 Then
05      For i = 0 To chkListBox1.CheckedItems.Count - 1
06          CheckedList = CheckedList & "Checked List : " & (i + 1).ToString & _
                " = " & chkListBox1.CheckedItems(i).ToString & ControlChars.CrLf
07      Next i
08      MessageBox.Show(CheckedList)
09  End If
```

04행: 체크리스트박스(chkListBox1)에서 선택된 항목의 개수(CheckedItems.Count)가 0이 아니면 03~06행까지를 실행한다. 선택된 항목이 없으면 If 문을 종료한다.

05~07행: 0에서 선택된 항목의 개수(CheckedItems.Count)−1까지 변수 CheckedList에 문자열 (Checked List :)과 선택한 항목을 저장하는 구문을 반복 실행한다.

08행: 변수 CheckedList를 대화상자를 통해 출력한다.

```
13 For i = 0 To (chkListBox2.Items.Count - 1)
14     If chkListBox2.GetItemChecked(i) = True Then
15         SelectedCount = SelectedCount + 1
16     End If
17 Next
18 MessageBox.Show("Checked Count :" & SelectedCount)
```

13~17행: 0에서 항목의 개수(Items.Count)-1까지 선택된 항목의 개수를 계산하는 15~17행까지의 구문을 반복한다.

14~16행: 체크리스트박스(chkListBox2)의 항목 중 선택된 항목이면 SelectedCount 변수값을 1 증가시킨다.

18행: 변수 SelectedCount 값을 대화상자를 통해 출력한다.

Section 02 리치텍스트박스(RichTextBox) 컨트롤

리치텍스트박스 컨트롤은 서식이 있는 텍스트를 표시하거나 텍스트를 입력 또는 편집하기 위해 사용하는 컨트롤이다. 리치텍스트박스 컨트롤은 텍스트박스(TextBox) 컨트롤의 모든 기능 뿐 아니라, 글꼴이나 색 및 링크 표시, 파일로부터 텍스트 및 포함된 이미지를 로드하고, 편집 작업, 지정된 문자 검색 등의 기능을 제공한다. 리치텍스트박스 컨트롤은 텍스트에 대한 작업이나 Microsoft Word와 같은 워드프로세서 응용 프로그램과 유사한 기능을 구현하기 위해 사용한다.

1) 리치텍스트박스(RichTextBox) 컨트롤의 주요 속성

- AllowDrop 속성

속성값을 True로 설정하여, 리치텍스트박스 컨트롤에서 텍스트에 대한 드래그 드롭 작업이 가능하도록 할 수 있다. 드래그 드롭 작업은 DragEnter 및 DragDrop 이벤트를 처리하여 수행한다.

- AutoWordSelection 속성

단어 단위로 선택 기능이 활성화되어 있는지 여부를 나타내는 값을 가져오거나 설정하는 속성으로, 컨트롤의 텍스트 안에 있는 단어를 두 번 클릭하면 해당 단어가 자동으로 선택되도록 한다. True로 설정된 경우 컨트롤의 텍스트 일부를 선택하면 해당 단어 전체가 선택됩니다.

▪ DetectUrls 속성

속성값을 True로 설정한 후, LinkClicked 이벤트 처리 코드를 작성하여 리치텍스트박스 컨트롤을 사용하여 웹 페이지에 연결할 수 있다.

▪ SelectionBullet 속성

속성값을 True로 설정하면, 선택한 단락이 글머리 기호를 사용하여 표시된다.

▪ SelectionColor 속성

선택한 텍스트의 색을 변경할 수 있다.

```
RichTextBox1.SelectionFont = New Font("Tahoma", 12, FontStyle.Bold)
RichTextBox1.SelectionColor = System.Drawing.Color.Red
```

▪ SelectionFont 속성

선택한 텍스트를 굵게 또는 기울임꼴로 표시하거나 텍스트에 밑줄을 표시할 수 있다. 또한 선택한 텍스트의 크기와 글씨체도 변경할 수 있다.

▪ SelectionIndent, SelectionRightIndent 및 SelectionHangingIndent 속성

컨트롤의 왼쪽/오른쪽 가장자리와 다른 텍스트 줄의 왼쪽 가장자리를 기준으로 단락 들여쓰기를 설정한다.

```
RichTextBox1.SelectionIndent = 8
RichTextBox1.SelectionHangingIndent = 3
RichTextBox1.SelectionRightIndent = 12
```

그림 10-1 문단의 들여쓰기와 내어쓰기 설정하기

■ SelectionProtected 속성

속성값을 True로 설정하여 사용자가 컨트롤의 전체 또는 일부 텍스트를 편집하지 못하도록 한다.

■ SelectedText 속성

리치텍스트박스 내에서 선택된 텍스트를 설정하거나 반환한다.

■ Text 속성

표시할 텍스트를 설정한다.

■ TextLength 속성

컨트롤에 입력된 텍스트 길이를 반환한다.

실습 10-2 리치텍스트박스(RichTextBox)에 텍스트 드래그하고 글꼴 속성 변경하기

드래그 드롭 작업을 허용하는 워드패드를 사용하여 리치텍스트박스 컨트롤에 텍스트를 드래그한다.

[1단계] Windows Form 만들기

① [파일] > [새로 만들기] > [프로젝트]를 차례로 선택한다.

② [새 프로젝트] 대화 상자의 '템플릿'–'Visual Basic'–'Windows Forms 응용 프로그램 템플릿'을 차례로 선택한다.

③ '이름' 상자에 프로젝트의 이름을 'RichTextDrag'라고 입력하고, 저장 위치를 설정한 다음, [확인] 버튼을 클릭한다.

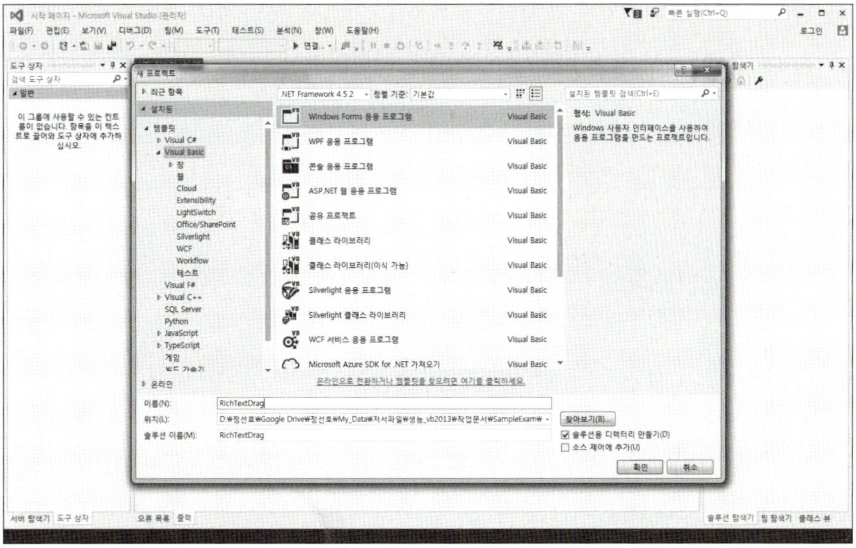

[2단계] 컨트롤 추가하고 속성 설정하기

④ 폼에 리치텍스트박스(RichTextBox) 컨트롤을 추가하고, 다음과 같이 속성을 설정한다.

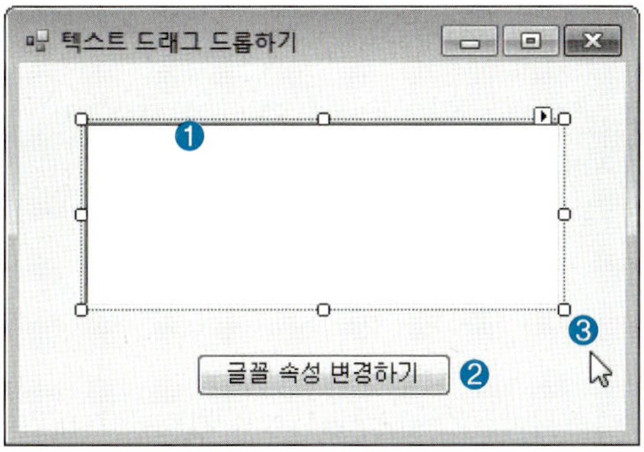

번호	컨트롤 종류	컨트롤	속성	속성값
❶	리치텍스트박스	RichTextBox1	Name	RichTextBox1
			Text	
❷	버튼	Button1	Name	cmdFontChange
			Text	글꼴 속성 변경하기
❸	폼	Form1	Name	frmRichTextBox
			Text	텍스트 드래그 드롭하기

⑤ 폼의 Load 이벤트 처리기에 리치텍스트박스(RichTextBox) 컨트롤의 AllowDrop 속성 값을 True로 설정하도록 다음과 같이 코드를 작성한다.

컨트롤	이벤트	이벤트 처리기 이름
Form1	Load	Form1_Load

```
Private Sub Form1_Load(sender As Object, e As EventArgs) Handles MyBase.Load
        RichTextBox1.AllowDrop = True
End Sub
```

⑥ 리치텍스트박스(RichTextBox) 컨트롤에 DragEnter 및 DragDrop 이벤트를 처리하도록 이벤트 처리기를 다음과 같이 작성하자.

컨트롤	이벤트	이벤트 처리기 이름
RichTextBox1	DragDrop	RichTextBox1_DragDrop

```
Private Sub RichTextBox1_DragDrop(sender As Object, e As DragEventArgs)
Handles RichTextBox1.DragDrop
        RichTextBox1.Text = RichTextBox1.Text.Substring(0)
        RichTextBox1.Text = RichTextBox1.Text + _
                          e.Data.GetData(DataFormats.Text).ToString()
    End Sub
```

⑦ 버튼을 클릭하면 리치텍스트박스(RichTextBox1) 컨트롤에 입력된 텍스트의 글꼴 속성을 변경하도록 다음과 같이 이벤트 처리기를 작성한다.

컨트롤	이벤트	이벤트 처리기 이름
cmdFontChange	Click	cmdFontChange_Click

```
Private Sub cmdFontChange_Click(sender As Object, e As EventArgs) Handles
cmdFontChange.Click
        RichTextBox1.SelectionFont = New Font("Tahoma", 12, FontStyle.Bold)
        RichTextBox1.SelectionColor = System.Drawing.Color.Red
End Sub
```

⑧ 〈F5〉 키를 눌러 폼을 실행 한 후, [시작] 단추를 클릭하고 실행 대화 상자의 텍스트 상자에 WordPad를 입력하여 워드패드를 열도록 한다. 워드패드가 열리면 텍스트 문자열을 입력하고, 마우스를 사용하여 텍스트를 선택한 다음 이 텍스트를 리치텍스트박스(RichTextBox) 컨트롤로 드래그한다.

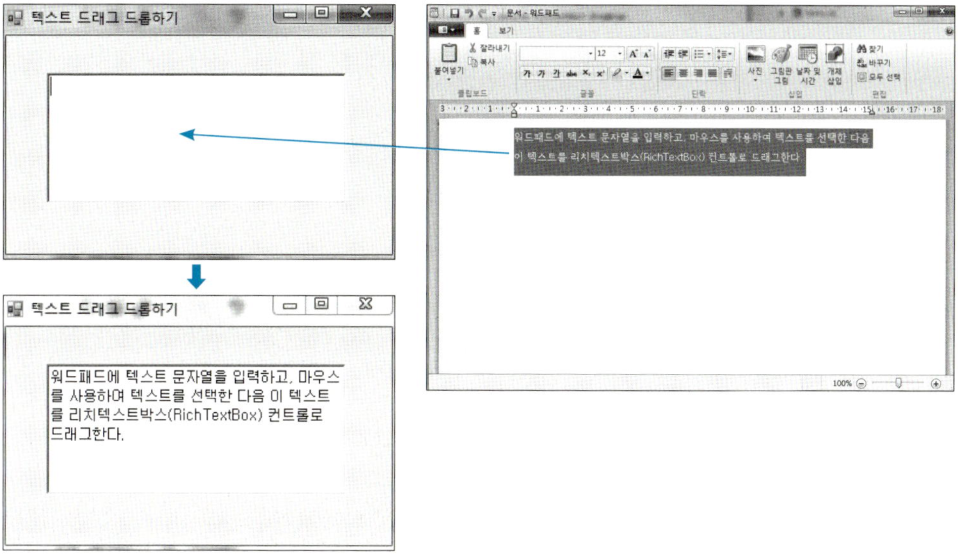

⑨ 전체 텍스트를 모두 선택하고 버튼(글꼴 속성 변경하기)을 클릭하여 글꼴이 모두 변경됨을 확인하자.

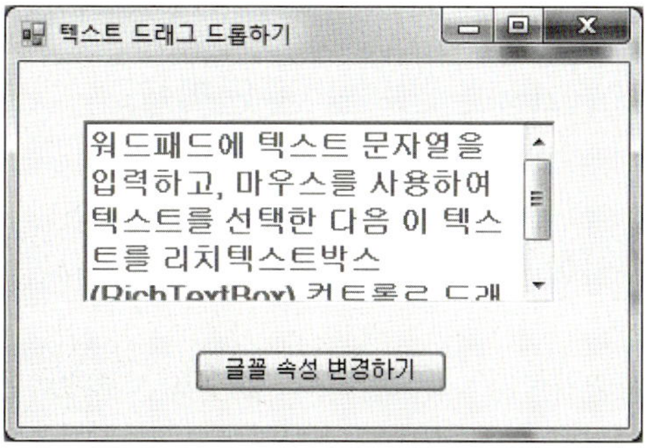

| 코드 이해하기 |

```
02  RichTextBox1.AllowDrop = True
```

02행: 폼이 실행될 때 리치텍스트박스(RichTextBox1)의 AllowDrop 속성을 True로 설정하여 텍스트를 드래그 드롭할 수 있도록 설정한다.

```
05  RichTextBox1.Text = RichTextBox1.Text.Substring(0)
06  RichTextBox1.Text = RichTextBox1.Text + _
                e.Data.GetData(DataFormats.Text).ToString()
```

05행: 리치텍스트박스(RichTextBox1)에서 첫 번째 문자에서부터 전체 문자를 리치텍스트박스(RichTextBox1)의 텍스트 속성값에 저장한다.

06행: 05행의 리치텍스트박스(RichTextBox1)의 텍스트 속성값과 word에서 블록으로 지정된 문자열을 표준 ANSI 형식의 텍스트로 가져와(e.Data.GetData(DataFormats.Text).ToString( )) 합친 다음 리치텍스트박스(RichTextBox1)의 텍스트 속성값으로 출력한다.

```
09  RichTextBox1.SelectionFont = New Font("Tahoma", 12, FontStyle.Bold)
10  RichTextBox1.SelectionColor = System.Drawing.Color.Red
```

09~10행: 리치텍스트박스(RichTextBox1)에서 선택한 텍스트의 글꼴 속성을 설정한다.

> **Tip DragDrop과 DragEnter 이벤트의 차이**
>
> ragDrop 이벤트는 사용자가 드래그하여 드롭할 때 발생하고 DragEnter 이벤트는 개체 안으로 들어갈 때 발생한다.

2) 리치텍스트박스(RichTextBox) 컨트롤의 주요 메서드

▪ AppendText 메서드

텍스트 상자의 현재 텍스트에 텍스트를 추가한다.

[그림 10-2]는 폼에 리치텍스트박스(RichTextBox) 컨트롤을 추가하고 Text 속성에 '지금 있는 텍스트 다음에 .....'를 입력한 다음, AppenText 메서드를 사용하여 텍스트가 추가되어 표시되는 화면이다.

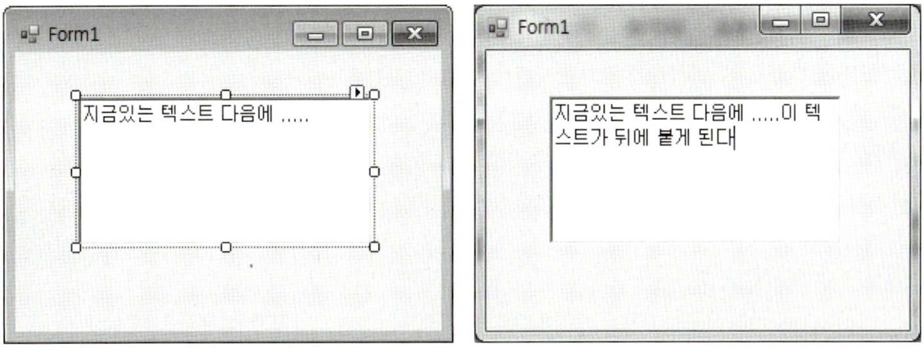


```
Private Sub Form1_Load(sender As Object, e As EventArgs) Handles MyBase.Load
    RichTextBox1.AppendText("이 텍스트가 뒤에 붙게 된다")
End Sub
```

그림 10-2 AppendText 메서드 활용

- **Copy 메서드**

텍스트 편집 컨트롤의 현재 선택 영역을 클립보드에 복사한다.

- **Cut 메서드**

현재 선택 영역을 텍스트 편집 컨트롤에서 제거하고 클립보드에 복사한다.

- **Paste 메서드**

클립보드의 내용을 텍스트 편집 컨트롤의 현재 선택 영역에 붙여 넣는다.

- **PageDown 메서드**

컨트롤 내용을 한 페이지 아래로 스크롤한다.

- **PageLeft 메서드**

컨트롤 내용을 한 페이지 왼쪽으로 스크롤한다.

- **PageRight 메서드**

컨트롤 내용을 한 페이지 오른쪽으로 스크롤한다.

■ PageUp 메서드

컨트롤 내용을 한 페이지 위로 스크롤한다.

■ Redo 메서드

가장 최근의 실행 취소 명령을 취소한다.

■ SelectAll 메서드

텍스트 편집 컨트롤의 모든 내용을 선택한다.

■ ToString 메서드

Control 개체의 문자열 표현을 반환한다.

■ Undo 메서드

가장 최근의 실행 취소 명령을 취소한다.

■ LoadFile 및 SaveFile 메서드

일반 텍스트 및 RTF(서식 있는 텍스트)를 포함한 여러 종류의 파일 형식을 표시하고 저장할 수 있다. LoadFile 및 SaveFile 메서드의 경우 다음 3가지 형식으로 사용 가능하다.

구분	형식	설명
SaveFile	SaveFile(String)	RichTextBox의 내용을 RTF(서식 있는 텍스트 형식) 파일로 저장
	SaveFile(Stream, RichTextBoxStreamType)	RichTextBox 컨트롤의 내용을 열려 있는 데이터 스트림으로 저장
	SaveFile(String, RichTextBoxStreamType)	RichTextBox 컨트롤의 내용을 특정 형식의 파일로 저장
LoadFile	LoadFile(String)	RichTextBox의 내용을 RTF(서식 있는 텍스트 형식) 파일 로드
	LoadFile(Stream, RichTextBoxStreamType)	RichTextBox 컨트롤의 내용을 열려 있는 데이터 스트림 로드
	LoadFile(String, RichTextBoxStreamType)	RichTextBox 컨트롤의 내용을 특정 형식의 파일 로드

실습 10-3 파일을 RichTextBox 컨트롤에 로드하고 저장하기

[1단계] Windows Form 만들기

① [파일] > [새로 만들기] > [프로젝트]를 차례로 선택한다.

② [새 프로젝트] 대화 상자의 '템플릿'–'Visual Basic'–'Windows Forms 응용 프로그램 템플릿'을 차례로 선택한다.

③ '이름' 상자에 프로젝트의 이름을 'SaveLoadFile_RichTextBox'라고 입력하고, 저장 위치를 설정한 다음 [확인] 버튼을 클릭한다.

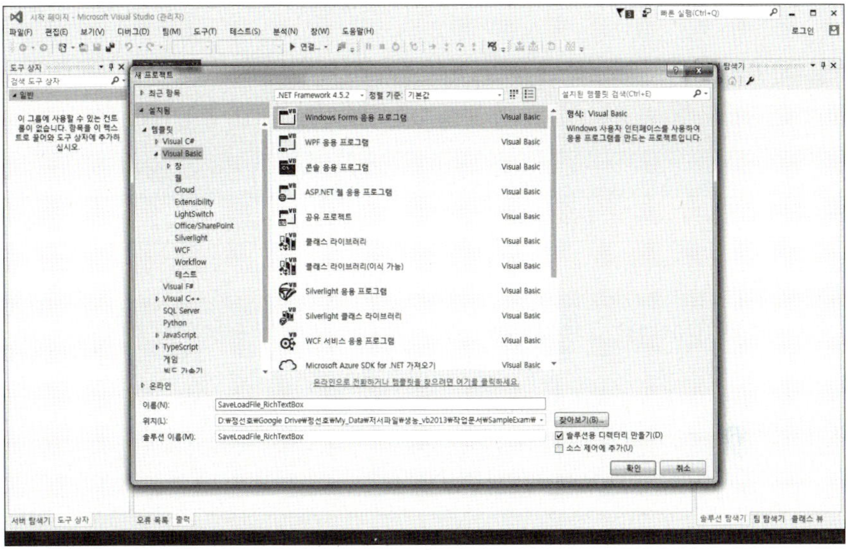

[2단계] 컨트롤 추가하고 속성 설정하기

④ 폼에 리치텍스트박스(RichTextBox) 컨트롤과 버튼(Button) 컨트롤을 추가하고, 다음과 같이 속성을 설정한다.

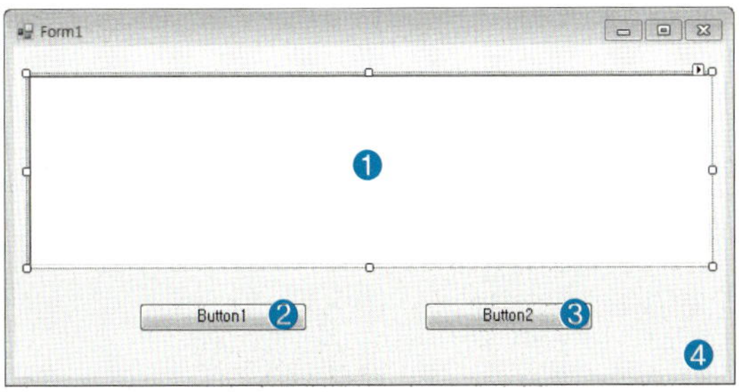

번호	컨트롤 종류	컨트롤	속성	속성값
❶	리치텍스트박스	RichTextBox1	Name	RichTextBox1
❷	버튼	Button1	Name	cmdLoadFile
			Text	파일 로드
❸	버튼	Button2	Name	cmdSaveFile
			Text	파일 저장
❹	폼	Form1	Name	frmLoadSaveFile
			Text	파일 로드하고 저장하기

⑤ [파일로드] 버튼의 Click 이벤트(FileLoad_Click)를 처리하기 위해 다음과 같이 이벤트 처리기를 작성한다. 파일을 가져오기 위해 OpenFileDialog을 사용한다.

컨트롤	이벤트	이벤트 처리기 이름
cmdLoadFile	Click	FileLoad_Click

```
Private Sub FileLoad_Click(sender As Object, e As EventArgs) Handles
cmdLoadFile.Click
      If OpenFileDialog1.ShowDialog() = DialogResult.OK Then
         RichTextBox1.LoadFile(OpenFileDialog1.FileName, & _
           RichTextBoxStreamType.RichText)
      End If
End Sub
```

⑥ 텍스트 파일을 작성한 후 test.rtf로 저장하고, [파일로드] 버튼을 클릭하여 대화상자를 표시하고 텍스트 파일을 선택한 다음, 파일 내용이 표시되는지 확인한다.

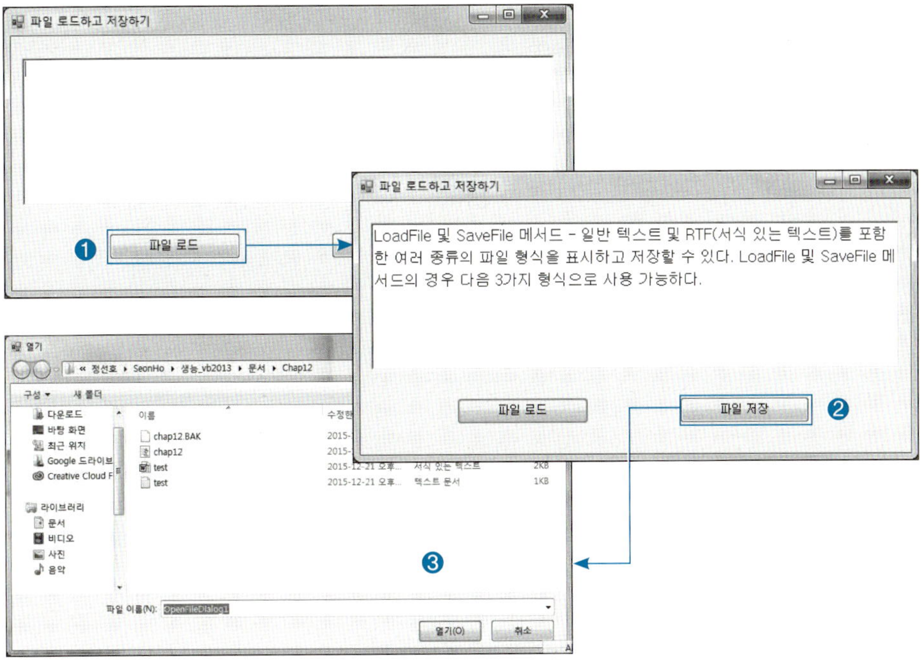

⑦ [파일저장] 버튼의 Click 이벤트(FileSave_Click)를 처리하기 위해 다음과 같이 이벤트 처리기를 작성한다. 파일을 저장하기 위해 SaveFileDialog를 사용한다. 저장 위치는 '내 문서'이다.

컨트롤	이벤트	이벤트 처리기 이름
cmdSaveFile	Click	SaveFile_Click

```
Private Sub FileLoad_Click(sender As Object, e As EventArgs) Handles
cmdLoadFile.Click
    RichTextBox1.SaveFile(System.Environment.GetFolderPath _
        (System.Environment.SpecialFolder.Personal) _
        & "\savedoc.rtf", RichTextBoxStreamType.RichText)
End Sub
```

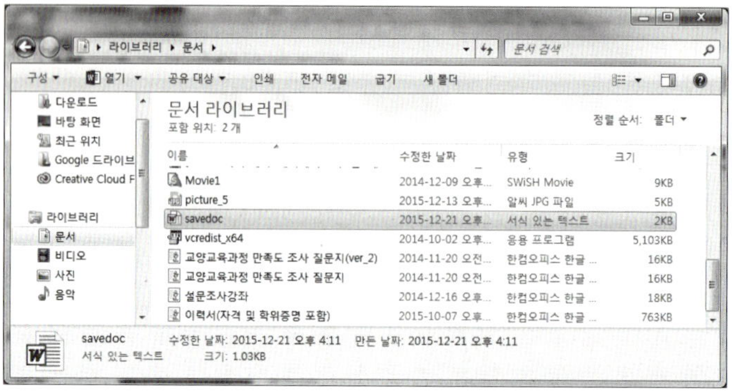

실습 10-4 리치텍스트박스(RichTextBox) 컨트롤 속성 알아보기

[1단계] Windows Form 만들기

① [파일] > [새로 만들기] > [프로젝트]를 차례로 선택한다.

② [새 프로젝트] 대화 상자의 '템플릿'–'Visual Basic'–'Windows Forms 응용 프로그램 템플릿'을 차례로 선택한다.

③ '이름' 상자에 프로젝트의 이름을 'RichTextBox_2'라고 입력하고, 저장 위치를 설정한 다음, [확인] 버튼을 클릭한다.

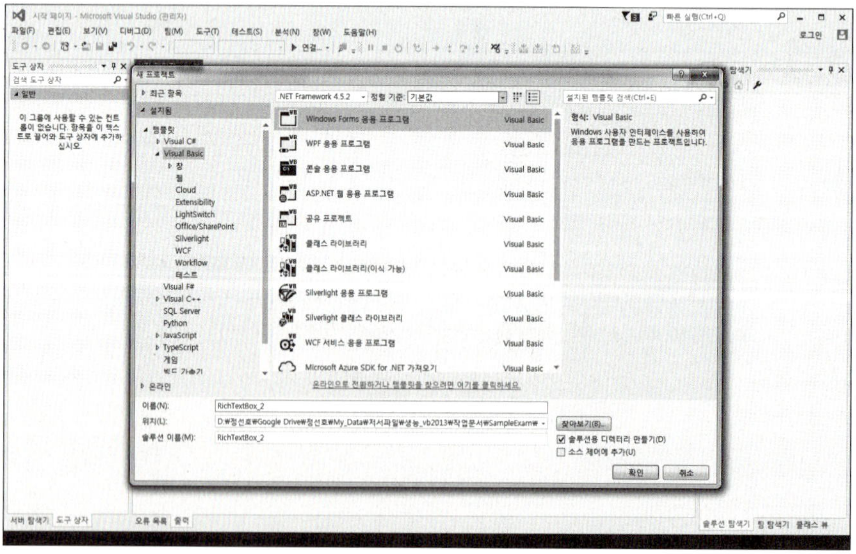

[2단계] 컨트롤 추가하고 속성 설정하기

④ 폼에 레이블(Label) 컨트롤과 텍스트 박스(TextBox) 컨트롤, 버튼(Button) 컨트롤을 추가하고, 다음과 같이 속성을 설정한다.

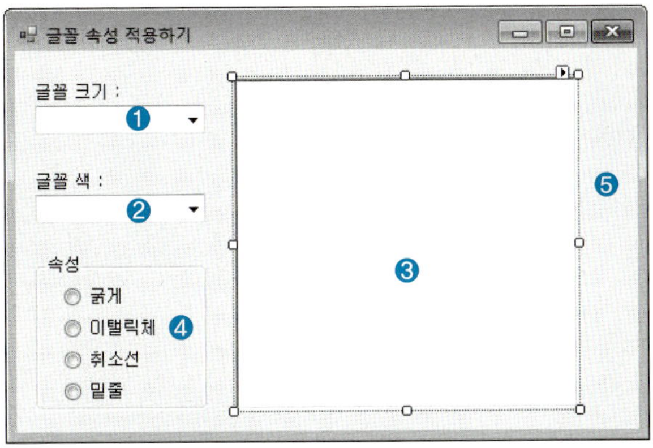

번호	컨트롤 종류	컨트롤	속성	속성값
❶	레이블	Label2	Name	lblFontSize
			Text	글꼴 크기 :
	콤보박스	ComboBox2	Name	cboFontSize
❷	레이블	Label3	Name	lblFontColor
			Text	글꼴 색 :
	콤보박스	ComboBox3	Name	cboFontColor
❸	리치텍스트박스	RichTextBox1	Name	RichTextBox1
			Text	
❹	그룹박스	GroupBox1	Name	GroupFont
			Text	속성
	옵션버튼	option1	Name	optBold
			Text	굵게
	옵션버튼	option2	Name	optItalic
			Text	이탤릭체
	옵션버튼	option3	Name	optStrikeThru
			Text	취소선
	옵션버튼	option4	Name	optUnderline
			Text	밑줄
❺	폼	Form1	Name	frmRichText
			Text	글꼴 속성 적용하기

⑤ 각 콤보박스 컨트롤에 목록을 추가하도록 다음과 같이 Form_Load( ) 이벤트 처리기를 작성한다.

컨트롤	이벤트	이벤트 처리기 이름
frmRichText	Load	frmRichText_Load

```
Private Sub frmRichText_Load(sender As Object, e As EventArgs) Handles MyBase.Load
    Dim i As Integer
    For i = 8 To 50 Step 2
        cboFontSize.Items.Add(i)
    Next
    cboFontColor.Items.Add("빨강")
    cboFontColor.Items.Add("파랑")
    cboFontColor.Items.Add("노랑")
    cboFontColor.Items.Add("다홍")
    cboFontColor.Items.Add("보라")
    cboFontColor.Items.Add("초록")
    cboFont.Text = "글꼴 선택"
    cboFontSize.Text = "크기 선택"
    cboFontColor.Text = "색 선택"
End Sub
```

⑥ 각 콤보박스 컨트롤의 항목을 선택하면 리치텍스트박스 컨트롤에 적용되도록 다음과 같이 Click 이벤트 처리기를 작성한다.

컨트롤	이벤트	이벤트 처리기 이름
cboFontSize	SelectedIndexChanged	cboFontSize_SelectedIndexChanged
cboFontColor	SelectedIndexChanged	cboFontColor_SelectedIndexChanged
optBold	CheckedChanged	optBold_CheckedChanged
optItalic	CheckedChanged	optItalic_CheckedChanged
optStrikeThru	CheckedChanged	optStrikeThru_CheckedChanged
optUnderline	CheckedChanged	optUnderline_CheckedChanged

```
Private Sub cboFontSize_SelectedIndexChanged(sender As Object,
 e As EventArgs) Handles cboFontSize.SelectedIndexChanged
    RichTextBox1.SelectAll()
    RichTextBox1.SelectionFont = New Font(FontFamily.GenericSerif, _
                        Val(cboFontSize.Text))
End Sub

Private Sub cboFontColor_SelectedIndexChanged(sender As Object, e As EventArgs)
Handles cboFontColor.SelectedIndexChanged
    RichTextBox1.SelectAll()
    Select Case cboFontColor.SelectedIndex
      Case 0
        RichTextBox1.SelectionColor = Color.Red
      Case 1
        RichTextBox1.SelectionColor = Color.Blue
      Case 2
        RichTextBox1.SelectionColor = Color.Yellow
      Case 3
        RichTextBox1.SelectionColor = Color.Magenta
      Case 4
        RichTextBox1.SelectionColor = Color.Purple
      Case 5
        RichTextBox1.SelectionColor = Color.Green
    End Select
End Sub

Private Sub optBold_CheckedChanged(sender As Object, e As EventArgs) Handles
optBold.CheckedChanged
    Dim sizefont As Integer
    sizefont = Val(cboFontSize.Text)
    RichTextBox1.SelectAll()
      RichTextBox1.SelectionFont = New Font(FontFamily.GenericSerif, sizefont,
                        FontStyle.Bold)
End Sub
```

```
Private Sub optBold_CheckedChanged(sender As Object, e As EventArgs) Handles
optBold.CheckedChanged
        Dim sizefont As Integer
        sizefont = Val(cboFontSize.Text)
        RichTextBox1.SelectAll()
          RichTextBox1.SelectionFont = New Font(FontFamily.GenericSerif, sizefont,
                                    FontStyle.Italic)
 End Sub
```

```
Private Sub optBold_CheckedChanged(sender As Object, e As EventArgs) Handles
optBold.CheckedChanged
        Dim sizefont As Integer
        sizefont = Val(cboFontSize.Text)
        RichTextBox1.SelectAll()
        RichTextBox1.SelectionFont = New Font(FontFamily.GenericSerif, sizefont,
                                    FontStyle.StrikeOut)
End Sub
```

```
Private Sub optBold_CheckedChanged(sender As Object, e As EventArgs) Handles
optBold.CheckedChanged
        Dim sizefont As Integer
        sizefont = Val(cboFontSize.Text)
        RichTextBox1.SelectAll()
        RichTextBox1.SelectionFont = New Font(FontFamily.GenericSerif, sizefont,
                                    FontStyle.Underline)
End Sub
```

| 코드 이해하기 |

```
02  RichTextBox1.SelectAll()
03  RichTextBox1.SelectionFont = New Font(FontFamily.GenericSerif, _
                                 Val(cboFontSize.Text))
```

02행: 리치텍스트박스 컨트롤(RichTextBox1)의 전체 문자열을 선택한다.

03행: 리치텍스트박스 컨트롤(RichTextBox1)의 글꼴을 GenericSerif, cboFontSize.Tetx 즉, 8pt로 설정한다.

```
05  Private Sub cboFontColor_SelectedIndexChanged(sender As Object, e As EventArgs)
       Handles cboFontColor.SelectedIndexChanged
06     RichTextBox1.SelectAll()
07     Select Case cboFontColor.SelectedIndex
08         Case 0
09             RichTextBox1.SelectionColor = Color.Red
10         Case 1
11             RichTextBox1.SelectionColor = Color.Blue
12         Case 2
13             RichTextBox1.SelectionColor = Color.Yellow
14         Case 3
15             RichTextBox1.SelectionColor = Color.Magenta
16         Case 4
17             RichTextBox1.SelectionColor = Color.Purple
18         Case 5
19             RichTextBox1.SelectionColor = Color.Green
20       End Select
21   End Sub
```

05~21행: 글꼴 색을 설정하는 콤보박스(cboFontColor)의 선택 항목(SelectedIndex) 값을 리치텍스트박스 컨트롤(RichTextBox1)의 글꼴 색으로 설정한다.

```
22  Private Sub optBold_CheckedChanged(sender As Object, e As EventArgs) Handles
    ptBold.CheckedChanged
23     Dim sizefont As Integer
24     sizefont = Val(cboFontSize.Text)
25     RichTextBox1.SelectAll()
26     RichTextBox1.SelectionFont = New Font(FontFamily.GenericSerif, sizefont,
                              FontStyle.Bold)
27  End Sub
```

22~27행: '굵게' 라디오 버튼을 클릭하면 리치텍스트박스 컨트롤(RichTextBox1)의 텍스트를 굵게 표시한다.

```
32     RichTextBox1.SelectionFont = New Font(FontFamily.GenericSerif, sizefont,
                              FontStyle.Italic)
```

32행: '이탤릭체' 라디오 버튼을 클릭하면 리치텍스트박스 컨트롤(RichTextBox1)의 텍스트를 이탤릭체로 표시한다.

```
38      RichTextBox1.SelectionFont = New Font(FontFamily.GenericSerif, sizefont,
                                      FontStyle.StrikeOut)
```

38행: '이탤릭체' 라디오 버튼을 클릭하면 리치텍스트박스 컨트롤(RichTextBox1)의 텍스트에 취소선을 표시한다.

```
44      RichTextBox1.SelectionFont = New Font(FontFamily.GenericSerif, sizefont,
                                      FontStyle.StrikeOut)
```

44행: '밑줄' 라디오 버튼을 클릭하면 리치텍스트박스 컨트롤(RichTextBox1)의 텍스트에 밑줄을 표시한다.

Section 03 DateTimePicker 컨트롤과 MonthCalendar 컨트롤

데이트타임피커(DateTimePicker) 컨트롤을 사용하면 날짜 또는 시간 목록에서 하나의 항목을 선택할 수 있다. 이 컨트롤은 데이터를 표시할 때 텍스트로 날짜를 표시하는 드롭다운 목록 부분과 목록 옆에 있는 아래쪽 화살표를 클릭했을 때 나타나는 모눈 부분이 있다. 모눈은 날짜를 여러 개 선택할 때 사용할 수 있는 MonthCalendar 컨트롤처럼 표시된다.

MonthCalendar 컨트롤은 달력 모양의 인터페이스를 나타내는 컨트롤로, 날짜가 요일별로 나열된 표 형식의 달력으로 표시되며, 선택된 범위의 날짜는 붉은색 동그라미로 강조 표시된다. DateTimePicker 컨트롤과 다르게 날짜 범위만을 선택할 수 있다.

1) 데이트타임피커(DateTimePicker) 컨트롤의 속성

■ ShowUpDown 속성

DateTimePicker를 날짜 대신 시간을 선택하거나 편집하기 위한 컨트롤로 표시하기 위해 사용하며, ShowUpDown 속성을 True로 설정하고, Format 속성을 Time으로 설정한다.

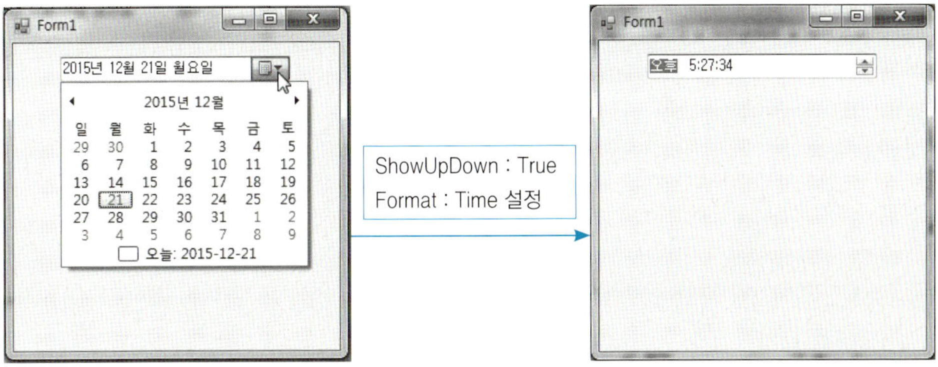

그림 10-3 ShowupDown 속성을 사용하여 시간 또는 날짜 표시

■ ShowCheckBox 속성

확인란이 선택된 날짜 왼쪽에 표시되도록 설정하거나 반환한다. True로 설정하면 컨트롤에서 선택한 날짜 옆에 확인란이 표시된다. 확인란을 선택하면 선택한 날짜/시간 값을 업데이트할 수 있다. 확인란을 선택하지 않으면 해당값을 사용할 수 없는 것으로 표시한다.

■ MaxDate 및 MinDate 속성

날짜와 시간 범위를 결정한다. MaxDate 속성은 컨트롤에서 선택할 수 있는 날짜 및 시간의 최대값을, MinDate 속성은 컨트롤에서 선택할 수 있는 날짜 및 시간의 최소값을 설정하거나 반환한다.

■ Format 속성

컨트롤에 표시되는 날짜 및 시간의 서식을 설정하거나 반환한다. Format 속성은 다음 4개 중 하나의 값을 설정한다.

속성 값	설명
Custom	사용자가 지정한 서식으로 날짜 및 시간값 표시
Long	운영 체제에서 설정한 자세한 날짜 서식으로 날짜 및 시간값 표시
Short	운영 체제에서 설정한 간단한 날짜 서식으로 날짜 및 시간값 표시
Time	운영 체제에서 설정한 시간 서식으로 날짜 및 시간값 표시

- **Text 속성**

컨트롤에 표시되는 날짜를 지정된 서식에 맞춰 출력한다.

- **Value 속성**

컨트롤에 표시되는 날짜 및 시간값을 지정된 서식에 맞춰 출력한다.

〈예제 10-1〉과 같이 폼이 실행될 때 Text 속성과 Value 속성을 출력하도록 코드를 작성한 후 실행해 보자.

예제 10-1

```
Private Sub Form1_Load(sender As Object, e As EventArgs) Handles MyBase.Load
    MessageBox.Show(DateTimePicker1.Text & vbCrLf & DateTimePicker1.Value)
End Sub
```

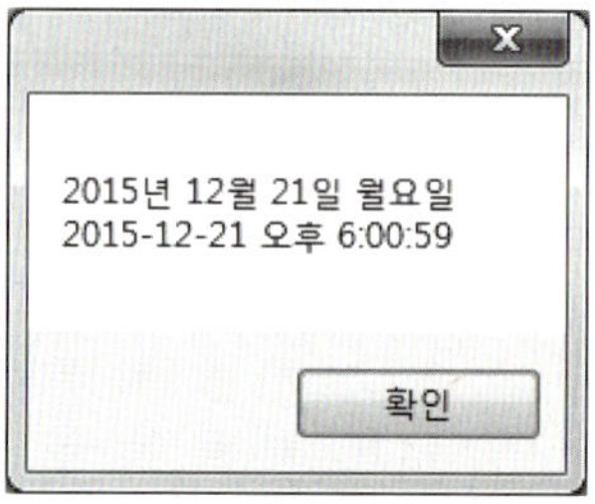

그림 10-4 〈예제 10-1〉의 실행결과

- **CustomFormat 속성**

사용자가 지정한 날짜 및 시간 서식 문자열을 설정하거나 반환한다.

표 10-1 날짜 및 시간 형식을 지정 하는 형식 문자열

형식 문자열	설명
d	일을 하나 또는 두 자리로 표시
dd	두 자리 일로 표시
ddd	3자리 일의 주 약어
dddd	전체 날짜의 요일 이름
h	12시간 형식으로 시간을 한 자리 또는 두 자리 시간으로 표시

hh	12시간 형식으로 시간을 두 자리 시간으로 표시
H	24시간 형식으로 시간을 한 자리 또는 두 자리 시간으로 표시
HH	24시간 형식에서 시간을 두 자리 시간으로 표시
m	분을 한 자리 또는 두 자리로 표현
mm	분을 두 자리로 표현
M	월을 한 자리 또는 두 자리로 표현
MM	월을 두 자리로 표현
MMM	월을 3자리 약어로 표현
MMMM	월의 전체 이름 표시
s	초를 한 자리 또는 두 자리로 표현
ss	초를 두 자리로 표현
t	하나의 문자로 오전/오후 표시(오전은 "A").
tt	두 자리 문자로 오전/오후 표시(오전은 "AM").
y	연도를 마지막 한 자리 숫자로 표현
yy	연도를 마지막 두 자리 숫자로 표현(2015년은 "15"로 표시)
yyyy	전체 연도(2015년은 "2015"로 표시)

2) MonthCalendar 컨트롤의 속성

MonthCalendar 컨트롤의 모양은 매우 다양하게 구성할 수 있다. 기본적으로 오늘 날짜에는 원이 표시되고, 표 아래쪽에도 오늘 날짜가 별도로 표기되지만, ShowToday 및 ShowTodayCircle 속성을 False로 설정하여 이 기능을 변경할 수 있다.

■ AnnuallyBoldedDates 속성

매년 굵게 표시할 날짜를 결정하는 DateTime 개체의 배열을 설정하거나 반환한다.

■ BoldedDates 속성

굵게 표시할 날짜를 결정하는 DateTime 개체의 배열을 설정하거나 반환한다.

■ MonthlyBoldedDates 속성

매월 굵게 표시할 날짜를 결정하는 DateTime 개체의 배열을 설정하거나 반환한다.

▪ CalendarDimensions 속성

표시되는 월의 열과 행의 수를 설정하거나 반환한다.

▪ MaxSelectionCount 속성

컨트롤에서 선택할 수 있는 최대 날짜 수를 설정하거나 반환한다. 기본값은 7이다.

▪ MaxDate/MinDate 속성

허용 가능한 최대 날짜와 최소 날짜를 설정하거나 반환한다. MinDate 속성의 기본값은 01/01/1753이고, MaxDate의 기본값은 12/31/9998이다.

▪ SelectionRange 속성

선택한 날짜 범위를 설정하거나 반환한다.

▪ ShowToday 속성

TodayDate 속성이 나타내는 날짜가 컨트롤의 아래쪽에 표시될지 여부를 설정하거나 반환한다. 오늘 날짜가 표시되면 True이고 그렇지 않으면 False가 되며, 기본값은 True이다.

▪ ShowTodayCircle 속성

오늘 날짜가 원 또는 사각형으로 식별되는지를 나타내는 값을 설정하거나 반환한다. 식별되면 True이고 그렇지 않으면 False가 되며, 기본값은 True이다.

▪ ShowWeekNumbers 속성

각 날짜 행 옆에 주 번호(1–52)를 표시할지를 나타내는 값을 설정하거나 반환한다. 주 번호가 표시되면 True이고 그렇지 않으면 False가 되며, 기본값은 True이다.

▪ TodayDate 속성

오늘 날짜로 사용하는 값을 설정하거나 반환한다. 기본값은 현재 시스템 날짜이다.

실습 10-5 DateTimePicker 컨트롤과 MonthCalendar 컨트롤 사용하기

[1단계] Windows Form 만들기

① [파일] > [새로 만들기] > [프로젝트]를 차례로 선택한다.

② [새 프로젝트] 대화 상자의 '템플릿'-'Visual Basic'-'Windows Forms 응용 프로그램 템플릿'을 차례로 선택한다.

③ '이름' 상자에 프로젝트의 이름을 'MonthCalendar'라고 입력하고, 저장 위치를 설정한 다음 [확인] 버튼을 클릭한다.

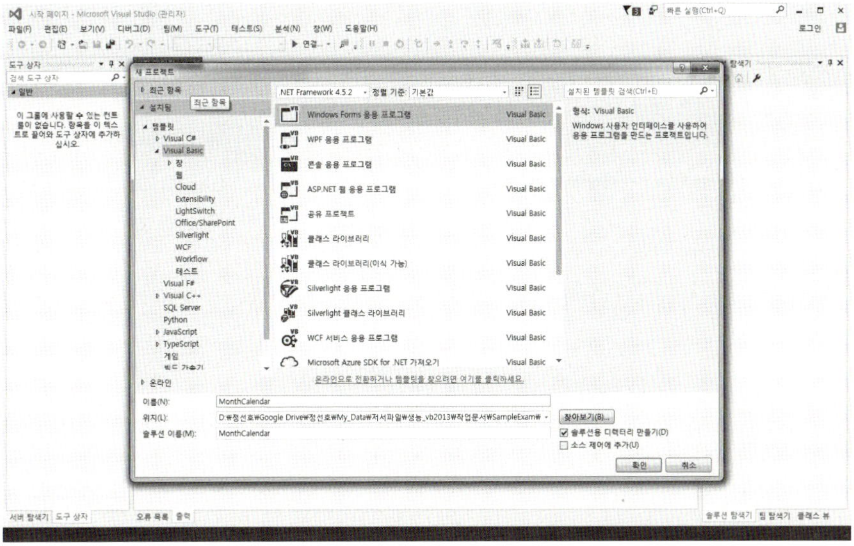

[2단계] 컨트롤 추가하고 속성 설정하기

④ 폼에 데이트타임피커, MonthCalendar 컨트롤, 버튼과 레이블 컨트롤을 추가하고, 다음과 같이 속성을 설정한다.

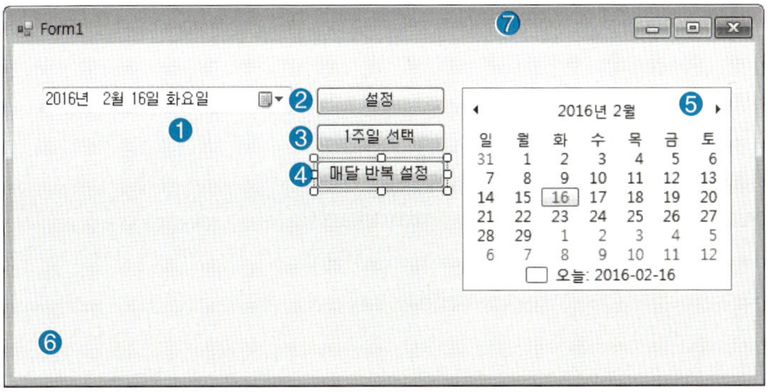

번호	컨트롤 종류	컨트롤	속성	속성값
❶	데이트타임피커	DateTimePicker1	Name	DateTimePicker1
			ShowUpDown	True
			MinDate	2016-01-01
			MaxDate	2016-12-31
❷	버튼	Button1	Name	cmdSet
			Text	설정
❸	버튼	Button2	Name	cmdWeek
			Text	1주일 선택
❹	버튼	Button3	Name	cmdMonthlySet
			Text	매달 반복 설정
❺	Month Calendar	MonthCalendar1	Name	MonthCalendar1
			MinDate	2016-01-01
			MaxDate	2016-12-31
❻	레이블	Label1	Name	lblDisplay
			Text	""
❼	폼	Form1	Name	frmCalendar
			Text	Calendar

[3단계] 버튼의 이벤트 처리기 작성하기

⑤ '설정' 버튼을 클릭하면 DateTimePicker 컨트롤에서 선택한 날짜가 MonthCalendar 컨트롤에서 선택되고, 레이블 컨트롤에 표시되도록 Click 이벤트 처리기에 다음과 같이 코드를 작성한다.

컨트롤	이벤트	이벤트 처리기 이름
cmdSet	Click	cmdSet_Click

```
Private Sub cmdSet_Click(sender As Object, e As EventArgs) Handles cmdSet.Click
    Dim today As Date = DateTimePicker1.Text
    Dim selectYear As Integer = today.Year
    Dim selectMonth As Integer = today.Month
    Dim selectDay As Integer = today.Day
```

```
        Me.MonthCalendar1.TodayDate = _ New Date(selectYear, selectMonth, selectDay)
        lblDisplay.Text = DateTimePicker1.Text
End Sub
```

⑥ '1주일 설정' 버튼을 클릭하면 MonthCalendar 컨트롤에서 오늘 날짜를 기준으로 1달 후 일주일을 선택하도록 Click 이벤트 처리기에 다음과 같이 코드를 작성한다.

컨트롤	이벤트	이벤트 처리기 이름
cmdWeek	Click	cmdWeek_Click

```
Private Sub cmdWeek_Click(sender As Object, e As EventArgs) Handles cmdSet.Click
        Dim today As Date = MonthCalendar1.TodayDate
        Dim selectMonth As Integer = today.Month
        Dim selectYear As Integer = today.Year
        If (today.Month = 12) Then
           selectYear += 1
           selectMonth = 1
        End If
        Me.MonthCalendar1.SelectionStart = _
           New Date(selectYear, selectMonth, today.Day )
        Me.MonthCalendar1.SelectionEnd = _
           New Date(selectYear, selectMonth, today.Day + 6)
        lblDisplay.Text = Me.MonthCalendar1.SelectionStart & "에서 " & _
              Me.MonthCalendar1.SelectionEnd & "까지의 날짜를 선택하셨습니다."
End Sub
```

⑦ '매달 반복 설정' 버튼을 클릭하면 1월 10일과 2월 10일의 날짜가 굵게 표시되도록 이벤트 처리기를 다음과 같이 작성한다.

컨트롤	이벤트	이벤트 처리기 이름
c4dMonthlySet	Click	cmdMonthlySet_Click

```
Private Sub cmdMonthlySet_Click(sender As Object, e As EventArgs) Handles
cmdMonthlySet.Click
    Dim boldDate1 As Date = New DateTime(2016, 1, 10)
    Dim boldDate2 As Date = New DateTime(2016, 2, 10)
    MonthCalendar1.AddBoldedDate(boldDate1)
    MonthCalendar1.AddBoldedDate(boldDate2)
End Sub
```

⑧ 〈F5〉 키를 눌러 폼을 실행 한 후 버튼을 클릭하여 출력되는 결과를 확인한다.

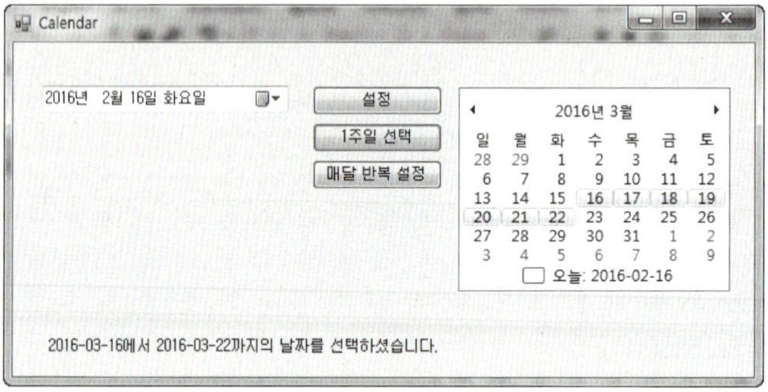

| 코드 이해하기 |

```
02 Dim today As Date = DateTimePicker1.Text
03 Dim selectYear As Integer = today.Year
04 Dim selectMonth As Integer = today.Month
05 Dim selectDay As Integer = today.Day
06 Me.MonthCalendar1.TodayDate = New Date(selectYear, selectMonth, selectDay)
07 lblDisplay.Text = DateTimePicker1.Text
```

02~05행: DateTimePicker1 컨트롤의 날짜값과 년, 월, 일에 해당하는 값을 각각 변수에 저장한다.

06행: selectYear, selectMonth, selectDay 변수에 저장된 값을 이용하여 MonthCalendar1의 날짜로 설정한다.

07행: 레이블컨트롤(lblDisplay)에 DateTimePicker1의 Text 속성값을 표시한다.

```
13  If (today.Month = 12 ) Then
14          selectYear += 1
15          selectMonth = 1
16  End If
```

13~16행: 12월인 경우 년도 값을 1증가시키고, 월값을 1로 설정한다.

```
17  Me.MonthCalendar1.SelectionStart = _
        New Date(selectYear, selectMonth, today.Day )
18  Me.MonthCalendar1.SelectionEnd = _
        New Date(selectYear, selectMonth, today.Day + 6)
```

17행: 오늘 날짜를 선택 위치로 설정한다.

18행: 오늘 날짜로부터 6일 후까지 선택한다.

Section 04 프로그래스바 컨트롤

프로그래스바(ProgressBar) 컨트롤은 가로 막대에 일정 수의 정렬된 사각형을 표시하여 작업 진행 과정을 나타내기 위해 사용하며, 작업이 완료되면 막대가 채워진다. 진행률 표시줄은 큰 파일을 로드할 때와 같이 작업이 완료될 때까지 기다려야 하는 시간을 알려주는 데 사용된다.

진행률값을 업데이트하는 방법은 두 가지가 있다.

▶ Value 속성을 설정하는 코드를 작성하기

Maximum 속성과 Minimum 속성을 설정하고, 설정된 Value 설정값을 기준으로 사각형의 개수를 설정한다. 예를 들어, Maximum 속성을 100, Minimum 속성은 10, Value 속성을 50으로 설정하면 5개의 사각형이 표시된다. 사각형의 수는 표시 가능한 수의 절반이 된다.

▶ 프로그래스바(ProgressBar) 컨트롤에 의해 표시되는 값을 수정하는 방법

Step 속성을 사용하여 Value 속성이 증가되는 단위값을 지정하고, PerformStep 메서드를 호출하면 값이 증가된다. 증가값을 변경하려면 Increment 메서드를 사용하여 Value 속성의 증가값을 지정하면 된다.

> **Tip** 현재 작업에 대한 정보를 사용자에게 그래픽으로 알려주는 또 다른 컨트롤로 StatusBar 컨트롤이 있다.

1) 프로그래스바(ProgressBar) 컨트롤의 주요 속성

■ Value 속성

작업 진행률을 나타낸다. 프로그래스바(ProgressBar) 컨트롤에 표시되는 막대는 블록으로 구성되어 있기 때문에 이 컨트롤에 의해 표시되는 값은 Value 속성의 현재값을 대략적으로만 나타낸다. 프로그래스바(ProgressBar) 컨트롤의 크기에 따라 Value 속성은 다음 블록을 표시할 시간을 결정한다.

■ Step 속성

PerformStep 메서드를 호출할 때 진행률 표시줄의 현재 위치를 증분시킬 크기를 가져오거나 설정한다.

■ Minimum 속성/Maximum 속성

컨트롤 범위의 최소값 또는 최대값을 설정하거나 반환한다. Maximum 속성의 기본값은 0이고, Maximum 속성의 기본값은 100이다.

2) 프로그래스바(ProgressBar) 컨트롤의 주요 메서드

■ PerformStep 메서드

진행률을 표시하는 컨트롤의 현재 위치를 Step 속성의 크기만큼 진행한다.

■ Increment 메서드

진행률을 표시하는 컨트롤의 현재 위치를 지정된 크기만큼 진행한다.

실습 10-6 Value 속성과 타이머(Timer) 컨트롤을 사용하여 진행률 표시하기

[1단계] Windows Form 만들기

① [파일] > [새로 만들기] > [프로젝트]를 차례로 선택한다.

② [새 프로젝트] 대화 상자의 '템플릿'–'Visual Basic'–'Windows Forms 응용 프로그램 템플릿'을 차례로 선택한다.

③ '이름' 상자에 프로젝트의 이름을 'ProgressBar_Timer'라고 입력하고, 저장 위치를 설정한 다음 [확인] 버튼을 클릭한다.

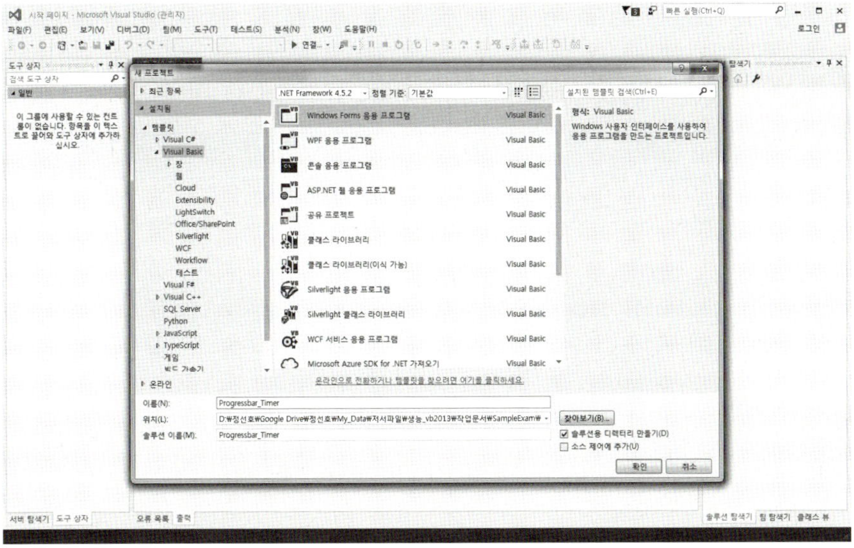

[2단계] 컨트롤 추가하고 속성 설정하기

④ 폼에 프로그래스바(ProgressBar) 컨트롤과 버튼(Button) 컨트롤, 타이머(Timer) 컨트롤과 레이블(Label) 컨트롤을 추가하고, 다음과 같이 속성을 설정한다.

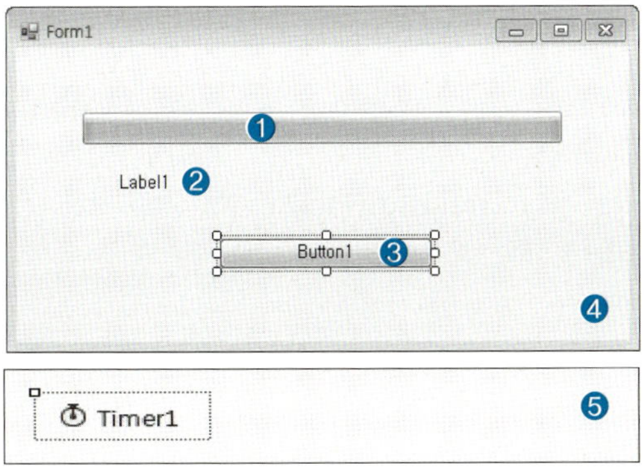

번호	컨트롤 종류	컨트롤	속성	속성값
❶	프로그래스바	ProgressBar1	Name	pBar1
❷	레이블	Label1	Name	lblDisp
			Text	
❸	버튼	Button1	Name	cmdStart
			Text	시작~
❹	폼	Form1	Name	frmProgressBar
			Text	ProgressBar 컨트롤 사용하기
❺	타이머	Timer1	Name	Timer1

⑤ 버튼을 클릭하면 타이머(Timer) 컨트롤이 실행되도록 다음과 같이 이벤트 처리기를 작성하자.

컨트롤	이벤트	이벤트 처리기 이름
cmdStart	Click	Button1_Click

```
Private Sub Button1_Click(sender As Object, e As EventArgs) Handles cmdStart.Click
    Timer1.Interval = 250
    Timer1.Start()
End Sub
```

⑥ 타이머 이벤트가 발생할 때마다 프로그래스바(ProgressBar) 컨트롤에 진행률이 표시되도록 다음과 같이 정의하도록 하자.

컨트롤	이벤트	이벤트 처리기 이름
Timer1	Tick	Timer1_Tick

```
Private Sub Timer1_Tick(sender As Object, e As EventArgs) Handles Timer1.Tick
    pBar1.Increment(1)
    lblDisp.Text = pBar1.Value.ToString() + "% Completed"
    If pBar1.Value = pBar1.Maximum Then
        Timer1.Stop()
    End If
End Sub
```

⑦ 〈F5〉 키를 눌러 폼을 실행한 후, 버튼을 클릭하여 프로그래스바(ProgressBar) 컨트롤에 진행률이 표시되는지 확인하자.

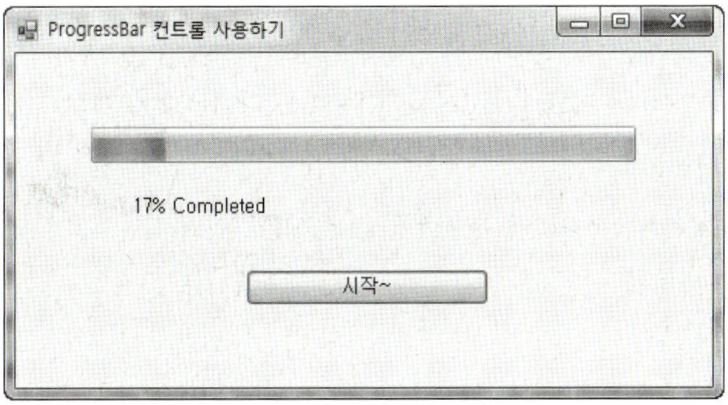

| 코드 이해하기 |

```
02   Timer1.Interval = 250
03   Timer1.Start()
```

02행: 타이머 컨트롤(Rimer1)가 1/4초 간격으로 발생하도록 interval 속성 값을 설정한다.

03행: Start 메서드는 타이머 컨트롤의 enabled 속성을 True로 설정하여 타이머 이벤트가 발생하도록 한다.

```
06   pBar1.Increment(1)
```

06행: 프로그래스바컨트롤(pBar1)의 증가하는 값을 Increment 속성을 이용하여 1로 설정한다.

```
08   If pBar1.Value = pBar1.Maximum Then
09        Timer1.Stop()
10   End If
```

08~10행: 프로그래스바컨트롤(pBar1)의 Value 값이 Maximum 값보다 커지면 타이머 이벤트를 중지한다.

실습 10-7 Step 속성과 PerformStep 메서드를 사용하여 진행률 표시하기

[1단계] Windows Form 만들기

① [파일] > [새로 만들기] > [프로젝트]를 차례로 선택한다.

② [새 프로젝트] 대화 상자의 '템플릿'–'Visual Basic'–'Windows Forms 응용 프로그램 템플릿'을 차례로 선택한다.

③ '이름' 상자에 프로젝트의 이름을 'Progressbar'라고 입력하고, 저장 위치를 설정한 다음, [확인] 버튼을 클릭한다.

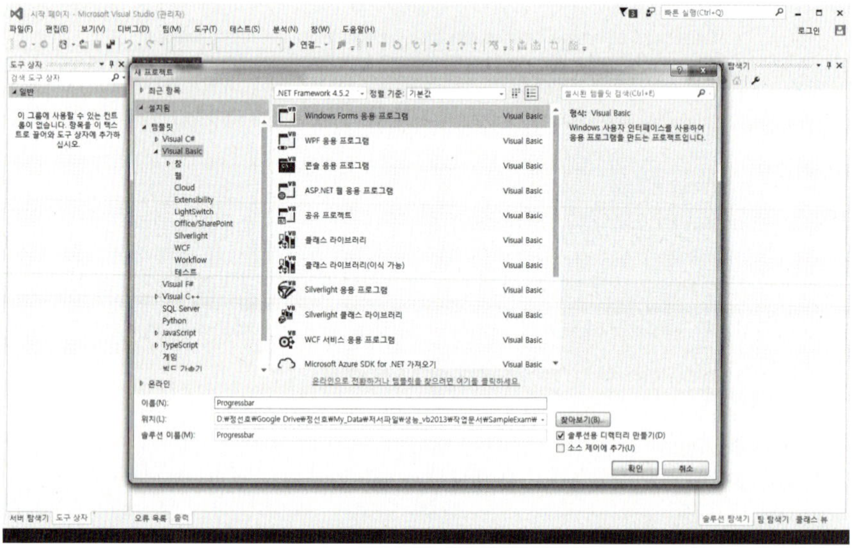

[2단계] 컨트롤 추가하고 속성 설정하기

④ 폼에 프로그래스바(ProgressBar) 컨트롤과 버튼(Button) 컨트롤을 추가하고, 다음과 같이 속성을 설정한다.

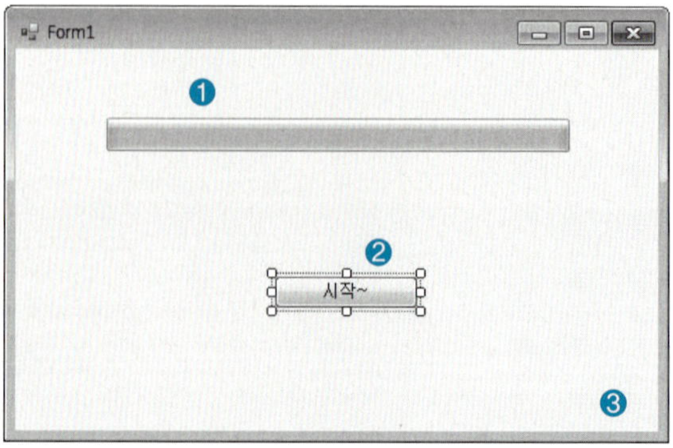

번호	컨트롤 종류	컨트롤	속성	속성값
❶	프로그래스바	ProgressBar1	Name	pBar1
❷	버튼	Button1	Name	cmdStart
			Text	시작~
❸	폼	Form1	Name	frmProgreeBar
			Text	ProgressBar 컨트롤 사용하기

⑤ 버튼을 클릭하면 프로그래스바(ProgressBar) 컨트롤이 처리되도록 다음과 같이 이벤트 처리기를 작성하자.

컨트롤	이벤트	이벤트 처리기 이름
cmdStart	Click	cmdStart_Click

```
Private Sub Button1_Click(sender As Object, e As EventArgs) Handles cmdStart.Click
    Dim count As Integer = 1000
    pBar1.Visible = True
    pBar1.Minimum = 1
    pBar1.Maximum = count
    pBar1.Value = 1
    pBar1.Step = 1
    Dim x As Integer
    For x = 1 To count - 1
        pBar1.PerformStep()
    Next x
End Sub
```

⑥ 〈F5〉 키를 눌러 폼을 실행한 후, 버튼을 클릭하여 프로그래스바(ProgressBar) 컨트롤에 진행률이 표시되는지 확인하자.

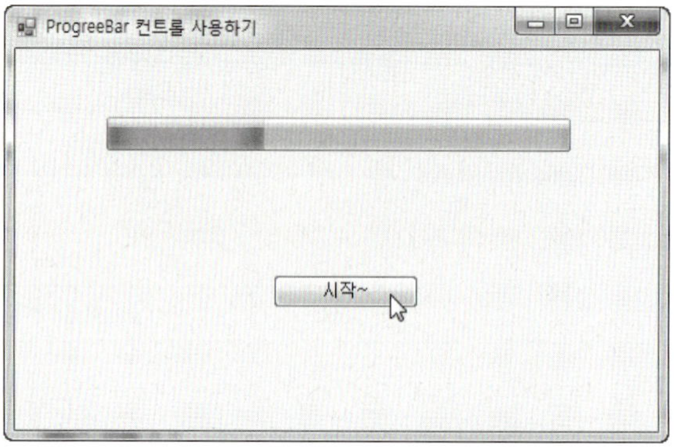

| 코드 이해하기 |

```
09  For x = 1 To count - 1
10      pBar1.PerformStep()
11  Next x
```

09~11행: 프로그래스바컨트롤(pBar1)의 Step 속성값만큼 Value 값이 증가하도록 PerformStep 메서드를 실행한다.

Section 05 링크레이블(LinkLabel)과 웹브라우저(Webbrowser) 컨트롤

링크레이블 컨트롤은 응용 프로그램에 웹 스타일 링크를 추가하는 컨트롤이며, 레이블(Label) 컨트롤을 사용할 수 있는 모든 대상에 링크레이블 컨트롤을 사용할 수 있다. 또한 텍스트 일부를 개체나 웹 페이지의 링크로 설정할 수도 있다.

1) 링크레이블(LinkLabel) 컨트롤

링크레이블 컨트롤은 레이블(Label) 컨트롤의 모든 속성, 메서드 및 이벤트는 물론 하이퍼링크 및 링크 색에 대한 속성도 가지고 있다. 링크레이블 컨트롤의 가장 간단한 용도는 LinkArea 속성을 사용하여 단일 링크를 표시하는 것이지만 Links 속성을 사용하여 여러 하이퍼링크를 표시할 수도 있다. LinkClicked 이벤트는 링크 텍스트가 선택되면 실행할 동작을 지정한다.

(1) 링크레이블(LinkLabel) 컨트롤의 주요 속성

■ LinkArea 속성

활성화된 링크의 텍스트 영역을 설정한다. LinkArea 값은 문자 시작 위치와 문자수를 나타내는 두 개의 숫자를 포함하는 LinkArea 개체로 표시된다.

■ LinkColor 속성

기본 링크를 표시할 때 사용하는 색을 설정하거나 반환한다. 기본색은 시스템에서 지정되는 Color.Blue이다.

■ VisitedLinkColor 속성

이전에 열어보았던 링크를 표시할 때 사용되는 색을 설정하거나 반환한다. 기본색은 시스템에서 지정되는 Color.Purple이다.

■ ActiveLinkColor 속성

활성 링크의 색을 설정하거나 반환한다. 기본색은 시스템에서 지정되는 Color.Red이다.

■ LinkBehavior 속성

링크의 동작을 나타내는 값을 가져오거나 설정한다. 기본값은 LinkBehavior.SystemDefault이다.

속성 값	설명
AlwaysUnderline	링크를 밑줄이 그어진 텍스트로 표시
HoverUnderline	마우스가 링크 텍스트 위에 있을 때만 밑줄이 그어진 텍스트로 표시
NeverUnderline	링크 텍스트에 밑줄이 표시되지 않도록 함
SystemDefault	제어판 또는 IE의 인터넷 옵션 대화 상자를 사용하여 설정한 옵션에 따라 다르게 표시됨

[그림 10-5]와 같이 LinkBehavior 속성을 HoverUnderline으로 설정하면, 마우스가 링크위에 있을 때 밑줄이 표시된다.

그림 10-5 LinkBehavior 속성 설정의 예

실습 10-8 LinkLabel 컨트롤을 사용하여 웹 페이지에 링크하기

[1단계] 컨트롤 추가하고 속성 설정하기

① 폼에 링크레이블(LinkLabel) 컨트롤을 추가하고, Text 속성에 '네이버로 이동합니다'를 입력한다.

② 캡션에서 링크로 나타낼 부분을 결정하기 위해 LinkArea 속성을 설정한다. 표시되는 형태는 링크 레이블의 모양과 관련된 속성에 따라 달라진다. [속성] 창이나 다음과 같은 방법으로 코드에서 LinkArea 속성을 설정할 수 있다.
아래와 같이 왼쪽에서 3개의 문자에 링크를 설정한다.

```
Private Sub Form1_Load(sender As Object, e As EventArgs) Handles MyBase.Load
      LinkLabel1.LinkArea = New LinkArea(0, 3)
 End Sub
```

③ 〈F5〉 키를 눌러 폼을 실행한 후, 3개의 문자에 링크가 설정되는지 확인하자.

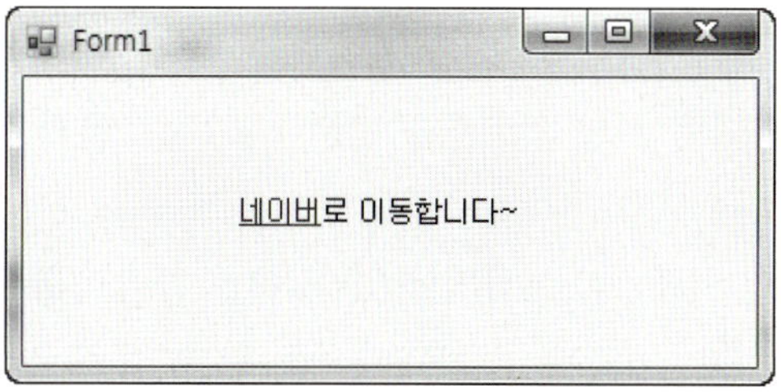

[2단계] LinkClickeel 이벤트 처리하기

④ LinkClicked 이벤트 처리기(linkTest_Click)를 사용하여 LinkVisited 속성을 True로 설정하고, Start 메서드를 사용하여 지정된 URL로 기본 브라우저를 시작한다. Start 메서드를 사용하려면 System.Diagnostics 네임스페이스에 대한 참조를 추가해야 한다.

컨트롤	이벤트	이벤트 처리기 이름
LinkLabel1	Click	linkTest_Click

```
Private Sub linkTest_Click(sender As Object, e As LinkLabelLinkClickedEventArgs)
Handles LinkLabel1.LinkClicked
    LinkLabel1.LinkVisited = True
    System.Diagnostics.Process.Start("http://www.naver.com")
End Sub
```

⑤ 〈F5〉 키를 눌러 폼을 실행한 후, 링크가 설정된 문자를 클릭하여 브라우저에 네이버가 표시되는지 확인하자.

2) 웹 브라우저(WebBrowser) 컨트롤

웹 브라우저(WebBrowser) 컨트롤은 응용 프로그램에서 IE 웹 검색 기능을 복제하거나 기본 IE 기능을 해제한 다음 해당 컨트롤을 단순한 HTML 문서 뷰어로 사용할 수 있다. 웹 브라우저(WebBrowser) 컨트롤에는 IE에 있는 컨트롤을 구현하는 데 사용할 수 있는 여러 속성, 메서드 및 이벤트가 포함되어 있다. 예를 들어, Navigate 메서드를 사용하여 주소 표시줄을 구현하고 GoBack, GoForward, Stop 및 Refresh 메서드를 사용하여 도구 모음에 탐색 단추를 구현할 수 있다. Navigated 이벤트를 사용하여 주소 표시줄을 URL 속성값으로 업데이트하고 제목 표시줄을 DocumentTitle 속성값으로 업데이트할 수 있다.

(1) 웹 브라우저(WebBrowser) 컨트롤의 주요 속성

■ DocumentText 속성

현재 웹 페이지의 HTML 콘텐츠를 설정하거나 반환한다.

■ DocumentTitle 속성

현재 웹 페이지의 제목을 가져온다.

■ Url 속성

현재 웹 페이지의 URL을 설정하거나 반환한다. 이 속성을 설정하면 컨트롤이 새 URL로 이동된다.

〈예제 10-2〉는 폼에 추가된 웹 브라우저(WebBrowser) 컨트롤에 HTML 콘텐츠를 표시하는 예제이다.

예제 10-2

```
Private Sub Form1_Load(sender As Object, e As EventArgs) Handles MyBase.Load
        WebBrowser1.DocumentText = _
      "<html><body>당신의 이름은 ?  " & _
      "<input type='text' name='userName'/><br/><br/>" & _
      "<a href='http://www.naver.com'>네이버로 이동하기</a>" & _
      "</body></html>"
End Sub
```

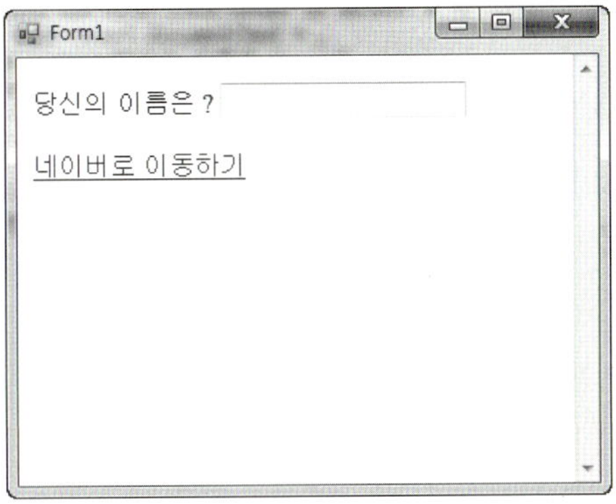

그림 10-6 〈예제 10-2〉의 실행결과

(2) 웹 브라우저(WebBrowser) 컨트롤의 주요 메서드

■ GoBack 메서드

이전 페이지를 탐색한다.

■ GoForward 메서드

다음 페이지를 탐색한다.

■ Navigate 메서드

지정한 URL을 탐색한다.

■ Print 메서드

현재 웹 페이지를 인쇄한다.

■ Refresh 메서드

현재 웹 페이지를 다시 로드한다.

■ Stop 메서드

탐색을 중단하고 소리와 애니메이션 등의 동적 페이지 요소를 중지한다.

(3) 웹 브라우저(WebBrowser) 컨트롤의 주요 이벤트

■ DocumentCompleted 이벤트

웹 페이지 로드가 완료되면 발생한다.

■ Navigating 이벤트

작업을 취소할 수 있도록 탐색이 시작되기 전에 발생한다.

Section 06 이미지 리스트(ImageList) 컨트롤

이미지리스트 컨트롤은 리스트뷰(ListView) 컨트롤처럼 컨트롤에 의해 표시될 수 있는 이미지를 저장하는 데 사용된다. 이미지 목록을 사용하여 일관된 단일 이미지 카탈로그에 대한 코드를 작성할 수 있도록 한다. 예를 들어 동일한 이미지 목록을 여러 컨트롤에 연결하거나 리스트뷰(ListView) 컨트롤과 트리뷰(TreeView) 컨트롤처럼 동일한 파일 목록을 표시하는 경우 이미지 목록을 표시하기 위해 사용한다.

1) 이미지 리스트(ImageList) 컨트롤

이미지 목록에 연결할 수 있는 컨트롤에는 ListView, TreeView, ToolBar, TabControl, Button, CheckBox, RadioButton 및 Label 컨트롤 등이다. 이미지 목록을 컨트롤에 연결하려면 컨트롤의 ImageList 속성을 ImageList 구성 요소의 이름으로 설정한다.
ImageList 컨트롤 중 가장 중요한 속성은 연결된 컨트롤에서 사용할 그림을 포함하는 Images 속성이다. 인덱스나 해당 키를 통해 각 개별 이미지에 액세스할 수 있다. 이미지는 모두 ImageSize 속성에 설정된 동일한 크기로 표시되며, 큰 이미지는 적절하게 크기가 조정된다.

(1) 이미지리스트(ImageList) 컨트롤의 주요 속성

■ Images 속성

이미지 목록에 대한 ImageList.ImageCollection을 가져온다. [속성] 창에서 Images의 (...) 버튼을 클릭하여 이미지를 추가할 수 있다.

■ ImageSize 속성

이미지 목록에 있는 이미지의 크기를 설정하거나 반환한다. 목록에 있는 이미지의 높이와 너비를 픽셀 단위로 정의하는 크기로, 기본 크기는 16×16이고 최대 크기는 256×256이다. 이미지 컬렉션에 이미지를 추가하기 전에 ImageSize 속성을 설정하면 이미지의 크기가 지정된 이미지 크기로 조정된다.

(2) 이미지리스트(ImageList) 컨트롤의 주요 메서드

■ Draw 메서드

지정된 이미지를 지정된 위치에 그리기 위해 사용한다.

(3) 이미지리스트(ImageList)에 이미지 추가하는 방법

이미지리스트 컨트롤에 이미지를 추가하기 위해서는 이미지리스트 컨트롤에 연결된 스마트 태그를 사용하거나, Images 속성을 사용하는 방법, 코드를 사용하여 이미지를 추가하는 방법 등 다양하다.

▶ [속성] 창의 Images 속성을 사용하여 이미지를 추가하기

① 이미지리스트(ImageList) 컨트롤을 선택하거나 폼에 추가한다.
② [속성] 창의 Images 속성 옆에 있는(...)를 클릭한다.
③ [이미지 컬렉션 편집기] 대화상자에서에서 [추가] 버튼을 클릭하여 이미지를 추가한다.

▶ 스마트 태그를 사용하여 이미지를 추가하기

① 이미지리스트(ImageList) 컨트롤을 선택하거나 폼에 추가한다.
② 스마트 태그 아이콘(▶)를 클릭한다.
③ [ImageList 작업] 대화상자에서 '항목 편집'을 선택한다.
④ [이미지 컬렉션 편집기] 대화상자에서 [추가] 버튼을 클릭하여 이미지를 추가한다.

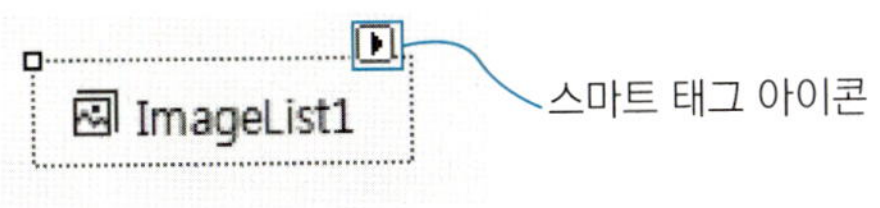

그림 10-7 스마트태그 아이콘

실습 10-9 Images 속성을 사용하여 이미지 목록 추가하기

[1단계] 폼에 컨트롤 추가하기

① 폼에 이미지리스트(ImageList) 컨트롤과 리스트뷰(ListView) 컨트롤을 추가한다.

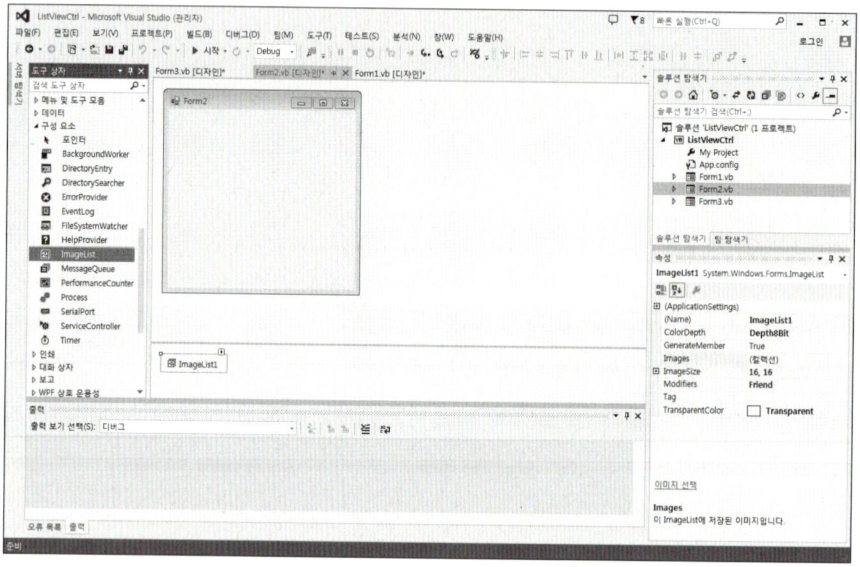

[2단계] 컨트롤 속성 설정하기

② 폼에 추가된 이미지리스트 컨트롤을 클릭하고 [속성] 창에서 Images 속성의 (...)를 클릭한다.

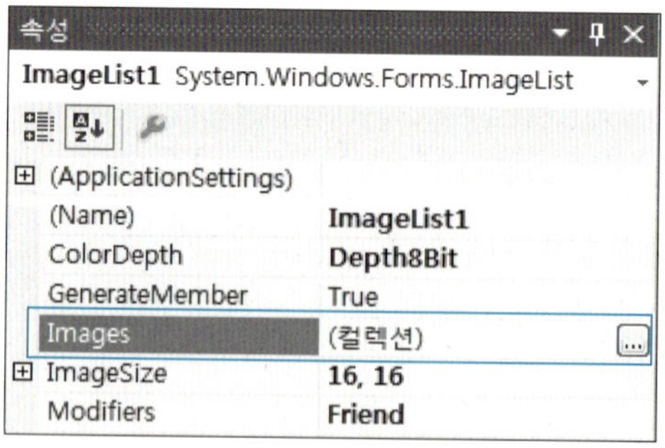

③ [이미지 컬렉션 편집기] 대화상자의 [추가] 버튼을 클릭한 다음, [열기] 대화상자에서 큰 아이콘에 사용할 이미지를 찾아 선택하고 [열기] 버튼을 클릭한다.

④ [이미지 컬렉션 편집기] 대화상자에 추가된 이미지 목록을 확인하고 [확인] 버튼을 클릭한다.

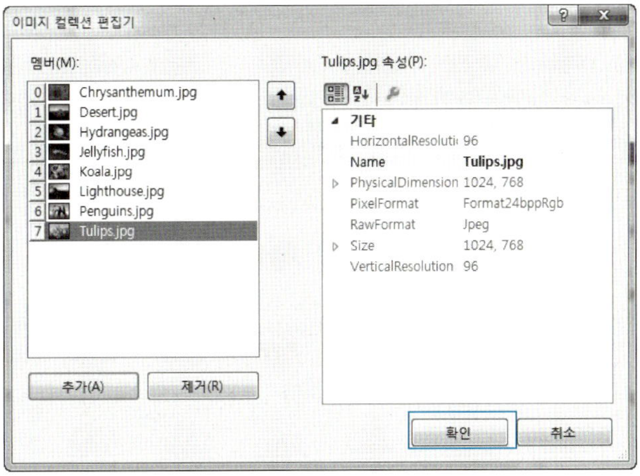

⑤ 이미지리스트를 컨트롤에 연결하기 위하여 리스트뷰(ListView) 컨트롤을 선택한 다음, 'LargeImageList' 속성에 'ImageList1'을 설정한다.

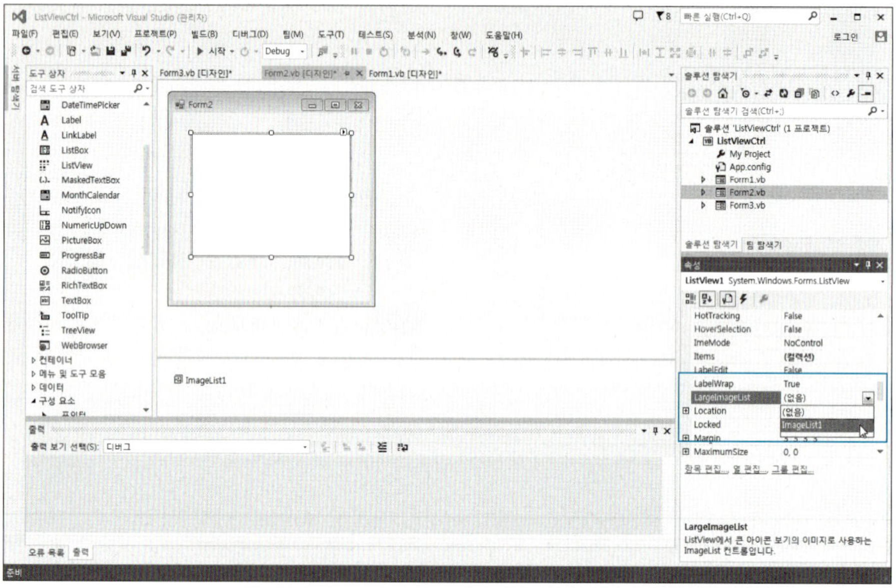

⑥ [속성] 창에서 Items 속성의 (...)를 클릭한 다음, [ImageViewItems 컬렉션 편집기] 대화상자를 표시하고 [추가] 버튼을 클릭하여 등록된 이미지 리스트를 선택한다.

⑦ 오른쪽 ImageViewItems 속성 중 ImageIndex 속성의 (▾) 버튼을 클릭하여 추가된 이미지들을 선택하고 각 이미지에 대한 이름을 Text 속성에 입력한다.

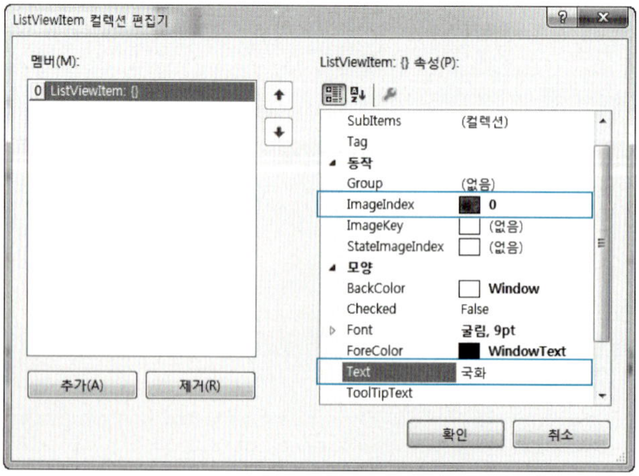

⑧ [추가] 버튼을 클릭한 후, ⑥~⑦번 과정을 반복하여 수행한다.

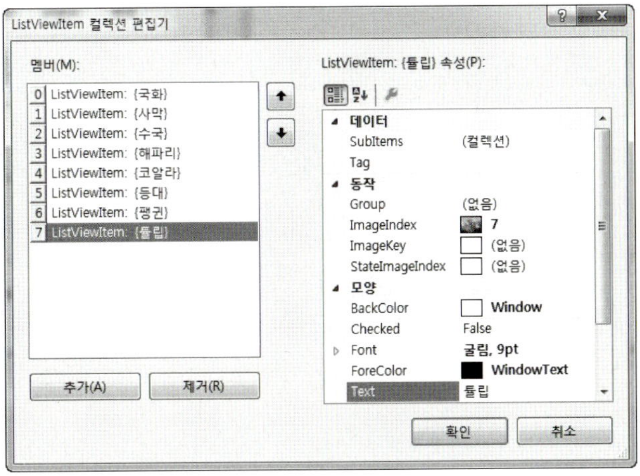

⑨ ListView 컨트롤의 View 속성 값으로 '자세히 보기(Detail)'을 선택한 경우 목록에서 설명 열을 저장하기 위해 'SubItems' 항목을 선택하고 (...)를 클릭하여 [ListViewSubItem 컬렉션 편집기] 대화상자를 표시한다.

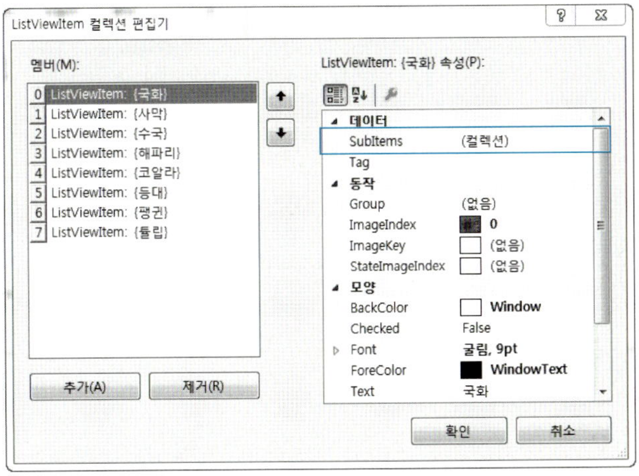

⑩ [추가] 버튼을 클릭하여 멤버를 표시하고, Text 속성에 설명 열에 표시할 내용을 입력한다.

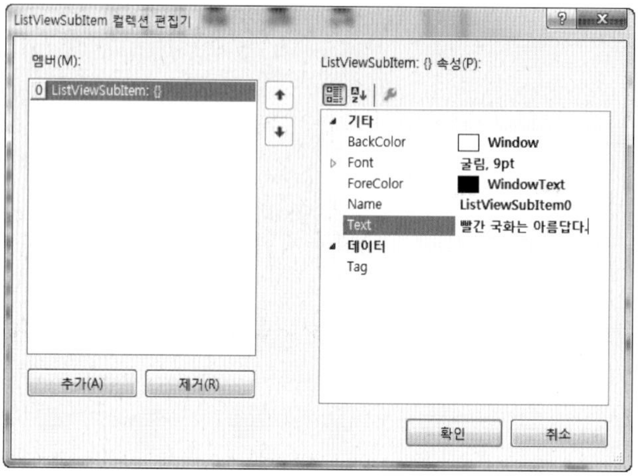

⑪ [확인] 버튼을 누르고, ⑩을 반복 수행하여 SubItems의 모든 항목과 Text 속성을 입력한 다음 [확인] 버튼을 클릭한다.

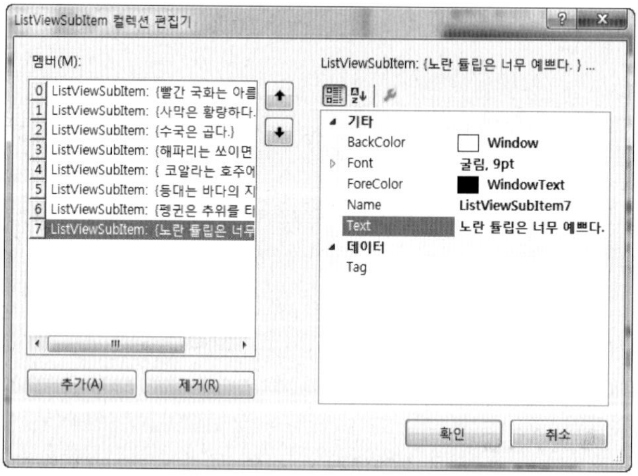

⑫ [ListViewItem 컬렉션 편집기] 대화상자의 [확인] 버튼을 클릭하면 리스트뷰(ListView)에 이미지가 추가되어 표시된다.

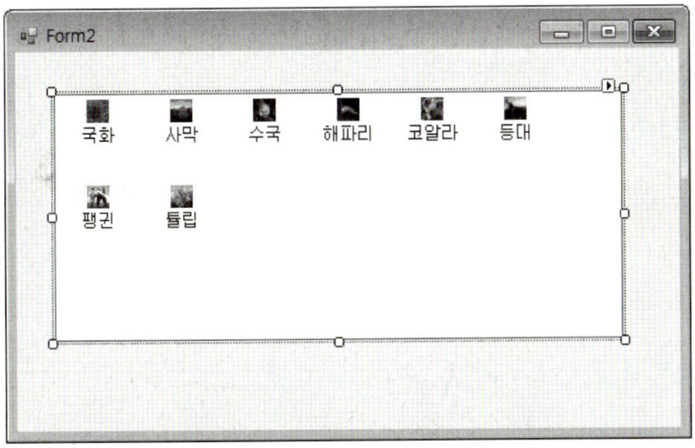

⑬ 자세히 보기에서 나타낼 열을 설정하기 위해 [속성] 창에서 'Columns' 속성의 (...)를 클릭하여 [ColumnHeader 컬렉션 편집기] 대화상자를 표시한다.

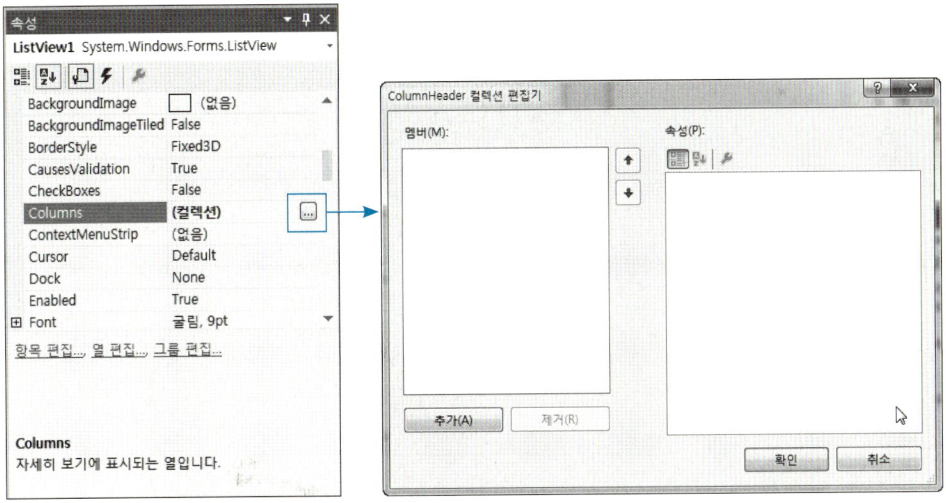

⑭ [추가] 버튼을 2번 클릭하여 두 개의 ColumnHeader를 추가한다.

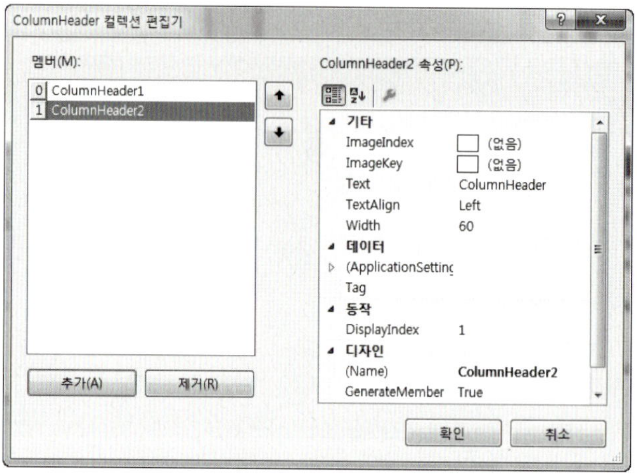

⑮ 추가된 ColumnHeader의 Text 속성을 각각 다음과 같이 입력한다.

ColumnHeader	Text 속성
ColumnHeader1	꽃 폴더
ColumnHeader2	기능 설명

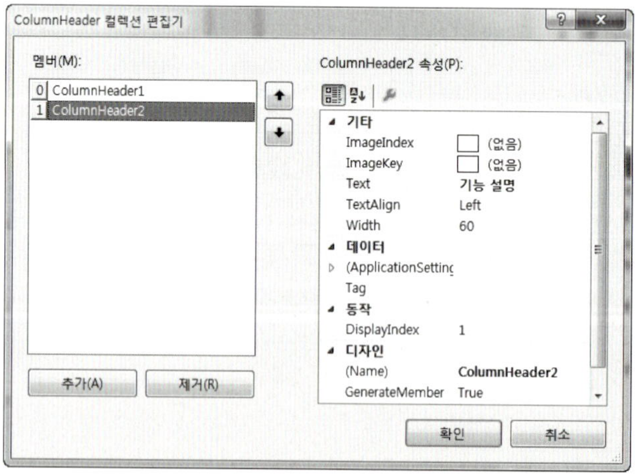

Section 07 리스트뷰(ListView) 컨트롤과 트리뷰(TreeView) 컨트롤

리스트뷰 컨트롤은 아이콘이 포함된 항목 목록을 표시하기 위해 사용하는 컨트롤이다. 리스트뷰 컨트롤 사용하여 윈도우 탐색기의 오른쪽 창과 같은 사용자 인터페이스를 만들 수 있다.

트리뷰 컨트롤은 윈도우 운영 체제에서 윈도우 탐색기 기능의 왼쪽 창에 파일 및 폴더가 표시되는 방식과 같은 노드 계층 구조를 표시하기 위해 사용하는 컨트롤이다.

1) 리스트뷰(ListView) 컨트롤

리스트뷰 컨트롤에는 LargeIcon, SmallIcon, List 및 Details의 네 가지 보기 모드가 있다. 보기 모드는 View 속성에 의해 결정되며, 모든 보기 모드에서 이미지 목록의 이미지를 표시할 수 있다.

LargeIcon 모드에서는 항목 텍스트 옆에 큰 아이콘을 표시하고, SmallIcon 모드에서는 작은 아이콘을 표시한다. List 모드에서는 항상 하나의 열에 작은 아이콘을 표시하고, Details 모드에서는 항목이 여러 열에 표시된다.

(1) 리스트뷰(ListView) 컨트롤의 중요 속성

■ View 속성

리스트뷰 컨트롤에서 데이터를 구성하고 데이터의 스타일을 지정하는 방법을 정의하는 개체를 설정하거나 반환한다.

속성 값	설명
Details	각 항목을 별도의 줄에 표시하고, 해당 항목에 대한 추가 정보를 열에 표시. 가장 왼쪽 열에는 작은 아이콘 및 레이블이 표시되고 그 다음 열에는 응용 프로그램에서 지정한 하위 항목을 표시 열에는 해당 열의 캡션을 표시할 수 있는 머리글을 표시
LargeIcon	각 항목을 아래에 레이블이 있는 전체 화면 크기의 아이콘으로 표시
List	각 항목을 오른쪽에 레이블이 있는 작은 아이콘으로 표시. 열 머리글이 없는 상태로 항목을 열에 정렬
SmallIcon	각 항목을 오른쪽에 레이블이 있는 작은 아이콘으로 표시
Tile	각 항목을 전체 크기의 아이콘으로 표시하고 그 오른쪽에 항목 레이블과 하위 항목 정보 표시

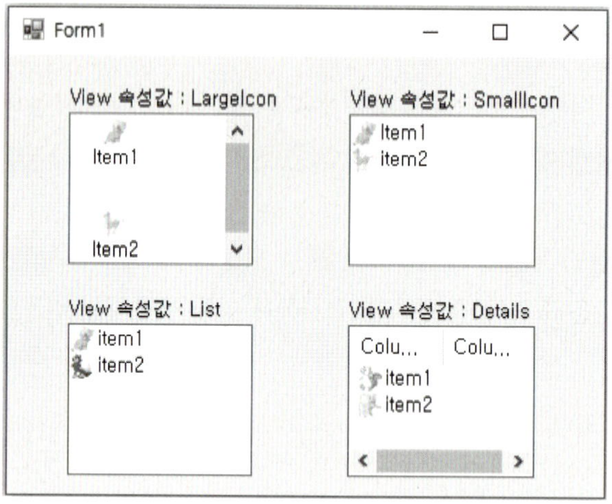

■ Items 속성

컨트롤에 의해 표시되는 항목이 포함된 속성이다. 항목을 추가하려면 Add 메서드를, 항목을 삭제하려면 RemoveAt 또는 Clear 메서드를 사용한다. RemoveAt 메서드는 항목 하나를 제거하며 Clear 메서드는 목록에 있는 항목을 모두 제거한다.

```
ListView1.Items.Add("첫 번째 항목", 1)
ListView1.Items.Add("두 번째 항목", 2)
ListView1.Items.Add("세 번째 항목", 3)
```

■ SelectedItems 속성

컨트롤에서 현재 선택된 항목의 컬렉션을 포함한다.

■ MultiSelect 속성

True로 설정하면 사용자가 여러 항목을 선택할 수 있다. 예를 들어, 여러 항목을 한꺼번에 다른 컨트롤에 끌어서 놓을 수 있다.

■ CheckBoxes 속성

True로 설정하면 ListView 컨트롤에서 항목 옆에 확인란을 표시할 수 있다.

■ Activation 속성

사용자가 목록에 있는 항목을 활성화하기 위해 수행해야 하는 작업의 유형을 설정한다.

속성값에는 Standard, OneClick 및 TwoClick이 있다. OneClick 옵션을 사용하는 경우 항목을 한 번 클릭하면 항목이 활성화되며, TwoClick 옵션을 사용하는 경우에는 사용자가 항목을 두 번 클릭하면 항목이 활성화되고 한 번 클릭하면 항목 텍스트의 색이 변경된다. 또한 Standard 옵션을 사용하는 경우에는 사용자가 항목을 두 번 클릭하면 항목이 활성화되지만 항목의 모양은 변경되지 않는다.

▪ LargeImageList 속성

리스트뷰(ListView) 컨트롤에서 항목을 큰 아이콘으로 표시할 때 사용하는 ImageList를 설정하거나 반환한다. 리스트뷰 컨트롤에 이미지를 표시하려면 이미지리스트(ImageList)에 이미지를 먼저 추가하고, 이미지리스트를 LargeImageList 속성에 설정한다.

▪ SmallImageList 속성

리스트뷰(ListView) 컨트롤에서 항목을 큰 아이콘으로 표시할 때 사용하는 ImageList를 설정하거나 반환한다. 리스트뷰 컨트롤에 이미지를 표시하려면 이미지리스트(ImageList)에 이미지를 먼저 추가하고, 이미지리스트를 SmallImageList 속성에 설정한다.

〈예제 10-3〉은 항목을 추가한 후, 이미지리스트(ImageList) 컨트롤에 이미지를 추가하고 리스트뷰(ListView) 컨트롤에 표시하는 예제이다.

예제 10-3

```
Private Sub Form1_Load(sender As Object, e As EventArgs) Handles MyBase.Load
        ListView1.Items.Add("첫 번째 항목", 1)
        ListView1.Items.Add("두 번째 항목", 2)
        ListView1.Items.Add("세 번째 항목", 3)
        ListView1.View = View.LargeIcon

        ImageList1.ImageSize = New Size(120, 120)
        ImageList1.Images.Add(Bitmap.FromFile("D:\Image₩pictureBox_2.jpg"))
        ImageList1.Images.Add(Bitmap.FromFile("D:\Image₩Tulips.jpg"))
        ImageList1.Images.Add(Bitmap.FromFile("D:\Image₩Koala.jpg"))
        ImageList1.Images.Add(Bitmap.FromFile("D:\Image₩pictureBox_2.jpg"))

        ListView1.LargeImageList = ImageList1
    End Sub
```

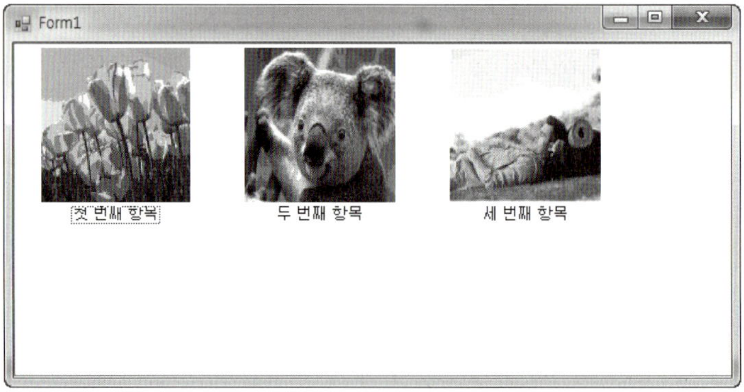

그림 10-8 〈예제 10-3〉의 실행결과

실습 10-10 Listview 컨트롤 배열 사용하기

[1단계] Windows Form 만들기

① [파일] > [새로 만들기] > [프로젝트]를 차례로 선택한다.

② [새 프로젝트] 대화 상자의 '템플릿'–'Visual Basic'–'Windows Forms 응용 프로그램 템플릿'을 차례로 선택한다.

③ '이름' 상자에 프로젝트의 이름을 'ListViewCtr'라고 입력하고, 저장 위치를 설정한 다음 [확인] 버튼을 클릭한다.

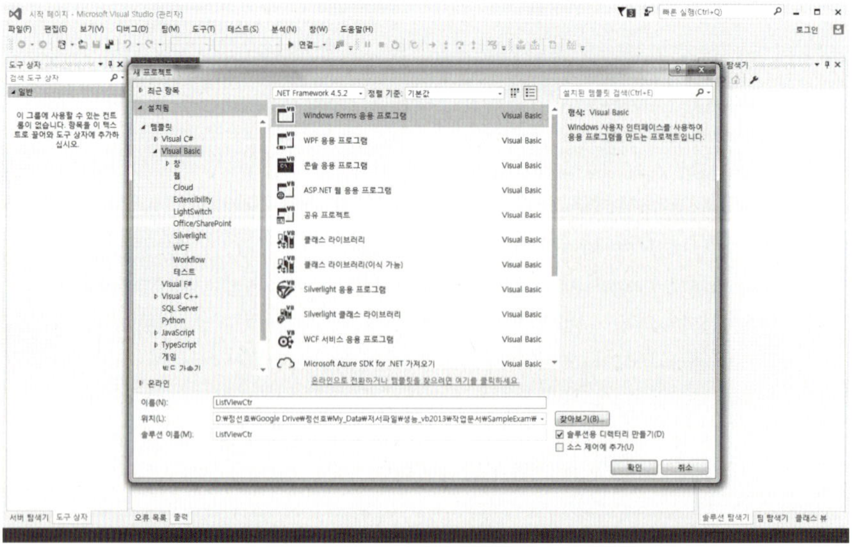

[2단계] 컨트롤 추가하고 속성 설정하기

④ 폼에 레이블 컨트롤을 추가하고, 다음과 같이 속성을 설정한다.

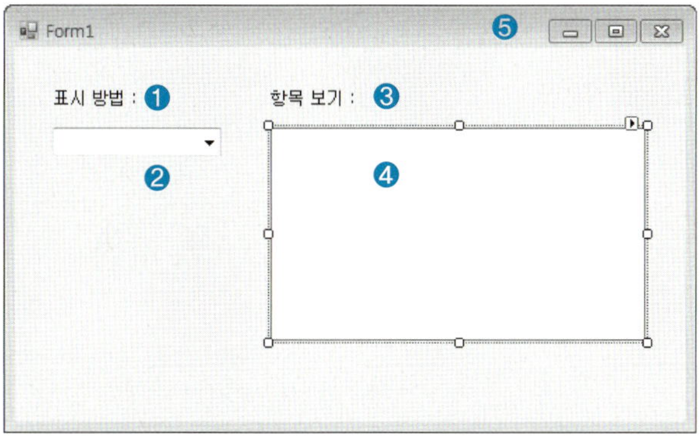

번호	컨트롤 종류	컨트롤	속성	속성값
❶	레이블	Label1	Name	lblViewStyle
			Text	표시 방법 :
❷	콤보박스	Combo1	Name	cboListView
			Text	“”
❸	레이블	Label2	Name	lblView
			Text	항목 보기 :
❹	리스트뷰	ListView1	Name	ListView
❺	폼	Form1	Name	FrmListView

⑤ 콤보박스(cboListView) 컨트롤의 목록을 추가하기 위해 [속성] 창에서 Items 속성의 (...) 버튼을 클릭한 다음, [문자열 컬렉션 편집기] 창에 다음과 같이 항목을 추가한다.

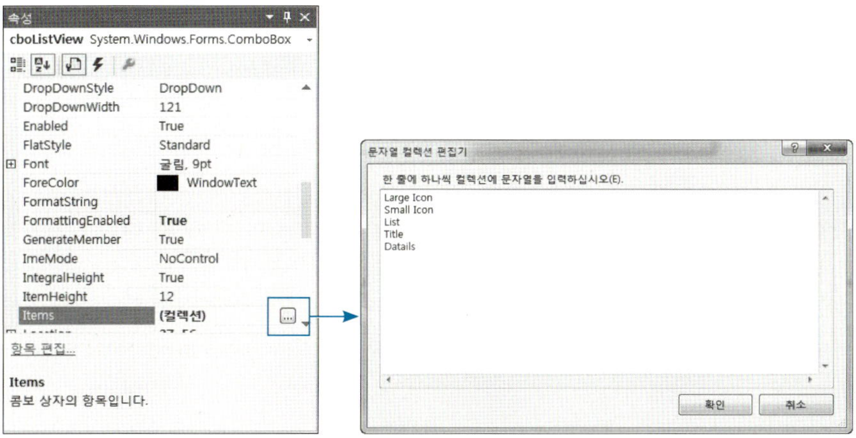

⑥ 앞에서와 같은 방법으로 이미지 리스트를 등록하여, 리스트뷰(ListView) 컨트롤에 이미지를 표시한다.

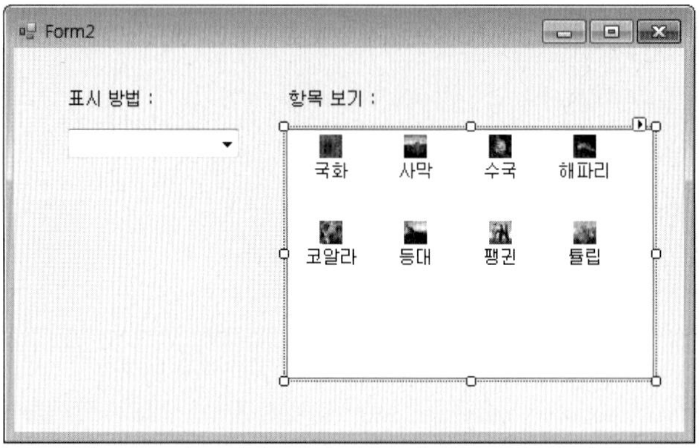

⑦ 콤보 박스를 클릭하면 항목의 표시 방법이 변경되도록 다음과 같이 SelectedIndexChanged 이벤트 처리기의 코드를 입력한다.

```
Private Sub cboListView_SelectedIndexChanged(sender As Object, e As EventArgs)
Handles cboListView.SelectedIndexChanged
      Select Case cboListView.SelectedIndex
         Case 0
            ListView1.View = View.LargeIcon
         Case 1
            ListView1.View = View.SmallIcon
         Case 2
            ListView1.View = View.List
         Case 3
            ListView1.View = View.Tile
         Case 4
            ListView1.View = View.Details
      End Select
End Sub
```

⑧ 〈F5〉 키를 눌러 프로그램을 실행하고 표시방법을 'Details'로 선택하여 보자

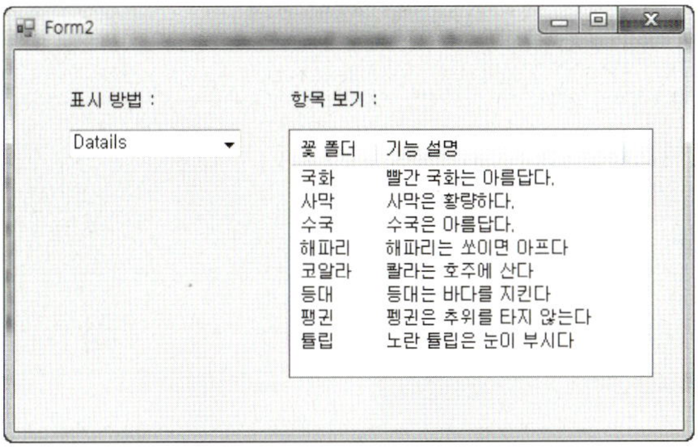

(2) 항목 추가/삭제하기

코드를 사용하여 리스트뷰(ListView) 컨트롤에 이미지를 삽입하기 위해서는 Items 개체를 사용해야 한다. Add 메서드와 RemoveAt 메서드, Clear 메서드를 사용하여 항목을 컬렉션에 추가/삭제할 수 있다. 메서드의 형식은 다음과 같다.

사용형식

```
개체이름.Items.Add(문자열, ImageIndex) or
개체이름.Items.Add(문자열, ImageKey, ImageIndex)
개체이름.Items.RemoveAt(index)
개체이름.Items.Clear
```

Add 메서드의 구성 요소는 〈표 10-2〉와 같다.

표 10-2 Add 메서드의 구성 요소

구성요소	설명
문자열	리스트뷰의 항목에 표시될 문자열
ImageIndex	ListItem을 삽입할 위치를 지정. 인덱스가 지정되지 않으면 컬렉션의 끝에 추가됨
ImageKey	이미지 항목을 식별하기 위해 사용하는 고유한 문자열

다음은 각 ListItem 개체를 표준 아이콘과 텍스트 레이블로 표현하여 리스트뷰 컨트롤에 추가하는 예제이다.

예제 10-4

```
' ImageIndex가 3인 이미지와 함께 새로운 항목을 추가
ListView1.Items.Add("리스트 항목-1", 3)
' 리스트의 첫 번째 항목 제거
ListView1.Items.RemoveAt(0)
' 모든 아이템을 삭제
ListView1.Items.Clear()
```

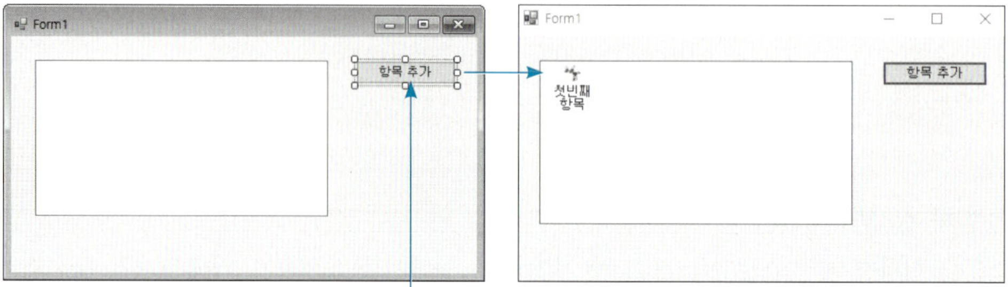


```
Private Sub Button1_Click(sender As Object, e As EventArgs) Handles Button1.Click
    ListView1.Items.Add("첫번째 항목", 1)
End Sub
```

그림 10-9 〈예제 10-4〉의 실행결과

(3) 열(Column) 추가하기

코드로 열을 추가하려면 리스트뷰(ListView)컨트롤의 View 속성을 Details로 설정하고, Columns 속성의 Add 메서드를 사용하면 된다. 다음과 같은 형식으로 사용할 수 있다.

```
' 기존 ColumnHeader을 컬렉션에 추가
개체이름.Columns.Add(ColumnHeader)

' 텍스트를 가지는 열을 만들어 컬렉션에 추가
개체이름.Columns.Add(텍스트)

' 지정된 텍스트와 너비를 갖는 열을 만든 다음 컬렉션에 추가
개체이름.Columns.Add(텍스트, 정수)
```

```
' 지정한 텍스트, 너비, 정렬 설정으로 열 머리글을 컬렉션에 추가
개체이름.Columns.Add(텍스트, 정수, 수평정렬방식)
```

예제 10-5

```
' View 속성을 Details로 설정
ListView1.View = View.Details
' Columns 속성의 Add 메서드를 사용하여 열 이름과 크기, 정렬 방식 등을 설정
ListView1.Columns.Add("파일명", 20, HorizontalAlignment.Left)
ListView1.Columns.Add("작성자", 100, HorizontalAlignment.Left)
ListView1.Columns.Add("전화번호", 100, HorizontalAlignment.Left)
```

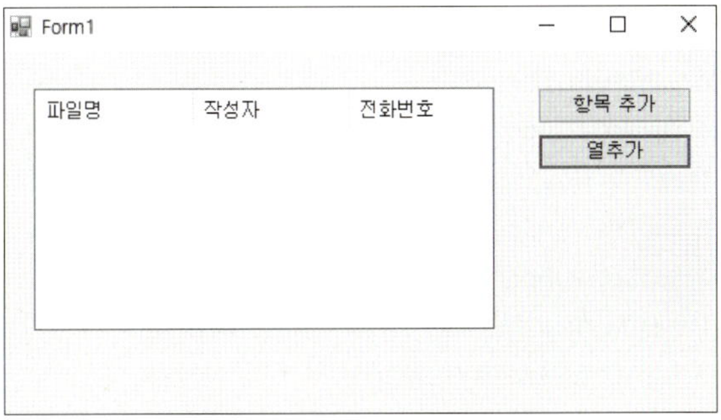

그림 10-10 〈예제 10-5〉의 실행결과

(4) 하위 항목 추가하기

목록(Item) 항목에 하위 항목(SubItem)을 추가하려면 항목의 SubItems 속성에서 Add 메서드를 호출하여 추가한다. 하위 항목을 하위 항목의 컬렉션에 추가하기 위한 Add 메서드는 다음과 같은 형식으로 사용한다.

```
' 기존 ListViewItem.ListViewSubItem을 컬렉션에 추가
ListView1.Items(Index).SubItems.Add(ListViewItem.ListViewSubItem)

' 하위 항목을 지정한 텍스트와 함께 컬렉션에 추가
ListView1.Items(Index).SubItems.Add(텍스트)
```

```
' 지정한 텍스트, 전경색, 배경색 및 글꼴 설정을 사용하여 하위 항목을 컬렉션에 추가
ListView1.Items(Index).SubItems.Add(Add(String, Color, Color, Font))
```

예를 들어 〈예제 10-6〉과 같이 코드를 작성하고 실행하면 3개의 행을 추가하고 ListItem을 추가할 수 있다.

예제 10-6

```
Private Sub Button3_Click(sender As Object, e As EventArgs) Handles Button3.Click
        ListView1.View = View.Details
        ListView1.Columns.Add("파일명", 100, HorizontalAlignment.Left)
        ListView1.Columns.Add("작성자", 100, HorizontalAlignment.Left)
        ListView1.Columns.Add("전화번호", 100, HorizontalAlignment.Left)
        Dim ListItem1 As New ListViewItem("ListItem1", 0)
        ListItem1.SubItems.Add("홍길순")
        ListItem1.SubItems.Add("123-45")
        Dim ListItem2 As New ListViewItem("ListItem2", 1)
        ListItem2.SubItems.Add("홍길동")
        ListItem2.SubItems.Add("753-951")
        Dim ListItem3 As New ListViewItem("ListItem3", 2)
        ListItem3.SubItems.Add("이몽룡")
        ListItem3.SubItems.Add("753-951")
            ListView1.Items.AddRange(New ListViewItem() {ListItem1, ListItem2, ListItem3})
    End Sub
```

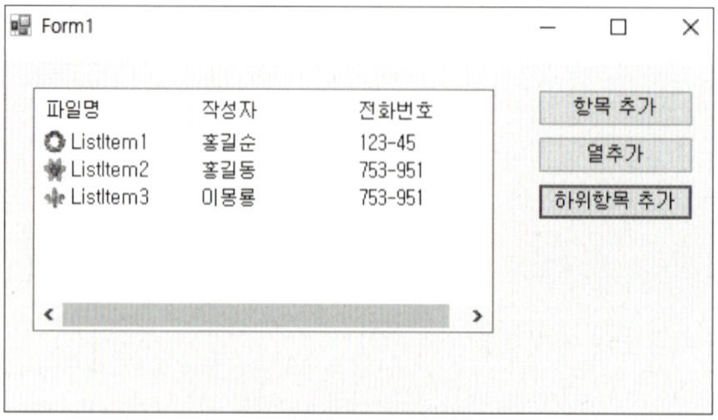

그림 10-11 〈예제 10-6〉의 실행결과

2) 트리뷰(TreeView) 컨트롤

트리뷰 컨트롤을 사용하여 윈도우 탐색기 기능의 왼쪽 창에 파일 및 폴더가 표시되는 방식과 같이 계층 구조를 사용자에게 표시할 수 있다. 트리뷰의 각 노드에는 자식 노드가 포함될 수도 있고, 자식 노드를 포함하는 노드인 부모 노드를 확장 또는 축소된 상태로 표시할 수 있다. 트리뷰(TreeView)의 CheckBoxes 속성을 True로 설정하면 노드 왼쪽에 확인란이 있는 트리뷰를 표시할 수 있다.

(1) 트리뷰(TreeView) 컨트롤의 중요 속성

■ CheckBoxes 속성

True로 설정하면 노드 옆에 확인란이 있는 트리뷰를 표시할 수 있다. 기본값은 False이다. 그런 다음 노드의 Checked 속성을 True 또는 False로 설정하여 프로그래밍 방식으로 노드를 선택하거나 선택 취소할 수 있다.

■ ExpandDepth 속성

트리뷰(TreeView) 컨트롤이 표시될 때 확장되는 수준 수를 설정하거나 반환한다.

■ DrawMode 속성

컨트롤을 그리는 모드를 설정하거나 반환한다. Normal, OwnerDrawAll, OwnerDrawText 세 가지 값 중 하나를 가지며, 기본값은 Normal이다.

멤버 이름	설명
Normal	트리뷰(TreeView)를 시스템이 그림
OwnerDrawAll	아이콘, 확인란, 더하기 및 빼기 부호, 노드를 연결하는 선을 비롯하여 트리뷰 노드의 모든 요소를 수동으로 그림
OwnerDrawText	트리뷰 노드의 레이블 부분을 수동으로 그림. 아이콘, 확인란, 더하기 및 빼기 부호, 노드를 연결하는 선 등의 다른 노드 요소는 시스템이 그림

■ FullRowSelect 속성

강조 표시를 트리뷰 컨트롤의 너비로 확장할지 설정 또는 반환한다. 컨트롤의 너비로 확장되면 True를 그렇지 않으면 False이며, 기본값은 False이다.

■ HideSelection 속성

트리뷰에서 포커스가 사라질 때에도 선택된 트리 노드에서 강조 표시된 상태를 유지할지 나타내는 값을 설정 또는 반환한다. 트리뷰에서 포커스가 사라질 때 선택된 트리 노드의 강조 표시가 해제되면 True이고, 그렇지 않으면 False이다. 기본값은 True이다.

■ LabelEdit 속성

트리 노드의 레이블 텍스트를 편집할 수 있는지를 나타내는 값을 설정 또는 반환한다. 트리 노드의 레이블 텍스트를 편집할 수 있으면 True이고, 그렇지 않으면 False이다. 기본값은 True이다.

■ LineColor 속성

컨트롤의 노드를 연결하는 선의 색을 설정 또는 반환한다.

■ Nodes 속성

트리뷰(TreeView) 컨트롤에 있는 루트 노드를 나타내는 TreeNode 개체의 컬렉션을 가져온다.

■ NodeIndent 속성

컨트롤의 자식 노드에 대한 들여쓰기 정도(픽셀)를 설정 또는 반환한다. 기본값은 20이다.

■ PathSeparator 속성

ValuePath 속성에 의해 지정된 노드값을 구분하는 데 사용되는 문자를 설정 또는 반환한다. 기본값은 슬래시 기호(/)이다. ValuePath 속성은 루트 노드에서 현재 노드까지의 경로를 가져오는 TreeNode 개체의 속성이다.

■ SelectedItem 속성

TreeView에서 선택한 항목을 가져오며, 선택한 항목이 없으면 Nothing이다. 기본값은 Nothing이다.

■ SelectedNodes 속성

트리뷰(TreeView) 컨트롤에 현재 선택되어 있는 트리 노드를 설정하거나 반환한다.

■ ShowLines 속성

자식 노드를 부모 노드에 연결하는 선이 표시되는지 여부를 나타내는 값을 설정 또는 반환한다. 노드를 연결하는 선을 표시하려면 True이고, 그렇지 않으면 False이다. 기본 값은 False이다.

■ ShowPlusMinus 속성

자식 트리 노드를 포함하는 트리 노드 옆에 더하기 기호(+) 및 빼기 기호(−) 단추가 표시되는지를 나타내는 값을 설정 또는 반환한다. 자식 트리 노드를 포함하는 트리 노드 옆에 더하기 기호 및 빼기 기호 단추가 표시되면 True이고, 그렇지 않으면 False이다. 기본 값은 True이다.

■ ShowRootLines 속성

트리뷰의 루트에 있는 트리 노드 사이에 선이 그려졌는지를 나타내는 값을 설정 또는 반환한다. 트리뷰의 루트에 있는 트리 노드 사이에 선이 그려졌으면 True이고, 그렇지 않으면 False이다. 기본 값은 True이다.

■ Sorted 속성

트리뷰의 트리 노드가 정렬되어 있는지를 나타내는 값을 설정 또는 반환한다. 트리뷰의 트리 노드가 정렬되어 있으면 True이고, 그렇지 않으면 False이다. 기본 값은 False이다.

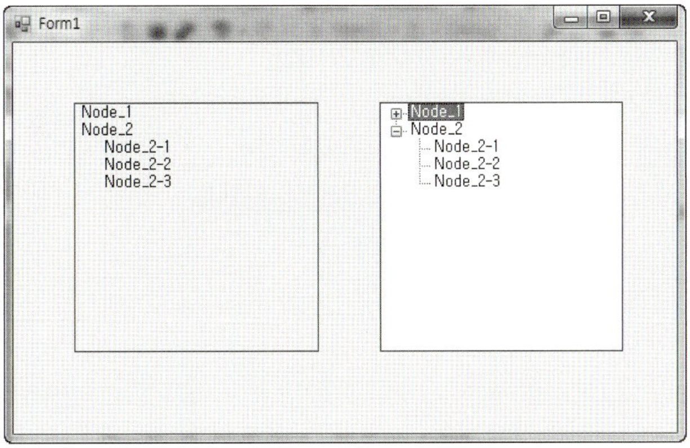


```
TreeView1.BackColor = Me.BackColor
TreeView1.ShowRootLines = False
TreeView1.ShowLines = False
```

```
TreeView2.BackColor = Color.White
TreeView2.ShowRootLines = True
TreeView2.ShowLines = True
```

그림 10-12 트리뷰 컨트롤 표시 설정

(2) 트리뷰(TreeView) 컨트롤을 사용하여 노드 추가 및 제거

트리뷰 컨트롤은 해당 Nodes 컬렉션에 최상위 노드를 저장하고, 각 TreeNode에는 자식 노드를 저장하기 위한 고유한 Nodes 컬렉션이 있다.

▶ 코드를 사용하여 노드 추가/삭제하기

① 노드를 추가하려면 Nodes 속성의 Add 메서드를 사용한다.

② 하나의 노드를 제거하려면 Nodes 속성의 Remove 메서드를 사용하고, 모든 노드를 지우려면 Clear 메서드를 사용한다.

예제 10-7

```
Dim redLineTreeView As TreeView = New TreeView()
redLineTreeView.Size = New Size(200, 200)
redLineTreeView.LineColor = Color.Red

' Create the root nodes.
Dim redLineRootNode As New TreeNode("Documents")

' Add some additional nodes.
redLineRootNode.Nodes.Add("First")
redLineRootNode.Nodes.Add("Second")

redLineTreeView.Nodes.Add(redLineRootNode)
Controls.Add(redLineTreeView)
```

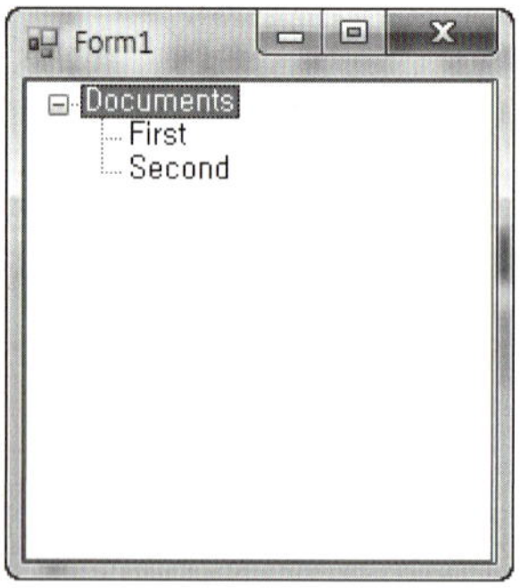

```
' Removes currently selected node, or root if nothing is selected.
TreeView1.Nodes.Remove(TreeView1.SelectedNode)
' Clears all nodes.
TreeView1.Nodes.Clear()
```

▶ 디자이너를 사용하여 노드 추가/삭제하기

① 트리뷰(TreeView) 컨트롤을 선택한다.

② [속성] 창에서 Nodes 속성 옆의 줄임표(...) 단추를 클릭하여, [TreeNode 편집기] 대화상자를 표시한다

③ 노드를 추가하려면 루트 노드가 있어야 하므로, 루트 노드가 없으면 먼저 [루트 추가] 버튼을 클릭하여 루트를 추가해야 한다. 그런 다음 루트나 다른 노드를 선택하고 [자식 추가] 버튼을 클릭하여 자식 노드를 추가한다.

④ 노드를 삭제하려면 삭제할 노드를 선택한 다음 [삭제] 단추를 클릭한다.

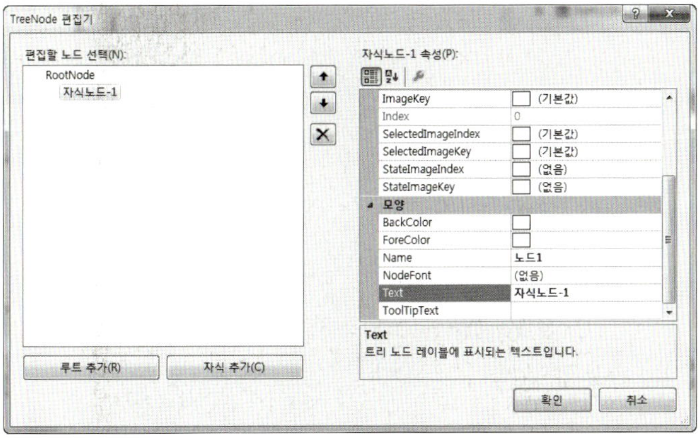

그림 10-13 [속성] 창을 사용하여 노드 삭제하기

실습 10-11 트리뷰 컨트롤에 이미지 표시하기

[1단계] 폼에 컨트롤 추가하기

① 폼에 트리뷰(TreeView) 컨트롤과 이미지 리스트(ImageList) 컨트롤을 추가한다.

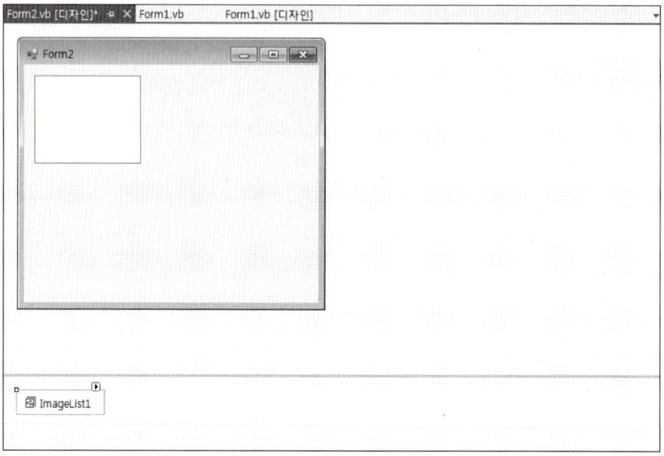

[2단계] 컨트롤의 속성 설정하기

② 이미지 리스트(ImageList) 컨트롤을 클릭하고, Images 속성의 줄임표(...) 버튼을 클릭한다. [이미지 컬렉션 편집기] 창에서 [추가] 버튼을 클릭하여 이미지를 추가하고, [확인] 버튼을 클릭한다.

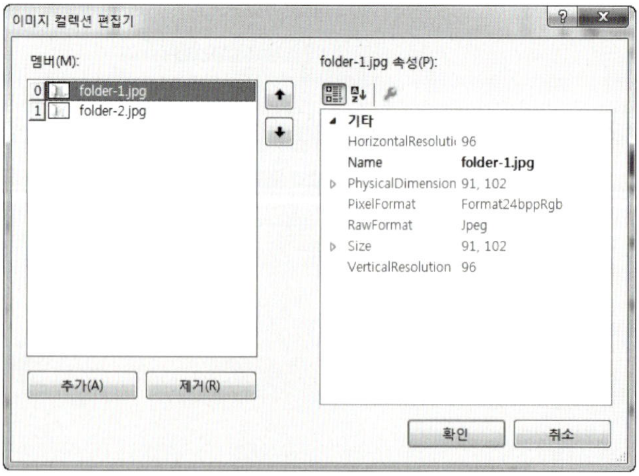

③ 트리뷰(TreeView) 컨트롤을 선택하고, [속성] 창의 ImageList 속성의 ( ) 버튼을 클릭하여 이미지리스트('ImageList1')을 선택하여 등록한다.

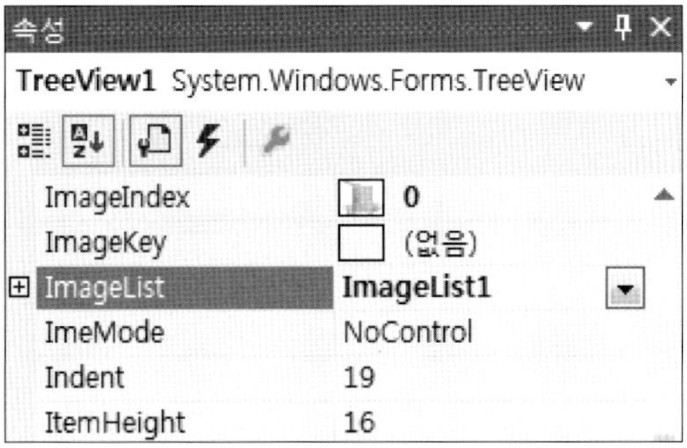

④ 트리 노드를 설정하기 위하여 [속성] 창에서 Nodes 속성의 줄임표( ) 버튼을 클릭한 다음, [TreeNode 편집기] 창에서 [루트 추가] 버튼을 클릭하여 루트 노드를 추가한다. 오른쪽 Text 속성에 루트 노드의 이름을 '루트노드'로 입력한다.

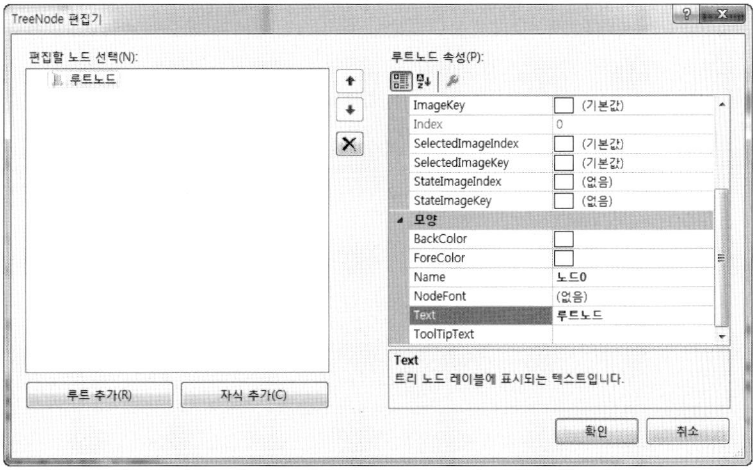

⑤ 노드를 선택하지 않았을 때 기본적으로 표시할 이미지를 설정하기 위하여 ImageKey 또는 ImageIndex 속성 중 하나를 설정한다.

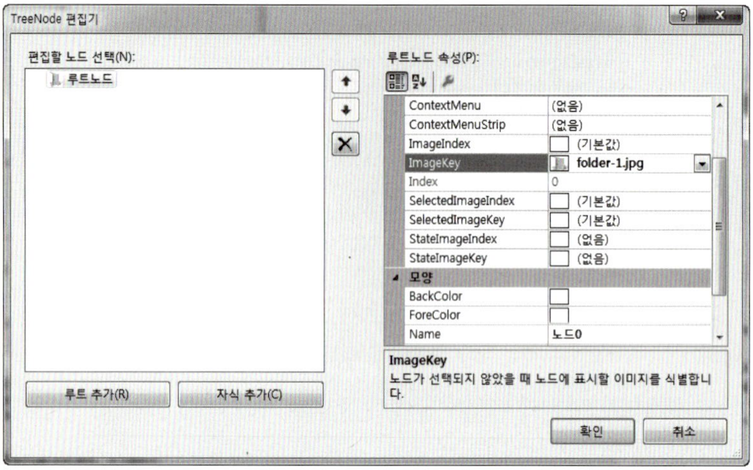

> **Tip** **ImageKey 및 ImageIndex 속성**
>
> ImageKey 및 ImageIndex 속성은 동시에 선택할 수 없으므로 한 속성이 설정되면 다른 속성은 무시된다. ImageKey 속성을 설정하면 ImageIndex 속성이 –1로 자동 설정되고, ImageIndex를 설정하면 ImageKey가 빈 문자열("")로 자동 설정된다.

⑥ 노드가 선택되었을 때 표시될 이미지를 설정하기 위하여 SelectedImageKey 또는 SelectedImageIndex 속성 중 하나를 설정한다.

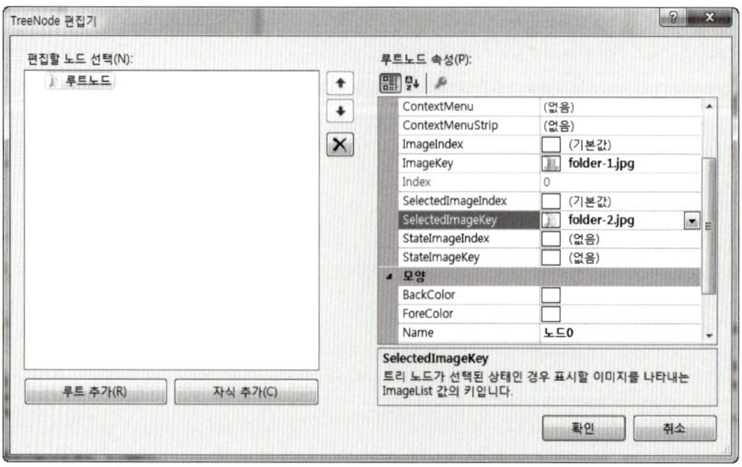

⑦ [자식 추가] 버튼을 클릭하여 자식 노드를 추가하고, Text 속성을 이용하여 자식 노드에 표시될 텍스트를 설정하고, ⑤~⑥ 과정을 반복하여 추가한다. 자식노드는 부모 노드를 선택한 상태에서 같은 수준으로 추가된다.

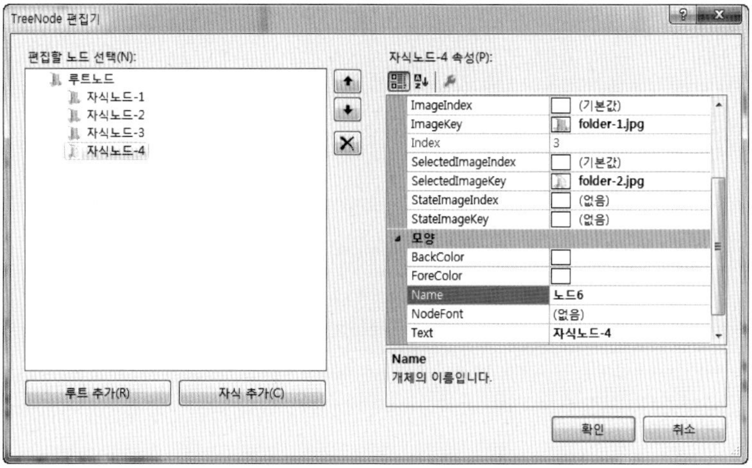

⑧ [확인] 버튼을 클릭하고, 루트노드 오른쪽 +를 클릭하면 추가된 자식 노드를 확인할 수 있다.

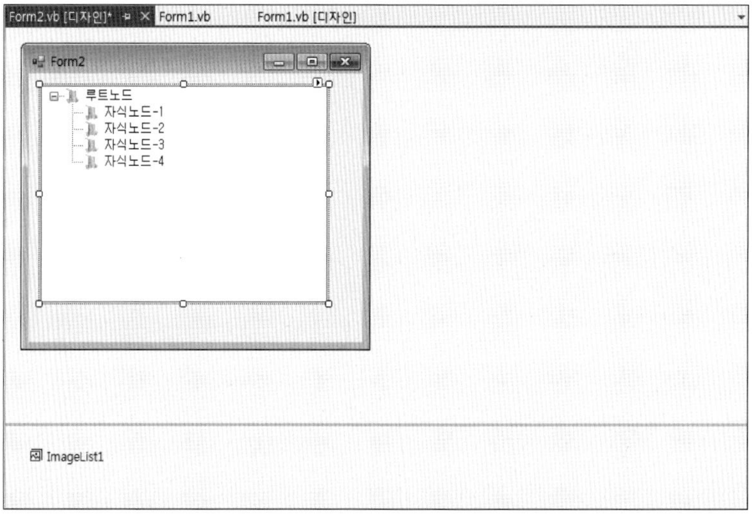

⑨ 〈F5〉 키를 눌러 폼을 실행하고 노드를 선택했을 때 SelectedImageKey 속성에 설정한 이미지가 바뀌는지 확인하자.

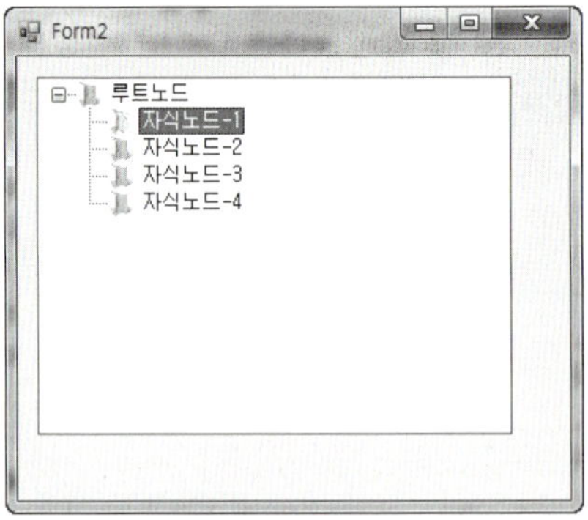

실습 10-12 버튼을 사용하여 노드 추가/삭제하기

[1단계] 폼에 컨트롤을 추가하고 속성 설정하기

① 다음과 같이 컨트롤을 추가하고 속성을 설정하자.

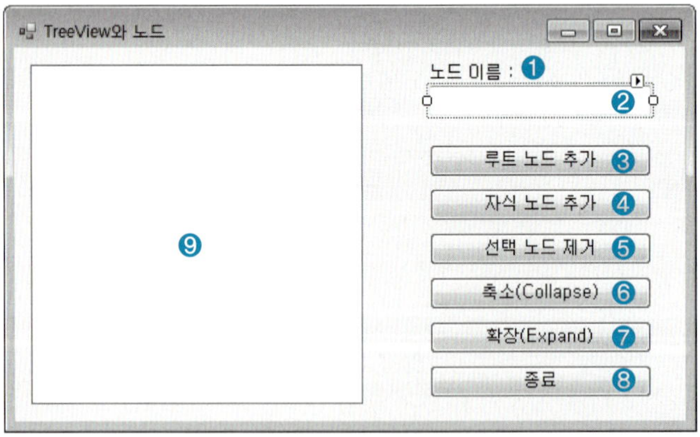

번호	컨트롤 종류	컨트롤	속성	속성값
❶	레이블	Label1	Name	lblNodeName
			Text	노드 이름 :
❷	텍스트박스	TextBox1	Name	txtNodeName
			Text	“”
❸	버튼	Button1	Name	btnRootAdd
			Text	루트 노드 추가
❹	버튼	Button2	Name	btnChildAdd
			Text	자식 노드 추가
❺	버튼	Button3	Name	btnNodeDelete
			Text	선택 노드 제거
❻	버튼	Button4	Name	btnCollapse
			Text	축소(Collapse)
❼	버튼	Button5	Name	btnExpand
			Text	확장(Expand)
❽	버튼	Button5	Name	btnExit
			Text	종료
❿	트리뷰	TreeView1	Name	TreeView1

[2단계] 컨트롤의 이벤트처리기 작성하기

② [루트 노드 추가] 버튼을 클릭하면 텍스트박스에 입력된 노드 이름으로 노드가 추가되도록 다음과 같이 Click 이벤트 처리기를 작성한다. 노드가 선택되었는지 확인하기 위해 SelectNode 변수를 초기화 영역에 추가한다.

```
If txtNodeName.Text <> "" Then
    TreeView1.Nodes.Add(txtNodeName.Text)
End If
```

③ [자식 노드 추가] 버튼을 클릭하면 텍스트박스에 입력된 노드 이름으로 선택된 노드의 자식 노드가 추가되도록 다음과 같이 Click 이벤트 처리기를 작성한다.

```
Private Sub btnChildAdd_Click(sender As Object, e As EventArgs) Handles btnChildAdd.Click
        If SelectNode <> True Then
            SelectNode = True
        End If
        If TreeView1.GetNodeCount(True) > 0 Then
            Dim node As System.Windows.Forms.TreeNode
            node = TreeView1.SelectedNode
            If SelectNode Then
                node.Nodes.Add(txtNodeName.Text)
            End If
            SelectNode = False
        End If
End Sub
```

④ [선택 노드 제거] 버튼을 클릭하면 텍스트박스에 입력된 노드 이름으로 선택된 노드의 자식 노드가 추가되도록 다음과 같이 Click 이벤트 처리기를 작성한다.

```
Private Sub btnNodeDelete_Click(sender As Object, e As EventArgs) Handles btnNodeDelete.Click
        If SelectNode <> True Then
            SelectNode = True
        End If
        If TreeView1.GetNodeCount(True) > 0 Then
            Dim node As System.Windows.Forms.TreeNode
            node = TreeView1.SelectedNode
            If SelectNode Then
                node.Nodes.Remove(node)
            End If
            SelectNode = False
        End If
End Sub
```

⑤ [축소] 버튼과 [확장] 버튼을 클릭하면 노드가 축소 또는 확장되도록 다음과 같이 코드를 작성한다.

```
Private Sub btnCollapse_Click(sender As Object, e As EventArgs) Handles btnCollapse.Click
    TreeView1.CollapseAll()
End Sub
Private Sub btnExpand_Click(sender As Object, e As EventArgs) Handles btnExpand.Click
    TreeView1.ExpandAll()
End Sub
```

⑥ [종료] 버튼에 대한 이벤트 처리기를 다음과 같이 작성하자.

```
Private Sub btnExit_Click(sender As Object, e As EventArgs) Handles btnExit.Click
    End
End Sub
```

⑦ 〈F5〉 키를 눌러 프로그램을 실행하고, 노드를 추가/삭제해보자.

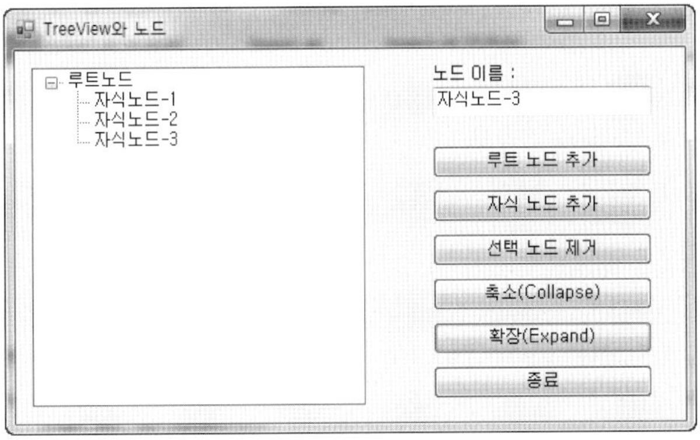

요약

- 체크리스트박스(CheckedListBox) 컨트롤: 리스트박스(ListBox) 컨트롤과 같이 목록을 표시할 뿐만 아니라 항목 옆에 확인란을 표시하는 컨트롤

- 리스트박스(ListBox): 컨트롤을 확장한 컨트롤로, 리스트박스(ListBox) 컨트롤의 거의 모든 기능을 가지고 있다. 두 컨트롤의 차이점은 체크리스트박스(CheckedListBox) 컨트롤은 DrawMode 속성 값을 Normal만 지원하며, 하나의 항목만 선택하거나 아무 항목도 선택하지 않을 수 있다는 것이다.

- 리치텍스트박스(RichTextBox) 컨트롤: 서식이 있는 텍스트를 표시하거나 텍스트를 입력 또는 편집하기 위해 사용하는 컨트롤

- 리치텍스트박스(RichTextBox) 컨트롤: 텍스트박스(TextBox) 컨트롤의 모든 기능 뿐 아니라, 글꼴이나 색 및 링크 표시, 파일로부터 텍스트 및 포함된 이미지를 로드하고, 편집 작업, 지정된 문자 검색 등의 기능을 제공한다.

- 데이트타임피커(DateTimePicker) 컨트롤: 날짜 또는 시간 목록에서 하나의 항목을 선택할 수 있는 컨트롤

- MonthCalendar 컨트롤: 달력 모양의 인터페이스를 나타내는 컨트롤

- 날짜가 요일별로 나열된 표형식의 달력으로 표시되며, 선택된 범위의 날짜는 붉은색 동그라미로 강조 표시된다. DateTimePicker 컨트롤과 다르게 날짜 범위만을 선택할 수 있다.

- 프로그래스바(ProgressBar) 컨트롤: 가로 막대에 일정 수의 정렬된 사각형을 표시하여 작업 진행 과정을 나타내기 위해 사용하며, 작업이 완료되면 막대가 채워진다.

- 링크레이블(LinkLabel) 컨트롤: 응용 프로그램에 웹 스타일 링크를 추가하는 컨트롤

- 웹 브라우저(WebBrowser) 컨트롤: 응용 프로그램에서 IE 웹 검색 기능을 복제하여 사용하거나 HTML 문서 뷰어로 사용할 수 있는 컨트롤. IE에 있는 컨트롤을 구현하는 데 사용할 수 있는 여러 속성, 메서드 및 이벤트가 포함되어 있다.

- 이미지리스트(ImageList) 컨트롤: 리스트뷰(ListView) 컨트롤처럼 컨트롤에 의해 표시될 수 있는 이미지를 저장하는 데 사용된다.

- 리스트뷰(ListView) 컨트롤: 아이콘이 포함된 항목 목록을 표시하기 위해 사용하는 컨트롤

- 트리뷰(TreeView) 컨트롤: 윈도우 탐색기 기능의 왼쪽 창에 파일 및 폴더가 표시되는 방식과 같이 계층 구조를 사용자에게 표시할 수 있도록 제공하는 컨트롤

| 연습문제 |

1. 폼에 프로그래스바 컨트롤을 추가하고, 진행 표시줄의 내용을 초 단위로 변경하기 위해 타이머 컨트롤을 삽입한 후 Interval 속성을 1000으로 지정해 1초 단위로 이벤트가 발생하도록 한다. 그리고 타이머 이벤트 프로시저에 진행 표시줄의 값을 표시하도록 명령문을 프로그램을 작성한다.

조건

① 프로그래스바 컨트롤의 최소값은 0, 최대값은 60으로 설정한다.

② 프로그래스바 컨트롤의 아래 부분에 초가 표시되도록 설정한다.

③ 60초가 경과하면 대화상자를 표시하고 [닫기] 버튼을 클릭하면 프로그램이 종료되도록 설정한다.

2. 트리뷰 컨트롤과 이미지 리스트 컨트롤을 사용하여 다음과 같은 구조를 표시하도록 프로그램하라.

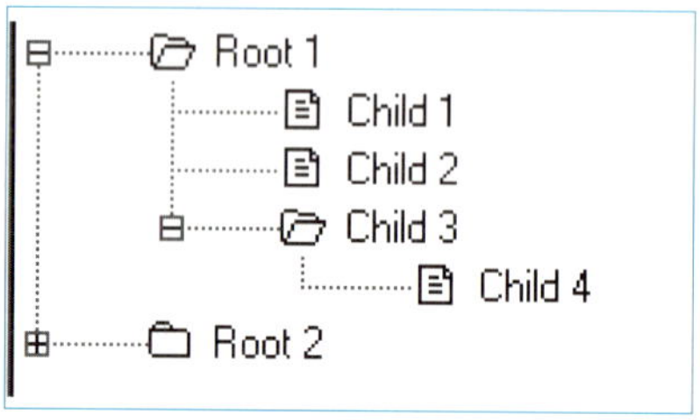

CHAPTER 11

MDI 폼과 메뉴 사용하기

contents

11 MDI 폼과 메뉴 사용하기

Section 01 다중 폼을 이용한 작업

MDI(Multiple Document Interface) 부모 폼은 MDI 응용 프로그램의 기반이 되는 요소로, 사용자가 MDI 응용 프로그램과 상호 작용하는 하위 창인 MDI 자식 창을 포함한다. MDI 부모 폼은 디자이너에서 그리고 프로그래밍 방식으로 쉽게 만들 수 있다.

MDI는 하나의 폼에 여러 개의 폼을 사용할 수 있도록 하는 다중 문서 인터페이스(Multiple Document Interface)를 의미하며, 두 종류(MDI 폼과 자식 폼)로 구분된다. MDI 폼은 여러 개의 하위 폼들을 가질 수 있는 컨테이너 폼으로 하나의 프로젝트에서 한 개만 가질 수 있다. MDI 폼은 자식 폼과 컨트롤들을 배경으로 사용하기 때문에 Font 그룹의 속성을 필요로 하지 않는다.

MDI 폼에 대부분의 컨트롤들을 배치할 수 있고, MDI 폼 안에서 자식 폼을 열고 닫는 것이 가능하다. 자식 폼은 MDI 폼 밖으로 이동할 수 없으며, MDI 폼 안에서 이동 및 크기 조절 등이 가능하다.

비주얼 베이직 역시 MDI 응용 프로그램의 좋은 예라 할 수 있다. [그림 11-1]처럼 속성 창, 프로젝트 창, 폼 배치 창, 도구상자 등 모두가 하나의 폼이고, 비주얼 베이직 전체 창도 하나의 폼에 해당한다. 비주얼 베이직이라는 폼이 다른 폼들을 관리하고 포함하고 있다. 비주얼 베이직 전체 창과 같은 이러한 폼을 MDI 폼이라 할 수 있고 속성 창, 도구 창 등을 MDI 자식 폼(Child Form)이라 한다.

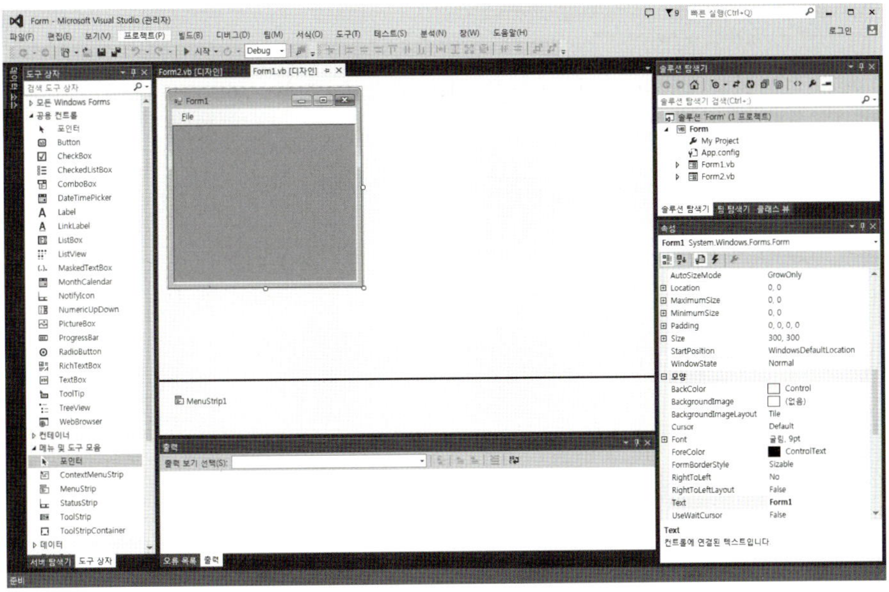

그림 11-1 메뉴와 자식 폼으로 구성된 MDI 폼

1) MDI 부모 폼 만들기

디자이너를 이용하여 MDI 부모 폼을 만들려면 ① 응용 프로그램 프로젝트를 만들고, ② [속성] 창에서 IsMDIContainer 속성을 True로 설정한다. 폼의 바탕색이 짙은 회색으로 표시되고, 폼의 형태와 동작이 MDI 부모 폼의 형태로 바뀌게 된다. 폼은 자식 폼의 MDI 컨테이너로 지정된다.

> **Tip**
>
> • 부모 폼 최대화하기
>
> [속성] 창에서 속성을 설정하는 동안 WindowState 속성을 최대화로 설정하면 부모 폼을 최대화할 수 있다. 또한 MDI 부모 폼에는 Control.BackColor 속성을 사용하여 설정하는 배경색이 아니라 Windows 시스템 제어판에 설정된 시스템 색이 선택된다.
>
> • 자식창 목록 추가하기
>
> 메뉴에서 MdiList 속성을 True로 설정하면 자식 창의 목록이 메뉴 항목에 자동으로 추가된다.

2) 자식 폼 만들기

MDI 폼의 자식 폼을 만들려면 MDI 폼에 하위 폼을 할당하면 된다. 자식 폼은 일반 폼들과 동일하게 생성하며, 자식 폼으로 설정하기 위해서는 MdiParent 속성을 MDI 폼으로 설정한다.

Form2를 MDI 부모 폼(Form1)의 하위 폼으로 만들려면 ① Form1의 [속성] 창에서 IsMDIContainer 속성을 True로 설정하고, ② Form1이 실행될 때 Form2가 자식 폼으로 표시되도록 〈예제 11-1〉과 같이 Form1의 Load 이벤트 핸들러를 작성한다.

예제 11-1

```
Private Sub Form1_Load(sender As Object, e As EventArgs) Handles MyBase.Load
    Form2.MdiParent = Me
    Form2.Show()
End Sub
```

그림 11-2 〈예제 11-1〉의 실행결과

3) Dock 속성을 사용하여 도킹 위치 설정하기

Dock 속성은 컨테이너에 도킹되는 위치를 설정하는 속성으로, None, Top, Left, Right, Bottom, Fill 5개의 위치 중 하나를 사용한다.

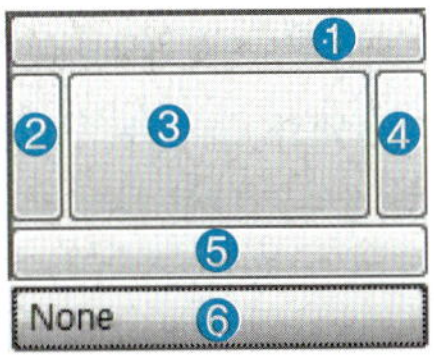

❶ top ❹ Right
❷ Left ❺ Bottom
❸ Fill ❻ None

그림 11-3 도킹위치 설정

자식 폼이 부모 폼에 꽉 차게 표시되도록 하기 위해서는 다음과 같이 코드를 작성한다.

예제 11-2

```
Private Sub Form1_Load(sender As Object, e As EventArgs) Handles MyBase.Load
        Form2.MdiParent = Me
        Form2.Dock = DockStyle.Fill

        Form2.Show()
End Sub
```

그림 11-4 〈예제 11-2〉의 실행결과

4) 창 정렬하기

MDI 폼은 하나 이상의 자식 폼을 포함한다. LayoutMdi 메서드를 MdiLayout 값 중 하나와 함께 사용하여 MDI 부모 폼에서 자식 폼을 다시 정렬할 수 있다.

MdiLayout 값은 자식 폼을 계단식으로, 가로/세로 바둑판식으로 또는 MDI 폼 아래쪽에 정렬된 자식 폼 아이콘으로 표시하도록 한다.

표 11-1 MdiLayout 값

멤버 이름	설명
ArrangeIcons	모든 MDI 자식 아이콘을 MDI 부모 폼의 영역 내에 정렬
Cascade	모든 MDI 자식 창을 MDI 부모 폼의 영역 내에서 계단식으로 배열
TileHorizontal	모든 MDI 자식 창을 MDI 부모 폼의 영역 내에서 가로 바둑판식으로 배열
TileVertical	모든 MDI 자식 창을 MDI 부모 폼의 영역 내에서 세로 바둑판식으로 배열

〈예제 11-3〉은 5개의 자식 폼을 가지는 MDI 폼에 메뉴를 이용하여 창의 정렬을 제어하는 코드를 작성하고 실행한 결과이다.

예제 11-3

```
Private Sub Form1_Load(sender As Object, e As EventArgs) Handles MyBase.Load
        Form2.MdiParent = Me
        Form3.MdiParent = Me
        Form4.MdiParent = Me
        Form5.MdiParent = Me
        Form6.MdiParent = Me
        Form2.Show()
        Form3.Show()
        Form4.Show()
        Form5.Show()
        Form6.Show()
End Sub

Private Sub ArrageIconsToolStripMenuItem_Click(sender As Object, e As EventArgs)
Handles ArrageIconsToolStripMenuItem.Click
        Me.LayoutMdi(MdiLayout.ArrangeIcons)
End Sub

Private Sub CascadeToolStripMenuItem_Click(sender As Object, e As EventArgs)
Handles CascadeToolStripMenuItem.Click
        Me.LayoutMdi(MdiLayout.Cascade)
```

```
End Sub

Private Sub TileHorizontalToolStripMenuItem_Click(sender As Object, e As
EventArgs) Handles TileHorizontalToolStripMenuItem.Click
        Me.LayoutMdi(MdiLayout.TileHorizontal)
End Sub

Private Sub TileVerticalToolStripMenuItem_Click(sender As Object, e As EventArgs)
Handles TileVerticalToolStripMenuItem.Click
        Me.LayoutMdi(MdiLayout.TileVertical)
End Sub
```

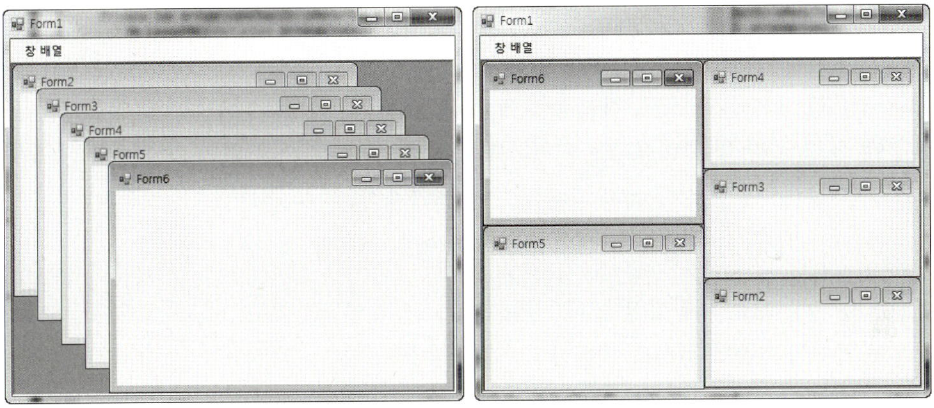

Cascade　　　　TileVertical

그림 11-5 〈예제 11-3〉의 실행결과

Section 02 메뉴스트립 컨트롤과 컨텍스트메뉴스트립 컨트롤로 메뉴 만들기

메뉴스트립(MenuStrip) 컨트롤을 이용하여 사용자가 필요로 하는 풀다운 형식의 메뉴를 간단히 만들 수 있다. 일반적으로 윈도우 기반 응용 프로그램에서 메뉴는 제목 표시줄 아래에 위치하며, 다음과 같은 구성 요소들로 이루어진다. 메뉴를 작성하기 위한 필요한 구성요소에 대해 알아보도록 한다.

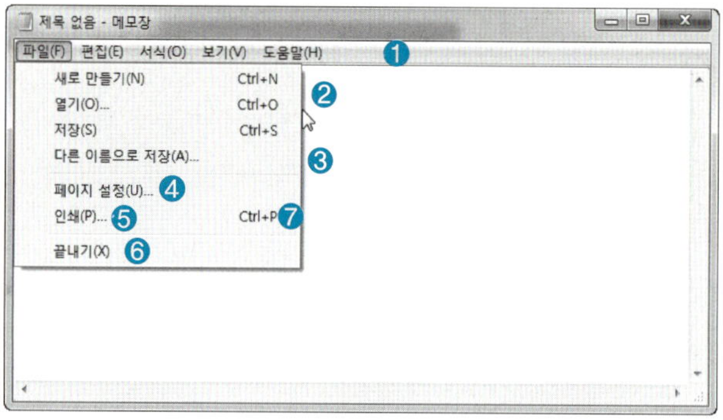

❶ 메뉴표시줄

❷ 하위 메뉴

❸ 구분선

❹ 메뉴 항목

❺ 생략표

❻ 바로가기키

❼ 단축키

그림 11-6 메뉴의 구성

1) 메뉴스트립(MenuStrip) 컨트롤

메뉴스트립 컨트롤은 새로 추가된 컨트롤로 메뉴스트립 컨트롤을 사용하면 Microsoft Office에 있는 메뉴와 비슷한 메뉴를 쉽게 만들 수 있다. 메뉴스트립 컨트롤은 MDI 및 메뉴 병합, 도구 설명 및 오버플로를 지원하고, 선택키·바로가기 키·확인 표시·이미지 및 구분선을 추가하여 메뉴를 더 쉽게 사용하고 보기 좋게 만들 수 있다.
메뉴 스트립 컨트롤을 사용하여 다음과 같은 작업을 수행할 수 있다.

① 사용자 지정 메뉴를 쉽게 만들 수 있다.
② 운영 체제의 모양과 동작을 지원할 수 있다.
③ 모든 컨테이너와 포함된 항목에 대한 이벤트를 다른 컨트롤에 대한 이벤트를 처리할 때와 같은 방법으로 일관성 있게 처리할 수 있다.

메뉴 스트립 컨트롤을 사용하여 메뉴 항목을 설정하는 방법은 다음과 같다.

① 도구상자의 '메뉴 및 도구모음' > MenuStrip을 차례로 선택하여 폼 위에 추가한다. 메뉴 스트립 컨트롤은 폼 편집기 창의 구분선 아래에 추가된다.

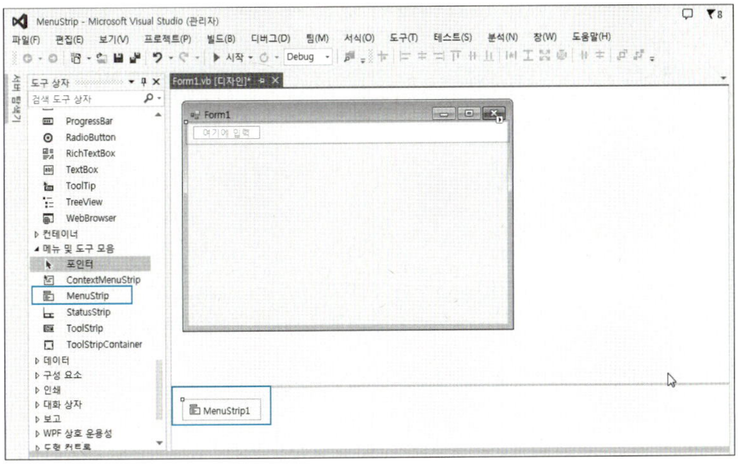

② 폼의 '여기에 입력'란에 메뉴 항목의 이름을 직접 입력하거나 [속성] 창의 Text 속성에 입력한다.

Tip 메뉴설정하기

- 메뉴 순서 바꾸기: 메뉴를 클릭한 채 원하는 위치로 드래그한다.
- 메뉴 항목 삭제하기: 해당 항목을 선택하고 마우스 오른쪽 버튼을 클릭하여 팝업 메뉴에서 [삭제] 메뉴를 클릭하거나 〈Delete〉 키를 클릭한다.
- 메뉴 항목 삽입하기: 해당 항목을 선택하고 마우스 오른쪽 버튼을 클릭하여 팝업 메뉴에서 [삽입] 메뉴를 클릭하거나 〈Insert〉 키를 클릭한다.
- 단축키 설정하기: 메뉴 항목에 단축키를 설정하려면 앰퍼샌드(&)와 문자를 사용하여 지정한다. 예를 들어 '파일(&F)'와 같이 입력하면 '파일(_)'로 표시된다.

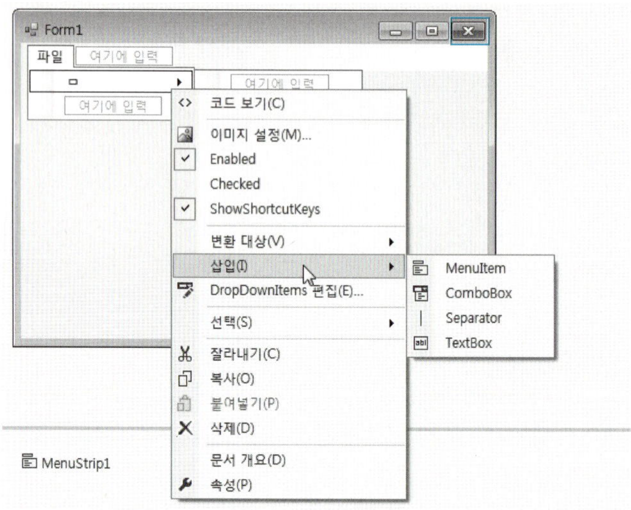

그림 11-7 메뉴 항목 삽입하기

(1) 메뉴 스트립(MenuStrip) 컨트롤의 속성과 메서드 및 이벤트

메뉴스트립 컨트롤의 중요한 몇 가지 속성은 다음과 같다.

■ ContextMenu 속성

컨트롤과 연결된 바로가기 메뉴를 설정하거나 반환한다.

■ ContextMenuStrip 속성

컨트롤과 연결된 ContextMenuStrip을 설정하거나 반환한다.

■ Enabled 속성

컨트롤이 사용자 동작에 응답할 수 있는지를 나타내는 값을 설정하거나 반환한다.

■ Font 속성

컨트롤에 텍스트를 표시하는 데 사용되는 글꼴을 설정하거나 반환한다.

■ ShowItemToolTips 속성

도구 설명이 MenuStrip에 대해 표시되는지 설정하거나 반환한다.

■ Visible 속성

컨트롤과 모든 해당 자식 컨트롤이 표시되는지 설정하거나 반환한다.

■ Hide 메서드

컨트롤을 사용자에게 보이지 않도록 설정한다.

■ Show 메서드

컨트롤을 사용자에게 표시한다.

■ Click 이벤트

컨트롤을 클릭하면 발생한다.

■ MenuActivate 이벤트

사용자가 키보드나 마우스로 메뉴에 액세스하면 발생한다.

■ MenuDeactivate 이벤트

MenuStrip이 비활성화되면 발생한다.

메뉴스트립(MenuStrip) 컨트롤과 함께 사용되는 동반 클래스는 〈표 11-2〉와 같다.

표 11-2 메뉴스트립의 동반 클래스

class	설명
ToolStripMenuItem	MenuStrip 또는 ContextMenuStrip에 표시된 선택 가능한 옵션 표시
ContextMenuStrip	바로가기 메뉴 표시
ToolStripDropDown	ToolStripDropDownButton 또는 상위 수준 메뉴 항목을 클릭할 때 표시되는 목록에서 단일 항목을 선택할 수 있게 하는 컨트롤 표시
ToolStripDropDownItem	클릭하면 드롭다운 항목이 표시되는 ToolStripItem에서 파생되는 컨트롤의 기본 기능 제공

실습 11-1 MDI 폼에 드롭다운 메뉴만들기

[1단계] 폼에 컨트롤 추가하기

① 폼(MDIForm)을 만들고 IsMdiContainer 속성을 True로 설정한다.

② MDIForm에 메뉴스트립(MenuStrip) 컨트롤을 추가한다.

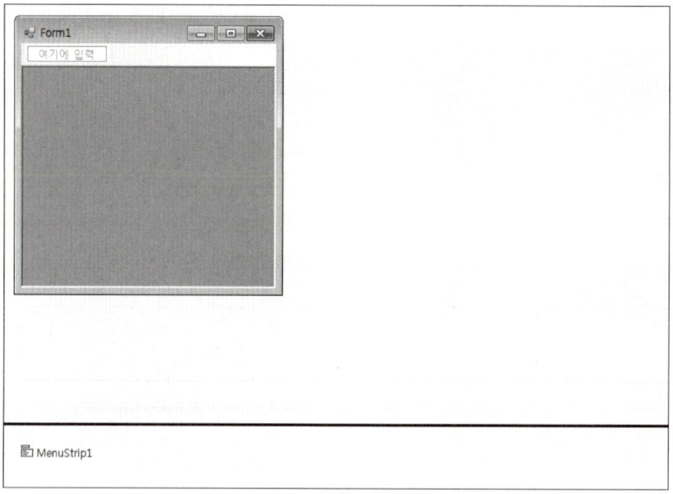

[2단계] 메뉴 속성 설정하기

③ MDIForm의 메뉴스트립(MenuStrip) 컨트롤에 최상위 메뉴 항목을 추가하고 Text 속성을 &File로 설정한다. 메뉴의 이름에 & 기호를 붙이면 & 다음 문자에 밑줄(_)이 표시되고, 바로가기 키로 사용된다.

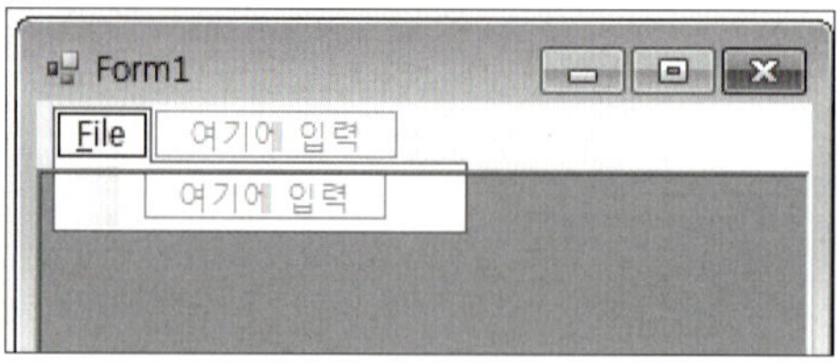

④ &File 메뉴 항목에 하위 메뉴 항목을 네 개 추가하고 Text 속성을 &New, &Open, &Save, − 및 E&xit로 설정한다. 하이픈(-)을 입력하면 메뉴 항목 사이에 구분선이 표시된다.

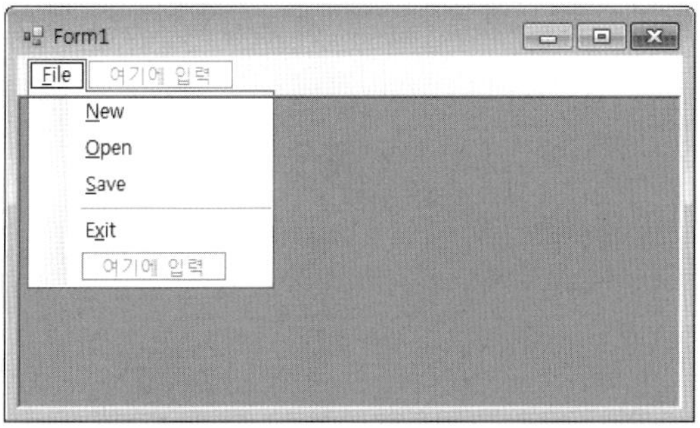

⑤ &New 하위 메뉴 항목에 두 개의 하위 메뉴를 추가하고, Text 속성을 &Project 및 &Web Site로 설정한다.

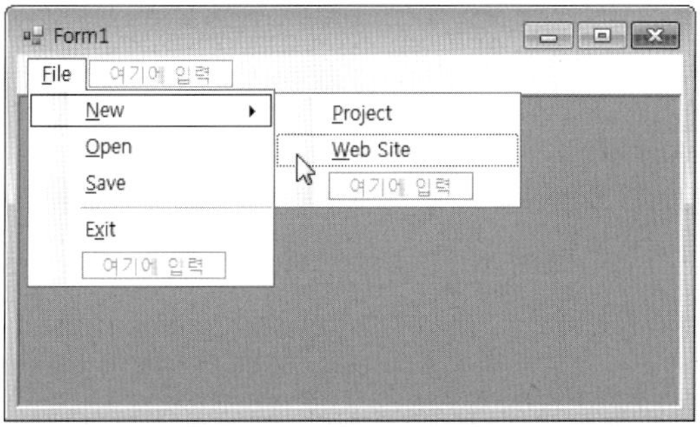

⑥ Project 메뉴를 클릭하면 Form2가 표시되도록 Project 메뉴를 더블클릭하여 이벤트 처리기를 표시하고 다음과 같이 코드를 입력한다.

```
Private Sub ProjectToolStripMenuItem_Click(sender As Object, e As EventArgs)
Handles ProjectToolStripMenuItem.Click
      Form2.MdiParent = Me
      Form2.Show()
End Sub
```

⑦ 〈F5〉 키를 눌러 폼을 실행한 후, Project 메뉴를 클릭하면 MDIForm의 하위 폼으로 Form2가 표시되는지 확인하자.

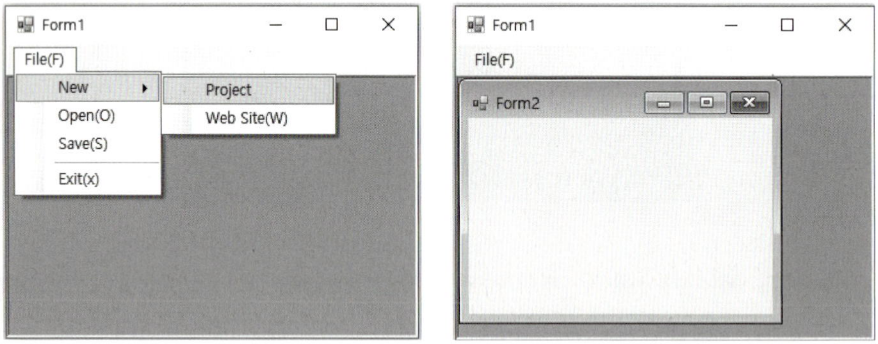

▶ 바로가기 키 설정하기

각 메뉴에 바로가기 키는 [속성] 창에서 ShortcutKeys 속성을 사용하여 설정한다. ShortcutKeys 속성은 바로가기 키를 설정할 메뉴를 클릭해야만 표시된다.

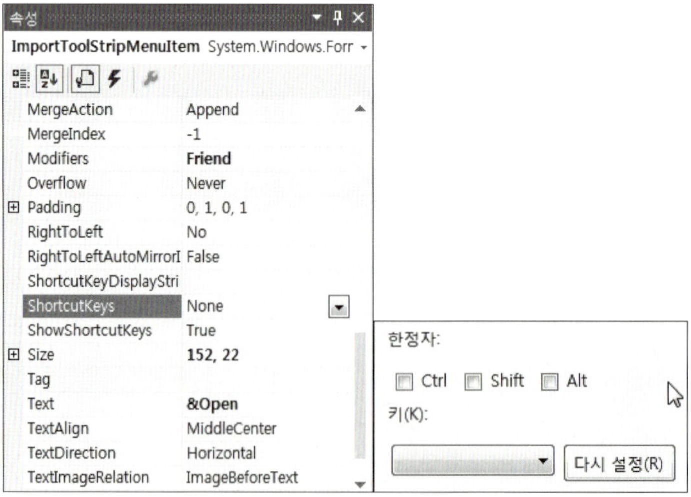

그림 11-8 바로가기키 설정하기

앞 예제의 Open 메뉴에 바로가기 키를 〈Ctrl + O〉를 등록하면 메뉴에 다음과 같이 표시된다.

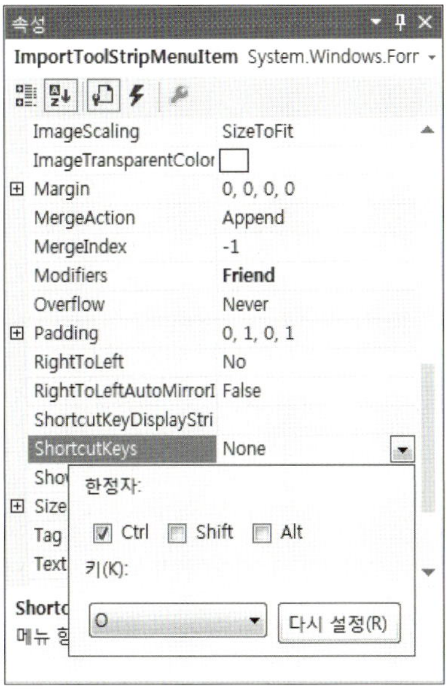

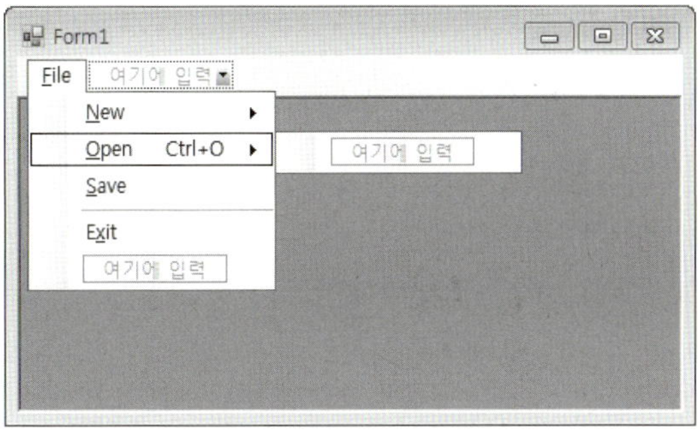

▶ 메뉴 항목 기능 설정하기

메뉴 항목을 숨기거나 표시함으로써 응용 프로그램의 UI(사용자 인터페이스)를 제어하고 사용자 명령을 제한할 수 있다. 메뉴의 항목 중 사용할 수 없는 항목일 경우 메뉴 또는 메뉴 항목을 숨김과 동시에 비활성화할 수 있다.

▶ 최상위 메뉴와 해당 하위 메뉴 항목을 숨기기

최상위 메뉴와 해당 하위 메뉴 항목을 숨기려면 최상위 메뉴 항목을 선택하고 Visible 또는 Available 속성을 False로 설정한다. 최상위 메뉴 항목을 숨기는 경우 해당 메뉴 안에 있는 모든 메뉴 항목도 숨겨진다.

Visible을 False로 설정한 다음 메뉴스트립(MenuStrip)이 아닌 다른 위치를 클릭하면 전체 최상위 메뉴 항목과 해당 하위 메뉴 항목이 폼에서 사라지므로 작업을 런타임으로 실행한 효과를 볼 수 있다. 디자인 타임에 숨겨진 최상위 메뉴 항목을 표시하려면 구성 요소 트레이, 문서 개요 또는 속성 표의 맨 위에서 메뉴스트립(MenuStrip)을 클릭한다.

▶ 하위 메뉴 항목 숨기기

하위 메뉴 항목을 숨기려면 메뉴 항목을 선택하고 Visible 속성을 False로 설정한다. 하위 메뉴 항목을 숨기더라도 디자인 타임에는 추가 작업에서 쉽게 선택할 수 있도록 폼에 그대로 표시되지만, 런타임에는 숨겨져 보이지 않게 된다.

```
MenuItem3.Visible = False
```

▶ 메뉴 항목 비활성화 하기

메뉴 항목을 비활성화 하려면 폼에서 메뉴 항목을 선택하고 Enabled 속성을 False로 설정한다. 메뉴에서 첫 번째 항목 또는 최상위 항목을 비활성화 하면 해당 메뉴에 포함된 모든 메뉴 항목이 비활성화 된다. 마찬가지로 하위 메뉴 항목을 가진 메뉴 항목을 비활성화하면 해당 하위 메뉴 항목이 비활성화 된다. 메뉴를 숨기기만 하면 바로가기 키를 사용하여 메뉴 명령에 액세스할 수 있기 때문에 숨기기와 비활성화를 모두 수행해야 한다.

```
MenuItem3.Enable = False
```

실습 11-2 사용자 메뉴 만들기

사용자가 메뉴 항목을 클릭하면 각 메뉴에 연결된 메시지 대화상자가 출력되도록 이벤트 처리기를 작성하는 예제이다.

[1단계] Windows Form 만들기

① [파일] > [새로 만들기] > [프로젝트]를 차례로 선택한다.

② [새 프로젝트] 대화상자의 '템플릿' 항목에서 'Visual Basic'을 선택한다.

③ 가운데 창에서 'Windows Forms 응용 프로그램 템플릿'을 선택한다.

④ '이름' 상자에 프로젝트의 이름을 'MenuStrip'라고 입력하고, 저장 위치를 설정한 다음 [확인] 버튼을 클릭한다.

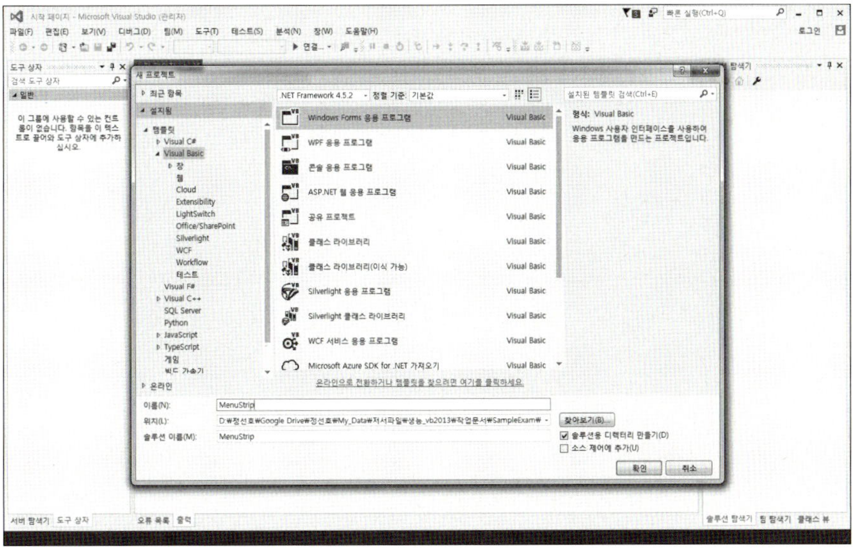

[2단계] Form에 컨트롤 추가하기

⑤ Windows Forms 디자이너가 열리고 Form1이 표시되면 '메뉴 및 도구모음'에서 MenuStrip 컨트롤을 추가한다.

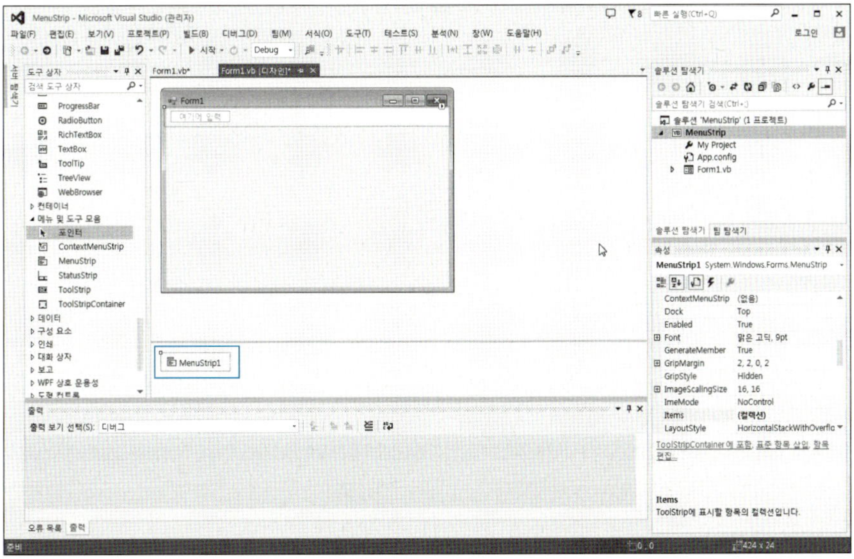

⑥ 다음과 같이 메뉴를 입력하자.

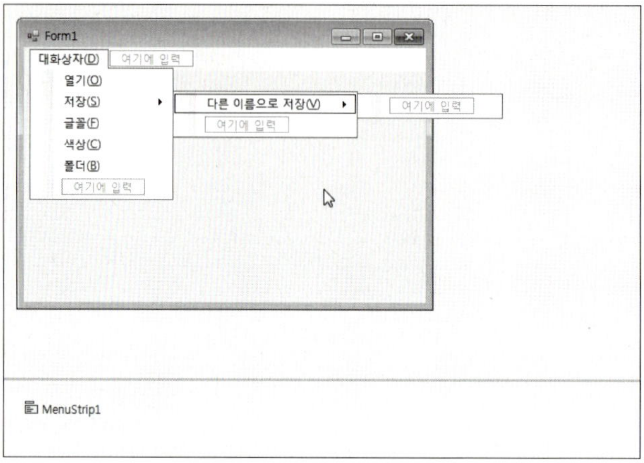

⑦ 구분선을 삽입하기 위해 '글꼴' 메뉴 항목을 선택하고, 마우스 오른쪽 버튼을 클릭한 다음 [삽입] > [Separator] 메뉴를 선택한다.

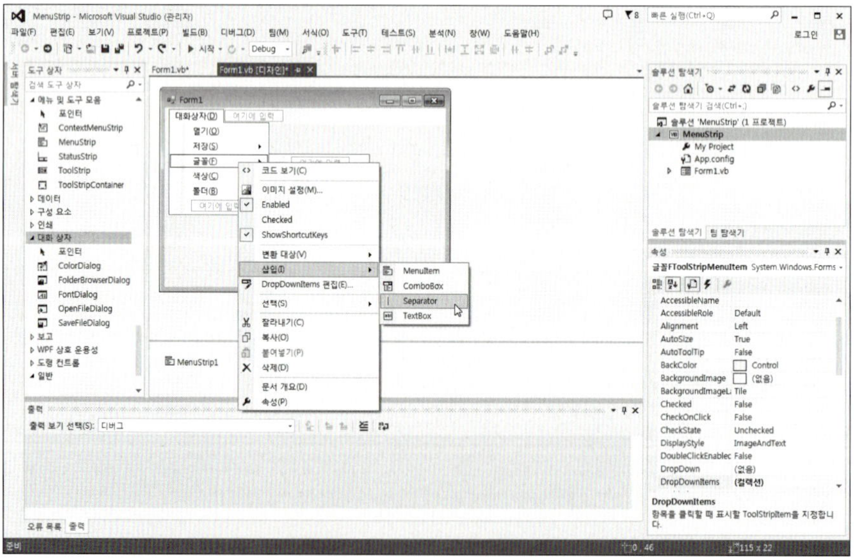

Tip 구분선 만들기

'여기에 입력'란에 하이픈(–)을 입력해도 된다.

⑧ 각 메뉴 항목에 대해 속성과 이벤트를 다음과 같이 설정한다.

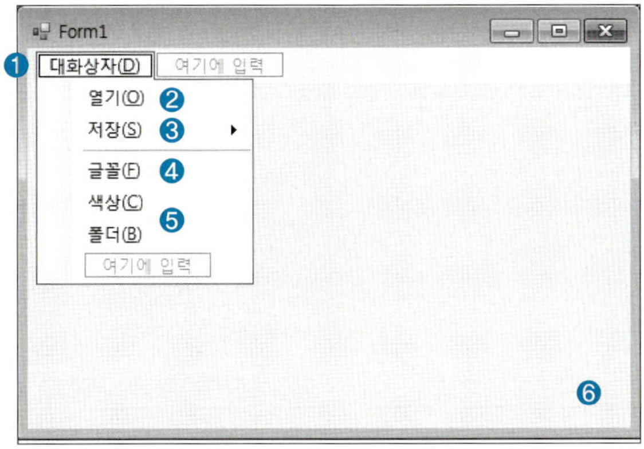

번호	컨트롤 종류	컨트롤	속성	속성값
❶	메뉴스트립	MenuStrip1	Name	mnuDialog
			Text	대화상자(&D)
❷	메뉴스트립		Name	mnuDialogOpen
			Text	열기(&O)
			Shortcut	Ctrl+O
❸	메뉴스트립		Name	mnuDialogSave
			Text	저장(&S)
			Shortcut	Ctrl+S
			Name	mnuDialogSaveAs
			Text	다른 이름으로 저장(&V)
❹	메뉴스트립		Name	Separator1
❺	메뉴스트립		Name	mnuDialogFont
			Text	글꼴(&F)
			Name	mnuDialogColor
			Text	색상(&C)
			Name	mnuDialogFolderBrowser
			Text	폴더(&B)
❻	폼	Form1	Name	frmMenuStrip
			Text	메뉴 만들기

⑨ 각 메뉴 항목에 대해 [속성] 창에서 이벤트 단추(⚡)를 클릭한 다음, Click 이벤트 처리기 이름과 코드를 다음과 같이 입력하자.

컨트롤 이름	이벤트 종류	이벤트 처리기 이름
mnuOpen	Click	mnuOpen_Clicked
mnuSave		mnuSave_Clicked
mnuSaveAs		mnuSaveAs_Clicked
mnuFont		mnuFont_Clicked
mnuColor		mnuColor_Clicked
mnuFolderBrowser		mnuFolderBrowser_Clicked

```
Private Sub mnuOpen_Clicked(sender As Object, e As EventArgs) Handles mnuDialogOpen.Click
        MessageBox.Show("열기 메뉴를 선택하셨습니다.")
End Sub
Private Sub mnuSave_Clicked(sender As Object, e As EventArgs) Handles 저장SToolStripMenuItem.Click
        MessageBox.Show("저장하기 메뉴를 선택하셨습니다.")
End Sub
Private Sub mnuSaveAs_Clicked(sender As Object, e As EventArgs) Handles mnuDialogSaveAs.Click
        MessageBox.Show("다른 이름으로 저장하기 메뉴를 선택하셨습니다.")
End Sub
Private Sub mnuFont_Clicked(sender As Object, e As EventArgs) Handles mnuDialogFont.Click
        MessageBox.Show("글꼴 메뉴를 선택하셨습니다.")
End Sub
Private Sub mnuColor_Clicked(sender As Object, e As EventArgs) Handles mnuDialogColor.Click
        MessageBox.Show("색상 메뉴를 선택하셨습니다.")
End Sub
Private Sub mnuFolderBrowser_Clicked(sender As Object, e As EventArgs) Handles mnuDialogFolderBrowser.Click
        MessageBox.Show("폴더 메뉴를 선택하셨습니다.")
End Sub
```

⑩ 〈F5〉 키를 눌러 폼을 실행 한 후 '열기' 메뉴를 클릭하여 메시지 대화상자가 표시되는지 확인한다.

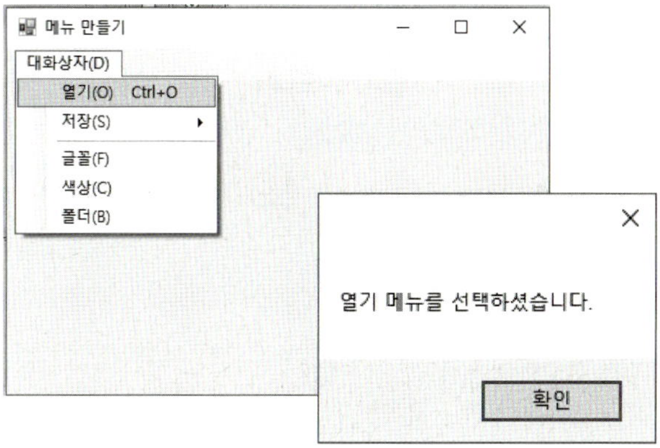

2) 컨텍스트메뉴스트립(ContextMenuStrip) 컨트롤을 사용하여 컨텍스트 메뉴 표시하기

컨텍스트메뉴스트립 컨트롤은 컨트롤에 연결하는 바로가기 메뉴를 제공하는 컨트롤이다. 바로가기 메뉴는 사용자가 마우스 오른쪽 단추를 클릭할 때 마우스 위치에 표시되는 메뉴로, 마우스 포인터 위치에서의 클라이언트 영역 또는 컨트롤에 대한 옵션을 제공한다. 컨텍스트메뉴스트립을 폼 또는 컨트롤과 연결하려면 ContextMenuStrip 속성을 연결된 컨텍스트메뉴스트립 컨트롤의 이름으로 설정한다.

실습 11-3 컨텍스트 메뉴 만들기

[1단계] 폼에 컨트롤 추가하기

① 드롭다운 메뉴 예제의 폼에 컨텍스트메뉴스트립(ContextMenuStrip) 컨트롤을 추가한다.

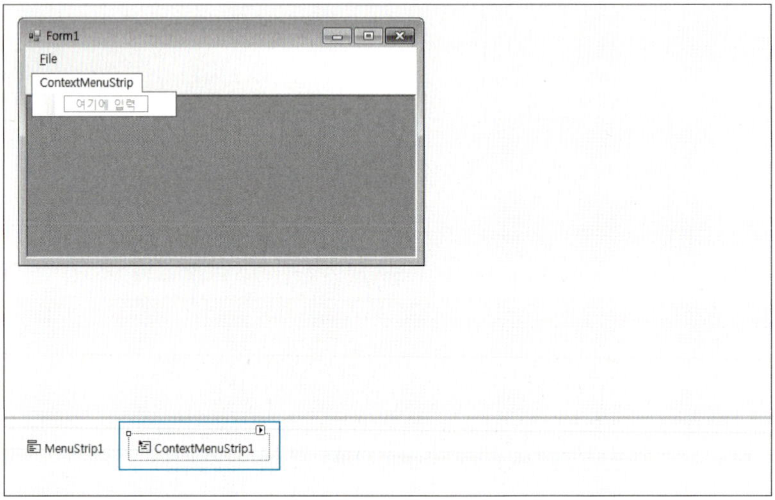

[2단계] 메뉴 추가하기

② ContextMenuStrip 항목에 하위 메뉴 항목을 세 개 추가하고 Text 속성을 &Project, &Web Site, &Save로 설정한다.

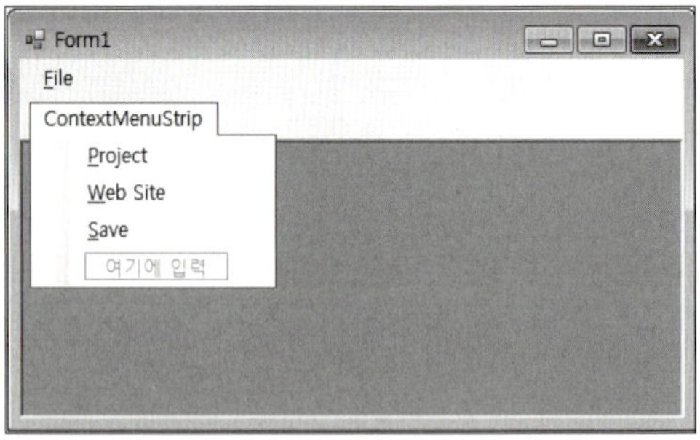

③ 마우스 오른쪽 버튼을 클릭하면 컨텍스트 메뉴가 표시되도록 컨트롤과 연결해야 한다. 폼을 클릭하면 메뉴가 표시되도록 다음과 같이 설정하자.

컨트롤	이벤트	이벤트 처리기 이름
Form1	Load	Form1_Load

```
Private Sub Form1_Load(sender As Object, e As EventArgs) Handles MyBase.Load
        Me.ContextMenuStrip = ContextMenuStrip1
End Sub
```

④ 〈F5〉 키를 눌러 폼을 실행한 후, 폼에서 마우스 오른쪽 버튼을 클릭하여 컨텍스트 메뉴가 표시되는지 확인하자.

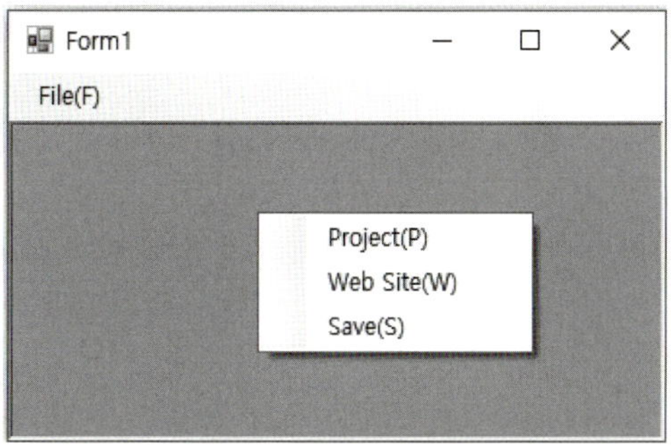

Section 03 도구모음(ToolStrip) 컨트롤

응용 프로그램에서 메뉴, 컨트롤 및 사용자 정의 컨트롤을 호스트할 수 있는 도구 모음을 만들기 위해 사용하는 컨트롤이 툴스트립 컨트롤이다. 툴스트립 컨트롤은 내부 활성화 및 편집, 사용자 지정 레이아웃 및 도구 모음에서 가로 간격과 세로 간격을 공유하는 기능인 래프팅(rafting)을 비롯하여 다양한 기능을 제공한다.
툴스트립 컨트롤을 사용하여 다음 작업을 수행할 수 있다.

① 컨테이너 간에 공용 사용자 인터페이스를 표시할 수 있다.
② 도킹, 래프팅(rafting), 텍스트와 이미지가 있는 단추, 드롭다운 단추와 컨트롤, 오버플로 단추 및 ToolStrip 항목의 런타임 다시 정렬 같은 레이아웃 기능과 고급 사용자 인

터페이스를 지원하는 일반적인 사용자 지정 도구 모음을 쉽게 만들 수 있다.

③ 오버플로 및 런타임 항목 재정렬을 지원하여 툴스트립에 항목을 표시할 충분한 공간이 없을 때 해당 항목이 드롭다운 메뉴로 이동할 수 있다.

④ 모든 컨테이너와 포함된 항목에 대한 이벤트를 다른 컨트롤에 대한 이벤트를 처리할 때와 같은 방법으로 일관성 있게 처리할 수 있다.

⑤ 툴스트립 간 또는 툴스트립 내에서 항목을 드래그할 수 있다.

⑥ ToolStripDropDown의 고급 레이아웃을 사용하여 드롭다운 컨트롤과 사용자 인터페이스 형식 편집기를 만들 수 있다.

툴스트립 컨트롤의 모양과 동작을 사용자가 지정할 수 있도록 여러 가지 속성, 메서드 및 이벤트를 제공한다. 툴스트립 컨트롤의 오른쪽 위 모퉁이에서 스마트 작업 화살표(▶)를 클릭하여 툴스트립 작업 창을 표시한 다음, '표준 항목 삽입'을 선택하여 기본 도구들을 추가할 수 있다.

표준 항목을 포함하는 기본 툴스트립(ToolStrip)을 만드는 방법은 다음과 같다.

① 폼에 툴스트립(ToolStrip) 컨트롤을 추가한다.

② 툴스트립(ToolStrip) 오른쪽 위 모퉁이에서 스마트 작업 화살표(▶)를 클릭하여 툴스트립(ToolStrip) 작업 창을 표시한 다음 '표준 항목 삽입'을 선택한다.

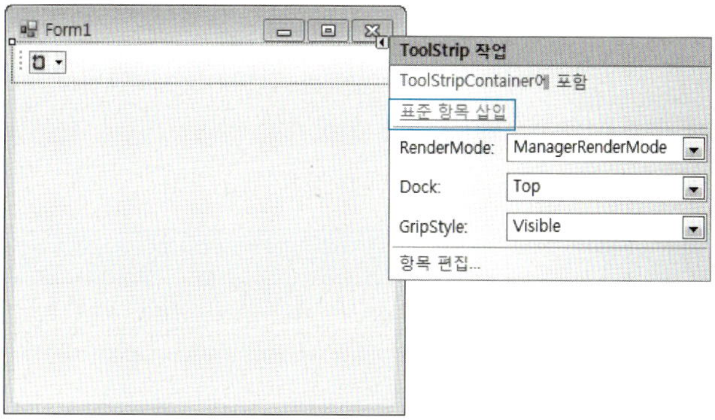

1) 툴스트립(ToolStrip) 컨트롤의 주요 속성

▪ AllowItemReorder 속성

툴스트립(ToolStrip) 클래스를 통해 드래그 앤 드롭과 항목 다시 정렬을 전용으로 처리할지 여부를 나타내는 값을 설정 또는 반환한다.

▪ DisplayStyle 속성

ToolStripItem에 텍스트 및 이미지를 표시할지 여부를 나타내는 값을 설정하거나 반환한다. 기본값은 ImageAndText이다.

속성값	설명
Image	ToolStripItem에 이미지만 렌더링하도록 지정
ImageAndText	ToolStripItem에 이미지와 텍스트 모두 렌더링하도록 지정
None	ToolStripItem에 이미지와 텍스트 모두 렌더링하지 않도록 지정
Text	ToolStripItem에 텍스트만 렌더링하도록 지정

▪ Dock 속성

부모 컨트롤에 도킹된 툴스트립(ToolStrip) 테두리를 설정하거나 반환하고, 툴스트립이 부모 컨트롤과 함께 크기를 조정하는 방법을 설정한다. 속성 값을 Left, Right, Top 또는 Bottom을 선택하면 컨트롤의 지정된 가장자리와 반대쪽 가장자리가 부모 컨트롤의 해당 가장자리와 동일한 크기로 조정된다. Fill을 선택하면 컨트롤의 네 가장자리가 포함된 컨트롤의 가장자리와 동일한 크기로 조정된다. 기본값은 Top이다.

속성값	설명
Bottom	툴스트립(ToolStrip) 컨트롤의 아래쪽 가장자리를 부모 컨트롤의 아래쪽에 도킹
Fill	툴스트립(ToolStrip) 컨트롤의 모든 가장자리를 부모 컨트롤의 모든 가장자리에 도킹되고 가장자리의 크기는 알맞게 조정
Left	툴스트립(ToolStrip) 컨트롤의 왼쪽 가장자리를 부모 컨트롤의 왼쪽 가장자리에 도킹
None	툴스트립(ToolStrip) 컨트롤이 도킹되지 않음
Right	툴스트립(ToolStrip) 컨트롤의 오른쪽 가장자리를 부모 컨트롤의 오른쪽 가장자리에 도킹
Top	툴스트립(ToolStrip) 컨트롤의 위쪽 가장자리를 부모 컨트롤의 위쪽에 도킹

Tip Anchor 및 Dock 속성은 함께 사용할 수 없다.

■ ImageAlign 속성

ToolStripLabel의 이미지 맞춤을 설정하거나 반환한다. TextAlign 속성과 마찬가지로 위쪽, 중간, 아래쪽과 왼쪽, 가운데, 오른쪽을 조합하여 사용할 수 있다. 기본값은 MiddleCenter이다.

■ IsDropDown 속성

ToolStripItem을 클릭할 경우 ToolStripItem이 드롭다운 목록의 다른 항목을 표시할지 여부를 나타내는 값을 설정 또는 반환한다.

■ LayoutStyle 속성

툴스트립(ToolStrip)에서 항목을 레이아웃하는 방법을 나타내는 값을 설정 또는 반환하는 속성으로, 기본값은 StackWithOverflow이다.

멤버 이름	설명
Flow	필요한 경우 항목이 가로 또는 세로로 표시되도록 지정
HorizontalStackWithOverflow	항목이 가로로 배치되고 필요한 경우 오버플로되도록 지정
StackWithOverflow	항목이 자동으로 배치되도록 지정

Table	왼쪽을 기준으로 항목이 배치되도록 지정
VerticalStackWithOverflow	항목이 세로로 배치되고 컨트롤 가운데에 맞춰지고 필요한 경우 오버플로되도록 지정

Tip

■ 스택 레이아웃

스택은 툴스트립(ToolStrip)의 양 끝에 항목을 나란히 정렬하는 것으로, 스택 레이아웃을 다음의 세 가지로 설정한다. 항목이 맞춰지는 툴스트립(ToolStrip)의 끝은 Alignment 속성에 의해 결정된다.

- StackWithOverflow: (기본값) 드래그 및 도킹을 위해 툴스트립(ToolStrip) 컨트롤의 레이아웃이 Orientation 속성에 따라 자동으로 변경된다.
- VerticalStackWithOverflow: 툴스트립(ToolStrip) 항목을 세로로 나란히 렌더링한다.
- HorizontalStackWithOverflow: 툴스트립(ToolStrip) 항목을 가로로 나란히 렌더링한다.

항목이 툴스트립에 맞지 않으면 오버플로우 단추가 자동으로 나타나고, Overflow 속성 설정에 따라 오버플로우 영역에 항목이 항상 표시되는지, 필요한 경우에만 표시되는지, 아니면 아예 표시되지 않는지 결정된다. 항목이 주 툴스트립에 맞지 않고 해당 Overflow 속성이 Never로 설정된 경우 항목이 표시되지 않는다. 툴스트립을 툴스트립 패널(ToolStripPanel)에 배치하고 해당 GripStyle 속성을 Visible로 설정하여 이동 가능하게 만들 수 있다.

■ Flow 레이아웃

Flow 레이아웃은 코드에 Dock 속성과 Anchor 속성을 사용하여 행 안에서 항목을 맞출 수 있고, Alignment 속성은 무시된다. 툴스트립 패널(ToolStripPanel)에서 Flow 레이아웃 스타일의 툴스트립(ToolStrip)을 이동할 수 없고, Overflow는 무시된다.

■ Table 레이아웃

Table 레이아웃은 StatusStrip의 기본값이며 TableLayoutPanel과 유사하다. 코드에 Dock 속성과 Anchor 속성을 사용하여 표 셀 안에서 항목을 맞출 수 있고, 그립은 렌더링되지 않으므로 ToolStripPanel에서 Table 레이아웃 스타일 상태인 ToolStrip은 이동할 수 없으며, Overflow는 무시된다.

Overflow 속성

ToolStripItem이 툴스트립 또는 ToolStripOverflowButton에 연결되는지 여부 또는 이 둘 사이에서 부동 항목으로 유지될 수 있는지 여부를 설정 또는 반환한다.

OverflowButton 속성

오버플로가 활성화된 ToolStrip에 대한 오버플로 단추인 ToolStripItem을 가져온다.

■ Renderer 속성

툴스트립의 모양과 동작(모양과 느낌)을 사용자 지정하는 데 사용되는 ToolStrip Renderer를 설정 또는 반환한다.

■ RenderMode 속성

툴스트립에 적용될 그리기 스타일을 설정 또는 반환한다.

■ RendererChanged 속성

Renderer 속성이 변경되면 발생한다.

■ ShowItemToolTips 속성

툴스트립 컨트롤에 대한 툴팁(ToolTip)을 표시할지 여부를 설정한다. 툴팁을 표시하려면 속성 값을 True로 설정한다. 기본값은 True이다.

■ TextAlign 속성

ToolStripLabel의 텍스트 맞춤을 설정하거나 반환한다. TextAlign 속성을 위쪽, 중간, 아래쪽과 왼쪽, 가운데, 오른쪽을 조합하여 사용할 수 있다. 기본값은 MiddleCenter이다.

멤버 이름	설명
BottomCenter	텍스트 세로는 아래쪽에 맞추고, 가로는 가운데 맞춤
BottomLeft	텍스트 세로는 아래쪽에 맞추고, 가로는 왼쪽에 맞춤
BottomRight	텍스트 세로는 아래쪽에 맞추고, 가로는 오른쪽에 맞춤
MiddleCenter	텍스트 세로는 중간에 맞추고, 가로는 가운데 맞춤
MiddleLeft	텍스트 세로는 중간에 맞추고, 가로는 왼쪽에 맞춤
MiddleRight	텍스트 세로는 중간에 맞추고, 가로는 오른쪽에 맞춤
TopCenter	텍스트 세로는 위쪽에 맞추고, 가로는 가운데 맞춤
TopLeft	텍스트 세로는 위쪽에 맞추고, 가로는 왼쪽에 맞춤
TopRight	텍스트 세로는 위쪽에 맞추고, 가로는 오른쪽에 맞춤

■ TextImageRelation 속성

ToolStripItem의 텍스트와 이미지의 서로 상대적인 위치를 설정하거나 반환한다.

멤버 이름	설명
ImageAboveText	이미지가 컨트롤의 텍스트 위에 세로로 표시되도록 지정
ImageBeforeText	이미지가 컨트롤의 텍스트 앞에 가로로 표시되도록 지정
Overlay	이미지와 텍스트가 컨트롤에서 같은 공간을 공유하도록 지정
TextAboveImage	텍스트가 컨트롤의 이미지 위에 세로로 표시되도록 지정
TextBeforeImage	텍스트가 컨트롤의 이미지 앞에 가로로 표시되도록 지정

실습 11-4 도구상자에 버튼 추가하고 설정하기

[1단계] Windows Form 만들기

① [파일] > [새로 만들기] > [프로젝트]를 차례로 선택한다.

② [새 프로젝트] 대화상자의 '템플릿'–'Visual Basic'–'Windows Forms 응용 프로그램 템플릿'을 차례로 선택한다.

③ '이름' 상자에 프로젝트의 이름을 'ToolStripSample'라고 입력하고, 저장 위치를 설정한 다음 [확인] 버튼을 클릭한다.

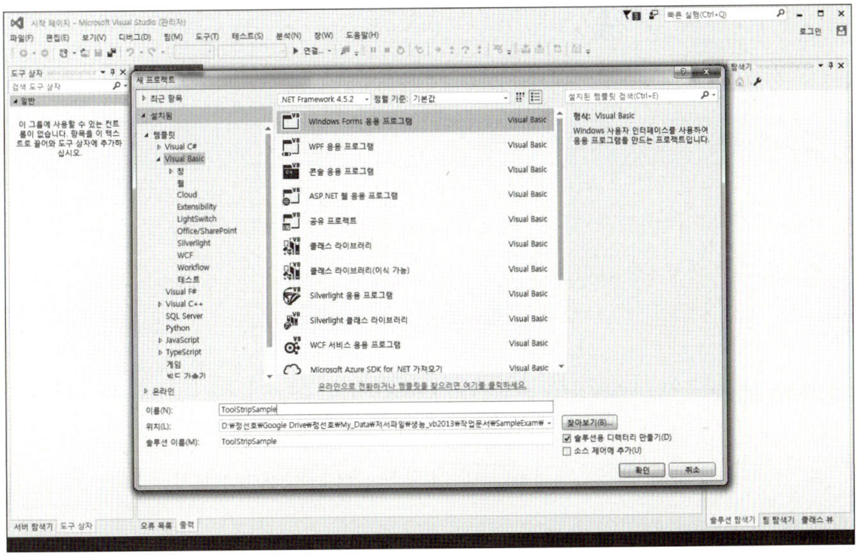

④ 폼에 툴스트립(ToolStrip) 컨트롤을 추가하고, 목록 버튼(▼) 클릭하여 버튼(Button)을 클릭하여 버튼을 추가한다.

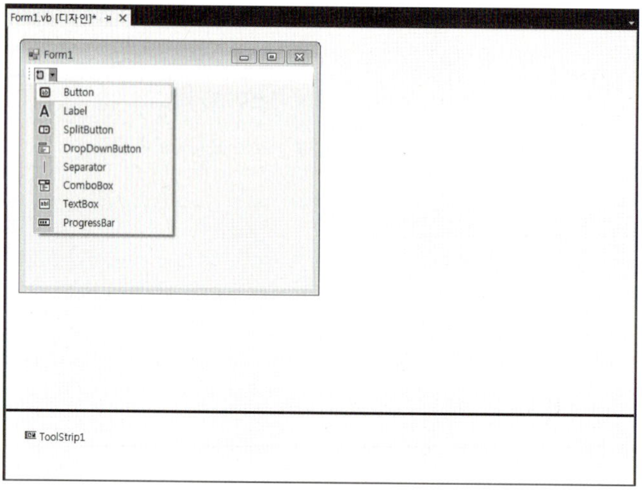

⑤ [속성] 창에서 버튼의 속성을 다음과 같이 설정한다.

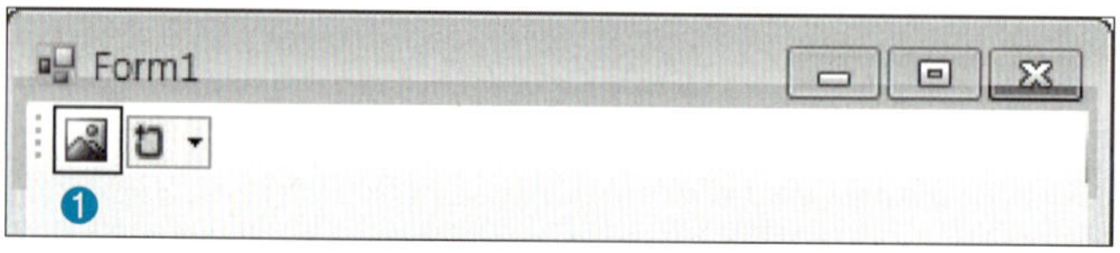

번호	컨트롤 종류	컨트롤	속성	속성값
❶	TooleStrip	TooleStripButton1	Image	Button_1.jpg
			DisplayStyle	ImageAndText
			TextImageRelaxation	ImageAboveText
			Text	ButtonTool
			TextAlign	BottomCenter

⑥ 버튼을 클릭하면 대화상자가 표시되도록 이벤트 처리기(ButtonTool_Click)를 등록하고, 다음과 같이 코드를 작성하자.

컨트롤	이벤트	이벤트 처리기 이름
TooleStripButton1	Click	ButtonTool_Click

```
Private Sub ButtonTool_Click(sender As Object, e As EventArgs) Handles ToolStripButton1.Click
    MessageBox.Show("버튼을 도구로 만들기")
End Sub
```

⑦ 〈F5〉 키를 눌러 폼을 실행한 후, 버튼을 클릭하여 대화상자가 표시되는지 확인하자.

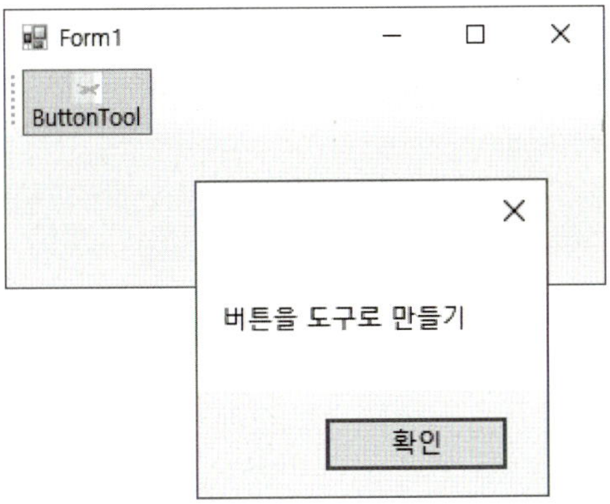

Section 04 상태표시줄 만들기

상태스트립(StatusStrip) 컨트롤은 폼에 표시되는 개체, 개체의 구성 요소 또는 응용 프로그램 내에서 해당 개체의 작업과 관련된 컨텍스트 정보 등을 표시하며, 일반적으로 창 아래쪽에 표시된다. 상태스트립 컨트롤에는 일반적으로 상태를 나타내는 텍스트 또는 아이콘을 표시하는 ToolStripStatusLabel 컨트롤이 그 위에 있거나 프로세스 완료 상태를 그래픽으로 표시하는 ToolStripProgressBar가 포함된다.

상태스트립 컨트롤에는 ToolStripDropDownButton, ToolStripSplitButton 및 ToolStripProgressBar 컨트롤이 포함될 수도 있다. 기본 상태스트립 컨트롤에는 패널이 없다. 상태스트립 컨트롤에 패널을 추가하려면 ToolStripItemCollection.AddRange 메서드를 사용한다.

실습 11-5 상태스트립(StatusStrip) 컨트롤 추가하고 텍스트 표시하기

[1단계] Windows Form 만들기

① [파일] > [새로 만들기] > [프로젝트]를 차례로 선택한다.

② [새 프로젝트] 대화상자의 '템플릿'–'Visual Basic'–'Windows Forms 응용 프로그램 템플릿'을 차례로 선택한다.

③ '이름' 상자에 프로젝트의 이름을 'StatusStrip'라고 입력하고, 저장 위치를 설정한 다음, [확인] 버튼을 클릭한다.

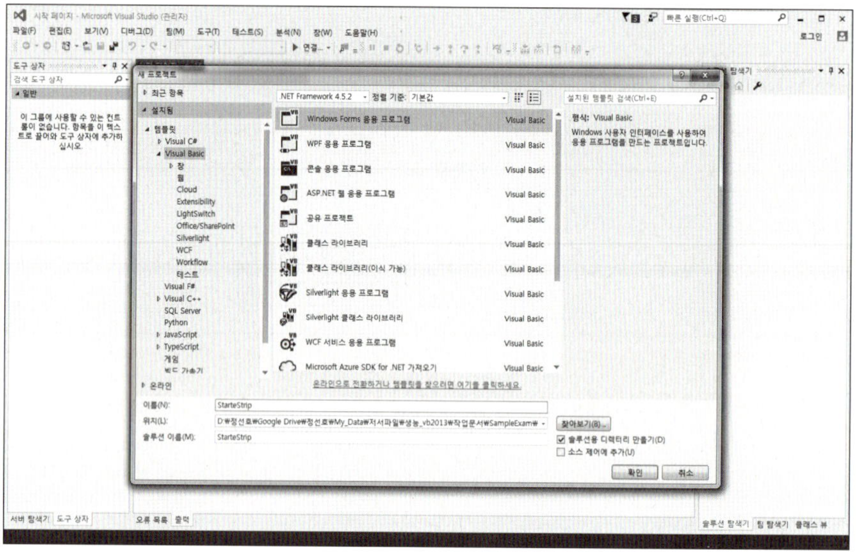

[2단계] 컨트롤 추가하고 속성 설정하기

④ 폼에 상태스트립(StatusStrip) 컨트롤을 추가하고, 오른쪽 위 모퉁이에서 스마트 작업 화살표(▶)를 클릭하여 툴스트립(ToolStrip) 작업 창을 표시한 다음, 'StatusLabel'을 선택한다.

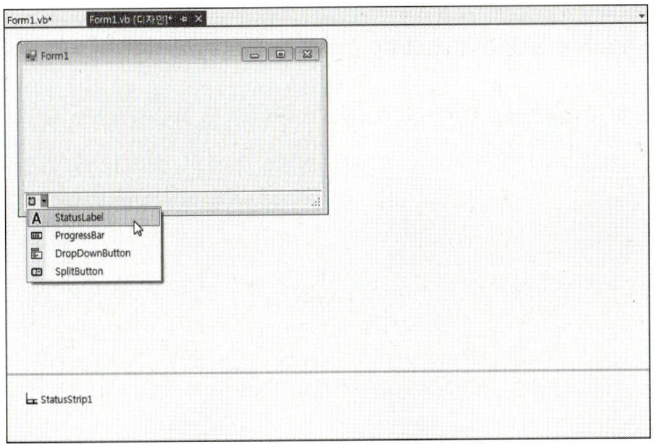

⑤ ToolStripStatusLabel 1 개체를 선택하고 다음과 같이 속성을 설정한다.

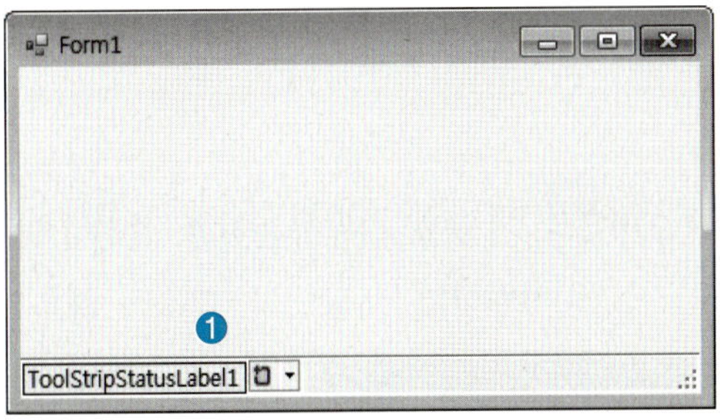

번호	컨트롤 종류	컨트롤	속성	속성값
❶	툴스트립상태레이블	ToolStripStatusLabel1	Text	VisualBasic~

⑥ 〈F5〉 키를 눌러 폼을 실행한 후, 상태스트립(StatusStrip) 컨트롤에 설정된 텍스트가 표시되는지 확인하자.

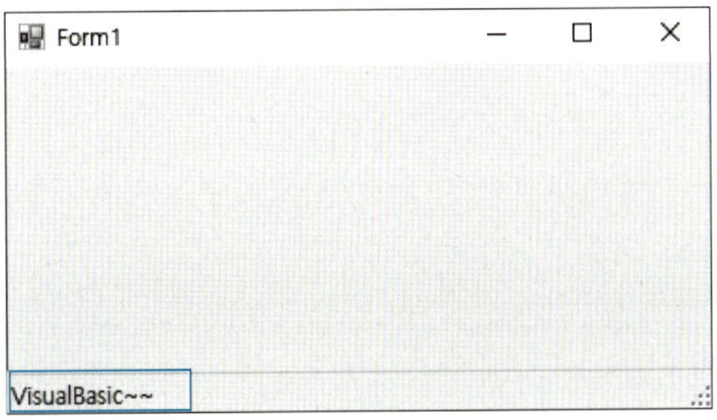

Tip 코드를 사용하여 상태스트립(StatusStrip) 컨트롤에 텍스트 표시하기

```
StatusStrip1.Dock = System.Windows.Forms.DockStyle.Bottom
StatusStrip1.GripStyle = System.Windows.Forms.ToolStripGripStyle.Visible
StatusStrip1.Items.AddRange(New System.Windows.Forms.ToolStripItem()
{toolStripStatusLabel1})
toolStripStatusLabel1.Text = "VisualBasic~~"
```

앞의 예제와 동일하게 텍스트가 표시되도록 하려면 폼의 Load 이벤트 처리기에 다음과 같이 입력하도록 한다.

1) 상태스트립(StatusStrip) 컨트롤의 주요 속성

■ CanOverflow 속성

상태스트립 컨트롤에서 오버플로 기능을 지원하는지를 설정하거나 반환한다. 상태스트립 컨트롤에서 오버플로 기능을 지원하면 True이고, 그렇지 않으면 False이다. 기본값은 False이다.

■ Stretch 속성

상태스트립 컨트롤이 컨테이너 내에서 최대한 양쪽 끝까지 확장되는지를 설정하거나 반환한다.

요약

- MDI(Multiple Document Interface) 폼: MDI 응용 프로그램의 기반이 되는 요소로, 사용자가 MDI 응용 프로그램과 상호 작용하는 하위 창인 MDI 자식 창을 포함한다.

- 디자이너를 이용하여 MDI 부모 폼을 만들려면 IsMDIContainer 속성을 True로 설정한다.

- 폼을 MDI 부모 폼(Form1)의 하위 폼으로 만들려면 IsMDIContainer 속성을 True로 설정하고, MdiParent 속성 값으로 'me'를 입력한다.

- 메뉴 스트립(MenuStrip) 컨트롤: 사용자가 필요로 하는 풀다운 형식의 메뉴를 만들 수 있도록 하는 컨트롤

- 컨텍스트메뉴스트립(ContextMenuStrip) 컨트롤: 컨트롤에 연결하는 바로 가기 메뉴를 제공하는 컨트롤

- 툴스트립(ToolStrip) 컨트롤: 메뉴, 컨트롤 및 사용자 정의 컨트롤을 호스트할 수 있는 도구 모음을 만들기 위해 사용하는 컨트롤

- 상태스트립(StatusStrip) 컨트롤: 폼에 표시되는 개체, 개체의 구성 요소 또는 응용 프로그램 내에서 해당 개체의 작업과 관련된 컨텍스트 정보 등을 표시하는 컨트롤

| 연습문제 |

1. 첫 번째 폼을 추가하고, MDI 폼으로 설정하라.

2. 1번의 MDI 폼에 다음과 같은 구조의 메뉴를 메뉴 스트립(MenuStrip) 컨트롤을 사용하여 구성하라.

```
파일(&F)                    편집(&E)
....새 파일(&N)             ....복사하기(&C)
....열기(&O)                ....붙여넣기(&P)
....저장(&S)                ....잘라내기(&X)
...._                       .
....끝내기(&X)
```

3. 1번에서 정의한 파일 메뉴를 팝업 메뉴로 구성하라.

4. 두 번째 폼을 추가하고, 이 폼을 MDI 폼의 자식 폼으로 설정하라.

5. 각 메뉴 항목을 선택하면 두 번째 폼에 선택한 메뉴에 대한 설명이 표시되도록 설정하라.
(예_ [새 파일] 메뉴를 선택하면, " [파일] 메뉴 > [새 파일] 메뉴를 선택하셨습니다."와 같이 표시되도록 하라.)

6. 툴스트립(ToolStrip) 컨트롤을 사용하여 1번의 각 메뉴에 해당하는 도구들을 포함하는 도구모음을 표시하라.

CHAPTER 12

대화상자 사용하기

contents

12 대화상자 사용하기

대상상자 컨트롤은 프로그램을 제작하는 과정에서 필수적으로 포함하는 파일 열기, 저장하기, 색 선택, 글꼴 선택, 인쇄 설정 등의 표준 대화상자를 만들기 위해 사용한다. '도구상자'의 '인쇄'와 '대화상자' 그룹의 컨트롤들이 제공된다.

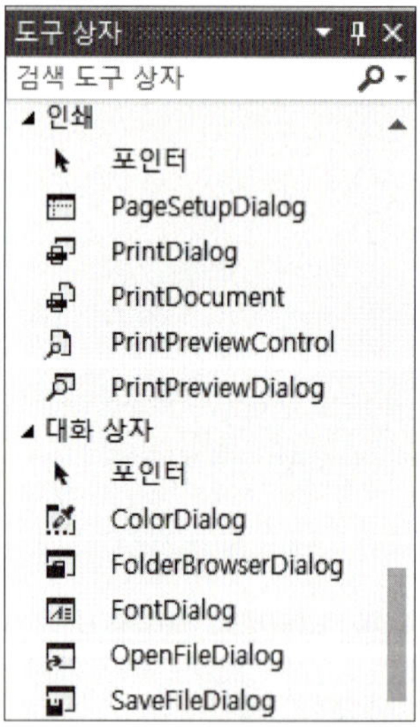

그림 12-1 대화상자 컨트롤

Section 01 [열기] 대화상자 컨트롤

[열기] 대화상자(OpenFileDialog) 컨트롤은 사용자가 파일에 접근할 수 있도록 해주는 컨

트롤이다. [코드] 창을 이용하여 직접 클래스로부터 생성자를 사용하여 만들 수도 있지만 [디자인] 창에서 컨트롤을 추가하여 대화상자를 표시할 수도 있다. 대화상자를 표시하기 위해서는 ShowDialog 메서드를 사용한다.

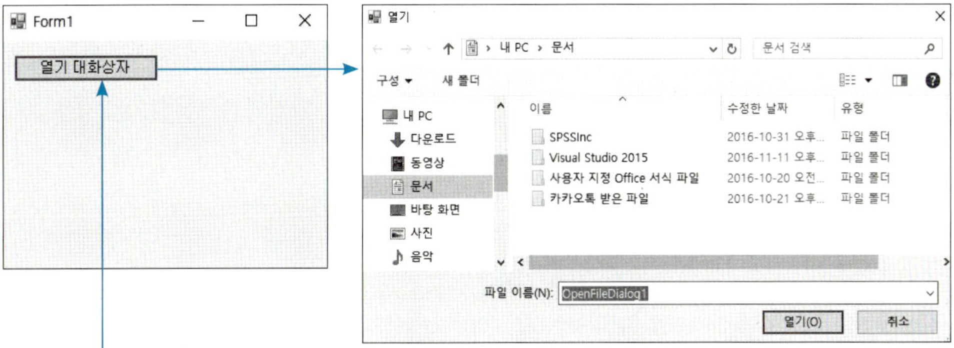


```
Private Sub Button1_Click(sender As Object, e As EventArgs) Handles Button1.Click
    OpenFileDialog1.ShowDialog()
End Sub
```

그림 12-2 ShowDialog 메서드 사용하기

1) OpenFileDialog 컨트롤의 주요 속성

▪ DefaultExt 속성

기본 확장명을 설정하거나 반환한다.

▪ FileName 속성

대화상자에서 선택한 파일 이름을 포함하는 문자열을 가져오거나 설정한다.

▪ FileNames 속성

대화상자에서 선택한 모든 파일의 파일 이름을 반환한다.

▪ Filter 속성

대화상자에서 "파일 형식으로 저장" 또는 "파일 형식" 상자에 표시되는 파일의 확장자를 지정하여 확장자를 가진 파일만 표시하기 위해 사용한다.

Filter 속성은 다음과 같은 형식으로 사용한다.

사용형식

```
개체이름.Filter = " 필터설명-1| 필터-1 [ | 필터설명-2| 필터-2| ...]
```

필터 설명은 목록에 표시할 확장자에 대한 설명을 표시하는 문자열을 의미하고, 필터는 불러올 파일의 종류를 의미한다. 하나의 필터에 두 개 이상의 확장자를 나열하는 경우 ;(세미콜론)을 사용하여 나타낸다.

사용예

```
CommonDialog1.Filter=" 비트맵(*.bmp)|*.BMP"
CommonDialog1.Filter=" 그림  파일(BMP,GIF,JPG)|*.BMP;*.GIF; *.JPG |
                    비트맵(*.bmp)|*.BMP"
```

■ FilterIndex 속성

파일 대화상자에서 현재 선택한 필터의 인덱스를 가져오거나 설정한다.

■ InitialDirectory 속성

파일 대화상자가 표시하는 초기 디렉터리를 가져오거나 설정한다.

■ Multiselect 속성

대화상자에서 여러 파일을 선택할 수 있는지 여부를 나타내는 값을 가져오거나 설정한다.

■ ReadOnlyChecked 속성

읽기 전용 확인란이 선택되었는지 여부를 나타내는 값을 가져오거나 설정한다.

■ SafeFileName 속성

대화상자에서 선택한 파일의 파일 이름과 확장명을 가져온다. 파일 이름에 경로는 포함되지 않는다.

■ SafeFileNames 속성

대화상자에서 선택한 모든 파일의 파일 이름과 확장명의 배열을 가져온다. 파일 이름에 경로는 포함되지 않는다.

■ ShowReadOnly 속성

대화상자에 읽기 전용 확인란이 있는지 여부를 나타내는 값을 가져오거나 설정한다.

■ Title 속성

파일 대화상자 제목을 가져오거나 설정한다.

2) OpenFileDialog 컨트롤의 주요 메서드

■ OpenFile 메서드

사용자가 선택한 파일을 읽기 전용 권한을 사용하여 열어준다. 이 파일은 FileName 속성을 사용하여 지정된다.

■ ShowDialog 메서드

일반 대화상자를 실행하여 표시한다.

실습 12-1 [열기] 대화상자를 이용하여 파일 가져오기

[1단계] Windows Form 만들기

① [파일] > [새로 만들기] > [프로젝트]를 차례로 선택한다.

② [새 프로젝트] 대화상자의 '템플릿'–'Visual Basic'–'Windows Forms 응용 프로그램 템플릿'을 차례로 선택한다.

③ '이름' 상자에 프로젝트의 이름을 'OpenFileDialog'라고 입력하고, 저장 위치를 설정한 다음 [확인] 버튼을 클릭한다.

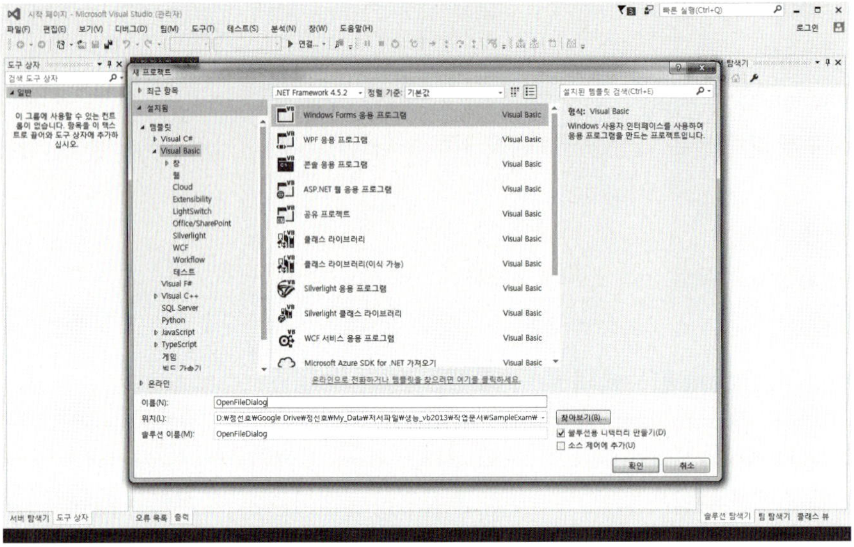

[2단계] 메뉴와 컨트롤 추가하고 속성 설정하기

④ 폼에 메뉴스트립(MenuStrip1) 컨트롤과 레이블(Label) 컨트롤, 열기대화상자(OpenFileDialog) 컨트롤을 추가하고 속성을 설정한다.

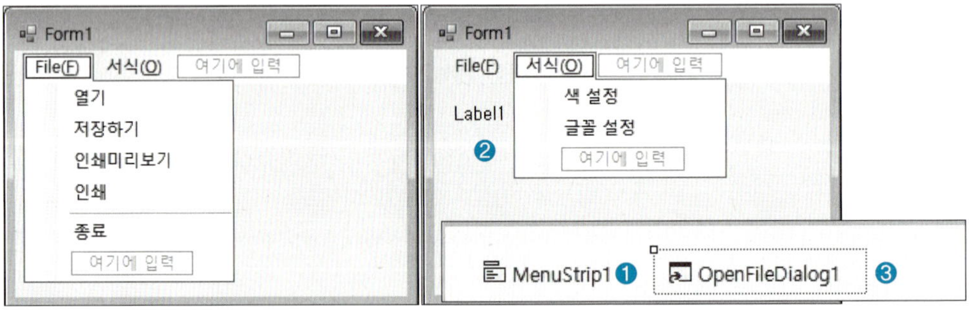

번호	컨트롤 종류	컨트롤		속성	속성값
❶	메뉴스트립	MenuStrip1	파일	Name	mnuFile
				Text	파일(&F)
			열기	Name	mnuFileOpen
				Text	열기

			저장하기	Name	mnuFileSaveAs
				Text	저장하기
			인쇄미리보기	Name	mnuFilePreview
				Text	인쇄미리보기
			인쇄	Name	mnuPrint
				Text	인쇄
			종료	Name	mnuExit
				Text	종료
			서식	Name	mnuEdit
				Text	서식(&O)
			색 설정	Name	mnuColor
				Text	색 설정
			글꼴 설정	Name	mnuFont
				Text	글꼴 설정
❷	레이블	Label2		Name	lblDisap
				Text	
❸	[열기]대화상자	OpenFileDialog1		Name	OpenFileDialog1
				Filter	텍스트(*.txt)|*.txt|모든 파일(*.*)|*.*
				FilterIndex	1
				Title	[열기] 대화상자
				InitialDirectory	D:\
				FileName	텍스트1

⑤ [파일] > [열기] 메뉴를 클릭하고 다음과 같이 코드를 작성하자.

```
Private Sub mnuFileOpen_Click(sender As Object, e As EventArgs) Handles
mnuFileOpen.Click
  Dim txtContent As String
  lblDisp.Text = ""
  If OpenFileDialog1.ShowDialog() = System.Windows.Forms.DialogResult.OK Then
     txtContent = _
        My.Computer.FileSystem.ReadAllText(OpenFileDialog1.FileName)
```

```
        lblDisp.Text = lblDisp.Text & OpenFileDialog1.FileName & _
                vbCrLf & txtContent
    End If
End Sub
```

⑥ 〈F5〉 키를 눌러 실행하고, 파일을 선택하여 폼에 내용이 표시되는지 확인하자.

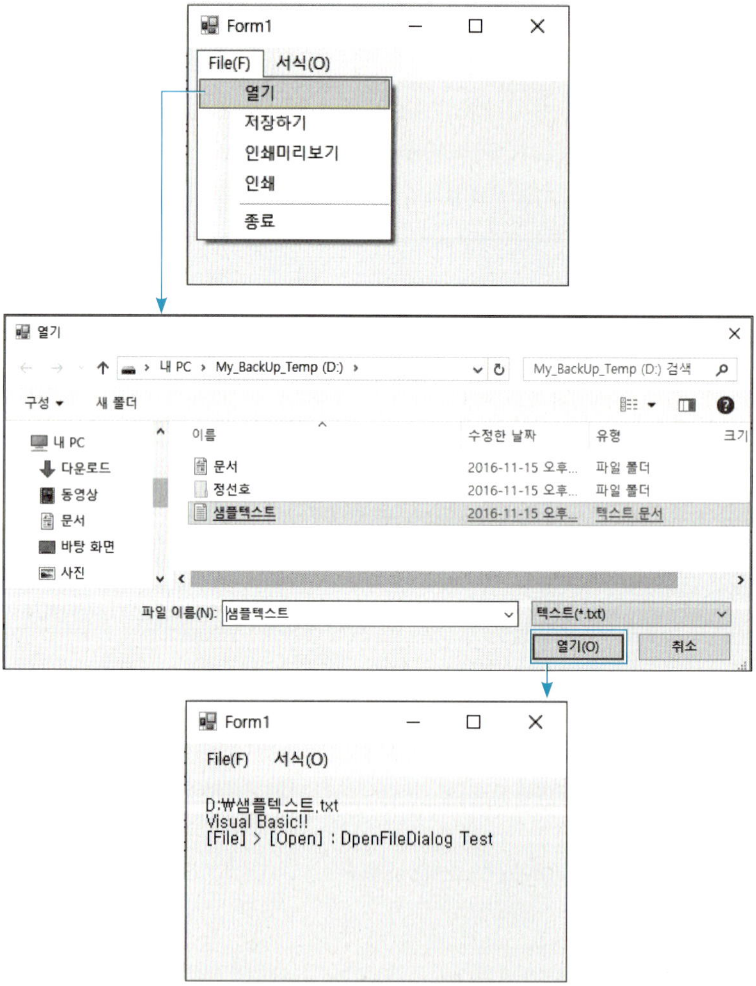

| 코드 이해하기 |

```
04 If OpenFileDialog1.ShowDialog() = System.Windows.Forms.DialogResult.OK Then
05   txtContent = _
        My.Computer.FileSystem.ReadAllText(OpenFileDialog1.FileName)
06     lblDisp.Text = lblDisp.Text & OpenFileDialog1.FileName & _
               vbCrLf & txtContent
07 End If
```

04행: [열기] 대화상자를 표시하고, [열기] 버튼을 클릭하면 05~06행을 실행한다.

05행: ReadAllText 메서드를 사용하여 텍스트 파일(OpenFileDialog1.FileName)을 열고 파일의 모든 줄을 문자열로 읽어 들인 다음 파일을 닫고, 문자형 변수 txtContent에 저장한다.

06행: 레이블 컨트롤(lblDisp)에 파일이름(OpenFileDialog1.FileName)과 문자형 변수 txtContent의 값을 표시한다.

Tip

• 코드를 사용하여 [열기] 대화상자 속성 설정하기

```
Private Sub mnuFileOpen_Click(sender As Object, e As EventArgs) Handles
 mnuFileOpen.Click
    openFileDialog1.Filter = "txt files (*.txt)|*.txt|All files (*.*)|*.*"
    openFileDialog1.FilterIndex = 2
    openFileDialog1.InitialDirectory = "D:\"
    openFileDialog1.Title = "[열기] 대화상자"
    openFileDialog1.ShowDialog()
End Sub
```

• 한글이 깨져 나옵니다.

한글이 표시되도록 하기 위해서는 인코딩을 지정해주어야 한다. Unicode 문자로 인코딩하기 위해서 DefaultEncoding을 옵션으로 사용하여 ReadAllText 메서드를 사용할 때 다음과 같이 인코딩을 지정하자.

```
My.Computer.FileSystem.ReadAllText("C:\test.txt", System.Text.Encoding.Default)
```

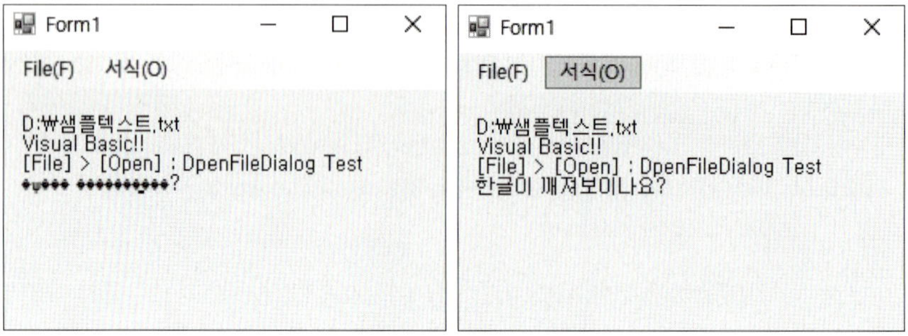

인코딩 옵션으로 한글표시하기

인코딩 옵션은 ASCII, Unicode, UTF32, UTF7, UTF8 등이다. 파일을 저장할 때 사용한 인코딩 종류에 따라 선택하여 사용하면 된다.

Section 02 [다른 이름으로 저장하기] 대화상자 컨트롤

[다른 이름으로 저장하기] 대화상자(SaveFileDialog) 컨트롤은 현재 파일을 저장할 수 있도록 해주는 컨트롤이다. [코드] 창을 이용하여 직접 클래스로부터 생성자를 사용해 만들 수도 있지만 [디자인] 창에서 컨트롤을 추가하여 대화상자를 표시할 수 있다. 대화상자를 표시하기 위해서는 ShowDialog 메서드를 사용한다.

[열기] 대화상자와 달리 [저장] 버튼을 가지고 있다는 것 외에 거의 유사하다. [다른 이름으로 저장] 대화상자에서 사용되는 속성이나 사용 방법은 [열기] 대화상자를 참고한다.

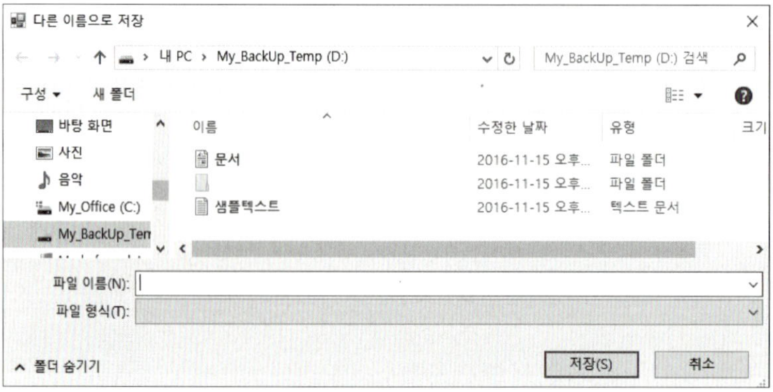

그림 12-3 [다른 이름으로 저장] 대화상자

1) SaveFileDialog 컨트롤의 주요 속성

- OverwritePrompt 속성

이미 존재하는 파일 이름을 지정하는 경우 대화상자에 경고가 표시된다.

실습 12-2 **[다른 이름으로 저장하기] 대화상자를 이용하여 파일 가져오기**

[1단계] 컨트롤 추가하고 속성 설정하기

① 앞의 예제에 [저장] 대화상자(SaveFileDialog) 컨트롤을 추가하고 속성을 설정한다.

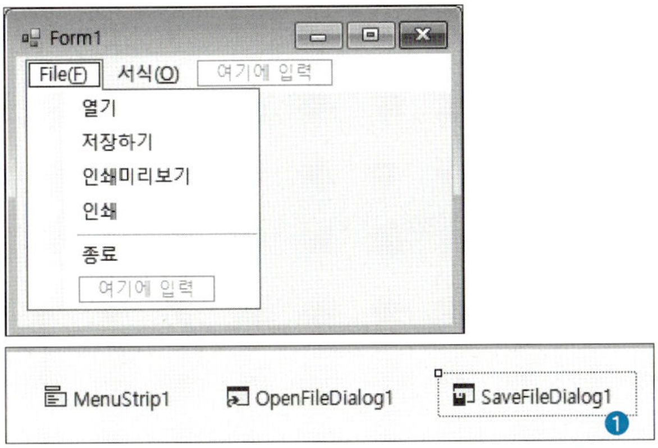

번호	컨트롤 종류	컨트롤	속성	속성값
❶	[다른이름으로 저장]대화상자	OpenFileDialog1	Name	SaveFileDialog1
			Filter	텍스트(*.txt)|*.txt|모든 파일(*.*)|*.*
			FilterIndex	2
			Title	[다른 이름으로 저장] 대화상자
			InitialDirectory	D:\
			FileName	텍스트_1

② [파일] > [저장하기] 메뉴를 클릭하고 다음과 같이 코드를 작성하자.

```
Private Sub mnuFileSave_Click(sender As Object, e As EventArgs) Handles
mnuFileOpen.Click
   Dim saveFileName As String
   SaveFileDialog1.Filter = "txt files (*.txt)|*.txt|All files (*.*)|*.*"
   SaveFileDialog1.FilterIndex = 2
   SaveFileDialog1.InitialDirectory = "D:\"
   If SaveFileDialog1.ShowDialog() = System.Windows.Forms.DialogResult.OK Then
      saveFileName = SaveFileDialog1.FileName
      lblDisp.Text = lblDisp.Text & vbCrLf & _
                 "저장된 파일에는 이 내용이 추가됩니다~"
      My.Computer.FileSystem.WriteAllText(saveFileName, lblDisp.Text, True)
   End If
End Sub
```

③ 〈F5〉 키를 눌러 [열기] 메뉴를 실행하여 텍스트를 표시한 후 [저장하기] 메뉴를 클릭하여 파일을 저장하자.

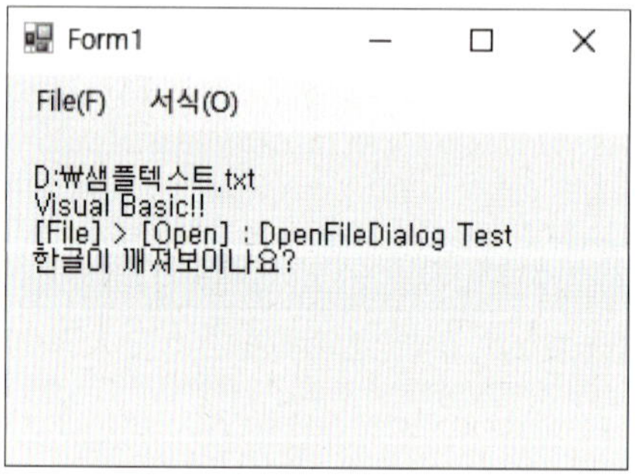

[저장하기 전]

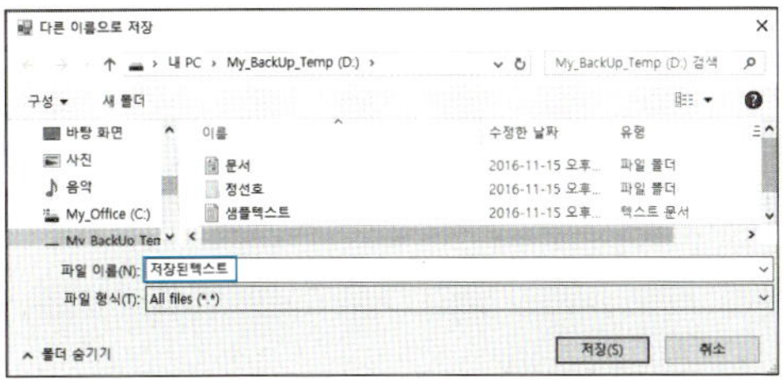

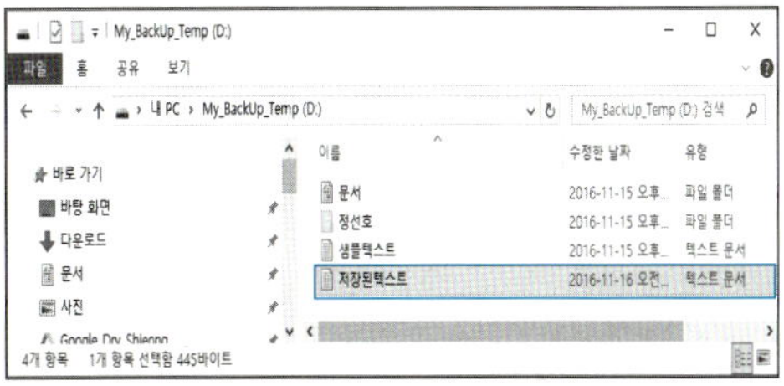

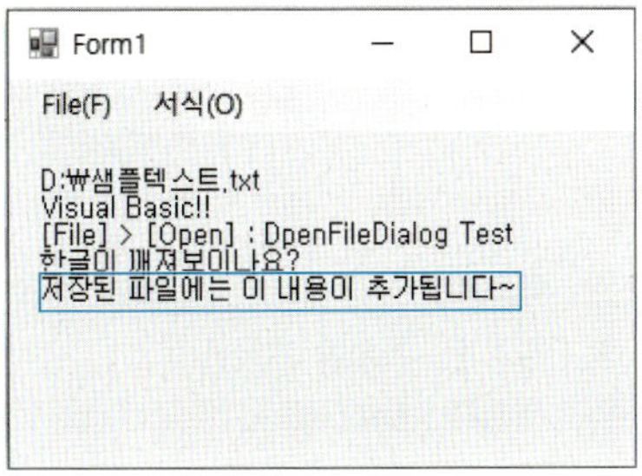

[저장하기 실행 후]

| 코드 이해하기 |

```
03 SaveFileDialog1.Filter = "txt files (*.txt)|*.txt|All files (*.*)|*.*"
04 SaveFileDialog1.FilterIndex = 2
05 SaveFileDialog1.InitialDirectory = "D:\"
```

03행: [다른 이름으로 저장] 대화상자의 '파일 형식' 항목에 표시할 2개 항목을 Filter 속성을 이용하여 설정한다.

04행: '파일 형식' 항목에 표시할 2개 항목 중 두 번째 항목을 기본 항목으로 표시한다.

05행: 대화상자의 기본 위치를 D:\로 설정한다.

```
06 If SaveFileDialog1.ShowDialog() = System.Windows.Forms.DialogResult.OK Then
07    saveFileName = SaveFileDialog1.FileName
08    lblDisp.Text = lblDisp.Text & vbCrLf & _
                 "저장된 파일에는 이 내용이 추가됩니다~"
09    My.Computer.FileSystem.WriteAllText(saveFileName, lblDisp.Text, True)
10 End If
```

06행: [다른 이름으로 저장] 대화상자를 표시한 후 [저장] 버튼을 클릭하면 07~09행까지를 반복한다.

07행: 저장할 때 사용할 파일의 이름(SaveFileDialog1.FileName)을 saveFileName 변수에 저장한다.

08행: 현재 레이블컨트롤(lblDisp)에 표시된 내용에 문자열("저장된 파일에는 이 내용이 추가됩니다~")을 추가하여 Text 속성값으로 설정한다.

09행: WriteAllText 메서드를 사용하여 레이블 컨트롤(lblDisp)의 Text 속성의 내용을 saveFileName 파일로 저장한다.

> **Tip WriteAllText 메서드**
>
> WriteAllText 메서드는 새 파일을 만들고 지정된 인코딩을 사용하여 지정된 문자열을 파일에 쓴 다음 파일을 닫는다. 대상 파일이 이미 있으면 그 파일을 덮어쓰게 된다. WriteAllText 메서드는 다음과 같은 형식으로 사용 가능하다.
>
> ```
> WriteAllText 메서드 (File명, 텍스트)
> WriteAllText 메서드 (File명, 텍스트, append속성)
> WriteAllText 메서드 (File명, 텍스트, Encoding)
> WriteAllText 메서드 (File명, 텍스트, append속성, Encoding)
> ```
>
> append 속성은 파일에 텍스트를 추가할 것인지 묻는 값으로 True이면 추가하고, False이면 덮어쓰게 된다.

Section 03 [글꼴] 대화상자 컨트롤

[글꼴] 대화상자(FontDialog) 컨트롤은 로컬 컴퓨터에 설치되어 있는 글꼴 중에서 글꼴을 선택하여 표시하도록 하는 컨트롤이다. [코드] 창을 이용하여 직접 클래스로부터 생성자를 사용하여 만들 수도 있지만 [디자인] 창에서 컨트롤을 추가하여 대화상자를 표시할 수 있다. 대화상자를 표시하기 위해서는 ShowDialog 메서드를 사용한다.

1) FontDialog 컨트롤의 주요 속성

- **Color 속성**

선택한 글꼴 색을 가져오거나 설정한다.

- **Font 속성**

선택한 글꼴을 가져오거나 설정한다.

■ MaxSize 속성

선택할 수 있는 최대 크기를 가져오거나 설정한다.

■ MinSize 속성

선택할 수 있는 최소 크기를 가져오거나 설정한다.

■ ShowApply 속성

대화상자에 [적용] 단추를 표시할 것인지 여부를 나타내는 값을 가져오거나 설정한다.

■ ShowColor 속성

대화상자에 색 선택 항목을 표시하는지를 나타내는 값을 가져오거나 설정한다.

■ ShowEffects 속성

취소선, 밑줄 및 텍스트 색 옵션을 지정하는 데 사용할 수 있는 컨트롤이 대화상자에 포함됐는지를 나타내는 값을 가져오거나 설정한다.

■ ShowHelp 속성

대화상자에 도움말 단추가 표시되는지를 나타내는 값을 가져오거나 설정한다.

실습 12-3 [글꼴] 대화상자를 이용하여 파일 가져오기

[1단계] 컨트롤 추가하고 속성 설정하기

① 앞의 예제에 [글꼴] 대화상자(FontDialog) 컨트롤을 추가하고 속성을 설정한다.

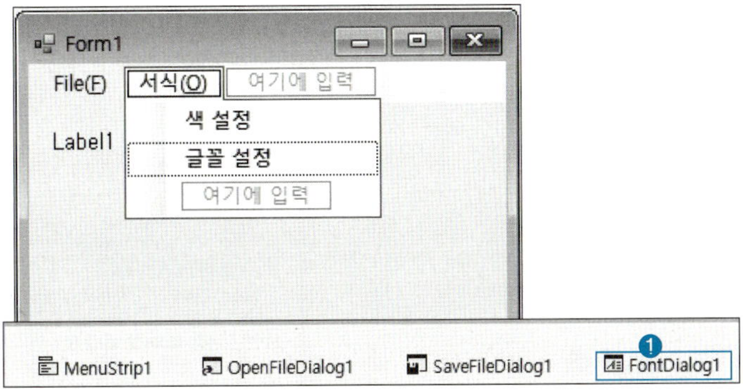

번호	컨트롤 종류	컨트롤	속성	속성값
❶	[글꼴]대화상자	FontDialog1	Name	FontDialog1
			ShowColor	True
			ShowApply	True

② [서식] > [글꼴 설정] 메뉴를 더블 클릭하고 다음과 같이 코드를 작성하자.

```
Private Sub mnuFont_Click(sender As Object, e As EventArgs) Handles mnuFont.
Click
   If FontDialog1.ShowDialog() = System.Windows.Forms.DialogResult.OK Then
      lblDisp.Font = FontDialog1.Font
      lblDisp.ForeColor = FontDialog1.Color
   End If
```

③ 〈F5〉 키를 눌러 [열기] 메뉴를 실행하여 텍스트를 표시한 후 [글꼴 설정] 메뉴를 클릭하여 글꼴을 설정하고 [확인] 버튼을 클릭한다.

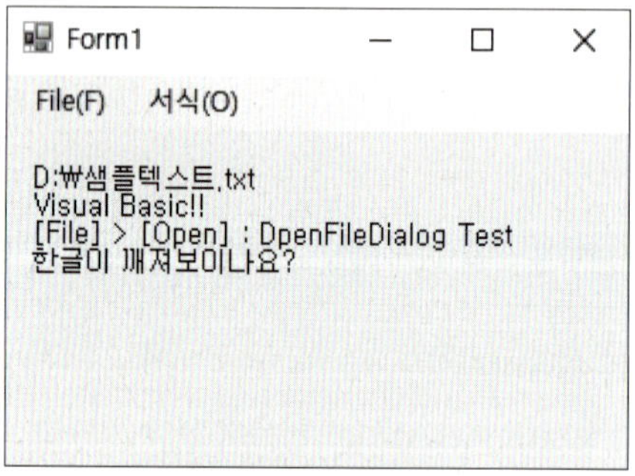

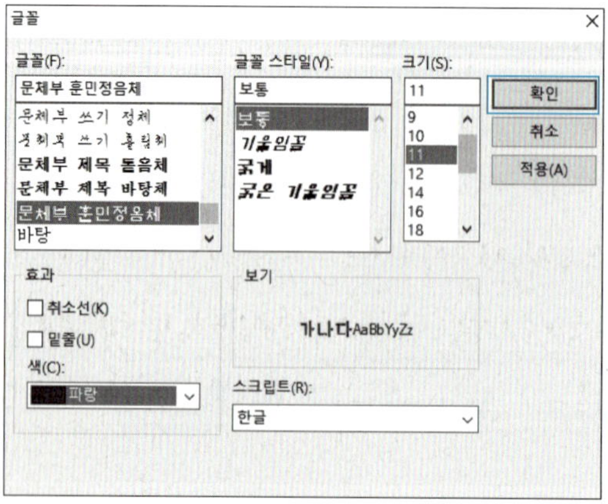

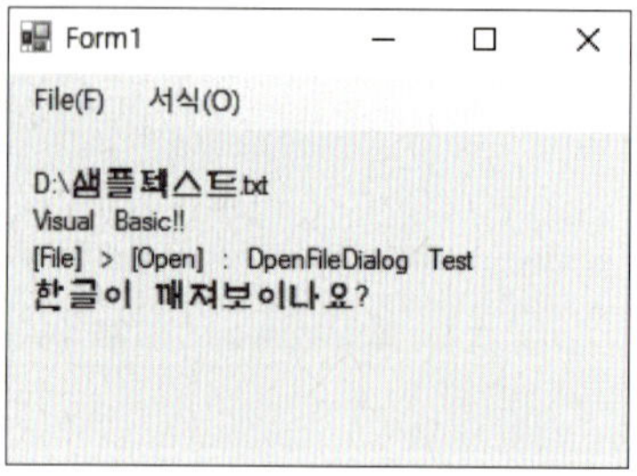

④ [적용] 버튼을 클릭하여 설정된 속성이 적용되도록 다음과 같이 코드를 작성하자.

```
07  Private Sub FontDialog1_Apply(ByVal sender As System.Object, ByVal e As
    System.EventArgs) Handles FontDialog1.Apply
08          lblDisp.Font = FontDialog1.Font
09          lblDisp.ForeColor = FontDialog1.Color
10  End Sub
```

⑤ 〈F5〉 키를 눌러 [열기] 메뉴를 실행하여 텍스트를 표시한 후 [글꼴 설정] 메뉴에서 글꼴을 설정하고 [적용] 버튼을 클릭한다. [적용] 버튼은 [확인] 버튼과 다르게 대화상자를 닫지 않는다.

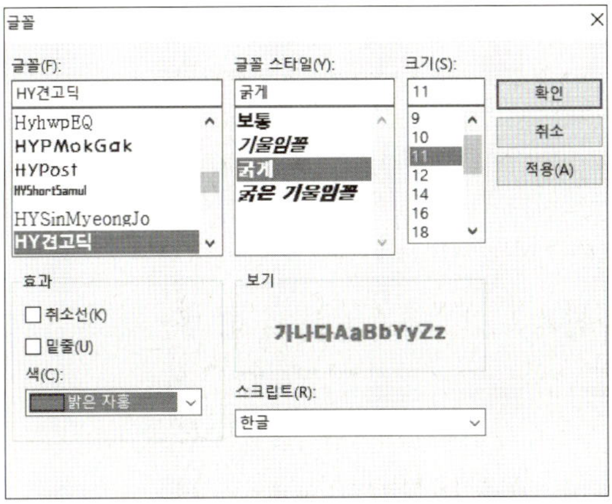

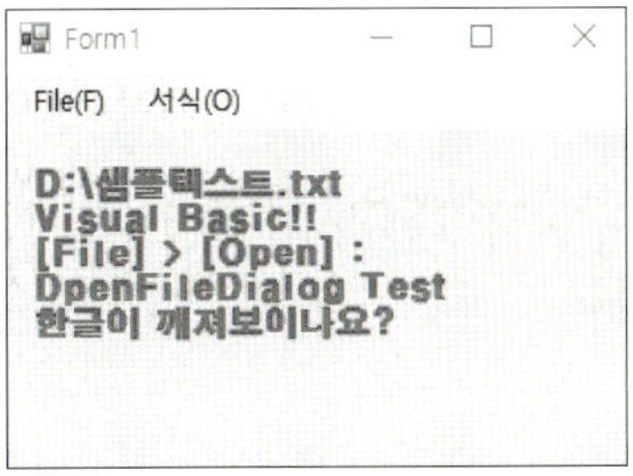

| 코드 이해하기 |

```
07  Private Sub FontDialog1_Apply(ByVal sender As System.Object, ByVal e As
      System.EventArgs) Handles FontDialog1.Apply
08      lblDisp.Font = FontDialog1.Font
09      lblDisp.ForeColor = FontDialog1.Color
10  End Sub
```

07~10행: [적용] 버튼을 클릭하면 설정된 글꼴 속성이 레이블 컨트롤에 적용되도록 한다.

Section 04 [색] 대화상자 컨트롤

[색] 대화상자(ColorDialog) 컨트롤은 사용자가 사용자 지정 색을 정의하는 데 사용할 수 있는 컨트롤과 함께 사용 가능한 색을 표시하는 일반 대화상자를 표시하도록 하는 컨트롤이다. [코드] 창을 이용하여 직접 클래스로부터 생성자를 사용하여 만들 수도 있지만 [디자인] 창에서 컨트롤을 추가하여 대화상자를 표시할 수 있다. 대화상자를 표시하기 위해서는 ShowDialog 메서드를 사용한다.

1) ColorDialog 컨트롤의 주요 속성

■ AllowFullOpen 속성

대화상자를 사용하여 사용자 지정 색을 정의할 수 있는지를 나타내는 값을 가져오거나 설정한다.

■ Color 속성

선택한 색을 가져오거나 설정한다.

■ CustomColors 속성

대화상자에 표시된 사용자 지정 색 집합을 가져오거나 설정한다.

실습 12-4 [색] 대화상자를 이용하여 파일 가져오기

[1단계] 컨트롤 추가하고 속성 설정하기

① 앞의 예제에 [색] 대화상자(ColorDialog) 컨트롤을 추가하고 속성을 설정한다.

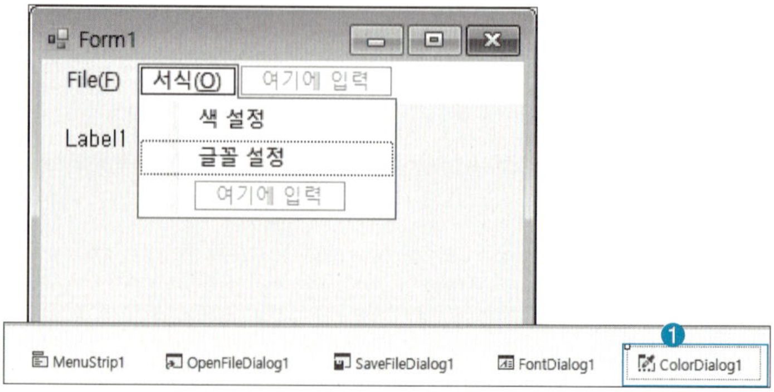

번호	컨트롤 종류	컨트롤	속성	속성값
❶	[색] 대화상자	ColorDialog1	Name	ColorDialog1

[2단계] 코드 추가하기

② [서식] > [색 설정] 메뉴를 더블 클릭하고 다음과 같이 코드를 작성하자.

```
Private Sub mnuColor_Click(sender As Object, e As EventArgs) Handles
mnuColor.Click
    If ColorDialog1.ShowDialog() = System.Windows.Forms.DialogResult.OK Then
        lblDisp.ForeColor = ColorDialog1.Color
    End If
End Sub
```

③ 〈F5〉 키를 눌러 [열기] 메뉴를 실행하여 텍스트를 표시한 후 [색 설정] 메뉴에서 색을 설정하고 [확인] 버튼을 클릭하자.

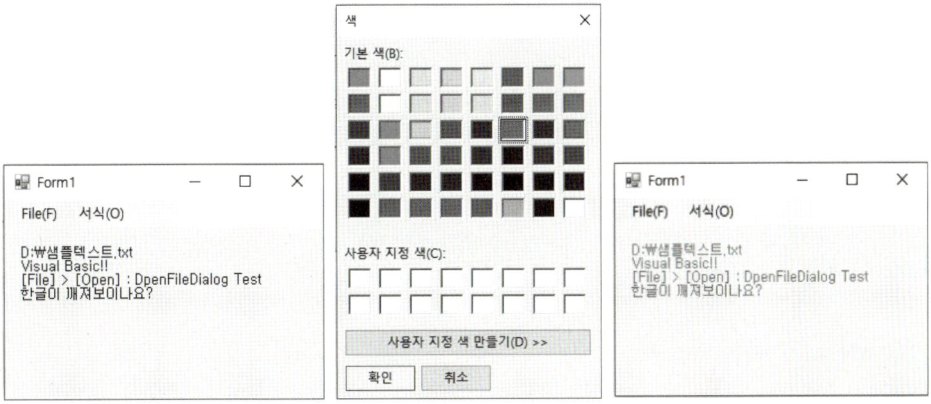

| 코드 이해하기 |

```
Private Sub mnuColor_Click(sender As Object, e As EventArgs) Handles
    mnuColor.Click
    If ColorDialog1.ShowDialog() = System.Windows.Forms.DialogResult.OK Then
        lblDisp.ForeColor = ColorDialog1.Color
    End If
End Sub
```

01~05행: [색] 대화상자에서 색을 선택한 후 [확인] 버튼을 클릭하면 설정된 색상이 레이블 컨트롤에 적용되도록 한다.

Section 05 [파일찾기] 대화상자 컨트롤

사용자 파일이 아닌 폴더를 선택하도록 하는 경우에 사용하며, 폴더 찾아보기 트리 컨트롤을 이용할 수 있도록 제공한다. 폴더는 하나만 선택할 수 있으며, FolderBrowser Dialog 모달 대화상자로 폴더를 선택할 때까지 응용 프로그램을 사용할 수 없도록 한다.

일반적으로 FolderBrowserDialog는 RootFolder에서 검색을 시작하지만, SelectedPath 속성을 사용하여 표시되는 위치를 설정할 수 있다. 대화상자를 표시하기 위해서는 ShowDialog 메서드를 사용한다.

1) FolderBrowserDialog 컨트롤의 주요 속성

- RootFolder 속성

검색이 시작되는 위치에서의 루트 폴더를 가져오거나 설정한다. 기본값은 DeskTop이다.

- SelectedPath 속성

사용자가 선택한 경로를 가져오거나 설정한다.

- ShowNewFolderButton 속성

새 폴더가 찾아보기 대화상자에 표시된다.

실습 12-5 [파일찾기] 대화상자를 이용하여 파일 가져오기

[1단계] 컨트롤 추가하고 속성 설정하기

① 앞의 예제에 버튼(Button) 컨트롤, [파일찾기] 대화상자(FolderBrowserDialog) 컨트롤을 추가하고 다음과 같이 속성을 설정한다.

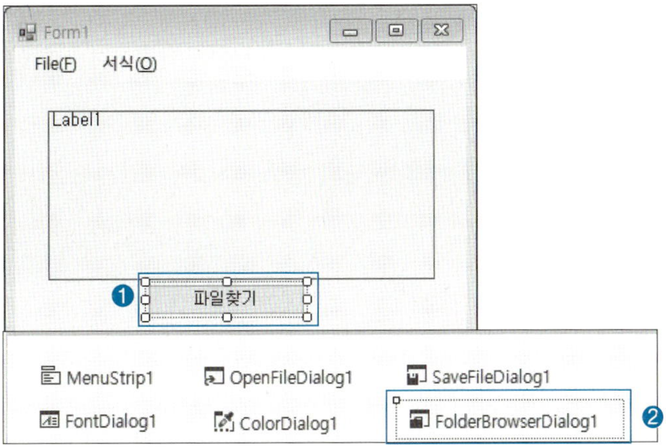

번호	컨트롤 종류	컨트롤	속성	속성값
❶	버튼	Button1	Name	btnFileBrowse
			Text	파일찾기
❷	[파일찾기] 대화상자	FolderBrowserDialog1	Name	FolderBrowserDialog1

[2단계] 코드 작성하기

② [파일찾기] 버튼을 클릭하고 다음과 같이 코드를 작성하자.

```
Private Sub Button1_Click(sender As Object, e As EventArgs) Handles btnFileBrowse.Click
  Dim result As DialogResult = FolderBrowserDialog1.ShowDialog()
  Dim fileOpened As Boolean = False
  Dim folderName As String
  Dim txtContent As String
  If (result = DialogResult.OK) Then
    folderName = FolderBrowserDialog1.SelectedPath
    lblDisp.Text = folderName
```

```
        If (Not fileOpened) Then
          OpenFileDialog1.InitialDirectory = folderName
          OpenFileDialog1.FileName = Nothing
          OpenFileDialog1.ShowDialog()
          txtContent = _
             My.Computer.FileSystem.ReadAllText(OpenFileDialog1.FileName, _
                         System.Text.Encoding.Default)
          lblDisp.Text = lblDisp.Text & vbCrLf & txtContent
        End If
     End If
   End Sub
```

③ 〈F5〉 키를 눌러 [열기] 메뉴를 실행하여 텍스트를 표시한 후 [색 설정] 메뉴에서 색을 설정하고 [확인] 버튼을 클릭한다.

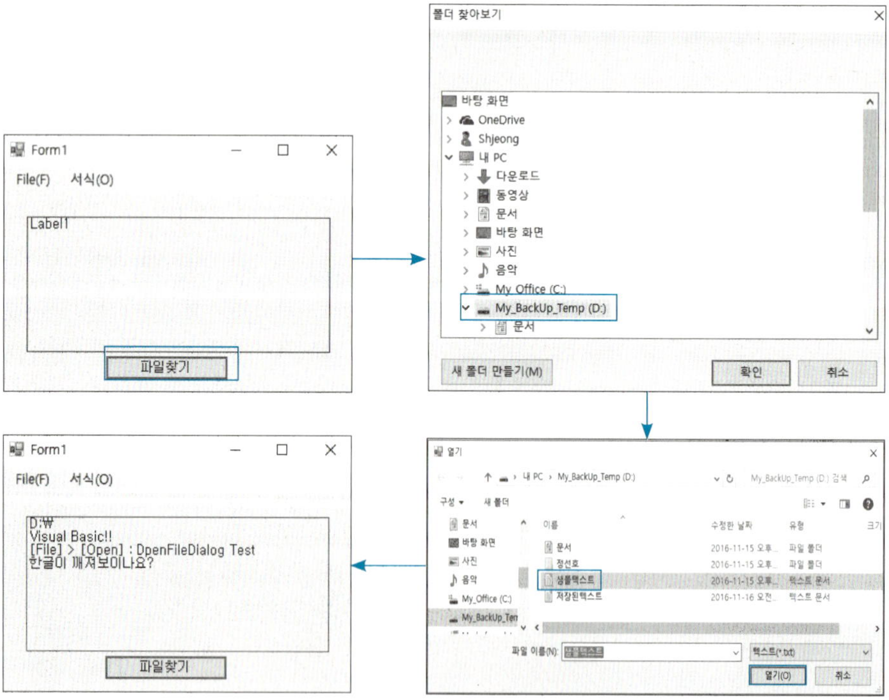

| 코드 이해하기 |

```
02 Dim result As DialogResult = FolderBrowserDialog1.ShowDialog()
03 Dim fileOpened As Boolean = False
04 Dim folderName As String
05 Dim txtContent As String
```

02~05행: 각 변수를 선언한다.

```
06 If (result = DialogResult.OK) Then
07     folderName = FolderBrowserDialog1.SelectedPath
08     lblDisp.Text = folderName
09     If (Not fileOpened) Then
10         OpenFileDialog1.InitialDirectory = folderName
11         OpenFileDialog1.FileName = Nothing
12         OpenFileDialog1.ShowDialog()
13         txtContent = _
             My.Computer.FileSystem.ReadAllText(OpenFileDialog1.FileName, _
                         System.Text.Encoding.Default)
14         lblDisp.Text = lblDisp.Text & vbCrLf & txtContent
15     End If
16 End If
```

06~16행: [파일찾기] 대화상자(FolderBrowserDialog1)에서 폴더 위치를 선택하고 [확인] 버튼을 클릭하면 07~15행까지를 실행한다.

07행: [파일찾기] 대화상자(FolderBrowserDialog1)에서 선택한 폴더 위치를 변수 folderName에 저장한다.

08행: 레이블 컨트롤(lblDisp)의 Text 속성값에 저장한다.

09~15행: 현재 열려있는 파일이 없으면, 선택한 경로로 [열기] 대화상자를 표시한다.

10행: 변수 folderName의 값을 [열기] 대화상자의 기본 위치로 설정한다.

11행: [열기] 대화상자의 파일 이름을 공백으로 표시한다.

12행: 10~11행에 설정된 값으로 [열기] 대화상자를 표시한다.

13행: 선택한 파일을 읽어 변수 txtContent에 저장한다.

14행: 08행의 결과와 txtContent 변수를 합쳐서 레이블 컨트롤에 표시한다.

Section 06 [인쇄] 대화상자 컨트롤

[인쇄] 대화상자는 인쇄되는 방법을 지정하거나 인쇄 범위, 인쇄 품질, 인쇄 매수 등 인쇄와 관련된 값들을 설정할 수 있다. 또 현재 설치된 프린터에 관한 설정은 PrinterSetting 속성을 사용하여 확인할 수 있다. [인쇄] 대화상자 역시 ShowDialog 메서드를 사용하여 표시한다.

1) PrintDialog 컨트롤의 주요 속성

■ AllowCurrentPage 속성

'현재 페이지' 옵션 단추 표시 여부를 설정한다.

■ AllowPrintToFile 속성

'파일로 인쇄' 표시 여부를 설정한다.

■ AllowSelection 속성

'선택 영역' 단추 표시 여부를 설정한다.

■ AllowSomePages 속성

'페이지 지정' 옵션 단추 표시 여부를 설정한다.

■ Document 속성

PrinterSettings 값을 포함하는 PrintDocument를 가져온다.

■ PrinterSettings 속성

프린터 설정을 대화상자를 사용하여 설정한다.

■ PrintToFile 속성

파일로 인쇄 확인란 표시 여부를 설정한다.

■ ShowHelp 속성

도움말 단추 표시 표시 여부를 설정한다.

실습 12-6 [인쇄] 대화상자를 이용하여 파일 인쇄하기

[1단계] 컨트롤 추가하고 속성 설정하기

① 앞의 예제에 [인쇄] 대화상자(PrintDialog) 컨트롤을 추가하고 다음과 같이 속성을 설정한다.

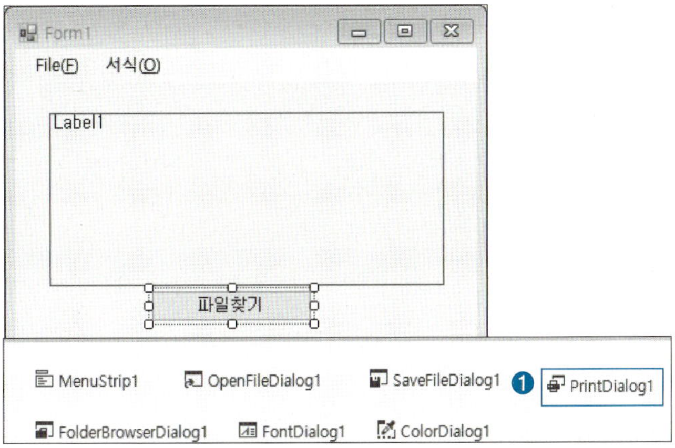

번호	컨트롤 종류	컨트롤	속성	속성값
❶	[인쇄] 대화상자	PrintDialog1	Name	PrintDialog1

[2단계] 코드작성하기

② [인쇄] 메뉴를 클릭하고 다음과 같이 코드를 작성하자.

```
Private Sub mnuPrint_Click(sender As Object, e As EventArgs) Handles mnuPrint.Click
    Dim docToPrint As New Printing.PrintDocument
    PrintDialog1.Document = docToPrint
    Dim result As DialogResult = PrintDialog1.ShowDialog()
    If (result = DialogResult.OK) Then
        docToPrint.Print()
    End If
End Sub
```

③ 〈F5〉 키를 눌러 [인쇄] 메뉴를 실행하자.

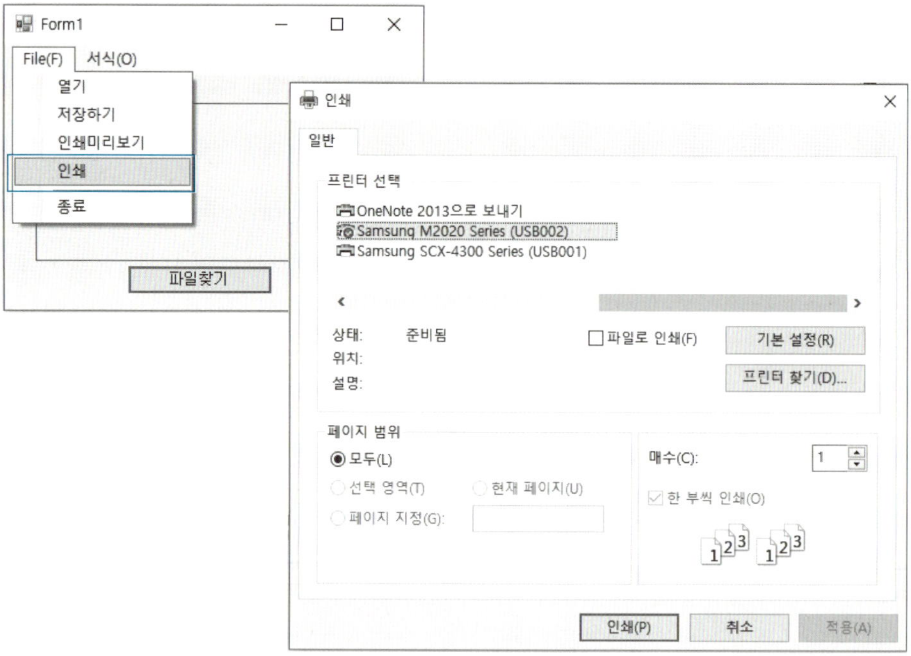

④ '페이지 범위'의 항목을 활성화하기 위해 다음 코드를 추가하자.

```
Private Sub mnuPrint_Click(sender As Object, e As EventArgs) Handles mnuPrint.Click
    Dim docToPrint As New Printing.PrintDocument
    PrintDialog1.AllowSomePages = True
    PrintDialog1.AllowCurrentPage = True
    PrintDialog1.AllowSelection = True
    PrintDialog1.ShowHelp = True
    PrintDialog1.Document = docToPrint
    Dim result As DialogResult = PrintDialog1.ShowDialog()
    If (result = DialogResult.OK) Then
        docToPrint.Print()
    End If
End Sub
```

⑤ 〈F5〉 키를 눌러 [인쇄] 메뉴를 다시 한 번 실행하자.

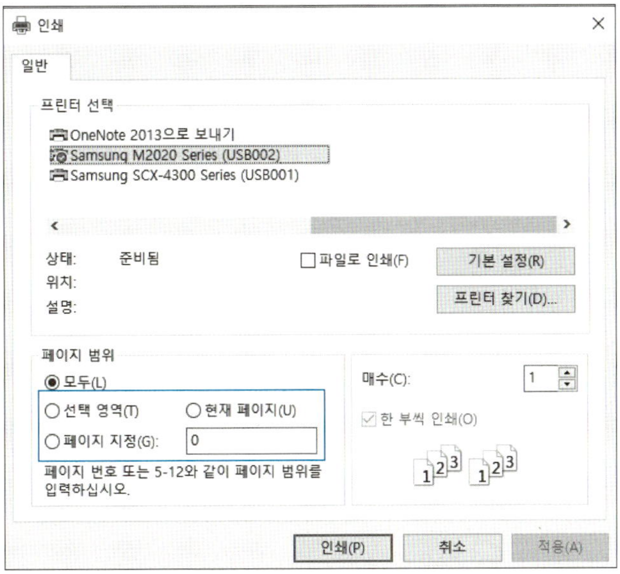

| 코드 이해하기 |

```
02  Dim docToPrint As New Printing.PrintDocument
```

02행: 현재 설정된 프린터 관련 정보를 포함하는 PrintDocument 값을 변수 docToPrint 변수에 저장한다.

```
03  PrintDialog1.AllowSomePages = True
04  PrintDialog1.AllowCurrentPage = True
05  PrintDialog1.AllowSelection = True
06  PrintDialog1.ShowHelp = True
```

03행: '페이지 지정' 항목을 활성화한다.
04행: '현재 페이지' 항목을 활성화한다.
05행: '선택영역' 항목을 활성화한다.
06행: [도움말] 버튼을 활성화한다.

```
07  PrintDialog1.Document = docToPrint
```

07행: PrintDocument 값을 선택한 프린터의 값으로 설정한다.

```
08  Dim result As DialogResult = PrintDialog1.ShowDialog()
09  If (result = DialogResult.OK) Then
10    docToPrint.Print()
11  End If
```

08~11행: [인쇄] 버튼을 클릭하면 문서를 인쇄한다.

Section 07 [페이지 설정] 대화상자 컨트롤

[페이지 설정] 대화상자는 인쇄되는 문서의 속성을 설정하기 위해 사용하며, 여백, 용지 방향, 크기 등의 값을 정의한다. [페이지 설정] 대화상자를 표시하려면 페이지 설정을 위해 필요한 Document, PrinterSettings 또는 PageSettings 등을 먼저 호출해야 한다. [페이지 설정] 대화상자 역시 ShowDialog 메서드를 사용하여 표시한다.

1) PageSetupDialog 컨트롤의 주요 속성

- **AllowMargins 속성**

'여백'을 설정할 수 있도록 표시할 것인지 여부를 설정한다.

- **AllowOrientation 속성**

대화상자에 '가로' 및 '세로'의 방향 설정 항목을 사용할 것인지 여부를 설정한다.

- **AllowPaper 속성**

대화상자에 '용지 크기' 및 '용지 공급' 관련 항목을 사용할 것인지 여부를 설정한다.

- **AllowPrinter 속성**

[프린터] 버튼을 사용할 것인지 여부를 설정한다.

- **Document 속성**

PrintDocument에서 페이지 설정값을 가져온다.

■ MinMargins 속성

최소 여백을 나타내는 값을 가져오거나 설정한다.

■ PageSettings 속성

수정된 페이지 설정값을 가져오거나 설정한다.

■ PrinterSettings 속성

대화상자에서 프린터 단추를 클릭하면 수정된 프린터 설정을 가져오거나 설정한다.

■ ShowHelp 속성

도움말 단추 표시 표시 여부를 설정한다.

실습 12-7 [페이지 설정] 대화상자를 이용하여 페이지 설정하기

[1단계] 컨트롤 추가하고 속성 설정하기

① 앞의 예제에 [페이지 설정] 메뉴와 [페이지 설정] 대화상자(PageSetupDialog) 컨트롤을 추가하고 다음과 같이 속성을 설정한다.

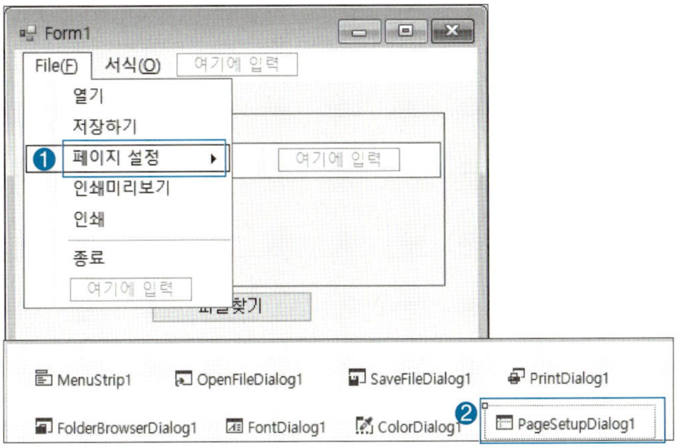

번호	컨트롤 종류	컨트롤	속성	속성값
❶	메뉴	ToolStripMenuItem1	Name	mnuPageSetup
			Text	페이지 설정
❷	[인쇄] 대화상자	PageSetupDialog1	Name	PageSetupDialog1

② [페이지 설정] 메뉴를 클릭하고 다음과 같이 코드를 작성하자.

```
Private Sub mnuPageSetup_Click(sender As Object, e As EventArgs) Handles mnuPageSetup.Click
    PageSetupDialog1.PageSettings = New System.Drawing.Printing.PageSettings
    PageSetupDialog1.PrinterSettings = New System.Drawing.Printing.PrinterSettings
    PageSetupDialog1.ShowNetwork = False
    PageSetupDialog1.ShowDialog()
    End Sub
```

③ 〈F5〉 키를 눌러 [페이지 설정] 메뉴를 실행하여 [페이지 설정] 대화상자를 표시하자.

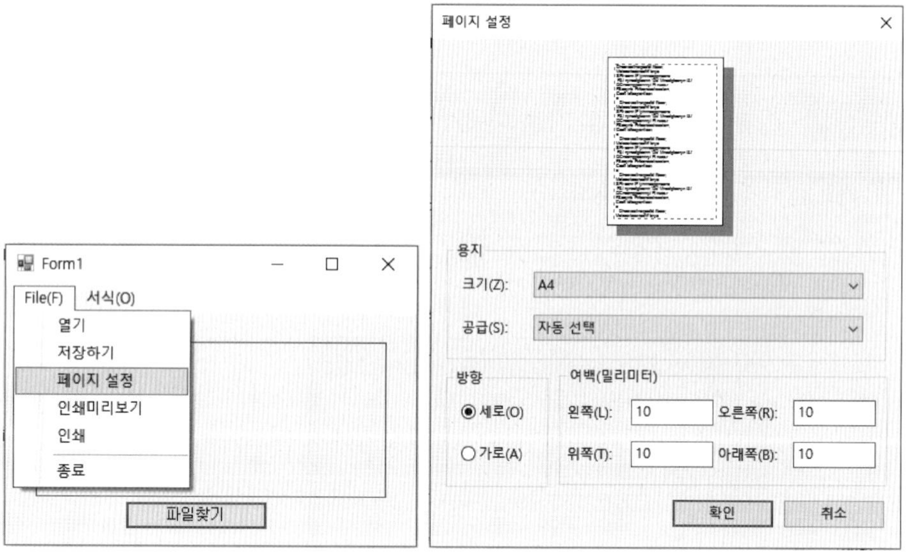

요약

- 대상상자 컨트롤은 프로그램을 제작하는 과정에서 필수적으로 포함하는 파일 열기, 저장하기, 색 선택, 글꼴 선택, 인쇄 설정 등의 표준 대화상자를 만들기 위해 사용한다.

- [열기] 대화상자(OpenFileDialog) 컨트롤: 사용자가 파일에 접근할 수 있도록 해주는 컨트롤

- [다른 이름으로 저장하기] 대화상자(SaveFileDialog) 컨트롤: 현재 파일을 저장할 수 있도록 해주는 컨트롤

- [글꼴] 대화상자(FontDialog) 컨트롤: 로컬 컴퓨터에 설치되어 있는 글꼴 중에서 글꼴을 선택하여 표시하도록 하는 컨트롤

- [파일찾기] 대화상자 컨트롤: 사용자 파일이 아닌 폴더를 선택하도록 하는 경우에 사용하는 컨트롤

- 폴더 찾아보기 트리 컨트롤을 이용할 수 있도록 제공하며, 폴더는 하나만 선택할 수 있으며, FolderBrowserDialog 모달 대화 상자로 폴더를 선택할 때까지 응용 프로그램의 사용할 수 없도록 한다.

- [인쇄] 대화 상자 컨트롤: 인쇄되는 방법을 지정하거나 인쇄 범위, 인쇄 품질, 인쇄 매수 등 인쇄와 관련된 값들을 설정할 수 있도록 제공하는 컨트롤

- [페이지 설정] 대화 상자 컨트롤: 인쇄되는 문서의 속성을 설정하기 위해 사용하며, 여백, 용지 방향, 크기 등의 값을 정의하는 컨트롤

연습문제

1. 다음과 같은 구조의 메뉴를 메뉴 스트립(MenuStrip) 컨트롤을 사용하여 구성하라.

파일(&F)	편집(&E)	서식(&J)
....새 파일(&N)	....복사하기(&C)	....글꼴
....열기(&O)	....붙여넣기(&P)	....색
....저장(&S)	....잘라내기(&X)	
...._	.	
....끝내기(&X)		

2. [열기] 메뉴를 클릭하면, 다음 조건을 만족하는 열기 대화상자가 표시되도록 프로그램하라.

   조건

   ① 대화상자에 읽기 전용 항목이 표시되지 않도록 설정

   ② 대화상자의 제목을 '그림 파일 열기'로 설정

   ③ 초기 데렉터리의 위치를 'C:\'로 설정

   ④ 파일 형식에 표시될 필터를 '그림 파일(*.*), 비트맵 파일(*.bmp), GIF 파일(*.gif), JPG 파일(*.jpg), Windows 메타 파일(*.wmf)'로 설정할 것

   ⑤ [열기] 버튼을 누르면 선택된 파일의 이름과 경로를 대화상자에 표시

3. 1번 메뉴를 가진 폼에 텍스트박스 컨트롤을 추가하고, [글꼴] 메뉴를 실행하여 설정된 글꼴 속성이 텍스트 상자에 입력한 텍스트 적용되도록 프로그램하라.

4. [색] 대화상자에서 기본색을 파랑색으로 설정하고, 사용자가 색을 선택하면 선택한 색 값을 텍스트상자에 입력된 텍스트에 적용하도록 프로그램하라.

CHAPTER 13

그래픽과 애니메이션 효과 표현하기

contents

13 그래픽과 애니메이션 효과 표현하기

비주얼 베이직(Visual Basic)에 객체 지향 프로그래밍 언어의 개념이 포함된 .NET 프레임 워크에서 비주얼 베이직 6.0의 모양(Shape) 컨트롤은 더 이상 사용할 수 없다. 그래픽도 하나의 객체(오브젝트)로 처리하며 다양한 모양과 글꼴 등을 만들 수 있도록 제공하는 Graphics라는 클래스를 사용하여 표시 장치에 개체를 그릴 수 있다.

Graphics 클래스와 GDI+

Graphics 클래스는 GDI+ 기능의 핵심으로 선·곡선·그림·이미지 및 텍스트를 실제로 그리는 클래스이다. GDI+는 2차원 벡터 그래픽, 이미징 및 입력 체계를 제공하는 Windows 운영 체제의 일부로, 약 60개의 클래스, 50개의 열거형과 8개의 구조체를 포함한다. GDI+에서 제공하는 Rectangle, Point 및 Size 같은 여러 가지 구조체를 사용하여 그래픽 데이터를 구성할 수 있다.

Section 01 Graphics 개체 만들기

Graphics 개체는 다음 3가지 방법 중 하나를 사용하여 만들 수 있다.

▶ **방법 1:** 폼 또는 컨트롤의 CreateGraphics 메서드를 호출하여 폼이나 컨트롤의 그리기 화면을 나타내는 Graphics 개체에 대한 참조를 가져온다. 이미 생성되어 있는 폼이나 컨트롤에서 그리려는 경우 이 방법을 사용한다. 다음과 같은 코드를 사용한다.

```
Dim g as Graphics
g = Me.CreateGraphics
```

▶ **방법 2**: 폼 또는 컨트롤의 Paint 이벤트에서 PaintEventArgs의 일부로 Graphics 개체에 대한 참조를 받는다. 이 방법은 대개 컨트롤을 그리는 코드를 작성할 때 Graphics 개체에 대한 참조를 가져오기 위해 사용한다.

Paint 이벤트의 PaintEventArgs에서 Graphics 개체에 대한 참조를 가져오려면 ① Graphics 개체를 선언하고, ② PaintEventArgs의 일부로 전달되는 Graphics 개체를 참조할 변수를 할당한다. ③ 폼 또는 컨트롤을 그리는 코드를 삽입한다.

다음은 Paint 이벤트의 PaintEventArgs에서 Graphics 개체를 참조하는 코드이다.

```
Private Sub Form1_Paint(sender As Object, pe As PaintEventArgs) Handles _
  MyBase.Paint
  Dim g As Graphics = pe.Graphics
End Sub
```

▶ **방법 3**: Image에서 상속된 개체에서 Graphics 개체를 만든다. 이 방법은 기존 이미지를 변경하려는 경우에 유용하다. Image 개체에서 Graphics 개체를 만들려면 Graphics 개체를 만드는 데 사용할 Image 변수의 이름을 지정하여 Graphics.FromImage 메서드를 호출하면 된다.

다음은 Bitmap 개체를 사용하는 방법이다.

```
Dim myBitmap as New Bitmap("D:\Image₩myPic.bmp")
Dim g as Graphics = Graphics.FromImage(myBitmap)
```

Section 02 펜을 사용하여 선과 도형 그리기

Pen 개체를 사용하여 선분, 곡선 및 도형의 윤곽선을 그릴 수 있다.

1) Pen 개체 생성하기

Pen 개체는 Pen 클래스를 사용하여 4가지 형식으로 생성할 수 있다(〈표 13-1〉 참조).

표 13-1 Pen 개체 생성 유형

형식	설명
Pen(Brush)	지정된 Brush 개체의 값을 사용하여 Pen 개체 생성
Pen(Brush, Wdith)	지정된 Brush 개체의 값과 Width 값을 사용하여 Pen 개체 생성
Pen(Color)	지정된 색을 사용하여 Pen 개체 생성
Pen(Color, Wdith)	지정된 Color와 Width 속성을 사용하여 Pen 개체 생성

Pen 개체를 생성하기 위해서는 다음과 같은 New 키워드를 사용하여 생성한다.

사용예

```
Dim myPen As System.Drawing.Pen
myPen = New System.Drawing.Pen(System.Drawing.Color.Tomato)
```

Pen 개체의 사용이 끝나면 해당 개체에 대해 Dispose 이벤트를 호출해야 한다.

Tip System.Drawing 네임스페이스

System.Drawing 네임스페이스는 GDI+ 기본 그래픽 기능에 대한 액세스를 제공한다. Bitmap, Brush, Font, Graphics, Image, Pen, Region 등의 클래스와 Color, Point, Rectangle, Size 등의 구조체 등을 포함한다.

2) Pen 개체 속성 설정하기

Pen 개체는 다음과 같은 속성들을 사용하여 다양하게 정의할 수 있다.

▪ Alignment 속성

개체 너비의 중심을 맞추는 방법을 설정한다. 너비가 0인 선을 기준으로 모양을 설정하며, 기본값은 Center이다.

속성값	설명
Center	선의 가운데를 기준으로 양쪽으로 표시
Inset	선의 안쪽에 표시
Left	선의 왼쪽에 표시
Outset	선의 바깥쪽에 표시
Right	선의 오른쪽에 표시

▪ Brush 속성

펜의 내부를 Brush 속성값으로 설정한다. SolidBrush, TextureBrush, inearGradient Brush 클래스의 속성값을 사용하여 설정한다.

▪ Color 속성

펜 색을 설정한다.

▪ CompoundArray 속성

평행선과 공백으로 이루어진 복합 펜을 지정하는 값의 배열을 가져오거나 설정한다.

속성값	설명
Flat	각 파선의 양 끝에 정사각형 끝 모양 지정
Round	각 파선의 양 끝에 원형 끝 모양 지정
Triangle	각 파선의 양 끝에 삼각형 끝 모양 지정

▪ DashCap 속성

파선의 끝에 사용되는 단면 스타일을 가져오거나 설정한다.

▪ DashOffset 속성

선의 시작 부분에서 대시 패턴의 시작까지의 거리를 가져오거나 설정한다.

▪ DashPattern 속성

사용자가 만드는 대시와 공백의 크기 값인 배열을 가져오거나 설정한다.

▪ DashStyle 속성

파선에 사용되는 스타일을 가져오거나 설정한다.

속성값	정수	상수	설명
Solid	0	Drawing2D.DashStyle.Solid	실선
Dash	1	Drawing2D.DashStyle.Dash	대시
Dot	2	Drawing2D.DashStyle.Dot	점
DashDot	3	Drawing2D.DashStyle.DashDot	대시점(일점쇄선)
DashDotDot	4	Drawing2D.DashStyle.DashDotDot	대시점점(이점쇄선)
Custom	5	Drawing2D.DashStyle.Custom	사용자 정의 파선 스타일

■ EndCap 속성

선의 끝에 사용되는 단면 스타일을 가져오거나 설정한다. StartCap 속성값과 같다.

■ LineJoin 속성

두 개의 선 끝에 사용되는 이음 스타일을 가져오거나 설정한다.

■ MiterLimit 속성

각 이음 모퉁이의 이음 두께 제한을 가져오거나 설정한다.

■ PenType 속성

그리는 선의 내부를 채울 스타일을 설정한다.

속성값	설명
HatchFill	빗살 무늬로 채우기
LinearGradient	선형 그라데이션으로 채우기
PathGradient	경로 그라데이션으로 채우기
SolidColor	단색으로 채우기
TextureFill	비트맵 질감으로 채우기

■ StartCap 속성

선의 시작 부분에 사용되는 단면 스타일을 가져오거나 설정한다.

속성값	설명
ArrowAnchor	화살표 모양의 앵커 지정
Custom	사용자 지정 선 끝 모양 지정
DiamondAnchor	다이아몬드 앵커 끝 모양 지정
Flat	일직선 형태의 끝 모양 지정
NoAnchor	앵커를 지정하지 않음
Round	둥근 선 끝 모양 지정
RoundAnchor	둥근 앵커 끝 모양 지정
Square	정사각형 형태의 선 끝 모양 지정
SquareAnchor	정사각형 앵커 선 끝 모양 지정
Triangle	삼각형 선 끝 모양 지정

■ Width 속성

펜의 너비를 설정한다.

3) DrawLine 메서드를 사용하여 선 그리기

DrawLine 메서드는 지정된 두 개의 점을 연결하는 선을 그리기 위해 사용한다.

사용형식

```
DrawLine(Pen, x1, y1, x2, y2)
```

실습 13-1 선 그리기

[1단계] Windows Form 만들기

① [파일] > [새로 만들기] > [프로젝트]를 차례로 선택한다.

② [새 프로젝트] 대화상자의 '템플릿'–'Visual Basic'–'Windows Forms 응용 프로그램 템플릿'을 차례로 선택한다.

③ '이름' 상자에 프로젝트의 이름을 'Pen_Line'라고 입력하고, 저장 위치를 설정한 다음 [확인] 버튼을 클릭한다.

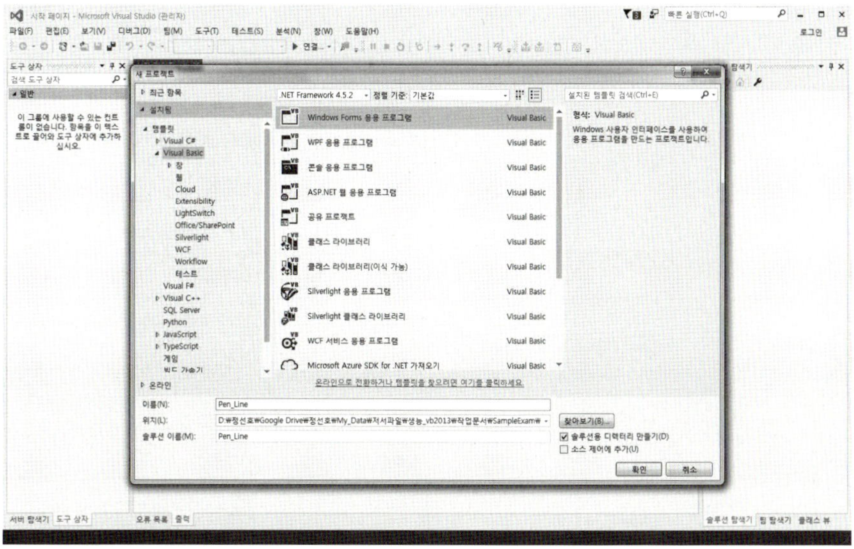

[2단계] 메뉴와 컨트롤 추가하고 속성 설정하기

④ 폼에 라디오 버튼 컨트롤과 콤보박스 컨트롤, 버튼 컨트롤, 레이블 컨트롤을 추가하고 속성을 설정하자.

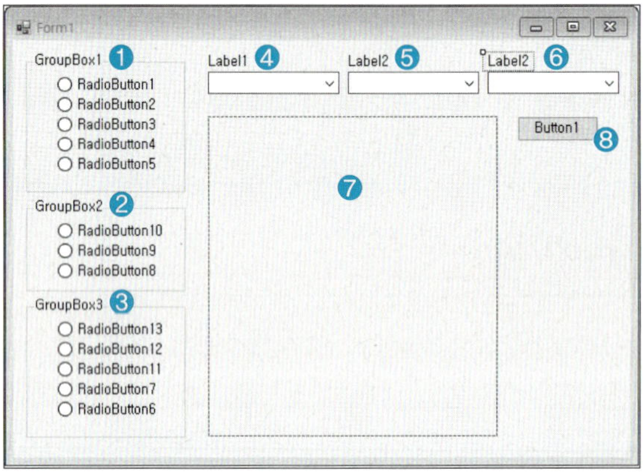

번호	컨트롤 종류	컨트롤	속성	속성값
❶	그룹박스	GroupBox1	Name	grpDashStyle
			Text	DashStyle
	라디오버튼	RadioButton1	Name	rbSolid
			Text	단색
		RadioButton2	Name	rbDash
			Text	대시
		RadioButton3	Name	rbDot
			Text	점선
		RadioButton4	Name	rbDashDot
			Text	일점쇄선
		RadioButton5	Name	rbDashDotDot
			Text	이점쇄선
❷	그룹박스	GroupBox2	Name	grpDashStyle
			Text	DashCap
	라디오버튼	RadioButton1	Name	rbFlat
			Text	사각형
		RadioButton2	Name	rbRound
			Text	원형

		RadioButton3	Name	rbTriangle
			Text	삼각형
❸	그룹박스	GroupBox3	Name	grpLineColor
			Text	LineColor
	라디오버튼	RadioButton1	Name	rbRed
			Text	빨강
		RadioButton2	Name	rbBlue
			Text	파랑
		RadioButton3	Name	rbGreen
			Text	초록
		RadioButton4	Name	rbPurple
			Text	보라
		RadioButton5	Name	rbMargenta
			Text	다홍
❹	레이블	Label1	Name	lblStartCap
			Text	StartCap
	콤보박스	ComboBox1	Name	cboStartCap
❺	레이블	Label2	Name	lblEndCap
			Text	EndCap
	콤보박스	ComboBox2	Name	cboEndCap
❻	레이블	Label1	Name	lblPenType
			Text	PenType
	콤보박스	ComboBox1	Name	cboPenType
❼	픽처박스	Picture1	Name	picDraw
			BorderStyle	FixedSingle
❽	버튼	Button1	Name	btnLineDraw
			Text	선그리기

⑤ 폼이 실행될 때 StartCap과 EndCap 콤보박스에 항목을 추가하고, 첫 번째 항목이 표시되도록 Form_Load 이벤트 처리기에 다음과 같이 코드를 추가한다.

```
Private Sub Form1_Load(sender As Object, e As EventArgs) Handles MyBase.Load
    cboStartCap.Items.Add("NoAnchor")
    cboStartCap.Items.Add("ArrowAnchor")
    cboStartCap.Items.Add("DiamondwAnchor")
    cboStartCap.Items.Add("RoundAnchor")
    cboStartCap.Items.Add("SquareAnchor")
    cboStartCap.Items.Add("Flat")
    cboStartCap.Items.Add("Round")
    cboStartCap.Items.Add("Square")
    cboStartCap.Items.Add("Triangle")
    cboStartCap.SelectedIndex = 0
    cboEndCap.Items.Add("NoAnchor")
    cboEndCap.Items.Add("ArrowAnchor")
    cboEndCap.Items.Add("DiamondwAnchor")
    cboEndCap.Items.Add("RoundAnchor")
    cboEndCap.Items.Add("SquareAnchor")
    cboEndCap.Items.Add("Flat")
    cboEndCap.Items.Add("Round")
    cboEndCap.Items.Add("Square")
    cboEndCap.Items.Add("Triangle")
    cboEndCap.SelectedIndex = 0
End Sub
```

⑥ [선 그리기] 버튼을 클릭하면 픽처박스 컨트롤(picDraw)에 선이 그려지도록 Pen 개체를 생성한다.

```
Private Sub Button1_Click(sender As Object, e As EventArgs) Handles btnLineDraw.Click
    Dim myGraphics As Graphics = picDraw.CreateGraphics
    Dim myPen As System.Drawing.Pen
    myPen = New Pen(Color.Black, 3)
    '선 스타일 설정 코드 삽입
End Sub
```

⑦ DashStyle 그룹박스의 라디오버튼을 클릭하면 그려지는 선의 DashStyle에 적용되도록 다음과 같이 코드를 작성한다. DashStyle은 [선 그리기] 버튼을 클릭하면 적용되도록 [선

그리기] 버튼의 이벤트 처리기에 추가한다(④번 코드의 04행과 05행 사이에 삽입).

```
If rbSolid.Checked = True Then
   myPen.DashStyle = Drawing2D.DashStyle.Solid
End If
If rbDash.Checked = True Then
   myPen.DashStyle = Drawing2D.DashStyle.Dash
End If
If rbDot.Checked = True Then
   myPen.DashStyle = Drawing2D.DashStyle.Dot
End If
If rbDashDot.Checked = True Then
   myPen.DashStyle = Drawing2D.DashStyle.DashDot
End If
If rbDashDotDot.Checked = True Then
   myPen.DashStyle = Drawing2D.DashStyle.DashDotDot
End If
```

⑧ Color 그룹박스의 라디오버튼을 클릭하면 그려지는 선 색에 적용되도록 다음과 같이 코드를 작성한다. Color도 [선 그리기] 버튼을 클릭하면 적용되도록 [선 그리기] 버튼의 이벤트 처리기에 추가한다.

```
If rbRed.Checked = True Then
   myPen.Color = Color.Red
End If
If rbBlue.Checked = True Then
   myPen.Color = Color.Blue
End If
If rbGreen.Checked = True Then
   myPen.Color = Color.Green
End If
If rbPurple.Checked = True Then
   myPen.Color = Color.Purple
End If
If rbMagenta.Checked = True Then
   myPen.Color = Color.Magenta
End If
```

⑨ StartCap과 EndCap 콤보박스 항목을 선택하면, 선 끝에 적용되도록 다음과 같이 코드를 작성한다. StartCap과 EndCap 모양도 [선 그리기] 버튼을 클릭하면 적용되도록 [선 그리기] 버튼의 이벤트 처리기에 추가한다.

```
Select Case cboStartCap.SelectedIndex
    Case 0
    myPen.StartCap = Drawing2D.LineCap.NoAnchor
     Case 1
        myPen.StartCap = Drawing2D.LineCap.ArrowAnchor
     Case 2
        myPen.StartCap = Drawing2D.LineCap.DiamondAnchor
     Case 3
        myPen.StartCap = Drawing2D.LineCap.RoundAnchor
     Case 4
        myPen.StartCap = Drawing2D.LineCap.SquareAnchor
     Case 5
        myPen.StartCap = Drawing2D.LineCap.Flat
     Case 6
        myPen.StartCap = Drawing2D.LineCap.Round
     Case 7
        myPen.StartCap = Drawing2D.LineCap.Square
     Case 8
        myPen.StartCap = Drawing2D.LineCap.Triangle
End Select

Select Case cboEndCap.SelectedIndex
    Case 0
        myPen.EndCap = Drawing2D.LineCap.NoAnchor
    Case 1
        myPen.EndCap = Drawing2D.LineCap.ArrowAnchor
    Case 2
        myPen.EndCap = Drawing2D.LineCap.DiamondAnchor
    Case 3
        myPen.EndCap = Drawing2D.LineCap.RoundAnchor
    Case 4
        myPen.EndCap = Drawing2D.LineCap.SquareAnchor
    Case 5
        myPen.EndCap = Drawing2D.LineCap.Flat
```

```
        Case 6
            myPen.EndCap = Drawing2D.LineCap.Round
        Case 7
            myPen.EndCap = Drawing2D.LineCap.Square
        Case 8
            myPen.EndCap = Drawing2D.LineCap.Triangle
    End Select
```

⑩ DashCap 그룹박스의 라디오버튼을 클릭하면 그려지는 선의 DashCap에 적용되도록 다음과 같이 코드를 작성한다. DashCap도 [선 그리기] 버튼을 클릭하면 적용되도록 [선 그리기] 버튼의 이벤트 처리기에 추가한다.

```
    If rbFlat.Checked = True Then
        myPen.DashCap = Drawing2D.DashCap.Flat
    End If
    If rbRound.Checked = True Then
        myPen.DashCap = Drawing2D.DashCap.Round
    End If
    If rbTriangle.Checked = True Then
        myPen.DashCap = Drawing2D.DashCap.Triangle
    End If
```

⑪ 선택한 설정값으로 선을 그리도록 LineDraw 메서드를 사용하여 코드를 추가한 후, Dispose 메서드를 사용하여 선을 해제하는 코드를 작성한다. 다음 코드 역시 [선 그리기] 버튼의 이벤트 처리기에 추가한다.

```
    myGraphics.DrawLine(myPen, 10, 10, 100, 100)
    myPen.Dispose()
```

⑫ 〈F5〉 키를 눌러 실행하고, 선의 옵션을 선택한 후 선이 그려지는지 확인하자.

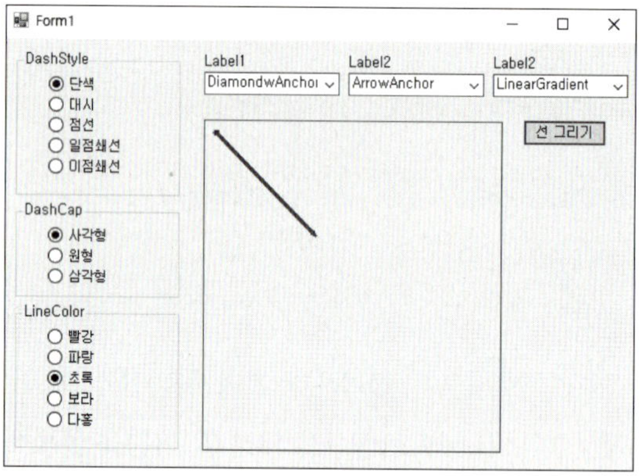

Section 03 도형 그리기

사각형(Rectangle)을 그리기 위해서는 선 그리기와 비슷하게 Graphics 오브젝트와 Pen 오브젝트가 필요하다. 사각형은 DrawRectangle 메서드를 사용하고, 원은 DrawEllipse 메서드를 사용한다. 사용한 개체는 사용 후 항상 Dispose 메서드를 호출하여 해제해야 한다.

1) DrawRectangle 메서드

DrawRectangle 메서드는 다음과 같은 형식으로 사용한다.

사용형식

```
DrawRectangle(Pen, x1, y1, x2, y2)
```

실습 13-2 사각형 그리기

[1단계] 컨트롤 추가하고 속성 설정하기

① 폼에 레이블 컨트롤과 텍스트박스 컨트롤, 버튼 컨트롤을 추가하고 속성을 설정하자.

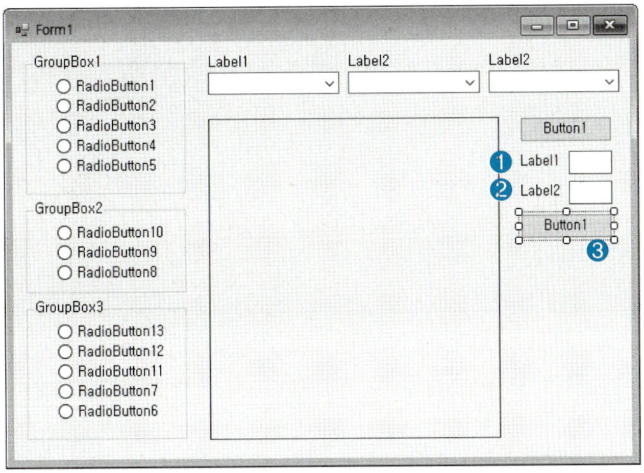

번호	컨트롤 종류	컨트롤	속성	속성값
❶	레이블	Label1	Name	lblRecWidth
			Text	너비 :
	텍스트박스	TextBox1	Name	txtRecWidth
			Text	
❷	레이블	Label2	Name	lblRecHeight
			Text	너비 :
	텍스트박스	TextBox2	Name	txtRecHeight
			Text	
❸	버튼	Button1	Name	btnRecDraw
			Text	사각형그리기

② [사각형 그리기] 버튼을 클릭하면 너비와 높이값을 가지고 사각형이 그려지도록 다음과 같이 Pen 개체를 만들고, 사각형을 그리는 코드를 추가한다.

```
Private Sub btnRecDraw_Click(sender As Object, e As EventArgs) Handles
btnRecDraw.Click
```

```
    Dim myGraphics As Graphics = picDraw.CreateGraphics
    Dim myPen As System.Drawing.Pen
    Dim recWidth, recHeight As Integer
    recWidth = Val(txtRecWidth.Text)
    recHeight = Val(txtRecHeight.Text)
    myPen = New Pen(Color.Black, 3)
    myGraphics.DrawRectangle(myPen, New Rectangle(10, 10, recWidth, _ recHeight))
    myPen.Dispose()
End Sub
```

③ 〈F5〉 키를 눌러 실행하고, 너비와 높이값을 입력한 후 [사각형 그리기] 버튼을 클릭하자.

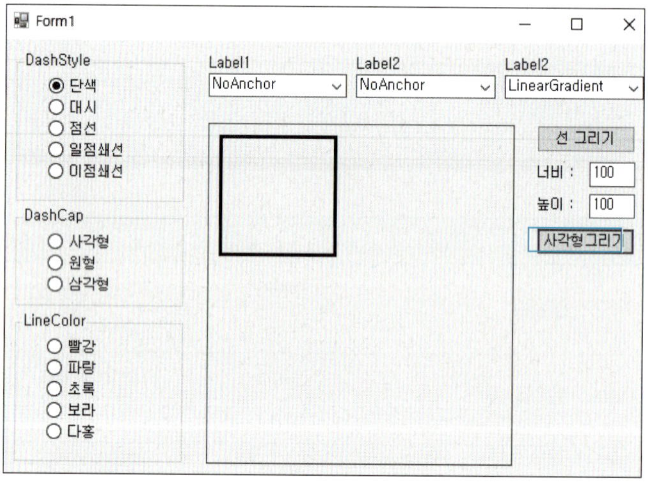

2) DrawEllipse 메서드

DrawEllipse 메서드는 다음과 같은 형식으로 사용한다. 타원은 사각형에 의해 정의되는 타원을 그린다.

사용형식

```
DrawEllipse(Pen, x1, y1, x2, y2)
```

실습 13-3 타원 그리기

[1단계] 컨트롤 추가하고 속성 설정하기

① 폼에 버튼 컨트롤을 추가하고 다음과 같이 속성을 설정하자.

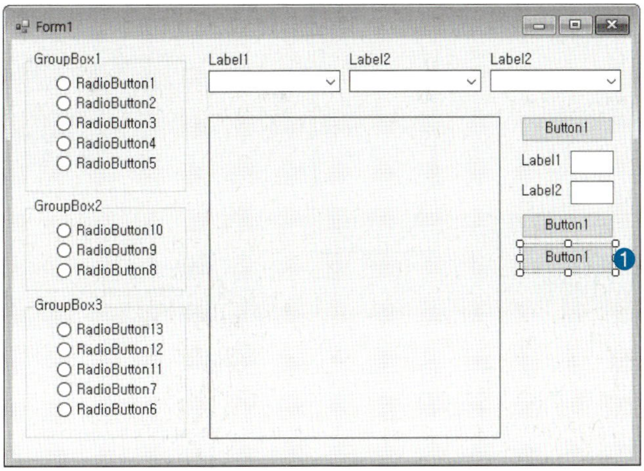

번호	컨트롤 종류	컨트롤	속성	속성값
❶	버튼	Button1	Name	btnEllipseDraw
			Text	타원그리기

② [타원 그리기] 버튼을 클릭하면 너비와 높이값을 가지고 타원이 그려지도록 다음과 같이 Pen 개체를 만들고, 코드를 추가한다.

```
Private Sub btnRecDraw_Click(sender As Object, e As EventArgs) Handles btnRecDraw.Click
    Dim myGraphics As Graphics = picDraw.CreateGraphics
    Dim myPen As System.Drawing.Pen
    Dim recWidth, recHeight As Integer
    recWidth = Val(txtRecWidth.Text)
    recHeight = Val(txtRecHeight.Text)
    myPen = New Pen(Color.Black, 3)
    myGraphics.DrawEllipse(myPen, New Rectangle(10, 10, recWidth, _ recHeight))
    myPen.Dispose()
End Sub
```

③ 〈F5〉 키를 눌러 실행하고, 너비와 높이 값을 입력한 후 [타원 그리기] 버튼을 클릭하자.

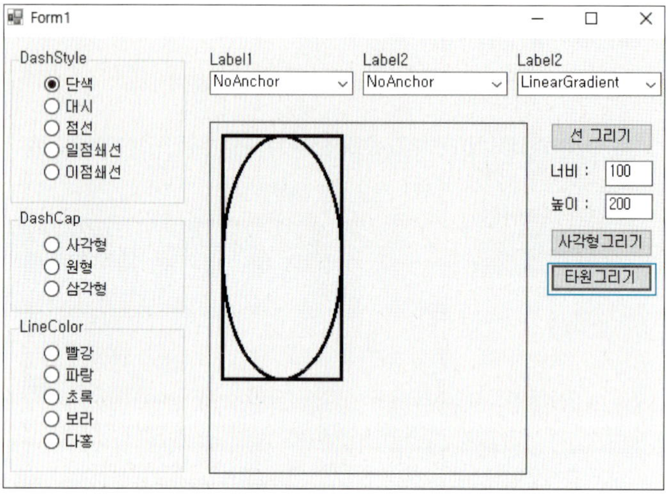

Section 04 브러시를 사용하여 도형 채우기

도형의 내부를 단색으로 채우거나 무늬로 채우려면 SolidBrush, TextureBrush, HatchBrush, PathGradientBrush 개체를 만들어야 한다.

1) 단색 브러시 만들기

단색으로 도형을 채우려면 SolodBrush 개체를 생성한 다음, 이 SolidBrush 개체를 도형을 그리는 메서드인 FillRectangle, FillEllipse의 인수로 설정해야 한다. SolidBrush 개체는 Color 속성을 사용하여 도형의 내부를 채울 색을 지정하게 된다.

SolidBrush 브러시 개체는 다음과 같이 생성한다.

사용형식

```
Dim 개체명 As New System.Drawing.SolidBrush(색)
```

SolidBrush 브러시 개체를 사용하여 채워진 사각형과 타원을 그리려면 〈예제 13-1〉과 같이 코드를 작성한다.

예제 13-1

```
Dim myGraphics As Graphics = Me.CreateGraphics
Dim myBrush1 As New System.Drawing.SolidBrush(System.Drawing.Color.Gray)
Dim myBrush2 As New System.Drawing.SolidBrush(System.Drawing.Color.Black)
myGraphics.FillRectangle(myBrush1, New Rectangle(10, 10, 100, 100))
myGraphics.FillEllipse(myBrush2, New Rectangle(150, 10, 100, 100))
myBrush1.Dispose()
myBrush2.Dispose()
```

그림 13-1 〈예제 13-1〉의 실행결과

2) 해치 무늬 브러시 만들기

도형에 무늬를 표시하려면 HatchBrush 개체를 생성한 다음, 이 HatchBrush 개체를 도형을 그리는 메서드인 FillRectangle, FillEllipse의 인수로 설정해야 한다. 브러시로 채울 때 전경색, 배경색 및 사선 스타일을 지정하며, 전경색이 사선의 색으로 사용된다. HatchBrush 개체는 다음과 같은 형식으로 사용한다.

형식	설명
HatchBrush(HatchStyle, Color)	Color를 전경색으로 사용
HatchBrush(HatchStyle, Color1, Color2)	Color1은 전경색, Color2는 배경색으로 사용

HatchBrush의 속성은 다음과 같다.

■ BackgroundColor 속성

무늬 아래쪽에 표시되는 색을 설정한다.

■ ForegroundColor 속성

해치(무늬) 선의 색을 설정한다.

■ HatchStyle 속성

해치(무늬) 스타일을 설정한다. 무늬 종류는 다음과 같다.

속성값	설명
BackwardDiagonal	상향 대각선
Cross	교차 대각선
DarkDownwardDiagonal	하향대각선, ForwardDiagonal 간격의 50%, 너비 두 배
DarkHorizontal	수평신, Horizontal 간격의 50%, 너비 두 베
DarkUpwardDiagonal	상향대각선, BackwardDiagonal 간격의 50%, 너비 두 배
DarkVertical	수직선, Vertical 간격의 50%, 너비 두 배
DashedDownwardDiagonal	대시 하향대각선
DashedHorizontal	대시 수평선
DashedUpwardDiagonal	대시 상향대각선
DashedVertical	대시 수직선
DiagonalBrick	벽돌 무늬
DiagonalCross	십자형 교차 대각선
Divot	잔디 모양의 빗살 무늬
DottedDiamond	점 다이아몬드 무늬
DottedGrid	점 교차선
ForwardDiagonal	상향 대각선
Horizontal	수평선
HorizontalBrick	가로 벽돌 무늬
LargeCheckerBoard	SmallCheckerBoard 두 배 크기 바둑판 무늬
LargeConfetti	SmallConfetti보다 큰 조각의 색종이 조각 무늬
LargeGrid	Cross 빗살 무늬 스타일을 지정합니다.
LightDownwardDiagonal	ForwardDiagonal 간격의 50% 하향 대각선
LightHorizontal	Horizontal 간격의 50% 가로선
LightUpwardDiagonal	BackwardDiagonal 간격의 50% 상향 대각선
LightVertical	Vertical 간격의 50% 수직선
Max	SolidDiamond 빗살 무늬

Min	Horizontal 빗살 무늬
NarrowHorizontal	Horizontal 빗살 무늬 스타일 간격이 75%
NarrowVertical	Vertical 빗살 무늬 스타일 간격의 75%
OutlinedDiamond	서로 교차하지만 앤티 앨리어싱되지 않는 정방향 대각선과 역방향 대각선을 지정합니다.
Percent05	전경색과 배경색의 비율은 5:95
Percent10	전경색과 배경색의 비율은 10:90
Percent20	전경색과 배경색의 비율은 20:80
Percent25	전경색과 배경색의 비율은 25:75
Percent30	전경색과 배경색의 비율은 30:70
Percent40	전경색과 배경색의 비율은 40:60
Percent50	전경색과 배경색의 비율은 50:50
Percent60	전경색과 배경색의 비율은 60:40.
Percent70	전경색과 배경색의 비율은 70:30
Percent75	전경색과 배경색의 비율은 75:25
Percent80	전경색과 배경색의 비율은 80:100
Percent90	전경색과 배경색의 비율은 90:10
Plaid	격자 모양 무늬
Shingle	대각선 방향으로 널빤지를 쌓은 무늬
SmallCheckerBoard	바둑판 모양의 무늬
SmallConfetti	색종이 조각 모양의 무늬
SmallGrid	Cross 빗살 무늬 간격의 50% 정도
SolidDiamond	대각선 바둑판 모양 무늬
Sphere	서로 인접한 구 모양의 무늬
Trellis	창살 모양의 무늬
Vertical	수직선
Wave	물결표 가로선 지정
Weave	직물 모양의 무늬
WideDownwardDiagonal	ForwardDiagonal 무늬 스타일과 간격 동일, 너비 세 배
WideUpwardDiagonal	BackwardDiagonal 무늬 스타일과 간격 동일, 너비 세 배
ZigZag	지그재그 수평선

해치 스타일을 사용하여 스타일을 지정하려면 〈예제 13-2〉와 같이 코드를 작성한다.

예제 13-2

```
Dim myGraphics As Graphics = Me.CreateGraphics
    Dim myBrush1 As New _ System.Drawing.Drawing2D.HatchBrush( _
        Drawing2D.HatchStyle.BackwardDiagonal, Color.Red, Color.LightSkyBlue)
    Dim myBrush2 As New System.Drawing.Drawing2D.HatchBrush( _
        Drawing2D.HatchStyle.Cross, Color.Blue, Color.LightSkyBlue)
    Dim myBrush3 As New System.Drawing.Drawing2D.HatchBrush( _
        Drawing2D.HatchStyle.DarkDownwardDiagonal, Color.Red, _
        Color.LightSkyBlue)
    Dim myBrush4 As New System.Drawing.Drawing2D.HatchBrush( _
        Drawing2D.HatchStyle.DarkHorizontal, Color.Blue, Color.LightSkyBlue)
    Dim myBrush5 As New System.Drawing.Drawing2D.HatchBrush( _
        Drawing2D.HatchStyle.DashedVertical, Color.Red, Color.LightSkyBlue)
    Dim myBrush6 As New System.Drawing.Drawing2D.HatchBrush( _
        Drawing2D.HatchStyle.Divot, Color.Blue, Color.LightSkyBlue)
    Dim myBrush7 As New System.Drawing.Drawing2D.HatchBrush( _
        Drawing2D.HatchStyle.LargeConfetti, Color.Red, Color.LightSkyBlue)
    Dim myBrush8 As New System.Drawing.Drawing2D.HatchBrush( _
        Drawing2D.HatchStyle.OutlinedDiamond, Color.Blue, Color.LightSkyBlue)
    Dim myBrush9 As New System.Drawing.Drawing2D.HatchBrush( _
        Drawing2D.HatchStyle.Sphere, Color.Red, Color.LightSkyBlue)
    Dim myBrush10 As New System.Drawing.Drawing2D.HatchBrush( _
        Drawing2D.HatchStyle.ZigZag, Color.Blue, Color.LightSkyBlue)
    Dim myBrush11 As New System.Drawing.Drawing2D.HatchBrush( _
        Drawing2D.HatchStyle.DiagonalBrick, Color.Red, Color.LightSkyBlue)
    Dim myBrush12 As New System.Drawing.Drawing2D.HatchBrush( _
        Drawing2D.HatchStyle.Percent50, Color.Blue, Color.LightSkyBlue)
    Dim myBrush13 As New System.Drawing.Drawing2D.HatchBrush( _
        Drawing2D.HatchStyle.WideDownwardDiagonal, Color.Red, _
        Color.LightSkyBlue)
    Dim myBrush14 As New System.Drawing.Drawing2D.HatchBrush( _
        Drawing2D.HatchStyle.Weave, Color.Blue, Color.LightSkyBlue)
    Dim myBrush15 As New System.Drawing.Drawing2D.HatchBrush( _
        Drawing2D.HatchStyle.Trellis, Color.Red, Color.LightSkyBlue)
    Dim myBrush16 As New System.Drawing.Drawing2D.HatchBrush( _
        Drawing2D.HatchStyle.SolidDiamond, Color.Blue, Color.LightSkyBlue)
```

```
        Dim myBrush17 As New System.Drawing.Drawing2D.HatchBrush( _
            Drawing2D.HatchStyle.Plaid, Color.Red, Color.LightSkyBlue)
        Dim myBrush18 As New System.Drawing.Drawing2D.HatchBrush( _
            Drawing2D.HatchStyle.Shingle, Color.Blue, Color.LightSkyBlue)

        myGraphics.FillRectangle(myBrush1, New Rectangle(10, 10, 90, 70))
        myGraphics.FillRectangle(myBrush2, New Rectangle(120, 10, 90, 70))
        myGraphics.FillRectangle(myBrush3, New Rectangle(230, 10, 90, 70))
        myGraphics.FillRectangle(myBrush4, New Rectangle(340, 10, 90, 70))
        myGraphics.FillRectangle(myBrush5, New Rectangle(450, 10, 90, 70))
        myGraphics.FillRectangle(myBrush6, New Rectangle(560, 10, 90, 70))
        myGraphics.FillRectangle(myBrush7, New Rectangle(10, 110, 90, 70))
        myGraphics.FillRectangle(myBrush8, New Rectangle(120, 110, 90, 70))
        myGraphics.FillRectangle(myBrush9, New Rectangle(230, 110, 90, 70))
        myGraphics.FillRectangle(myBrush10, New Rectangle(340, 110, 90, 70))
        myGraphics.FillRectangle(myBrush11, New Rectangle(450, 110, 90, 70))
        myGraphics.FillRectangle(myBrush12, New Rectangle(560, 110, 90, 70))
        myGraphics.FillRectangle(myBrush13, New Rectangle(10, 210, 90, 70))
        myGraphics.FillRectangle(myBrush14, New Rectangle(120, 210, 90, 70))
        myGraphics.FillRectangle(myBrush15, New Rectangle(230, 210, 90, 70))
        myGraphics.FillRectangle(myBrush16, New Rectangle(340, 210, 90, 70))
        myGraphics.FillRectangle(myBrush17, New Rectangle(450, 210, 90, 70))
        myGraphics.FillRectangle(myBrush18, New Rectangle(560, 210, 90, 70))
```

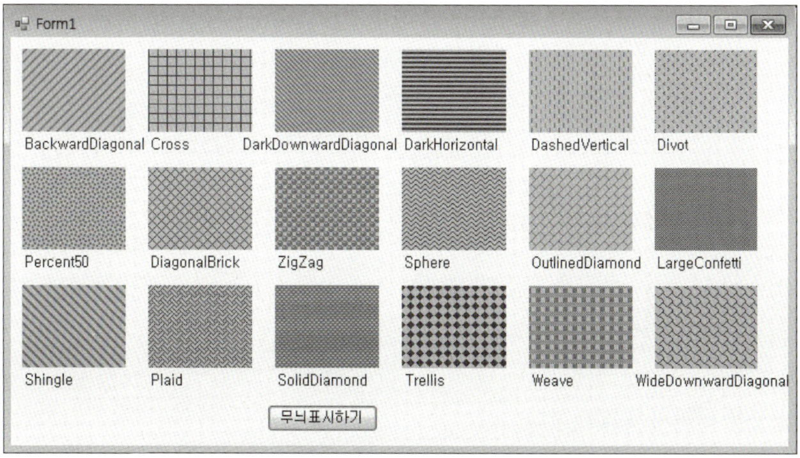

그림 13-2 〈예제 13-2〉의 실행결과

3) 질감(Texture) 브러시

질감 브러시를 사용하여 도형을 비트맵에 저장된 패턴으로 채울 수 있다. 질감 브러시는 다음과 같은 형식으로 사용이 가능하다.

형식	설명
TextureBrush(Image)	이미지로 도형 채움

질감(Texture) 브러시를 사용하여 사각형에 이미지를 채우려면 〈예제 13-3〉과 같이 코드를 작성한다.

예제 13-3

```
Dim myImage2 As Image = Image.FromFile("D:\heart.jpg")
Dim myTextureBrush2 As New System.Drawing.TextureBrush(myImage2)
Dim myGraphics As Graphics = Me.CreateGraphics()
myGraphics.FillRectangle(myTextureBrush1, 20, 20, 100, 100)
myTextureBrush1.Dispose()
```

이미지 : heart.jpg“

그림 13-3 〈예제 13-3〉의 실행결과

TextureBrush의 주요 속성은 다음과 같다.

■ Image 속성

개체에 표시할 이미지를 설정한다.

■ Wrapamode 속성

개체 내부에 이미지를 표시하는 방법을 설정한다. Tile, Clamp 등 5가지 속성값을 사용할 수 있다.

속성값	설명
Clamp	이미지를 반복하지 않음
Tile	이미지를 바둑판식으로 배열
TileFlipX	가로 방향으로 이동한 다음 바둑판 모양으로 배열
TileFlipXY	가로 세로 방향으로 이동한 다음 바둑판 모양으로 배열
TileFlipY	세로 방향으로 이동한 다음 바둑판 모양으로 배열

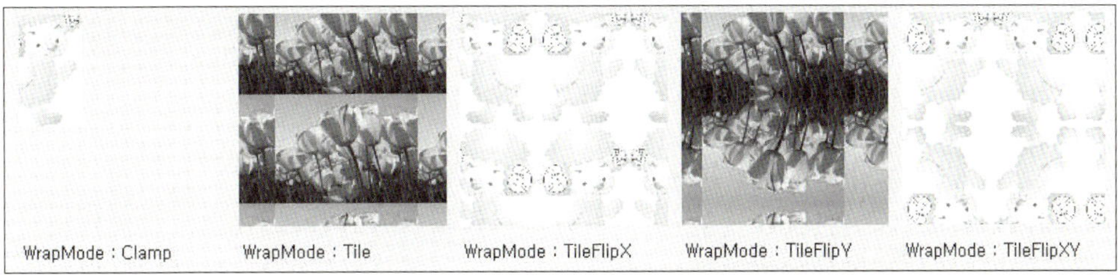

그림 13-4 Wrapamode 속성값

4) 그라데이션(Line Gradient) 브러시

그라데이션 브러시는 선과 경로라는 두 가지 유형의 브러시를 제공한다. 선형 그라데이션 브러시를 사용하면 가로, 세로 또는 사선 방향에 따라 도형을 채울 수 있으며, 경로 그라데이션 브러시는 도형의 중앙에서 가장자리로 외곽선의 모양에 따라 채워진다.

그라데이션(LivearGradient) 브러시는 다음과 같은 형식으로 사용한다.

형식 및 설명
LinearGradientBrush(Point1, Point2, Color1, Color2)
LinearGradientBrush(Rectangle, Color1, Color2, LinearGradientMode)
LinearGradientBrush(Rectangle, Color1, Color2, angle)

- Point1: 선형 그라데이션의 시작점을 나타내는 Point 구조체
- Point2: 선형 그라데이션의 끝점을 나타내는 Point 구조체
- Color1: 선형 그라데이션의 시작 색을 나타내는 Color 구조체
- Color2: 선형 그라데이션의 끝 색을 나타내는 Color 구조체

- LinearGradientMode: 그라데이션의 방향 지정
- angle: 그라데이션 표시 방향
- Rectangle: 선형 그라데이션의 범위를 지정하는 구조체

그라데이션(LivearGradient) 브러시를 사용하여 사각형에 그라디언트를 채우려면 〈예제 13-4〉와 같이 코드를 작성한다. 먼저 선형 그라디언트 브러시를 만들고, 도형을 채우는 메서드를 사용한다.

예제 13-4

```
Dim linGradientBrush As New System.Drawing.Drawing2D.LinearGradientBrush(
        New Point(0, 10), New Point(200, 10), _
        Color.FromArgb(255, 255, 0, 0), _
        Color.FromArgb(255, 0, 0, 255))
Dim myGraphics As Graphics = Me.CreateGraphics()
Dim pen As New Pen(linGradientBrush , 4)
myGraphics.DrawLine(pen, 0, 10, 200, 10)
myGraphics.FillEllipse(llinGradientBrush , 0, 30, 200, 100)
myGraphics.FillRectangle(linGradientBrush , 0, 155, 300, 50)
```

〈예제 13-4〉의 코드를 실행하면 [그림 13-5]와 같은 결과가 나타난다. 버튼을 클릭하면 폼에 그라디언트가 채워진 도형이 표시되도록 버튼의 이벤트 처리기를 만들어 코드를 삽입한다.

그림 13-5 〈예제 13-4〉의 실행결과

그라데이션의 방향을 설정하기 위해서는 GradientMode를 사용해야 한다. GradientMode는 다음 형식의 그라디언트 브러시 선언문으로 브러시를 선언한 후 사용할 수 있다.

사용형식

```
LinearGradientBrush(Rectangle, Color1,  Color2, LinearGradientMode)
```

〈예제 13-5〉는 수평방향의 선형 그라디언트 브러시(linGradientBrush1)와 수직방향의 선형 그라디언트 브러시(linGradientBrush2)를 선언하고 도형에 채워지도록 선언한 코드이다.

예제 13-5

```
01  Dim linGradientBrushAs New System.Drawing.Drawing2D.LinearGradientBrush( _
        New Point(0, 10),
        New Point(200, 10),
        Color.FromArgb(255, 255, 0, 0),
        Color.FromArgb(255, 0, 0, 255))
02  Dim linGradientBrush2 As New System.Drawing.Drawing2D.LinearGradientBrush( _
        New Rectangle(5, 5, 50, 50),
        Color.FromArgb(255, 255, 0, 0),
        Color.FromArgb(255, 0, 0, 255), _
        linearGradientMode:=Drawing2D.LinearGradientMode.Vertical)
03    Dim myGraphics As Graphics = Me.CreateGraphics()
04    myGraphics.FillRectangle(linGrBrush1, 20, 30, 200, 100)
05    myGraphics.FillRectangle(linGrBrush2, 20, 155, 300, 50)
```

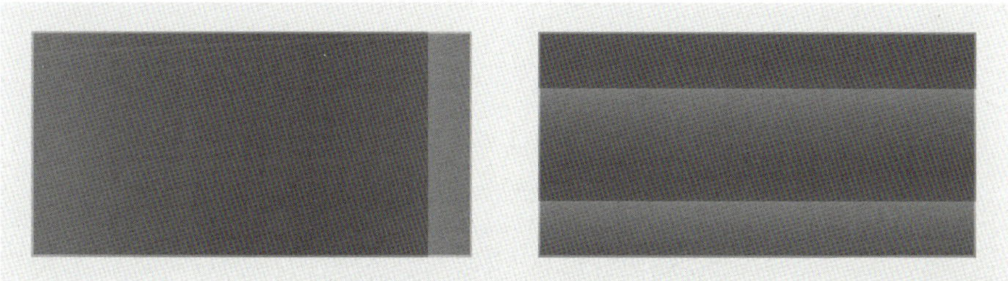

그림 13-6 〈예제 13-5〉의 실행결과

linearGradientMode는 선형 그라데이션의 방향을 설정하며, 다음의 4개 방향이 가능하다.

값	설명
BackwardDiagonal	오른쪽 위에서 왼쪽 아래로 향하는 그라데이션 설정
ForwardDiagonal	왼쪽 위에서 오른쪽 아래로 향하는 그라데이션 설정
Horizontal	왼쪽에서 오른쪽으로 향하는 그라데이션 설정
Vertical	위쪽에서 아래쪽으로 향하는 그라데이션 설정

〈예제 13-6〉처럼 코드를 버튼의 이벤트 처리기에 입력한 후 실행해보자.

예제 13-6

```
01     Dim linGrBrush1 As New System.Drawing.Drawing2D.LinearGradientBrush( _
           New Point(0, 10), New Point(200, 10), _
           Color.FromArgb(255, 255, 0, 0), _
           Color.FromArgb(255, 0, 0, 255))
02     Dim linGrBrush2 As New System.Drawing.Drawing2D.LinearGradientBrush( _
           New Rectangle(5, 5, 50, 50), _
           Color.FromArgb(255, 255, 0, 0), _
           Color.FromArgb(255, 0, 0, 255),
           linearGradientMode:=Drawing2D.LinearGradientMode.BackwardDiagonal)
03     Dim linGrBrush3 As New System.Drawing.Drawing2D.LinearGradientBrush( _
           New Rectangle(5, 5, 50, 50), _
           Color.FromArgb(255, 255, 0, 0), _
           Color.FromArgb(255, 0, 0, 255),
           linearGradientMode:=Drawing2D.LinearGradientMode.ForwardDiagonal)
04     Dim linGrBrush4 As New System.Drawing.Drawing2D.LinearGradientBrush( _
           New Rectangle(5, 5, 50, 50), _
           Color.FromArgb(255, 255, 0, 0), _
           Color.FromArgb(255, 0, 0, 255), _
           linearGradientMode:=Drawing2D.LinearGradientMode.Vertical)
05     Dim linGrBrush5 As New System.Drawing.Drawing2D.LinearGradientBrush( _
           New Rectangle(5, 5, 50, 50), _
           Color.FromArgb(255, 255, 0, 0), _
           Color.FromArgb(255, 0, 0, 255), _
           linearGradientMode:=Drawing2D.LinearGradientMode.Horizontal)
06       Dim myGraphics As Graphics = Me.CreateGraphics()
07       myGraphics.FillRectangle(linGrBrush1, 20, 30, 200, 100)
08       myGraphics.FillRectangle(linGrBrush2, 20, 160, 200, 100)
```

```
        myGraphics.FillRectangle(linGrBrush3, 250, 160, 200, 100)
        myGraphics.FillRectangle(linGrBrush4, 480, 160, 200, 100)
        myGraphics.FillRectangle(linGrBrush5, 710, 160, 200, 100)
```

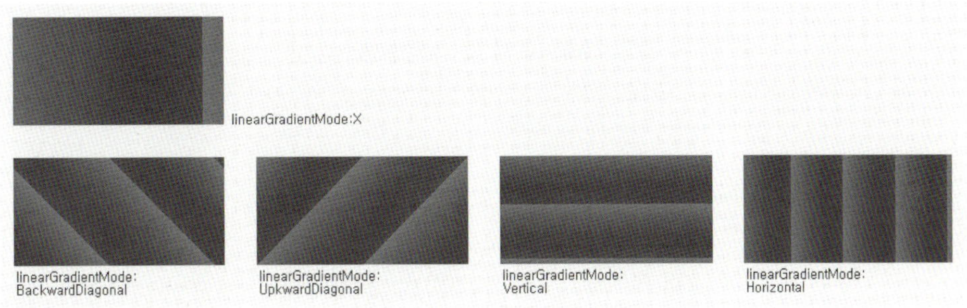

그림 13-7 〈예제 13-6〉의 실행결과

그라데이션의 각도를 조정하기 위해서는 선형 그라디언트 브러시 개체를 다음과 같은 형식을 사용하여 생성해야 한다.

사용형식

```
LinearGradientBrush(Rectangle,  Color1, Color2, angle)
```

〈예제 13-7〉과 같이 코드를 작성하여 그라데이션의 방향을 설정해보자.

예제 13-7

```
Dim linGrBrush1 As New System.Drawing.Drawing2D.LinearGradientBrush( _
        New Rectangle(5, 5, 50, 50), _
        Color.FromArgb(255, 255, 0, 0), _
        Color.FromArgb(255, 0, 0, 255), 30)
Dim linGrBrush2 As New System.Drawing.Drawing2D.LinearGradientBrush( _
        New Rectangle(5, 5, 50, 50), _
        Color.FromArgb(255, 255, 0, 0), _
        Color.FromArgb(255, 0, 0, 255), 300)
Dim myGraphics As Graphics = Me.CreateGraphics()
myGraphics.FillRectangle(linGrBrush1, 20, 30, 200, 100)
myGraphics.FillRectangle(linGrBrush2, 250, 30, 200, 100)
```

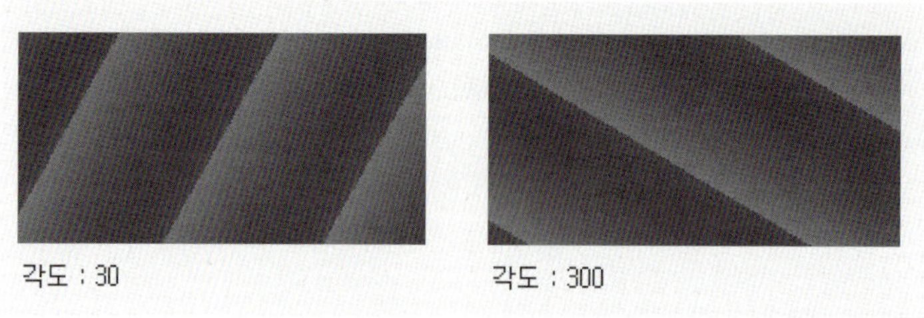

그림 13-8 〈예제 13-7〉의 실행결과

Section 05 텍스트 그리기

화면에 텍스트를 그리기 위해서는 DrawString 메서드를 사용한다. 사용법은 다음과 같다.

사용형식

```
DrawString(문자열, 글꼴, 브러시, Point)
*Point : 그려지는 텍스트의 왼쪽 위 상단 위치를 지정하는 PointF 구조체이다.
```

텍스트를 그리기 위해서는 도형과 마찬가지로 Graphics 개체와 브러시(Brush) 개체를 생성하여 사용해야 한다. 사각형은 사용한 개체는 사용 후 항상 Dispose 메서드를 호출하여 해제해야 한다.

글꼴(Font)에 대해서 특별한 설정이 없으면 폼(Form)의 Font 속성값을 따른다. 글꼴(Font)을 만들기 위해서는 New 키워드를 사용하여 Font 오브젝트를 생성해야 한다. 글꼴(Font)을 생성하는 방법은 다음과 같다.

형식	설명
Font(Font, FontStyle)	Font와 스타일을 사용하여 Font 생성
Font(FontFamily, Font_size)	Font와 크기를 사용하여 Font 생성
Font(FontFamily, Font_size, FontStyle)	크기와 스타일을 사용하여 Font 생성
DrawString(String, Font, Brush, X, Y, StringFormat)	StringFormat 형식을 사용하여 Font 개체 생성
(예: myFont = New Font("Verdana", 20)	

FontStyle은 텍스트에 적용되는 스타일을 지정하는 것으로 다음과 같이 5개의 값을 이용할 수 있다.

값	설명
Bold	굵은 텍스트
Italic	기울임꼴 텍스트
Regular	일반 텍스트
Strikeout	중간에 줄이 있는 텍스트
Underline	밑줄이 그어진 텍스트

다음과 같이 스타일을 사용하여 Font 개체를 생성한다.

```
MyFont = New Font(FontFamily.GenericSansSerif, 12.0, FontStyle.Bold)
```

폰트(Font) 클래스는 글꼴, 크기 및 스타일 특성을 포함하여 텍스트의 형식을 정의하는 속성과 메서드를 제공한다.

표 13-2 폰트 클래스의 주요 속성

속성	설명
Bold	굵은 글씨 표시 여부를 설정하거나 반환
FontFamily	FontFamily와 연결된 Font를 가져와 표시
Height	글꼴의 줄 간격을 설정하거나 반환
Italic	기울임꼴 스타일의 적용 여부를 설정하거나 반환
Name	글꼴 이름 반환
Size	Unit 속성에서 지정하는 단위로 측정된 글꼴의 em-size를 반환
SizeInPoints	글꼴의 em-size(포인트) 반환
Strikeout	취소선 표시
Style	글꼴의 스타일 정보 표시
Underline	밑줄 표시 여부를 설정하거나 반환
Unit	글꼴의 단위 반환

표 13-3 폰트 클래스의 주요 메서드

이름	설명
Dispose	글꼴에서 사용하는 리소스 해제
GetHeight	글꼴의 줄 간격(픽셀) 반환
ToString	문자열 표현 반환

〈예제 13-8〉은 Graphics의 DrawString 메서드를 사용하여 폼에 텍스트를 그리는 예제이다.

예제 13-8

```
Private Sub Text_Paint(sender As Object, e As PaintEventArgs) Handles MyBase.
Paint
    Dim textGraphics As System.Drawing.Graphics = Me.CreateGraphics()
    Dim drawTextString As String = "VisualBasic 2015"
    Dim drawTextFont As New System.Drawing.Font("broadway", 20)
    Dim drawTextBrush As New _
      System.Drawing.SolidBrush(System.Drawing.Color.Blue)
    Dim drawTextFormat As New System.Drawing.StringFormat
    textGraphics.DrawString(drawTextString, drawTextFont, drawTextBrush, _
        New Point(50, 50))

    drawTextFont.Dispose()
    drawTextBrush.Dispose()
    textGraphics.Dispose()
End Sub
```

그림 13-9 〈예제 13-8〉의 실행결과

StringFormat 클래스와 StringFormatFlags 열거형을 이용하여 텍스트가 표시되는 레이아웃을 설정할 수 있다.

구분	속성값	설명
StringFormat 클래스	Alignment	Center, Far, Near를 사용하여 문자열의 가로맞춤을 가져오거나 설정
	LineAligment	Center, Far, Near를 사용하여 문자열의 세로맞춤을 가져오거나 설정
	FormatFlags	StringFormatFlags를 사용하여 레이아웃을 설정
StringFormatFlags 열거형	DirectionRightToLeft	텍스트를 오른쪽에서 왼쪽으로 표시
	DirectionVertical	텍스트 세로로 쓰기
	MeasureTrailingSpaces	각 줄의 끝에 후행 공백 포함
	NoClip	서식 지정 영역 밖의 모든 텍스트를 클리핑하지 않음
	NoFontFallback	글꼴에서 지원되지 않는 문자를 대체 글꼴로 대체(fallback)하지 않음
	NoWrap	텍스트 줄 바꿈 사용하지 않음

〈예제 13-8〉의 파란 박스로 표시되어 있는 부분을 다음 코드와 같이 수정한 후 실행해보자.

예제 13-9

```
drawTextFormat.FormatFlags = StringFormatFlags.DirectionVertical
textGraphics.DrawString(drawTextString, drawTextFont, drawTextBrush, _
          x, y, drawTextFormat)
```

그림 13-10 〈예제 13-9〉의 실행결과

실습 13-4 텍스트 그리기

[1단계] Windows Form 만들기

① [파일] > [새로 만들기] > [프로젝트]를 차례로 선택한다.

② [새 프로젝트] 대화상자의 '템플릿'–'Visual Basic'–'Windows Forms 응용 프로그램 템플릿'을 차례로 선택한다.

③ '이름' 상자에 프로젝트의 이름을 'DrawFont'라고 입력하고, 저장 위치를 설정한 다음 [확인] 버튼을 클릭한다.

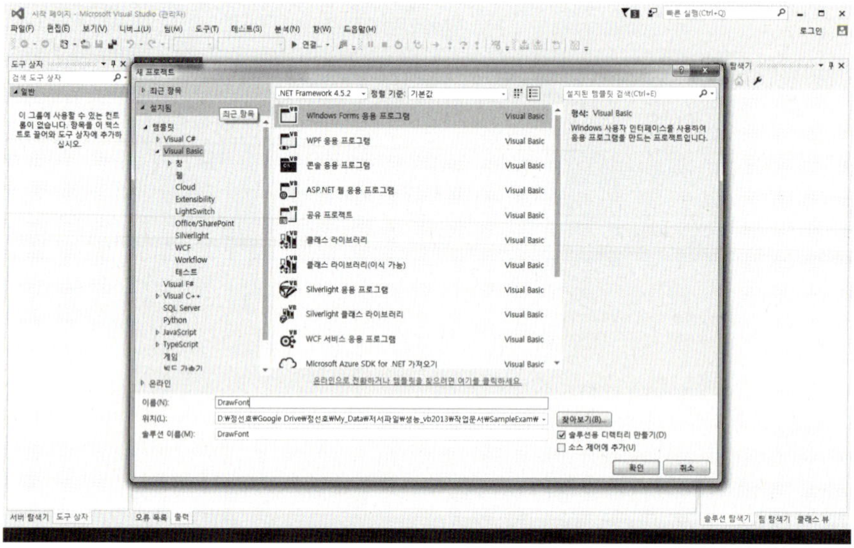

[2단계] Paint 이벤트 추가하기

④ 폼을 선택하고 [속성] 창에서 '이벤트(⚡)' 버튼을 클릭하고, paint 이벤트에 'Form_Paint'라고 입력한다.

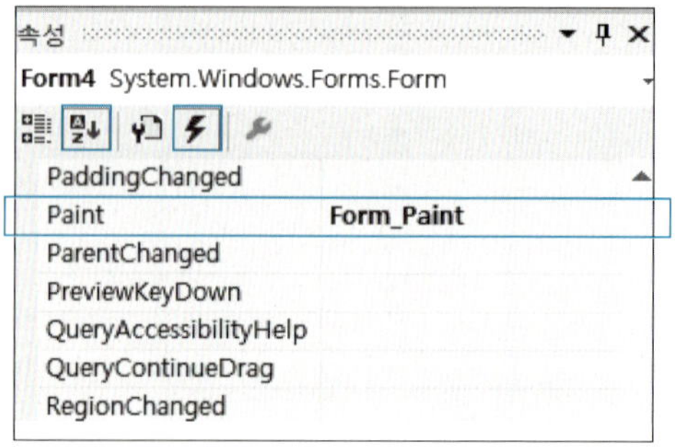

⑤ Form_Paint 이벤트 처리기에 다음과 같이 코드를 입력하자.

```
Private Sub Form_Paint(sender As Object, e As PaintEventArgs) Handles
MyBase.Paint
    Dim myGraphics As Graphics = Me.CreateGraphics
    Dim displayRectangle1 _
          As New Rectangle(New Point(40, 40), New Size(400, 150))
    Dim displayRectangle2 _
          As New Rectangle(New Point(40, 190), New Size(400, 150))
    Dim drawTextFont As New System.Drawing.Font("broadway", 14)
    Dim format1 As New StringFormat(StringFormatFlags.NoClip)
    Dim format2 As New StringFormat(format1)
    format1.LineAlignment = StringAlignment.Near
    format1.Alignment = StringAlignment.Center
    format2.LineAlignment = StringAlignment.Center
    format2.Alignment = StringAlignment.Far
    myGraphics.DrawRectangle(Pens.Black, displayRectangle1)
    myGraphics.DrawRectangle(Pens.Black, displayRectangle2)
    myGraphics.DrawString("Format1", drawTextFont, Brushes.Red, _
          RectangleF.op_Implicit(displayRectangle1), format1)
    myGraphics.DrawString("Format2", drawTextFont, Brushes.Red, _
          RectangleF.op_Implicit(displayRectangle2), format2)
    Me.Text = "Paint 이벤트를 사용하여 텍스트 그리기"
End Sub
```

⑥ 〈F5〉 키를 눌러 실행하고, 폼에 텍스트가 그려지는지 확인하자.

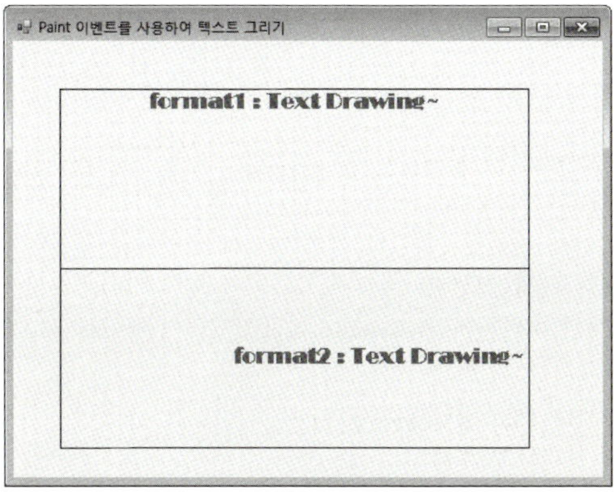

| 코드 이해하기 |

```
02  Dim myGraphics As Graphics = Me.CreateGraphics
03  Dim displayRectangle1 _
        As New Rectangle(New Point(40, 40), New Size(400, 150))
04  Dim displayRectangle2 _
        As New Rectangle(New Point(40, 190), New Size(400, 150))
```

02행: 그래픽 개체 myGraphics를 생성한다.

03행: 너비가 400이고 높이가 150인 Rectangle 개체 displayRectangle1를 생성한다.

04행: displayRectangle1 아래쪽에 표시할 Rectangle 개체 displayRectangle2를 생성한다.

```
05  Dim drawTextFont As New System.Drawing.Font("broadway", 14)
06  Dim format1 As New StringFormat(StringFormatFlags.NoClip)
07  Dim format2 As New StringFormat(format1)
```

05행: 크기가 14이고 글꼴 종류가 Broadway인 Font개체를 생성한다.

06행: 영역을 벗어나도 글자를 자르지 않도록 Font 개체의 StringForamt 속성을 NoClip으로 설정한다.

07행: format1과 동일한 속성을 가진 format2를 생성한다.

```
08  format1.LineAlignment = StringAlignment.Near
09  format1.Alignment = StringAlignment.Center
10  format2.LineAlignment = StringAlignment.Center
11  format2.Alignment = StringAlignment.Far
```

08~09행: format1의 수평정렬(Alignment)은 Center, 세로정렬(LineAlignment)은 Near로 설정한다.

10~11행: format2의 수평정렬(Alignment)은 Center, 세로정렬(LineAlignment)은 Far로 설정한다.

```
12  myGraphics.DrawRectangle(Pens.Black, displayRectangle1)
13  myGraphics.DrawRectangle(Pens.Black, displayRectangle2)
```

12행: 검정색 테두리선을 가진 사각형(displayRectangle1)을 그린다.

13행: 검정색 테두리선을 가진 사각형(displayRectangle2)을 그린다. displayRectangle2는 displayRectangle1 아래쪽에 그려진다.

```
14 myGraphics.DrawString("format1 : Text Drawing~", drawTextFont, Brushes.Red, _
       displayRectangle1, format1)
15 myGraphics.DrawString("format2 : Text Drawing~", drawTextFont, Brushes.Red, _
       displayRectangle2, format2)
```

14행: 주어진 문자열을 displayRectangle1 사각형에 그린다.
15행: 주어진 문자열을 displayRectangle2 사각형에 그린다.

```
16 Me.Text = "Paint 이벤트를 사용하여 텍스트 그리기"
```

16행: 폼의 제목을 설정한다.

Section 06 다각형 그리기

지금까지 선, 사각형, 타원, 그리고 텍스트 그리기를 다루었다. Section 06에서는 다각형을 그리는 방법을 다루어보도록 한다. 다각형이란 3개 이상의 선분을 가진 닫힌 평면 도형이다. 따라서 다각형을 그리기 위해서는 선분을 지정할 수 있는 꼭짓점을 설정하고, 이 꼭짓점을 연결하면 된다.

이 꼭짓점들을 연결하기 위하여 사용하는 것이 Point 구조체이다. Point 구조체를 사용하여 개체를 생성하고 DrawPolygon 메서드를 사용하여 정의된 다각형을 그려준다.

1) Point 구조체

Point 구조체는 정수 x 및 y 좌표의 2차원 평면 좌표를 정의하는 좌표쌍을 정의한다.

사용형식

```
Point(정수)
Point(정수, 정수)
```

다각형을 그리기 위해서 사용하는 DrawPolygon 메서드는 다음과 같은 형식으로 사용한다.

사용형식

DrawPolygon(Pen, Point 구조체 배열)

예를 들어 5개의 꼭짓점을 Point 개체로 생성하고, DrawPolygon 메서드를 사용하여 다각형을 그리기 위해 다음과 같이 코드를 작성할 수 있다.

예제 13-10

```
Dim blackPen As New Pen(Color.Indigo, 3)
Dim point1 As New Point(50, 50)
Dim point2 As New Point(120, 35)
Dim point3 As New Point(300, 80)
Dim point4 As New Point(250, 140)
Dim point5 As New Point(350, 200)
Dim point6 As New Point(250, 250)
Dim curvePoints As Point() = {point1, point2, point3, point4, point5, point6}
e.Graphics.DrawPolygon(blackPen, curvePoints)
```

〈예제 13-10〉을 실행하면 다음과 같은 다각형이 그려진다.

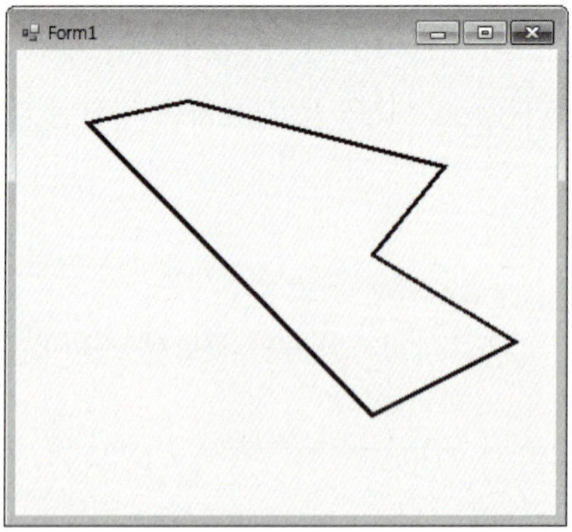

그림 13-11 〈예제 13-10〉의 실행결과

실습 13-5 마우스로 클릭하여 다각형 그리기

[1단계] Windows Form 만들기

① [파일] > [새로 만들기] > [프로젝트]를 차례로 선택한다.

② [새 프로젝트] 대화상자의 '템플릿'–'Visual Basic'–'Windows Forms 응용 프로그램 템플릿'을 차례로 선택한다.

③ '이름' 상자에 프로젝트의 이름을 'DrawPolygon'라고 입력하고, 저장 위치를 설정한 다음 [확인] 버튼을 클릭한다.

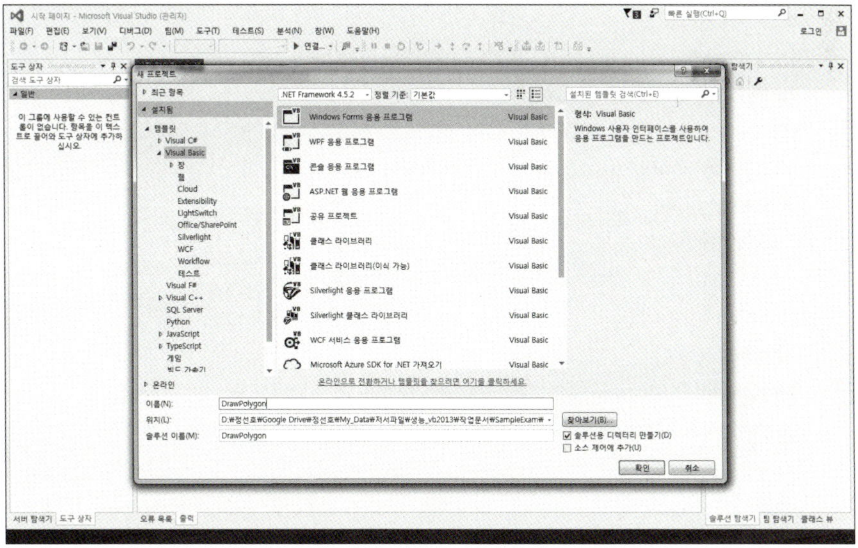

[2단계] 마우스 이벤트 처리하기

④ 폼을 클릭하고 [속성] 창에서 '이벤트()' 버튼을 클릭한다. mouseClick 이벤트의 이름을 'mouseClick_DrawPolygon'라고 입력한다.

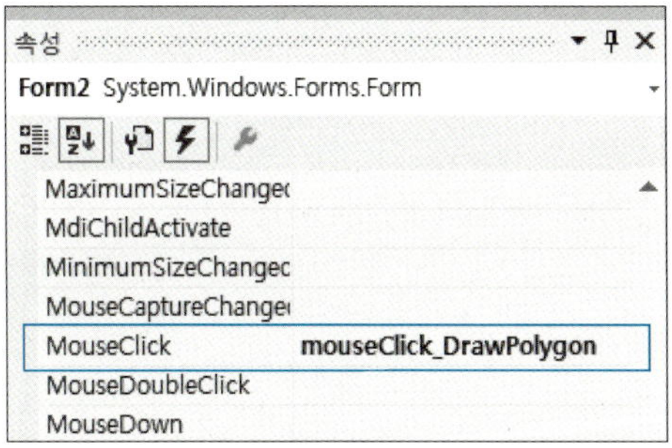

⑤ mouseClick_DrawPolygon 이벤트 처리기에 마우스를 클릭하는 점들을 이어 다각형을 그리도록 다음과 같이 코드를 작성하자.

```
Public Class Form2
   Private myPoint() As Point
   Private i As Integer
  Private Sub mouseClick_DrawPolygon(sender As Object, e As MouseEventArgs)
   Handles MyBase.MouseClick
   Dim currentX, currentY As Integer
   currentX = e.X
   currentY = e.Y
   Dim myGraphics As Graphics = Me.CreateGraphics
   Dim myPen As New Pen(Color.Magenta, 3)
   ReDim Preserve myPoint(i)
   myPoint(i) = New Point(currentX, currentY)
   i = i + 1
   If i < 2 Then
      Exit Sub
   Else
      Me.Refresh()
      myGraphics.DrawPolygon(myPen, myPoint)
      myGraphics.Dispose()
   End If
  End Sub
End Class
```

⑥ 〈F5〉 키를 눌러 프로그램을 실행한 후 마우스를 클릭하여 선이 그려지는지 확인하자.

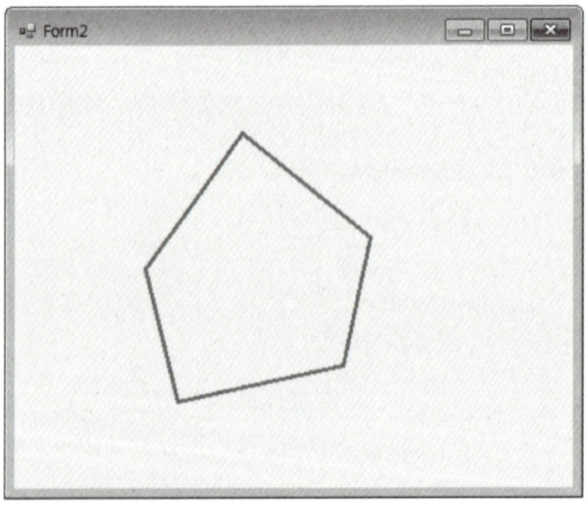

Section 07 애니메이션

도형이나 이미지가 움직이는 것과 같은 애니메이션은 정해진 시간과 간격에 따라 동작이 반복되도록 해야 하므로 타이머(Timer) 컨트롤을 이용해야 한다. 〈실습 13-6〉은 폼의 가운데에서부터 바깥쪽으로 사각형이 그려지는 애니메이션이다.

실습 13-6 애니메이션 구현하기

[1단계] Windows Form 만들기

① [파일] > [새로 만들기] > [프로젝트]를 차례로 선택한다.

② [새 프로젝트] 대화상자의 '템플릿'– 'Visual Basic'–'Windows Forms 응용 프로그램 템플릿'을 차례로 선택한다.

③ '이름' 상자에 프로젝트의 이름을 'Animate_Rec'라고 입력하고, 저장 위치를 설정한 다음 [확인] 버튼을 클릭한다.

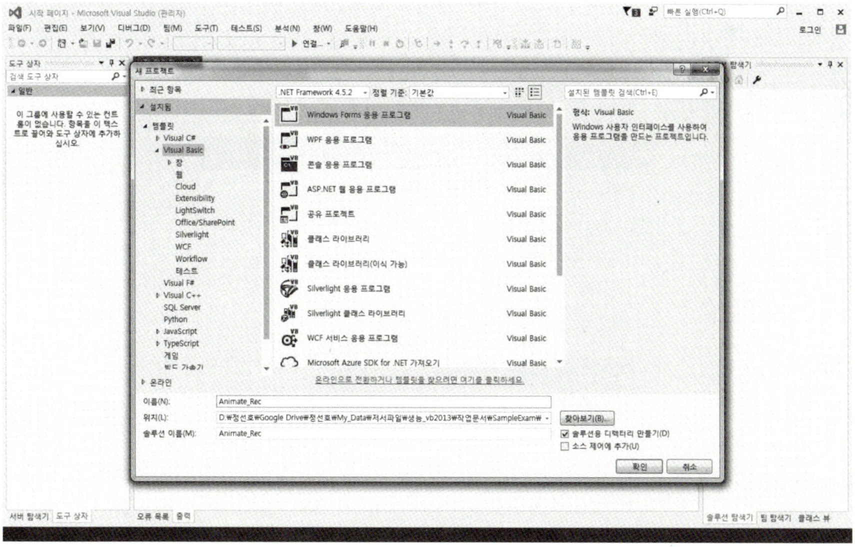

[2단계] 폼에 컨트롤 추가하기

④ 폼에 타이머 컨트롤을 추가하고 다음과 같이 속성을 설정한다.

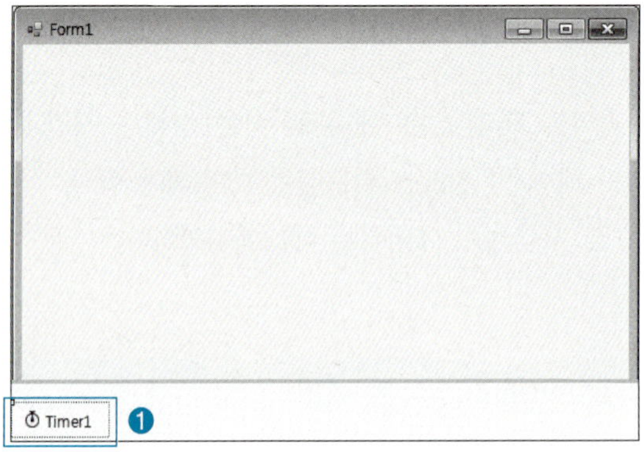

번호	컨트롤 종류	컨트롤	속성	속성값
			Name	Timer1
❶	타이머	Timer1	Enabled	False
			Interval	500

[3단계] 폼의 이벤트 처리하기

⑤ 폼을 클릭하고 [속성] 창에서 '이벤트(⚡)' 버튼을 클릭하고, Load 이벤트의 이름을 'Form_Load'라고 입력한다.

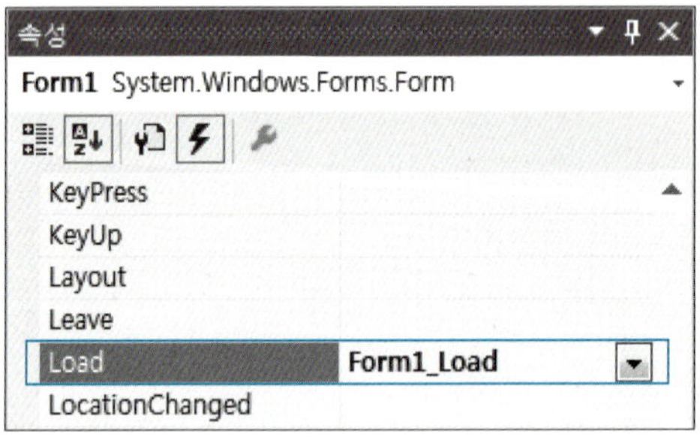

⑥ Form_Load 이벤트 처리기에 다음과 같이 타이머 이벤트가 활성화되도록 코드를 추가한다.

```
Dim myGraphics As Graphics
 Dim currentX, currentY As Integer
 Dim sizeX, sizeY As Integer
 Private Sub Form1_Load(sender As Object, e As EventArgs) Handles
  MyBase.Load
     myGraphics = Me.CreateGraphics()
```

```
        sizeX = 40
        sizeY = 40
        currentX = (Me.Size.Width / 2) - 20
        currentY = (Me.Size.Height / 2) - 20
        Timer1.Start()
    End Sub
```

⑦ 타이머가 활성화되면 그림이 그려지도록 Timer1_Tick 이벤트 처리기에 다음과 같은 코드를 작성한다.

```
    Private Sub Timer1_Tick(sender As Object, e As EventArgs) Handles Timer1.Tick
        Dim myPen As New Pen(Color.Chocolate, 3)
        If currentX < 0 Then
            currentX = (Me.Size.Width / 2) - 20
            currentY = (Me.Size.Height / 2) - 20
            sizeX = 40
            sizeY = 40
            Me.Refresh()
        End If
        myGraphics.DrawRectangle(myPen, currentX, currentY, sizeX, sizeY)
        currentX = currentX - 20
        currentY = currentY - 20
        sizeX = sizeX + 40
        sizeY = sizeY + 40
    End Sub
```

⑧ 〈F5〉 키를 눌러 프로그램을 실행하여 사각형이 그려지는지 확인하자.

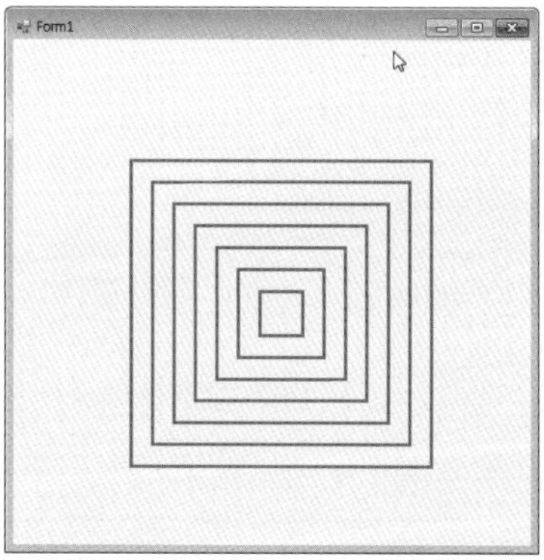

| 코드 이해하기 |

```
01 Dim myGraphics As Graphics
02 Dim currentX, currentY As Integer
03 Dim sizeX, sizeY As Integer
```

01행: Graphics 개체를 선언한다.

02행: 사각형이 그려지는 위치를 정하기 위한 변수로 선언한다.

03행: 사각형의 크기를 설정하기 위한 변수로 선언한다.

```
04 Private Sub Form1_Load(sender As Object, e As EventArgs) Handles MyBase.Load
05   myGraphics = Me.CreateGraphics()
06   sizeX = 40
07   sizeY = 40
08   currentX = (Me.Size.Width / 2) - 20
09   currentY = (Me.Size.Height / 2) - 20
10   Timer1.Start()
11 End Sub
```

04~11행: 폼이 실행될 때 05~10행까지를 실행한다.

05행: myGraphics 개체를 생성한다.

06~07행: 사각형의 크기(너비와 높이)를 각각 40으로 설정한다.

07~08행: 사각형을 그릴 시작점의 위치를 폼의 정중앙에서 각각 20픽셀을 뺀 값으로 설정한다.

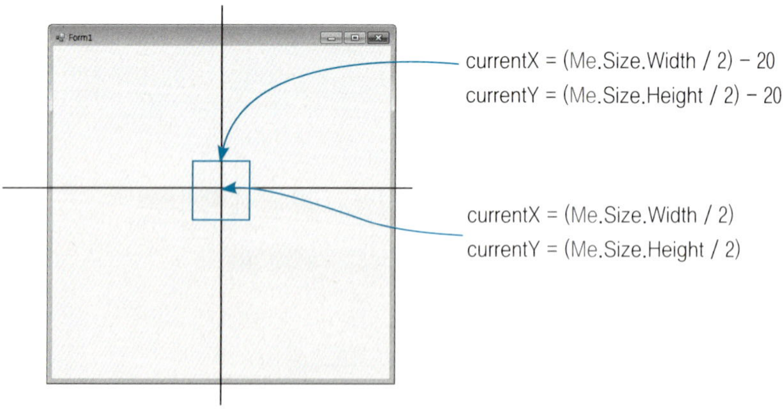

CurrentX, CurrentY 위치 설정

08행: 사각형이 그려지는 위치를 정하기 위한 변수로 선언한다.

09행: 사각형의 크기를 설정하기 위한 변수로 선언한다.

요약

- Graphics 클래스: GDI+ 기능의 핵심으로 선, 곡선, 그림, 이미지 및 텍스트를 실제로 그리는 클래스이다. GDI+는 2차원 벡터 그래픽, 이미지 및 입력 체계를 제공하는 Windows 운영 체제의 일부로, 약 60개의 클래스, 50개의 열거형과 8개의 구조체를 포함한다.

- Graphics 개체 만드는 방법

  방법 1: 폼 또는 컨트롤의 CreateGraphics 메서드를 호출하여 폼이나 컨트롤의 그리기 화면을 나타내는 Graphics 개체에 대한 참조를 가져온다.

  방법 2: 폼 또는 컨트롤의 Paint 이벤트에서 PaintEventArgs의 일부로 Graphics 개체에 대한 참조를 받는다.

  방법 3: Image에서 상속된 개체에서 Graphics 개체를 만든다.

- Pen 개체: 선분, 곡선 및 도형의 윤곽선을 그리기 위해 사용한다.

- DrawLine 메서드: 지정된 두 개의 점을 연결하는 선을 그리기 위해 사용한다.

- DrawRectangle 메서드: 사각형을 그리기 위해 사용한다.

- DrawEllipse 메서드: 원은 그리기 위해 사용한다.

- SolidBrush, TextureBrush, HatchBrush, PathGradientBrush 개체: 도형의 내부를 단색으로 채우거나 무늬로 채우기 위해 사용

- DrawString 메서드: 화면에 텍스트를 그리기 위해서 사용한다.

- DrawPolygon 메서드: Point 구조체를 사용하여 개체를 생성한 후 정의된 다각형을 그리기 위해서 사용한다.

연습문제

1. 폼에 다음과 같이 2개의 버튼을 추가하고, 폼이 실행된 후 마우스 왼쪽 버튼을 클릭하고 드래그하면 다음과 같이 마우스의 움직임에 따라 그림이 그려지도록 프로그램하라.

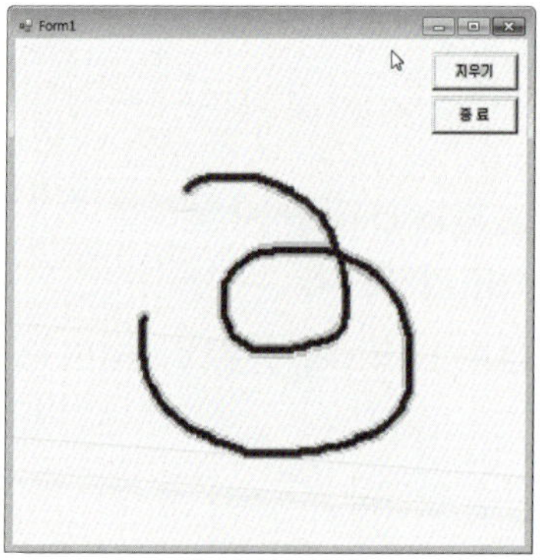

2. 다음 그림과 같이 그림판 프로그램을 작성하자. 프로그램을 실행하면 기본 도구가 표시되도록 하고, 설정한 색과 배경 등으로 그림이 그려지도록 프로그램하라(선 굵기에 사용한 컨트롤은 TrackBar 컨트롤이다).

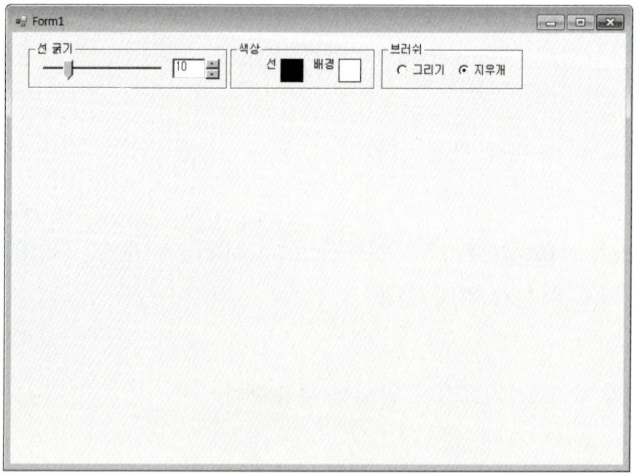

CHAPTER 14

DataGridView 컨트롤과 데이터 관리하기

contents

14 DataGridView 컨트롤과 데이터 관리하기

DataGridView 컨트롤은 데이터를 표 형식으로 표시하는 강력하고 유연한 방법을 제공하는 컨트롤이다. DataGridView 컨트롤을 사용하여 읽기 전용의 데이터를 표시하거나, 편집 가능한 데이터 표시가 가능하다. DataGridView 컨트롤의 모양을 사용자가 지정하거나 바인딩 된 데이터 소스 없이 동작하도록 할 수 있다.

Section 01 DataGridView 컨트롤

DataGridView 컨트롤을 사용하면 여러 가지 형식의 데이터 소스에서 가져온 표 형식의 데이터를 표시하고 편집할 수 있다. DataGridView 컨트롤은 다양하게 구성하고 확장할 수 있으며, 모양과 동작을 사용자가 지정할 수 있도록 여러 가지 속성, 메서드 및 이벤트를 제공한다.

> **Tip 데이터바인딩(Data Binding)**
>
> 데이터 바인딩은 응용 프로그램 데이터를 서로 연결하는 프로세스로, 바인딩 설정이 올바르게 이루어진 경우 데이터의 값이 변경될 때 데이터에 바인딩 된 요소에 변경 내용이 자동으로 반영된다.

1) DataGridView 컨트롤의 기본 기능

DataGridView 컨트롤의 기본 기능은 다음과 같다.

① 테이블을 세로로 스크롤할 때 계속 표시되는 열 머리글과 행 머리글을 자동으로 표시한다.

② 현재 행에 대한 선택 영역 표시기가 포함된 행 머리글이 있다.
③ 첫 번째 셀에 선택 영역 표시 직사각형이 있다.
④ 사용자가 열 구분선을 두 번 클릭하여 크기를 자동으로 조정할 수 있다.

또한 다음과 같이 DataGridView 컨트롤의 내용을 기본적으로 편집할 수 있다.

① 사용자가 셀에서 두 번 클릭하거나 〈F2〉 키를 누르면 해당 셀이 자동으로 편집 모드로 바뀌며 사용자가 입력하는 대로 셀의 내용이 업데이트된다.
② 사용자가 테이블 끝으로 스크롤하면 새 레코드를 추가하기 위한 행이 있음을 표시하고, 이 행을 클릭하면 새 행이 기본값으로 DataGridView 컨트롤에 추가된다. 〈Esc〉 키를 누르면 새 행이 사라진다.
③ 사용자가 행 머리글을 클릭하면 전체 행이 선택된다.

DataGridView 컨트롤의 DataSource 속성을 설정하여 이 컨트롤을 데이터 소스에 바인딩하면 컨트롤에서는 다음과 같은 작업을 수행한다.

① 자동으로 데이터 소스의 열 이름을 열 머리글 텍스트로 사용한다.
② 컨트롤이 데이터 소스의 내용으로 채워진다. 데이터 소스의 각 열에 대해 DataGrid View 열이 자동으로 생성된다.
③ 테이블에 표시되는 각 행에 대한 행을 만든다.
④ 사용자가 열 머리글을 클릭하면 내부 데이터를 기준으로 행을 자동 정렬한다.

2) DataGridView 컨트롤의 열 형식

DataGridView 컨트롤은 여러 열 형식을 사용하여 정보를 표시하고 필요한 정보를 추가하거나 수정할 수 있도록 한다. DataGridView 컨트롤을 바인딩하고 AutoGenerate Columns 속성을 True로 설정하면 바인딩 된 데이터 소스에 포함된 데이터 형식에 적합한 기본 열 형식을 사용하여 열이 자동으로 생성된다.

DataGridView 컨트롤에 사용할 수 있는 열 클래스는 〈표 14-1〉과 같다.

표 14-1 컨트롤에서 사용가능한 열 클래스

클래스명	설명
DataGridViewTextBoxColumn	숫자 및 문자열에 바인딩 할 때 자동으로 생성
DataGridViewCheckBoxColumn	Boolean 및 CheckState 형식의 값에 바인딩 할 때 자동으로 생성
DataGridViewImageColumn	Image 개체 또는 Icon 개체에 바인딩 할 때 자동으로 생성
DataGridViewButtonColumn	셀에서 단추를 표시하는 데 사용. 바인딩 할 때 자동으로 생성되지 않아서 바인딩 되지 않은 열로 사용
DataGridViewComboBoxColumn	셀에서 드롭다운 목록을 표시하는 데 사용. 바인딩 할 때 자동으로 생성되지 않고, 수동으로 데이터 바인딩 됨
DataGridViewLinkColumn	셀에서 링크를 표시하는 데 사용. 바인딩 할 때 자동으로 생성되지 않고 수동으로 데이터 바인딩 됨.

3) DataGridView 컨트롤의 주요 속성

■ AllowUserToAddRows 속성

행을 추가하기 위한 옵션이 사용자에게 표시되는지 여부를 나타내는 값을 설정하거나 반환한다.

■ AllowUserToDeleteRows 속성

사용자가 DataGridView에서 행을 삭제할 수 있는지 여부를 나타내는 값을 설정하거나 반환한다.

■ AllowUserToResizeRows 속성

사용자가 행의 크기를 조정할 수 있는지 여부를 나타내는 값을 설정하거나 반환한다.

■ AutoGenerateColumns 속성

DataSource 또는 DataMember 속성을 설정할 때 열이 자동으로 생성되는지 여부를 나타내는 값을 설정하거나 반환한다.

■ BackgroundColor 속성

DataGridView의 배경색을 설정하거나 반환한다.

■ BorderStyle 속성

DataGridView의 테두리 스타일을 설정하거나 반환한다.

■ CellBorderStyle 속성

DataGridView의 셀 테두리 스타일을 반환한다.

■ ColumnCount 속성

DataGridView에 표시되는 열 수를 설정하거나 반환한다.

■ ColumnHeadersBorderStyle 속성

열 머리글에 적용된 테두리 스타일을 반환한다.

■ Columns 속성

컨트롤에 모든 열이 포함되어 있는 컬렉션을 반환한다.

■ CurrentCell 속성

현재 활성화된 셀을 설정하거나 반환한다.

■ CurrentCellAddress 속성

현재 활성화된 셀의 행 및 열 인덱스를 반환한다.

■ CurrentRow 속성

현재 셀이 들어 있는 행을 반환한다.

■ DataBindings 속성

컨트롤에 대한 데이터 바인딩을 반환한다.

■ DataMember 속성

DataGridView에 데이터가 표시되는 데이터 원본의 목록 또는 테이블 이름을 설정하거나 반환한다.

■ DataSource 속성

DataGridView에 데이터가 표시되는 데이터 원본을 설정하거나 반환한다.

■ EditMode 속성

셀 편집 시작 방식을 나타내는 값을 설정하거나 반환한다.

■ FirstDisplayedCell 속성

DataGridView에 현재 표시되는 첫 번째 셀을 설정하거나 반환한다.

■ FirstDisplayedScrollingRowIndex 속성

DataGridView에 표시된 첫 번째 행의 인덱스를 설정하거나 반환한다.

■ HorizontalScrollBar 속성

컨트롤의 가로 스크롤 막대를 반환한다.

■ Item(Int32, Int32) 속성

지정된 인덱스의 행 및 열이 교차하는 지점에 있는 셀을 가져오거나 설정하기 위한 인덱서를 제공한다.

■ Item(String, Int32) 속성

지정된 인덱스의 행과 지정된 이름의 열이 교차하는 지점에 있는 셀을 가져오거나 설정하기 위한 인덱서를 제공한다.

■ NewRowIndex 속성

새 레코드의 행에 대한 인덱스를 가져온다.

■ RowCount 속성

DataGridView에 표시되는 행의 수를 설정하거나 반환한다.

■ RowHeadersBorderStyle 속성

행 머리글 셀의 테두리 스타일을 설정하거나 반환한다.

■ RowHeadersDefaultCellStyle 속성

행 머리글 셀에 적용된 기본 스타일을 설정하거나 반환한다.

■ RowHeadersWidth 속성

행 머리글이 포함된 열의 너비(픽셀)를 설정하거나 반환한다.

■ RowHeadersWidthSizeMode 속성

행 머리글의 너비가 조정 가능한지, 사용자가 이 높이를 조정할 수 있는지, 머리글의 내용에 맞게 높이가 자동으로 조정되는지 여부를 나타내는 값을 설정하거나 반환한다.

■ Rows 속성

DataGridView 컨트롤의 모든 행을 포함하는 컬렉션을 반환한다.

■ ScrollBars 속성

DataGridView 컨트롤에 표시할 스크롤 막대의 형식을 설정하거나 반환한다.

■ SelectedCells 속성

사용자가 선택한 셀의 컬렉션을 반환한다.

■ SelectedColumns 속성

사용자가 선택한 열의 컬렉션을 반환한다.

■ SelectedRows 속성

사용자가 선택한 행의 컬렉션을 반환한다.

■ SelectionMode 속성

DataGridView의 셀 선택 방법을 나타내는 값을 설정하거나 반환한다.

■ TopLeftHeaderCell 속성

DataGridView 컨트롤의 왼쪽 맨 위에 있는 머리글 셀을 가져오거나 설정합니다.

■ VerticalScrollBar 속성

컨트롤의 세로 스크롤 막대를 가져옵니다.

■ Width 속성

컨트롤의 너비를 설정하거나 반환한다.

4) DataGridView 컨트롤의 주요 메서드

■ BeginEdit 메서드

현재 셀을 편집 모드로 전환한다.

■ CancelEdit 메서드

현재 선택된 셀에 대해 편집 모드를 취소하고 변경 내용을 삭제한다.

■ ClearSelection 메서드

선택된 모든 셀의 선택을 취소하여 현재 선택을 해제한다.

■ DisplayedColumnCount 메서드

사용자에게 표시된 열의 수를 반환한다.

■ DisplayedRowCount 메서드

사용자에게 표시된 행의 수를 반환한다.

■ SelectAll 메서드

DataGridView의 모든 셀을 선택한다.

5) DataGridView 컨트롤의 동반 클래스

DataGridView 컨트롤은 셀과 밴드라는 두 종류의 개체로 구성된다. DataGridViewCell 클래스와 DataGridViewColumn, DataGridViewRow 클래스 등의 컨트롤과 함께 가장 많이 사용된다.

(1) DataGridViewCell 클래스

셀은 DataGridView의 상호 작용에 사용되는 기본 단위로, 셀을 중심으로 데이터가 표시되고, 셀을 사용하여 데이터 입력이 수행된다. DataGridViewRow 클래스의 Cells 컬렉션을 사용하여 셀에 액세스할 수 있고, DataGridView 컨트롤의 SelectedCells 컬렉션을 사용하여 선택한 셀에 액세스할 수 있다.

(2) DataGridViewColumn 클래스

DataGridView 컨트롤에 연결된 데이터 저장소의 스키마는 DataGridView 컨트롤의 열에 표시된다. Columns 컬렉션을 사용하여 DataGridView 컨트롤의 열에 액세스할 수 있고, SelectedColumns 컬렉션을 사용하여 선택한 열에 액세스할 수 있다.

(3) DataGridViewRow 클래스

DataGridViewRow 클래스는 DataGridView 컨트롤이 연결된 데이터 저장소에 있는 레코드의 데이터 필드를 표시한다. Rows 컬렉션을 사용하여 DataGridView 컨트롤의 행에 액세스하거나, SelectedRows 컬렉션을 사용하여 선택한 행에 액세스할 수 있다.

Section 02 DataGridView 컨트롤 사용하기

DataGridView 컨트롤을 사용하여 외부 데이터 소스의 데이터를 표시하거나 행과 열을 컨트롤에 추가하고 수동으로 데이터를 컨트롤에 채울 수 있다. 컨트롤을 데이터 소스에 바인딩 할 때 데이터 소스의 스키마에 따라 자동으로 열을 생성할 수 있으며, 열을 숨기거나 삭제하거나 다시 정렬할 수 있다. 또한 바인딩 되지 않은 열을 추가하여 해당 데이터 소스에 없는 추가 데이터를 표시할 수 있다.

뿐만 아니라 통화 형식과 같은 표준 형식을 사용하여 데이터를 표시할 수 있으며, 음수의 경우 배경색을 바꾸거나 문자열 값을 해당 이미지로 대체하는 등 필요한 경우 표시 형식을 사용자 지정하여 데이터를 표시하는 것도 가능하다.

1) DataGridView 컨트롤의 데이터 디스플레이 모드

DataGridView 컨트롤은 바인딩 된 모드, 바인딩 되지 않은 모드로 데이터를 표시할 수 있다.

(1) 바인딩 되지 않은 모드

바인딩 되지 않은 모드는 적은 양의 데이터를 표시하는 경우 적합하며, 데이터 소스에 DataGridView 컨트롤을 직접 연결하지 않는다. 대신 DataGridViewRowCollection.Add 메서드를 사용하여 직접 컨트롤에 데이터를 채워야 한다.

(2) 바인딩 된 모드

바인딩 된 모드는 데이터 저장소와의 자동 상호작용을 사용하여 데이터를 관리하는 경우 적합하다. DataSource 속성을 설정하여 DataGridView 컨트롤을 해당 데이터 소스에 직접 연결할 수 있다. AutoGenerateColumns 속성이 True인 경우 데이터 소스의 각 열에 해당하는 열이 컨트롤에 만들어진다.

사용자 정의의 열을 만들기 위해서는 이 속성을 False로 설정하고 DataPropertyName 속성을 사용하여 각 열을 구성할 때 해당 열을 바인딩 한다. 바인딩 된 모드에서 바인딩 되지 않은 열을 DataGridView 컨트롤에 추가할 수도 있다.

2) DataGridView 컨트롤을 사용하여 열 추가하기

폼에 DataGridView 컨트롤을 추가하면 [DataGridView 작업] 창이 표시되어 데이터 소스를 선택하거나 열의 추가 및 편집 등의 작업을 수행할 수 있다.

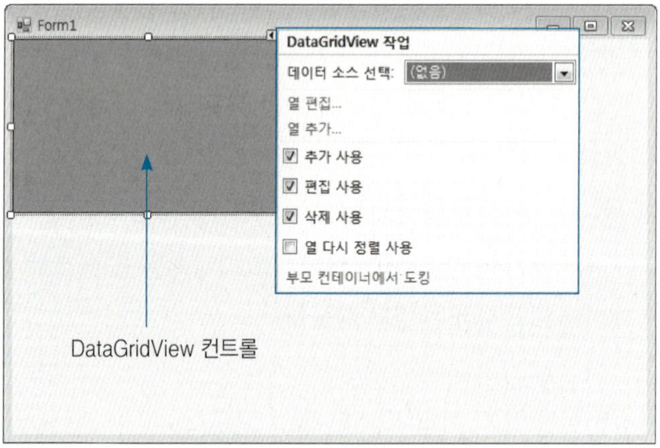

그림 14-1 DataGridView 작업창

실습 14-1 Windows Form 만들기

[1단계] Windows Form 만들기

① [파일] > [새로 만들기] > [프로젝트]를 차례로 선택한다.

② [새 프로젝트] 대화 상자의 '템플릿'–'Visual Basic'–'Windows Forms 응용 프로그램 템

플릿'을 차례로 선택한다.

③ '이름' 상자에 프로젝트의 이름을 'DataGridView_1'라고 입력하고, 저장 위치를 설정한 다음 [확인] 버튼을 클릭한다.

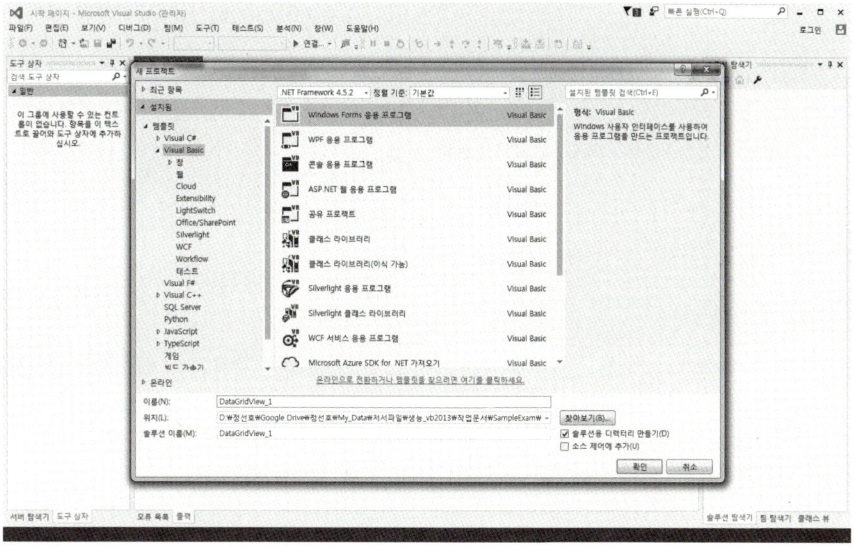

[2단계] 컨트롤 추가하고 속성 설정하기

④ 폼에 DataGridView 컨트롤을 추가하고 속성을 설정한다.

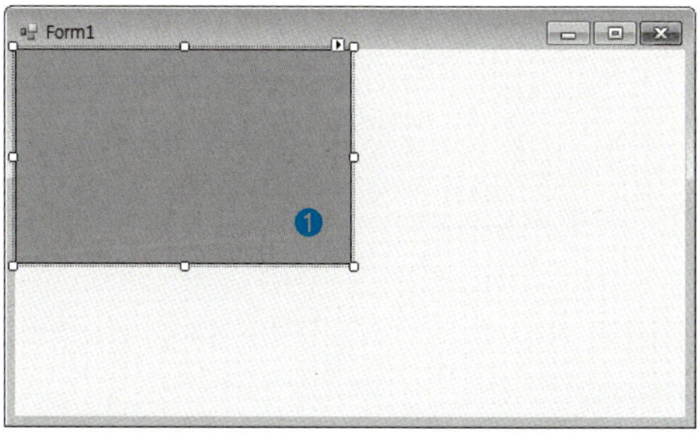

번호	컨트롤 종류	컨트롤	속성	속성값
❶	DataGridView	DataGridView1	Name	DataGridView1

⑤ DataGridView 컨트롤의 스마트 작업 화살표(▶)를 클릭하여 [DataGridView 작업] 창을 표시한 다음, '열 추가' 항목을 선택한다.

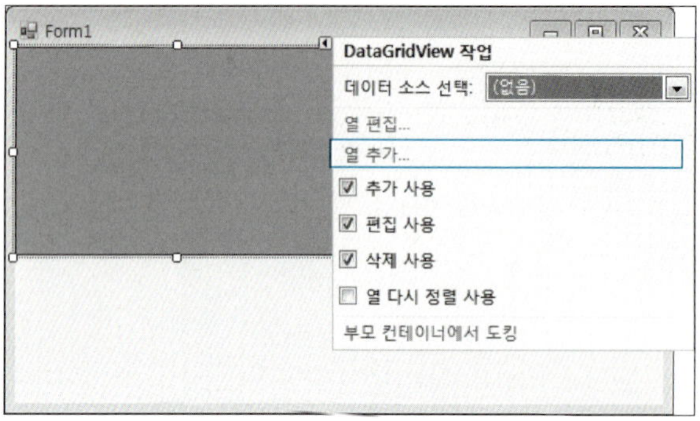

⑥ [열 추가] 대화상자의 '이름' 항목에 'col_Name'을 입력하고, '머리글 텍스트'에 '이름'을 입력하고 [추가] 버튼을 클릭한다.

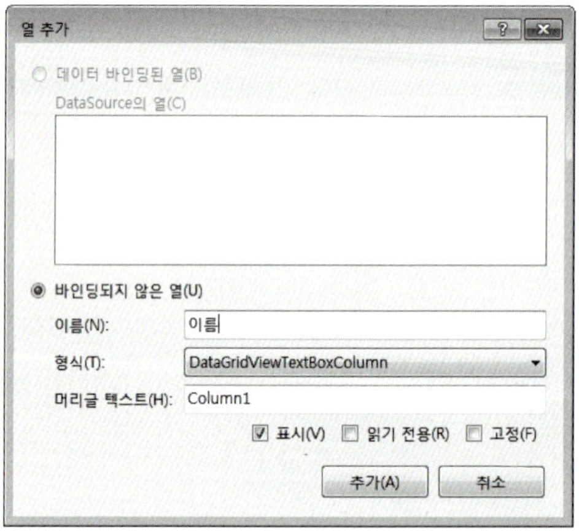

⑦ ⑥과정을 반복하여 4개의 열을 추가한 다음 [닫기] 버튼을 클릭한다.

이름	머리글 텍스트
col_Name	이름
col_Kor	국어
col_Math	수학
col_Eng	영어

⑧ DataGridView 컨트롤의 크기를 조정하여 4개의 열이 모두 보이도록 하자.

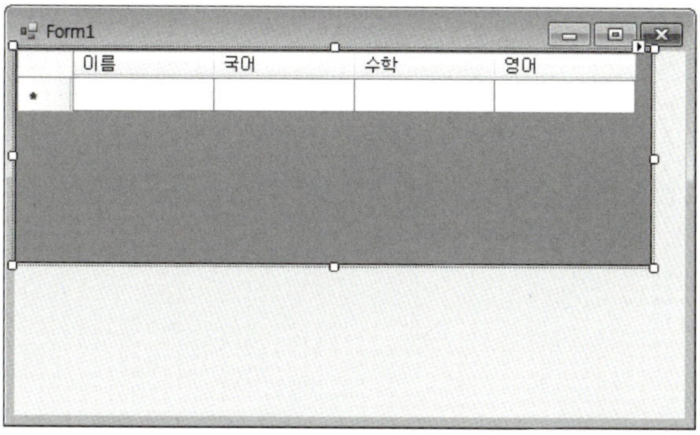

실습 14-2 코드로 DataGridView 컨트롤 추가하기

[1단계] 폼의 Load 이벤트 처리기 만들기

① 폼을 선택하고, [속성] 창에서 이벤트 단추(⚡)를 클릭한 다음, Load 이벤트 이름을 'frmDatGridView_Load'로 입력한다.

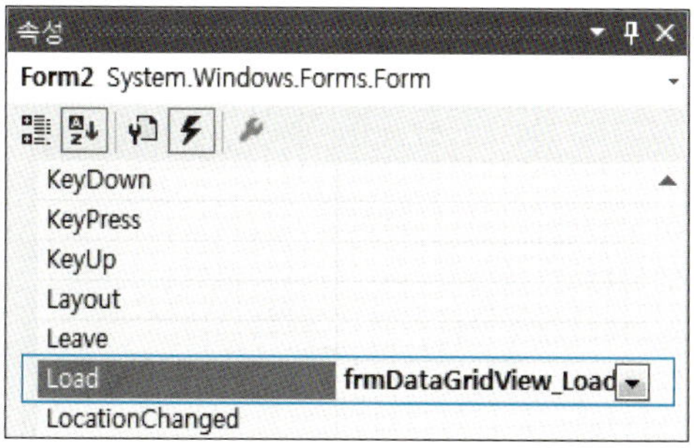

② 'frmDatGridView_Load' 이벤트 처리기에 다음과 같이 코드를 입력한다.

```
Private Sub frmDataGridView_Load(sender As Object, e As EventArgs) Handles
MyBase.Load
    Dim MyDataGridView As New DataGridView
    Me.Controls.Add(MyDataGridView)
    MyDataGridView.ColumnCount = 4
    With MyDataGridView
        .Name = "MyDataGridView"
        .Location = New Point(8, 8)
```

```
08          .Columns(0).Name = "이름"
09          .Columns(1).Name = "국어"
10          .Columns(2).Name = "수학"
11          .Columns(3).Name = "영어"
12          .MultiSelect = False
13          .Dock = DockStyle.Fill
14      End With
15  End Sub
```

③ 〈F5〉 키를 눌러 폼에 DataGridView 컨트롤이 표시되는지 확인하자.

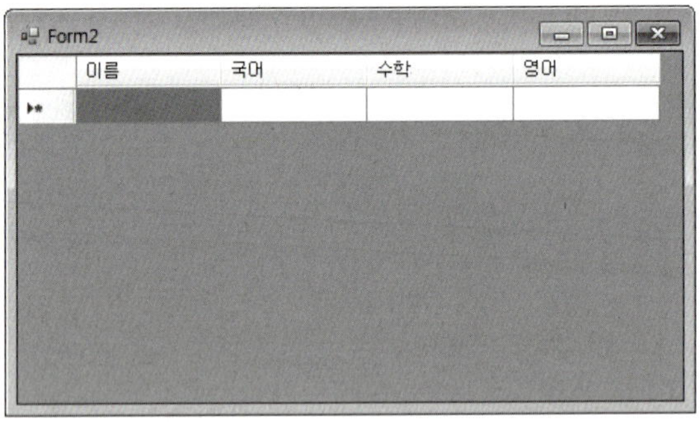

| 코드 이해하기 |

```
02  Dim MyDataGridView As New DataGridView
03  Me.Controls.Add(MyDataGridView)
04  MyDataGridView.ColumnCount = 4
```

02행: DataGridView 컨트롤 개체를 생성한다.

03행: DataGridView 컨트롤을 폼에 추가한다.

04행: DataGridView 컨트롤(MyDataGridView)에 4개의 열을 추가한다.

```
05  With MyDataGridView
06      .Name = "MyDataGridView"
07      .Location = New Point(8, 8)
08      .Columns(0).Name = "이름"
09      .Columns(1).Name = "국어"
10      .Columns(2).Name = "수학"
```

```
11         .Columns(3).Name = "영어"
12         .MultiSelect = False
13         .Dock = DockStyle.Fill
14     End With
```

05~15행: DataGridView 컨트롤 개체의 속성을 설정한다.
06행: DataGridView 컨트롤의 이름을 MyDataGridView로 설정한다.
07행: DataGridView 컨트롤을 폼의 왼쪽 끝 8픽셀 위치에 생성한다.
08행: DataGridView 컨트롤의 크기를 가로 500픽셀, 세로 250 픽셀로 설정한다.
09~12행: 4개 열의 머리글을 각각 설정한다.
13행: 셀을 다중 선택할 수 없도록 설정한다.
14행: DataGridView 컨트롤을 폼에 맞춘다.

실습 14-3 DataGridView 컨트롤의 열 속성 편집하기

① 앞 예제(DataGridView_1)에서 DataGridView 컨트롤의 스마트 작업 화살표(▶)를 클릭하여 [DataGridView 작업] 창을 표시한 다음, '열 편집' 항목을 선택한다.

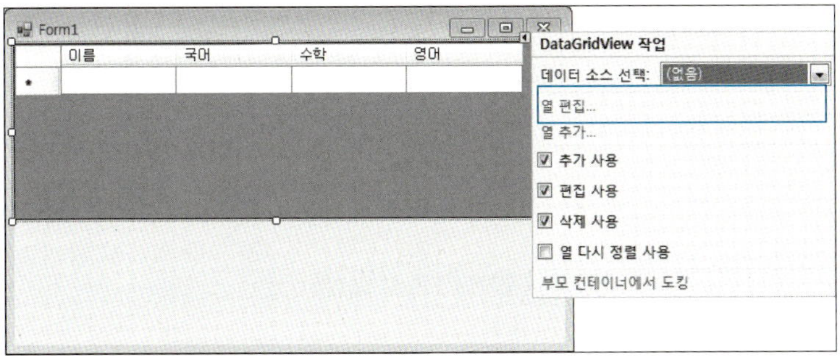

② [열 편집] 창에서 '이름'을 클릭하고 '바인딩 되지 않은 열 속성' > '모양' > 'HeaderText'의 값을 '학생이름'으로 변경한 다음 [확인] 버튼을 클릭한다.

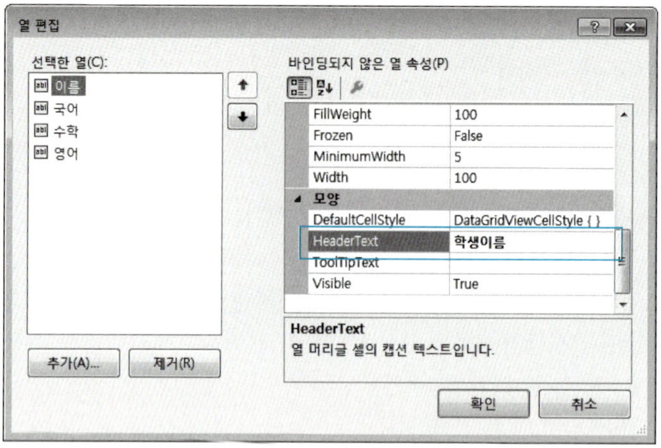

③ 열 이름이 변경되었는지 확인한다.

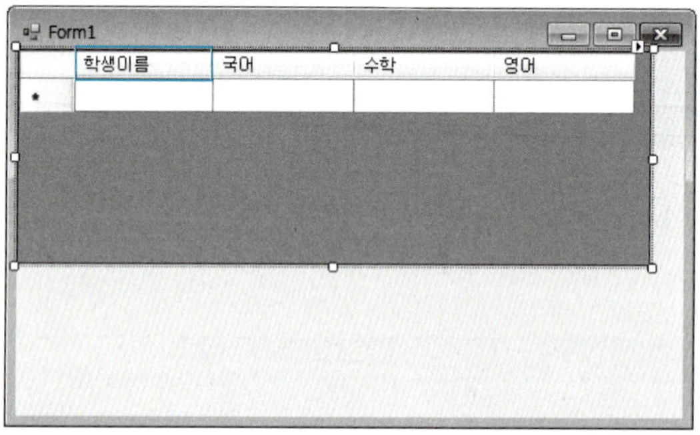

실습 14-4 DataGridView 컨트롤의 행에 기본 값 설정하기

DataGridView 클래스에서는 DefaultValuesNeeded 이벤트를 사용하여 추가된 행을 기본 값으로 채울 수 있다. DefaultValuesNeeded 이벤트는 사용자가 새 레코드에 행을 입력하는 경우 발생된다.

① 폼을 선택하고 [속성] 창에서 이벤트 단추(⚡)를 클릭한 다음, DefaultValuesNeeded 이벤트 이름을 더블클릭하여 이벤트 처리기를 추가한다.

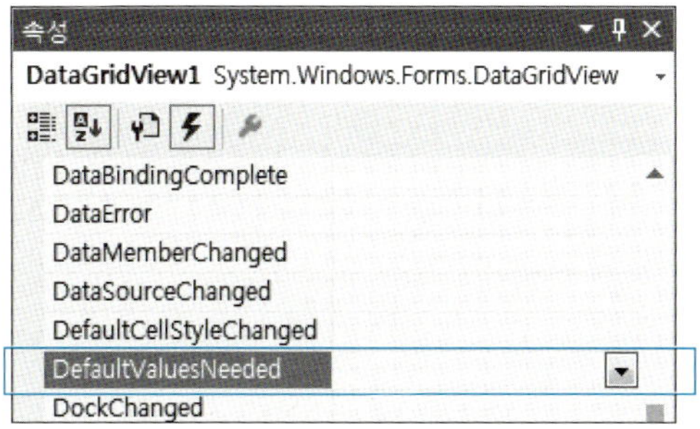

② DataGridView1_DefaultValuesNeeded 이벤트 처리기에 다음과 같이 코드를 입력한다.

```
Private Sub DataGridView1_DefaultValuesNeeded(sender As Object, e As DataGridViewRowEventArgs) Handles DataGridView1.DefaultValuesNeeded
    e.Row.Cells(1).Value = 0
    e.Row.Cells(2).Value = 0
    e.Row.Cells(3).Value = 0
End Sub
```

③ 폼을 실행하면 첫 번째 행의 국어, 수학, 영어의 값이 0으로 표시된다.

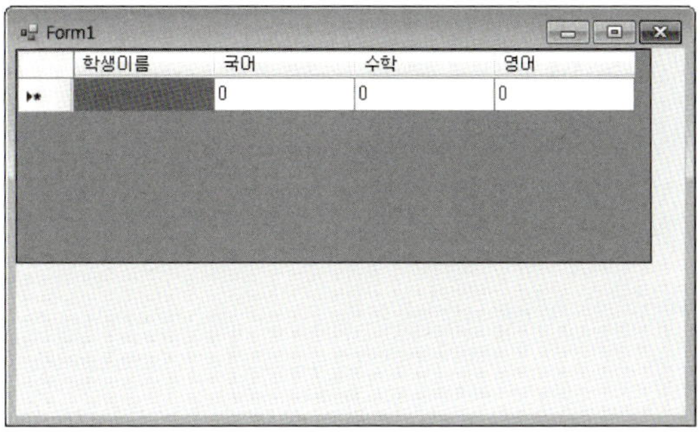

Section 03 DataGridView 컨트롤에 데이터 바인딩하기

디자이너를 사용하여 DataGridView 컨트롤을 데이터베이스와 같은 여러 가지 다양한 데이터 소스에 연결할 수 있다. 디자이너를 사용하여 컨트롤을 데이터 소스에 바인딩 하는 경우 컨트롤은 데이터 소스를 나타내는 BindingSource 구성 요소에 자동으로 바인딩 된다. 또한 데이터 소스에서 제공되는 스키마 정보와 일치하도록 컨트롤에 열이 자동으로 생성된다. 열이 생성된 후 사용자의 필요에 맞게 열을 삭제하거나 열의 형식 등을 수정할 수 있다.

실습 14-5 컨트롤을 데이터 소스에 바인딩 하기

① 폼에 DataGridView 컨트롤을 추가하고, DataGridView 컨트롤 오른쪽 위 스마트 작업 화살표(▶)을 클릭한다.

② '데이터 소스 선택' 옵션에서 드롭다운 화살표를 클릭한다. 프로젝트에 데이터 소스가 없는 경우 '프로젝트 데이터 소스 추가'를 클릭한다.

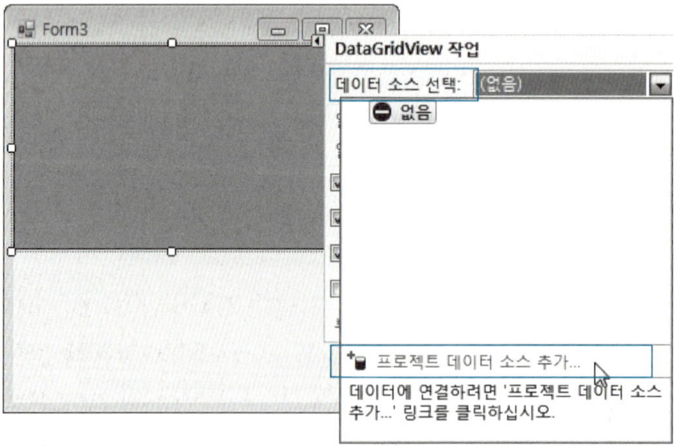

③ [데이터 소스 구성 마법사] 창에서 '응용 프로그램에서 데이터를 가져오는 위치'를 '데이터베이스'로 선택하고 [다음] 버튼을 클릭한다.

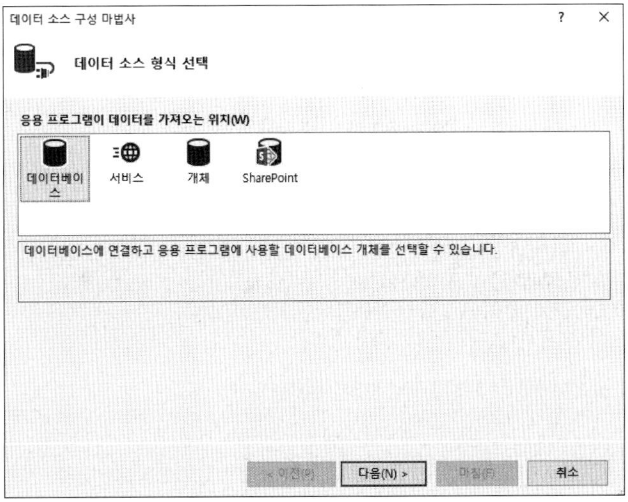

④ [데이터 소스 구성 마법사] 창에서 '사용할 데이터베이스 모델 형식'을 '데이터집합'으로 선택하고 [다음] 버튼을 클릭한다.

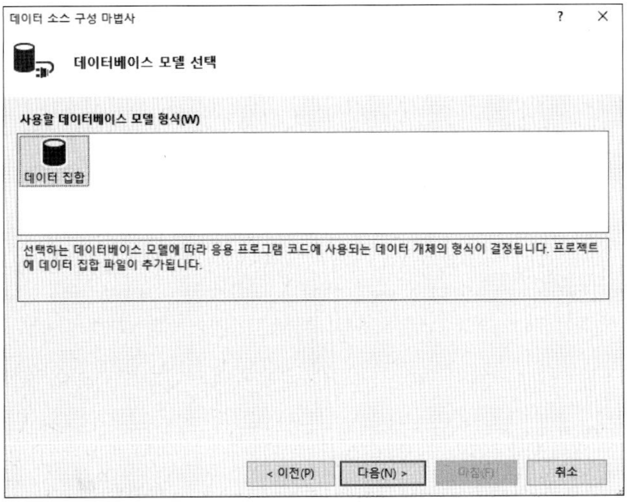

⑤ [데이터 소스 구성 마법사] 창에서 [새 연결] 버튼을 클릭하고 [데이터 소스 선택] 창을 표시한다.

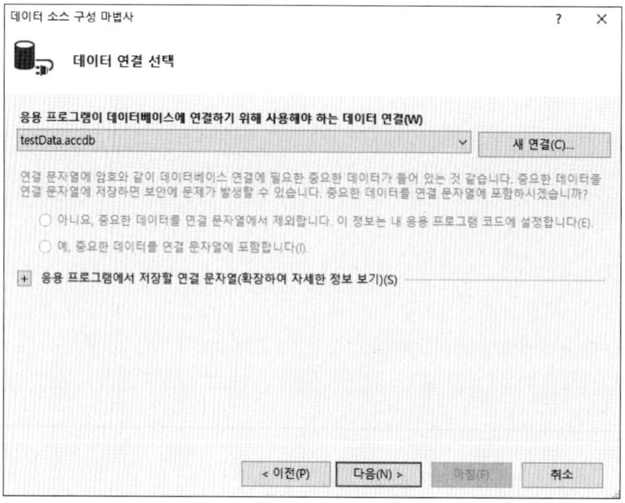

⑥ [데이터 소스 선택] 창의 '데이터 소스' 항목에서 'Microsoft Access 데이터베이스 파일'을 선택하고 [계속] 버튼을 클릭한다.

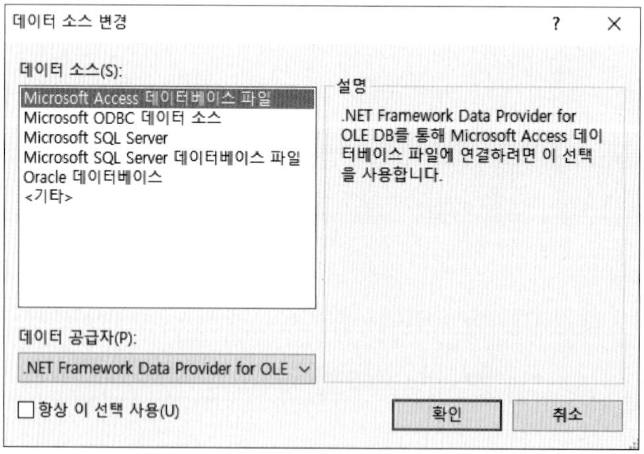

⑦ [연결 추가] 창에서 [찾아보기] 버튼을 클릭하고 [Microsoft Access 데이터베이스 파일 선택] 창에서 데이터베이스 파일(testData)를 선택한 다음 [열기] 버튼을 클릭한다.

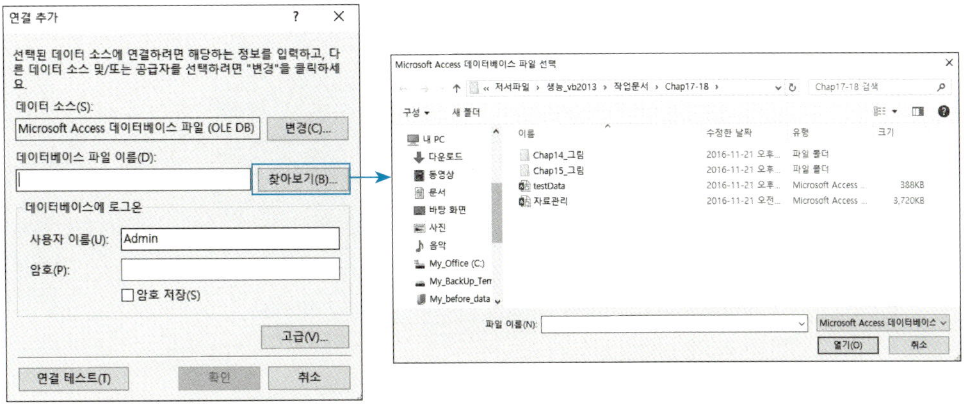

⑧ [연결 추가] 창의 '데이터베이스 파일 이름' 항목에 선택한 데이터베이스가 표시되었으면 [확인] 버튼을 클릭한다.

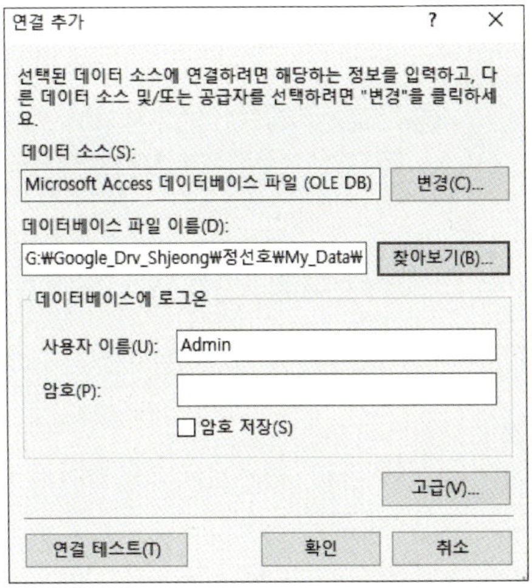

⑨ [데이터 소스 구성 마법사] 창에서 '응용 프로그램의 데이터베이스에 연결하기 위해 사용해야 하는 데이터 연결'에 선택한 데이터베이스(testData.accdb)가 표시되었으면 [다음] 버튼을 클릭한다.

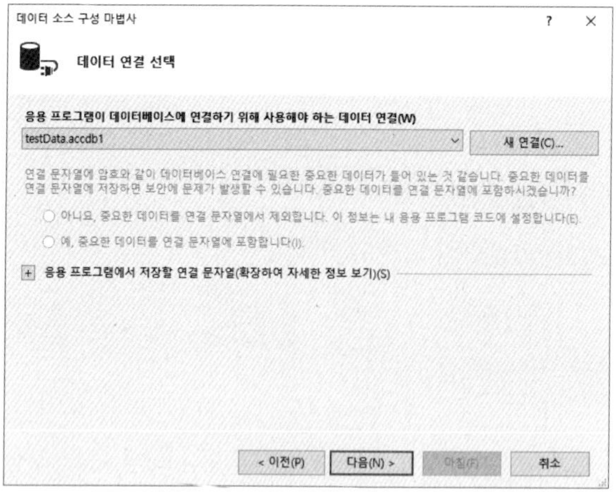

⑩ 로컬 파일을 연결할 것인지 묻는 대화상자의 [예] 버튼을 클릭한다.

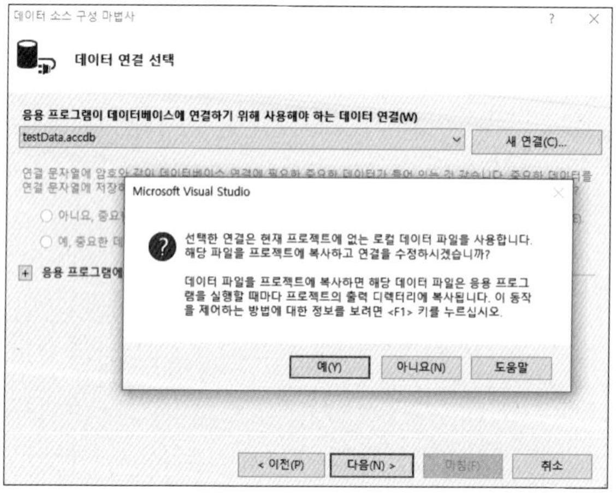

⑪ [데이터 소스 구성 마법사] 창에서 응용 프로그램 연결 문자열 지정을 확인하고 [다음] 버튼을 클릭한다.

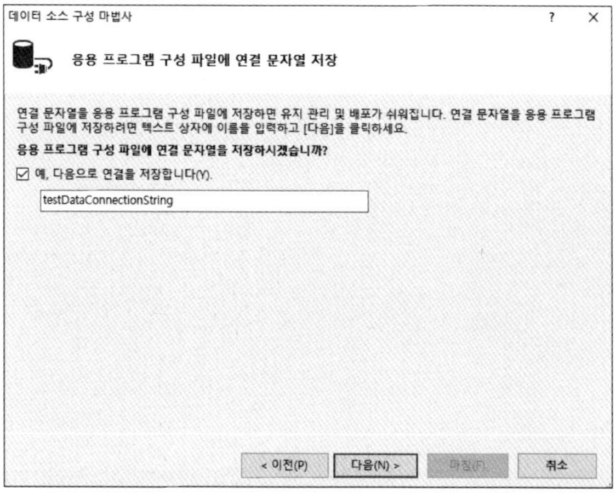

⑫ [데이터 소스 구성 마법사] 창에서 데이터 집합에 포함할 데이터베이스 개체로 '테이블'을 선택하고 [마침] 버튼을 클릭한다.

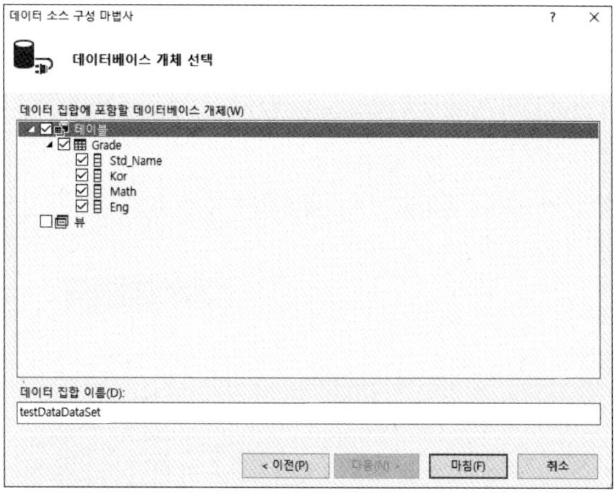

⑬ DataGridView 컨트롤에 열이 추가되었는지 확인하자.

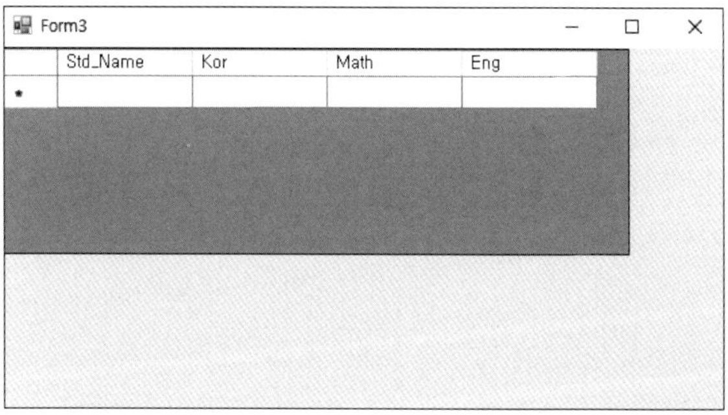

⑭ Access 데이터베이스 파일은 5개의 데이터와 함께 작성되어 있다. 그러나 14번 실행 결과에는 열만 표시되고 데이터는 표시되지 않는다.

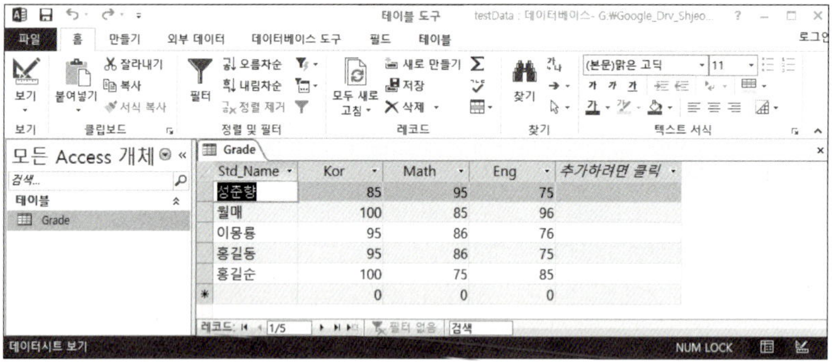

Tip

① 'Microsoft Access Database Engine 2010 재배포 가능 패키지'나 ② '2007 Office System 드라이버: 데이터 연결 구성 요소'를 다운로드하여 설치한다. '2007 Office System 드라이버: 데이터 연결 구성 요소'를 설치한다.

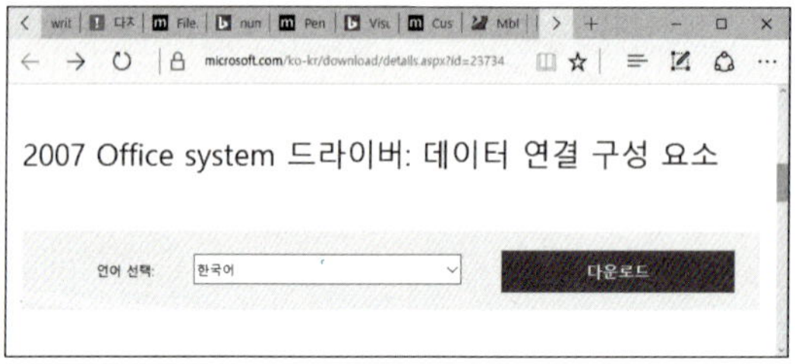

⑮ 다시 DataGridView 컨트롤 오른쪽 위 스마트 작업 화살표(▶)을 클릭하고, 기 추가된 데이터 소스를 다시 한 번 추가하고 〈F5〉 키를 눌러 실행하자.

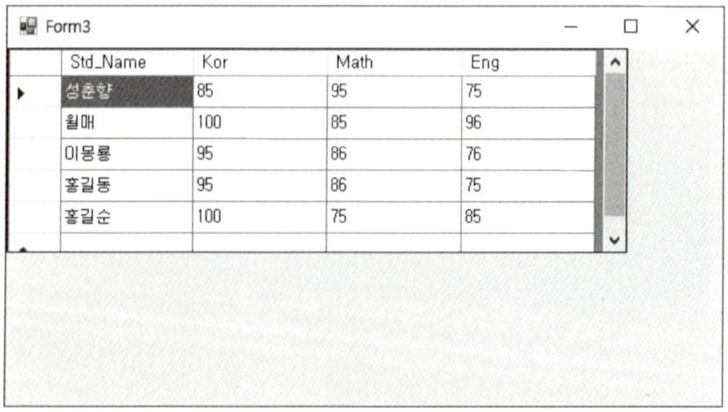

Tip **Access와 연결하기 위한 드라이버 설치 주소**

- Microsoft Access Database Engine 2010 재배포 가능 패키지
  https://www.microsoft.com/ko-kr/download/details.aspx?id=13255
- 2007 Office System 드라이버: 데이터 연결 구성 요소
  https://www.microsoft.com/ko-kr/download/details.aspx?id=23734

요약

- DataGridView 컨트롤: 데이터를 표 형식으로 표시하는 강력하고 유연한 방법을 제공하는 컨트롤

- DataGridView 컨트롤은 셀과 밴드라는 두 종류의 개체로 구성된다.

- DataGridViewCell 클래스와 DataGridViewColumn, DataGridViewRow 클래스 등의 컨트롤이 DataGridView 컨트롤과 함께 가장 많이 사용된다.

- DataGridView 컨트롤은 바인딩된 모드, 바인딩되지 않은 모드로 데이터를 표시할 수 있다.

- DataGridView 컨트롤에 데이터 바인딩하기: 디자이너를 사용하여 컨트롤을 데이터 소스에 바인딩하는 경우 컨트롤은 데이터 소스를 나타내는 BindingSource 구성 요소에 자동으로 바인딩된다.

| 연습문제 |

1. DataGridView 컨트롤을 사용하여 5행 5열의 표를 만들고, 머리글 텍스트로 A, B, C, D, E 영문자가 표시되도록 설정하라.

2. 각 셀에 기본값으로 열이름과 행번호를 조합하여 셀에 표시되도록 이벤트 처리기를 작성하라.

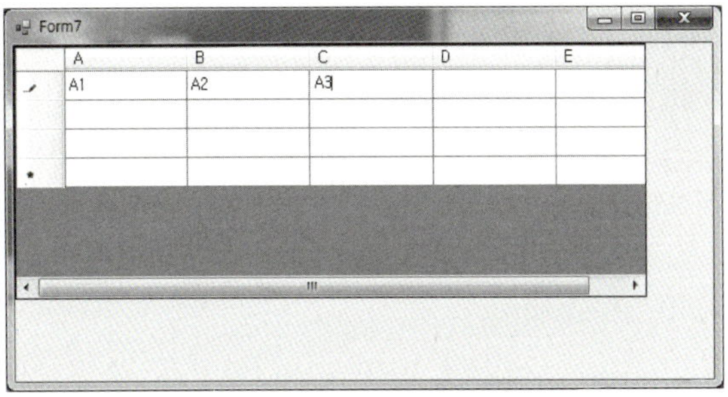

3. 다음과 폼을 만들고, 다음 조건을 만족하도록 프로그램하라.

조건

① 폼이 실행되면 10행 4열로 컨트롤이 표시되도록 설정하라.

② 고정 셀의 텍스트를 다음과 같이 표시되도록 설정하라.

③ 셀을 클릭하면 포커스가 입력 항목으로 이동하고, 입력 항목에 텍스트를 입력하고 엔터 키를 누르면 셀에 데이터가 입력되도록 한다.

④ [정렬] 버튼을 클릭하면 등급을 기준으로 정렬되도록 설정하라.

⑤ [셀 병합] 버튼을 클릭하고 같은 학과 명을 가진 셀들을 병합하도록 프로그래밍하라.

4. DataGridView 컨트롤을 사용하여 커플링 주문 프로그램을 만들어보자.

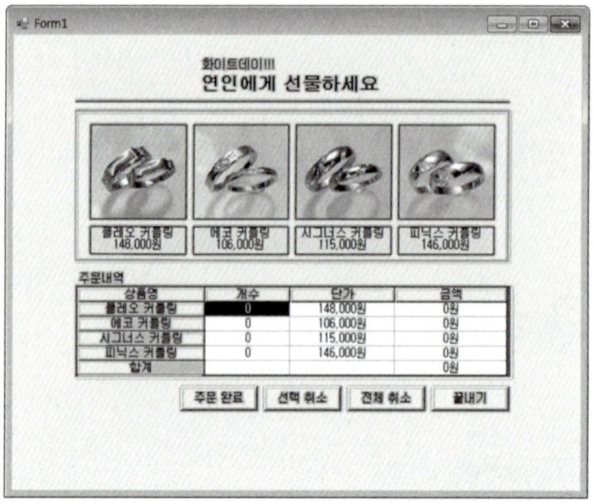

CHAPTER 15

ADO.NET 시작하기

contents

15 ADO.NET 시작하기

ADO.NET은 OLE DB 및 ODBC를 통해 SQL Server, XML과 같은 데이터 소스에 대한 액세스를 제공하며, ADO.NET을 통해 이러한 데이터 소스에 연결하여 포함된 데이터를 검색, 처리 및 업데이트할 수 있다.

Section 01 데이터베이스 이해하기

데이터베이스(Database)는 "자료(데이터)"들의 집합체라 할 수 있다. 단순히 자료들의 집합이 아니라 데이터를 분류하고 정리하여 일관성 있는 참조와 갱신, 검색 등이 가능하도록 구성되어 있을 때 이를 데이터베이스라 한다. 데이터베이스는 일반적인 파일보다 더 조직적이고 구조적으로 데이터를 관리할 수 있는 환경을 제공하는데, 이를 위하여 사용하는 것을 데이터베이스 관리 시스템(Database Manangement System, DBMS)이라 한다.
기본적으로 데이터베이스는 여러 개의 레코드(Record)들로 이루어져 있으며, 각 레코드는 여러 개의 필드(Field)를 가지고 있다.

예를 들어 〈표 15-1〉의 자료를 이용해 주소록을 만든다고 가정해보자.

표 15-1 [주소록]

이름	전화번호	우편번호	주소	전자우편주소	생년월일
홍길동	02)123-4567	987-654	서울시 여의도동	hong@honggil.net	1970-02-11
홍길순	031)234-6790	765-293	경기도 평택시	soon@ptuniv.ac.kr	1972-10-27
이몽룡	02)451-8731	111-234	서울시 마포구	lee@mail.net	1972-11-30
성춘향	041)112-9875	222-345	충남 천안시	sung@chun.hyang	1971-10-23
...	...	...	...	...	...

〈표 15-1〉은 이름, 전화번호, 나이 등의 자료들을 행과 열을 맞추어 표의 형태로 정리한 것이다. 이렇게 분류해 놓았을 때 이름, 전화번호, 우편번호 등과 같이 표의 세로 부분 즉, 열에 해당하는 각각의 항목을 "필드(Field)"라 한다.

이제 이 표에서 하나의 행을 뽑아내보자.

…	…	…	…	…	…
…	…	…	…	…	…
홍길순	031)234-6790	765-293	경기도 평택시	soon@ptuniv.ac.kr	1972-10-27
…	…	…	…	…	…
…	…	…	…	…	…
…	…	…	…	…	…

이 행에는 '홍길순'이라는 사람에 대한 자료가 들어있으며 한 행에는 각 필드의 자료들이 그대로 담겨 있다는 것을 알 수 있다. 이렇게 필드 구조에 맞게 저장된 한 행의 데이터를 "레코드(Record)"라 한다. 레코드는 실제 데이터의 내용을 담고 있으며 데이터를 저장하거나 검색할 때 기본적인 접근 단위가 된다.

이렇게 정해진 필드와 그 구조에 따라 생성된 레코드들이 모인 구조를 "테이블(Table)"이라 한다. 테이블은 필드 구조를 의미하는 동시에 레코드의 구조와 레코드를 합쳐서 부르는 단어이기도 하다. 또한 테이블에는 "인덱스(Index)"라는 것이 있는데 이것은 데이터베이스 내에 들어있는 자료들을 찾기 위해 필드에 지정되는 것이다. 이렇게 테이블과 인덱스 등의 데이터가 하나 이상 모여 이루어진 것을 "데이터베이스(Database)"라 한다.

표 15-2 데이터베이스 관련 용어

용어	설명
필드(field)	한 개의 데이터 항목
레코드(record)	필드의 데이터들이 모여 이루어진 데이터 처리의 기본 단위
테이블(table)	같은 구조의 필드로 이루어진 레코드들의 집합
데이터베이스(database)	테이블과 관련된 구조가 모여 이루어진 데이터의 총집합

비주얼 베이직은 기본적으로 마이크로소프트의 Jet 데이터베이스 엔진을 사용한다. Jet 데이터베이스 엔진을 통해 데이터베이스에 접근하여 직접 데이터베이스를 생성하거나 조작할 수 있다. 데이터베이스 엔진을 다룰 수 있도록 하기 위해 비주얼 베이직은 데이터 컨트롤과 DAO(Data Access Object)를 제공한다. 비주얼 베이직에서 데이터베이스에 삽입, 삭제, 수정 등의 명령을 내리면, Jet 엔진에서 처리를 위한 명령으로 변역하고 데이터베이스를 처리하게 된다. 즉, 비주엘베이직은 데이터를 직접 처리할 수는 없고 명령만 내릴 수 있으며, 이 명령을 받아서 데이터베이스의 실제적인 처리는 Jet 엔진이 수행하게 되는 것이다.

비주얼 베이직에서 데이터베이스를 생성하거나 모든 처리를 수행할 수 있도록 하기 위해 제공되는 비주얼 데이터 관리자를 배워보도록 하자.

Section 02 ADO.NET을 이용한 데이터베이스 프로그래밍

ADO(ActiveX Data Objects).NET은 OLE DB 및 ODBC를 통해 SQL Server 및 XML과 같은 데이터 소스에 대한 액세스를 제공하므로, 데이터 공유 소비자 응용 프로그램은 ADO.NET을 통해 이러한 데이터 소스에 연결하여 포함된 데이터를 검색, 처리 및 업데이트할 수 있다.

ADO.NET에는 데이터베이스에 연결하고 명령을 실행하며 결과를 검색하는 데 사용되는 .NET Framework 데이터 공급자가 포함되어 있다. 검색된 결과는 곧바로 처리되거나 ADO.NET DataSet 개체에 저장되어 특별한 방식으로 사용자에게 노출되거나 여러 소스의 데이터와 함께 사용되거나 계층 간에 전달된다. DataSet 개체는 또한 .NET Framework 데이터 공급자를 독립적으로 사용하여 응용 프로그램에 로컬인 데이터 또는 XML에서 가져온 데이터를 관리할 수 있다.

1) ADO.NET 구성 요소

ADO.NET 3.0에서 데이터 액세스 및 조작을 위한 두 가지 주요 구성 요소인 .NET Framework 데이터 공급자와 DataSet을 제공한다. ADO.NET은 데이터베이스와의 연결을 쉽게 할 수 있도록 도와주는 클래스들의 집합으로 구성된다. 다음 다이어그램은 .NET Framework 데이터 공급자와 DataSet 간의 관계를 보여준다.

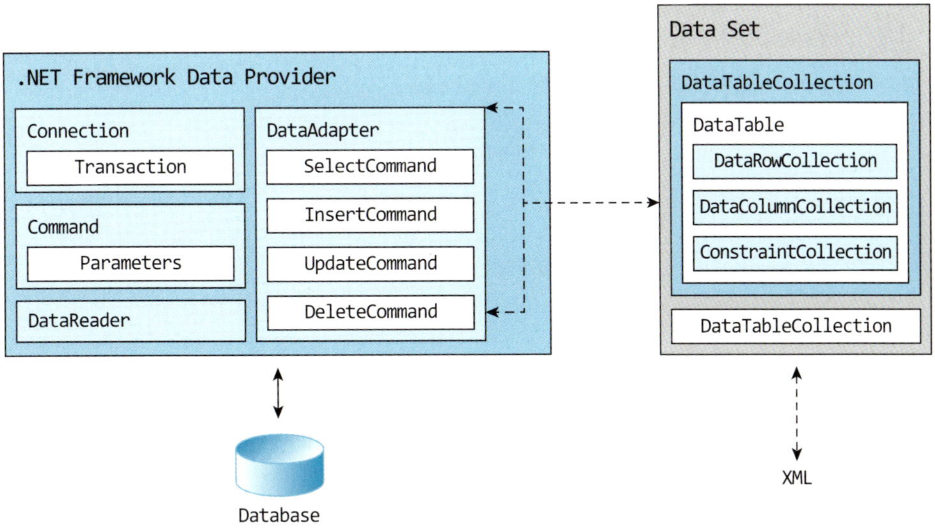

그림 15-1 ADO.NET 구성

(1) .NET Framework 데이터 공급자(Data Provider)

.NET Framework 데이터 공급자(Data Provider)는 데이터 조작과 정방향 읽기 전용 고속 데이터 액세스를 위해 명시적으로 디자인된 구성 요소이다. Connection 개체는 데이터 소스에 대한 연결을 제공하고, Command 개체를 사용하면 데이터베이스 명령에 액세스하여 데이터를 반환 및 수정하고 저장 프로시저를 실행하며 매개 변수 정보를 보내거나 검색할 수 있다.

DataReader 개체는 데이터 소스의 데이터에 대한 고성능 스트림을 제공하고, 마지막으로 DataAdapter 개체는 DataSet 개체와 데이터 소스 사이를 연결한다. DataAdapter는 Command 개체로 데이터 소스에서 SQL 명령을 실행하여 DataSet을 데이터와 함께 로드하고 DataSet에 포함된 데이터의 변경 내용을 데이터 소스로 되돌려 조정한다.

(2) DataSet

ADO.NET DataSet은 데이터 소스에 관계없이 데이터에 액세스할 수 있도록 명시적으로 디자인되었다. 따라서 응용 프로그램에 로컬인 데이터를 관리하기 위해 이를 단독으로 사용하거나 다양한 데이터 소스 또는 XML 데이터와 함께 사용할 수도 있다. DataSet에는 데이터 행과 열로 구성된 하나 이상의 DataTable 개체의 컬렉션뿐만 아니라 DataTable 개체의 데이터에 대한 기본 키, 외래 키, 제약 조건 및 관련 정보가 들어있다.

Tip DataReader 또는 DataSet 선택

DataReader 또는 DataSet 중 무엇을 사용해야 할지 결정해야 하는 경우 다음을 고려하도록 한다.

① DataSet은 데이터를 조작할 수 있도록 응용 프로그램에서 데이터를 로컬로 캐시한다. 쿼리 결과만 읽으면 되는 경우에는 DataReader를 사용하는 것이 좋다.

② Windows Forms 컨트롤에 바인딩하거나 여러 소스의 데이터를 결합하고 연관시키는 등 데이터와 동적으로 상호작용하는 경우 DataSet을 사용한다.

DataReader를 사용하면 DataSet이 사용하는 메모리를 절약할 수 있을 뿐 아니라 DataSet 내용을 만들고 채우는 데 필요한 처리 작업을 줄일 수 있으므로 성능을 향상시킬 수 있다.

2) .NET 프레임워크 데이터 공급자(Data Provider)

데이터 공급자는 데이터베이스에 연결하고, 원본(데이터 소스)에 접근하여 명령을 실행하며 결과를 검색하는 데 사용된다. .NET 프레임워크에 포함되어 있는 데이터 공급자는 다음과 같다.

표 15-3 .NET 프레임워크의 데이터 공급자

데이터 공급자	설명
Data Provider for SQL Server	Microsoft SQL Server에 대한 데이터 액세스 제공
Data Provider for OLEDB	OLEDB를 사용하여 노출된 데이터 소스에서 사용
Data Provider for ODBC	OLEDB를 사용하여 노출된 데이터 소스에서 사용
Data Provider for Oracle	Oracle 데이터 소스에서 사용

데이터 공급자는 Connection, Command, DataReader, DataAdapter 4가지 개체로 구성된다. 〈표 15-4〉에서 .NET Framework 데이터 공급자를 구성하는 4가지 개체에 대해 간략하게 설명한다.

표 15-4 데이터공급자를 구성하는 핵심 클래스

개체	설명	기본 클래스
Connection	특정 데이터 소스에 연결	DbConnection 클래스
Command	데이터 소스에 대해 명령 실행	DbCommand 클래스
DataReader	데이터 소스에서 정방향 읽기 전용 데이터 스트림 읽기	DbDataReader 클래스
DataAdapter	DataSet을 채우고 업데이트 내용을 데이터 소스에 적용	DbDataAdapter 클래스

3) DataSet

DataSet 개체는 ADO.NET의 핵심적인 역할을 수행하며, 데이터 소스에 관계없이 일관성 있는 관계형 프로그래밍 모델을 제공하기 위한 가상의 데이터베이스를 메모리에 구성하고, 여러 데이터 소스 또는 XML 데이터에 사용할 수 있을 뿐 아니라 이 개체를 사용하여 응용 프로그램의 로컬 데이터를 관리할 수도 있다. DataSet은 관련 테이블, 제약 조건 및 테이블 간의 관계를 포함하는 완전한 데이터 집합을 나타낸다.

실습 15-1 ADO.NET을 사용하여 데이터베이스 연결하기

[1단계] Windows Form 만들기

① [파일] > [새로 만들기] > [프로젝트]를 차례로 선택한다.

② [새 프로젝트] 대화상자의 '템플릿'–'Visual Basic'–'Windows Forms 응용 프로그램 템플릿'을 차례로 선택한다.

③ '이름' 상자에 프로젝트의 이름을 'ADO_DB'라고 입력하고, 저장 위치를 설정한 다음 [확인] 버튼을 클릭한다.

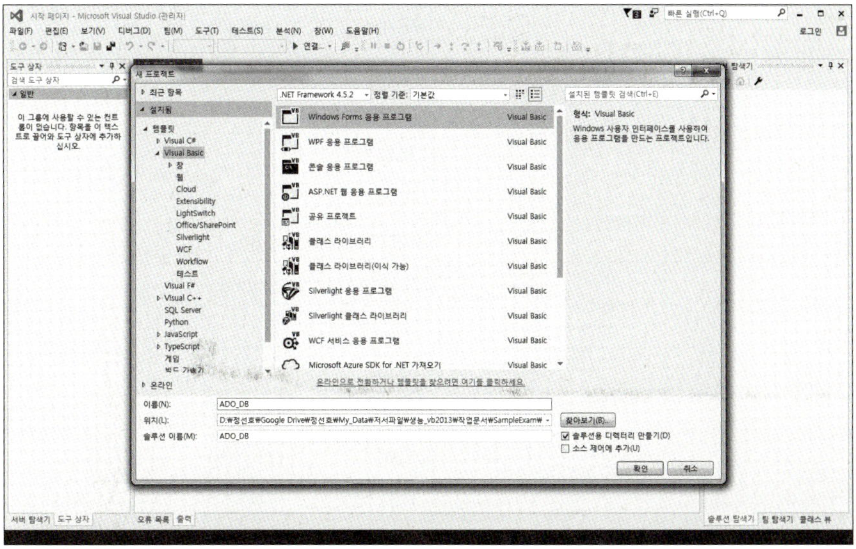

[2단계] 컨트롤 추가하고 속성 설정하기

④ 폼에 레이블과 텍스트박스, 버튼 컨트롤을 추가하고 속성을 설정한다.

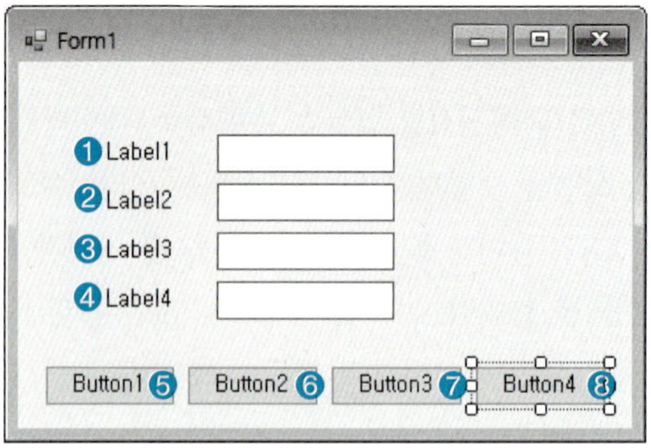

번호	컨트롤 종류	컨트롤	속성	속성값
❶	레이블	Label1	Name	lblStdName
			Text	학생 이름 :
	텍스트박스	TextBox1	Name	txtStdName
			Text	
❷	레이블	Label2	Name	lblKor
			Text	국어 :
	텍스트박스	TextBox2	Name	txtKor
			Text	
❸	레이블	Label3	Name	lblMath
			Text	수학 :
	텍스트박스	TextBox3	Name	txtMath
			Text	
❹	레이블	Label4	Name	lblEng
			Text	영어 :
	텍스트박스	TextBox4	Name	txtEng
			Text	
❺	버튼	Button1	Name	btnPrevious
			Text	이전 《
❻	버튼	Button2	Name	btnNext
			Text	다음 》
❼	버튼	Button3	Name	btnFirst
			Text	처음 |〈
❽	버튼	Button4	Name	btnLast
			Text	마지막 〉|

⑤ 통합화면 왼쪽 [데이터 소스]를 클릭하고 '새 데이터 소스 추가' 항목을 클릭한다.

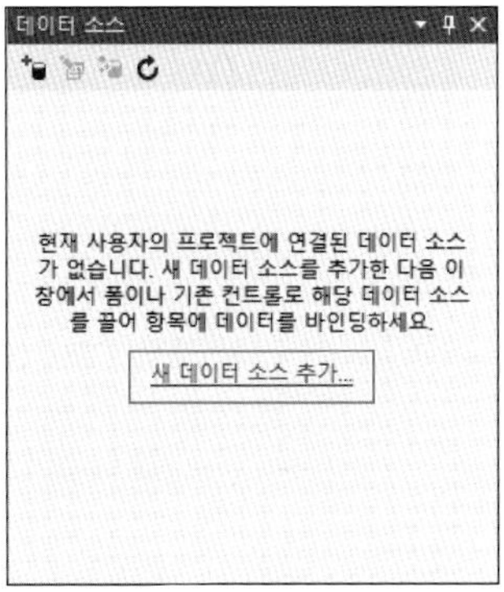

⑥ [데이터 소스 구성 마법사] 창의 '데이터 소스 형식 선택'에서 응용 프로그램이 데이터를 가져오는 위치를 '데이터베이스'로 선택하고 [다음] 버튼을 클릭한다.

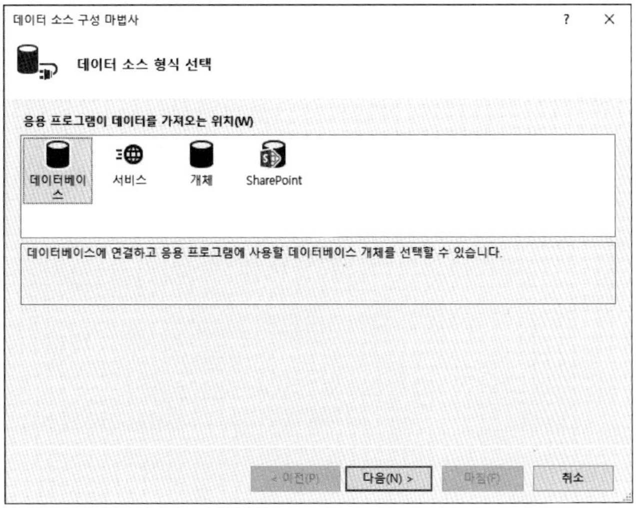

⑦ [데이터 소스 구성 마법사] 창의 '데이터베이스 모델 선택'에서 사용할 데이터베이스 모델 형식을 '데이터집합'으로 선택하고 [다음] 버튼을 클릭한다.

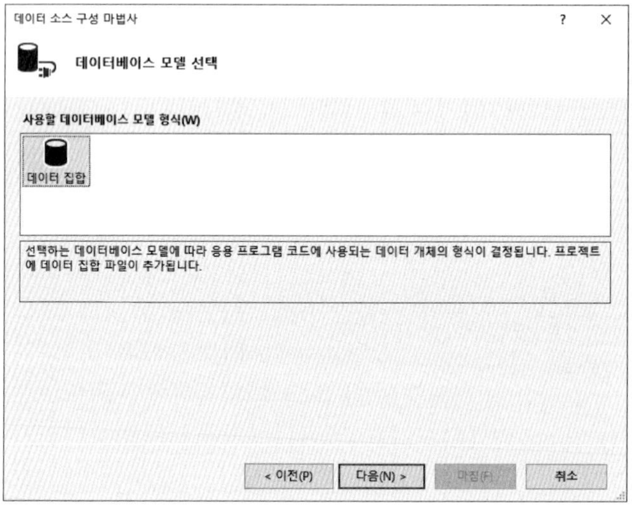

⑧ '데이터 연결 선택'에서 [새 연결] 버튼을 클릭하여 [연결 추가] 대화상자를 표시한다.

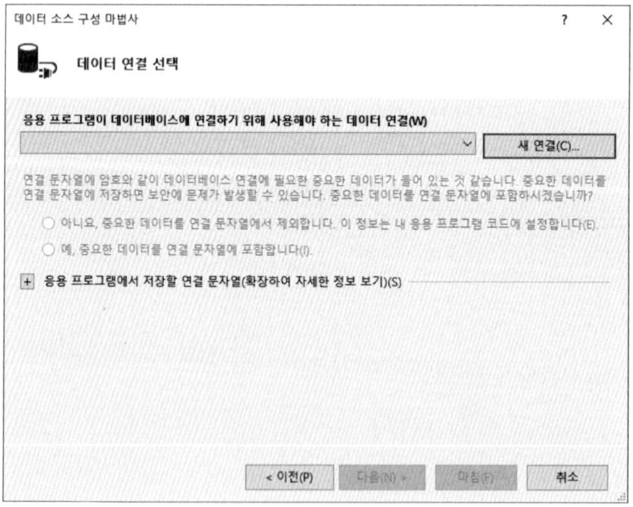

⑨ [연결 추가] 대화상자에서 '데이터 소스'를 'Microsoft Access 데이터베이스 파일'을 선택하고 [계속] 버튼을 클릭한다.

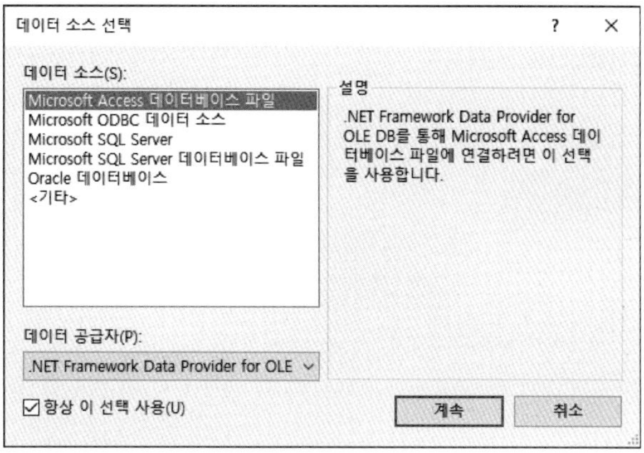

⑩ [찾아보기] 버튼을 클릭하여 Access 데이터베이스 파일을 선택하고, [연결 테스트] 버튼을 클릭하여 연결 상태를 확인한 후, [확인] 버튼을 클릭한다.

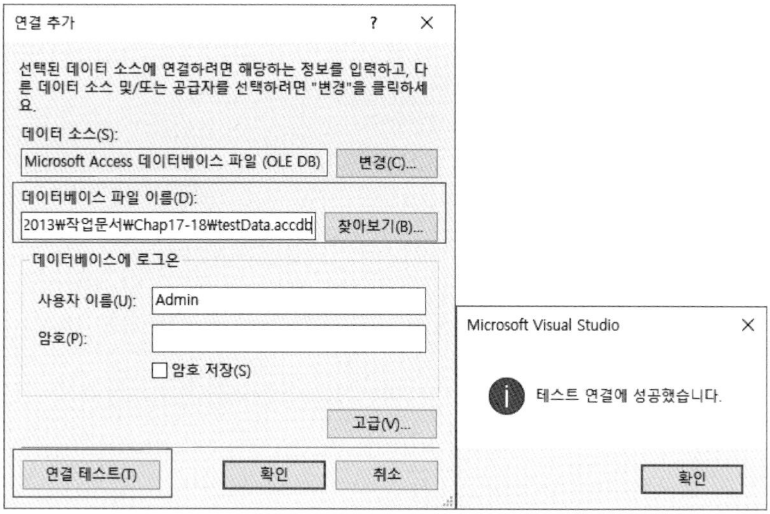

⑪ '데이터 연결 선택' 창에서 연결할 데이터가 표시되었는지 확인하고 [다음] 버튼을 클릭한다. 선택한 데이터베이스를 복사할지 묻는 대화상자에서 [예]를 클릭한다.

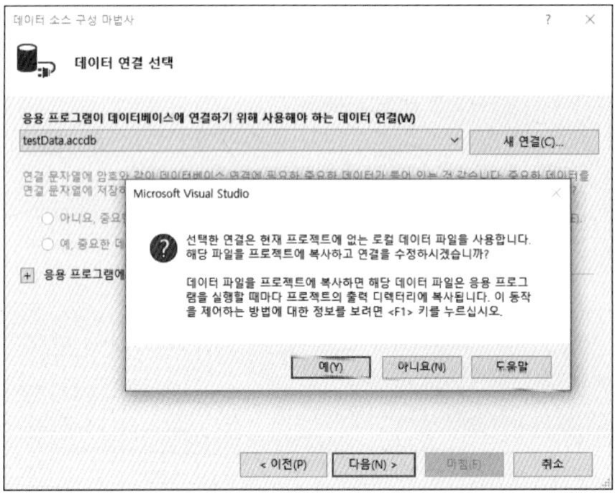

⑫ 응용 프로그램 구성 파일에 연결 문자열 저장을 확인하고 [다음] 버튼을 클릭한다.

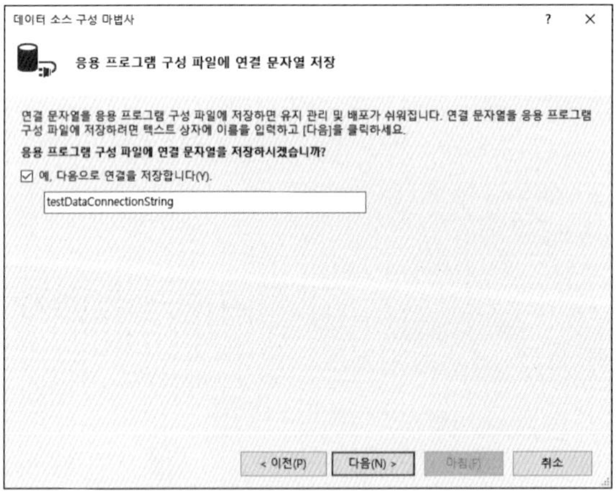

⑬ 데이터 집합에 포함할 데이터베이스 개체로 '테이블'을 선택하고 [마침] 버튼을 클릭한다.

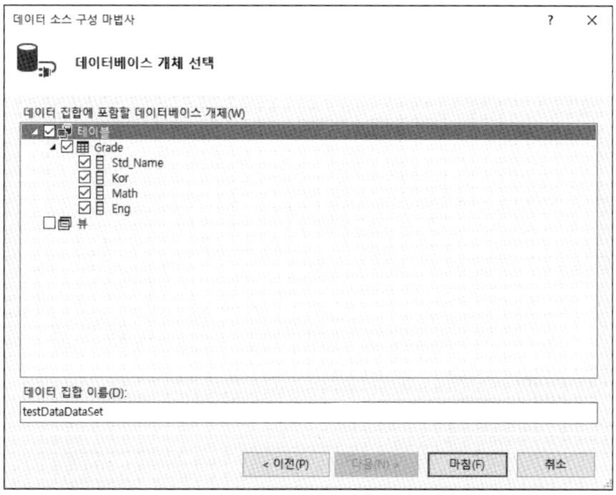

⑭ [데이터 소스] 창과 [솔루션 탐색기]에 연결된 데이터베이스와 새로 생성된 데이터 셋이 표시된다.

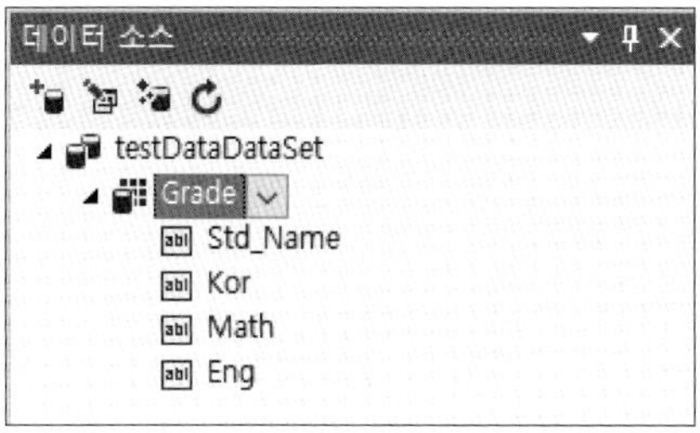

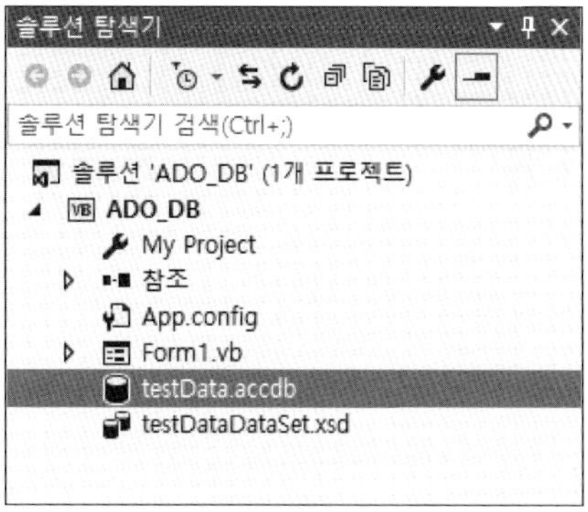

⑮ 〈F5〉 키를 눌러 실행하자. 당연히 지금은 데이터가 보이지 않는다.

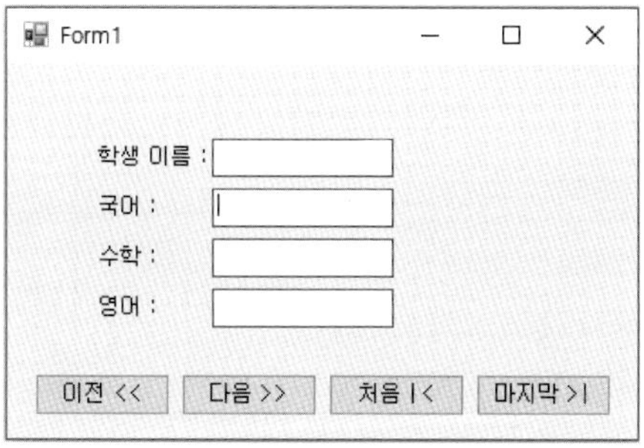

실습 15-2 데이터 바인딩하기

폼에서 데이터베이스를 이용할 수 있도록 연결한 후에는 연결된 데이터베이스에서 데이터를 사용할 수 있도록 데이터를 연결해야 한다.

① 앞 예제(ADO_DB)의 폼에서 첫 번째 텍스트박스 컨트롤(txtStdName)을 클릭하고 [속성] 창에서 (DataBindings) 항목 앞의 (⊞)을 클릭한다.

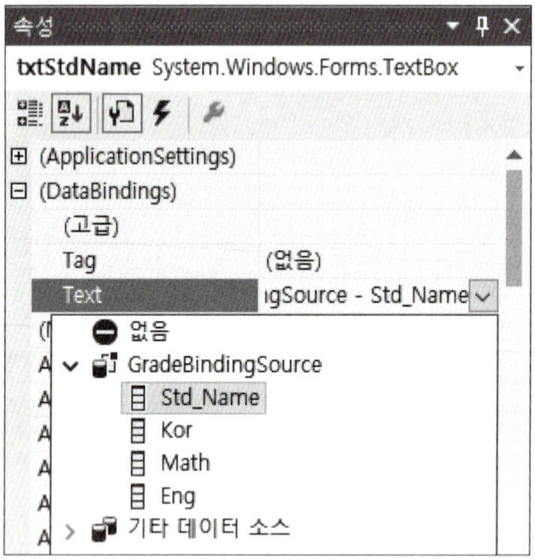

Ⓐ 표시된 하위 속성 중 'Text' 속성값의 (▾)를 누르고, GradeBindingSource-Std_Name을 선택한다. 폼에 자동으로 TestDataSet, GradeBindingsSource, GradeTableAdapter 개체가 추가된다.

Form_Load 이벤트 처리기에 다음과 같은 코드가 자동으로 추가된다.

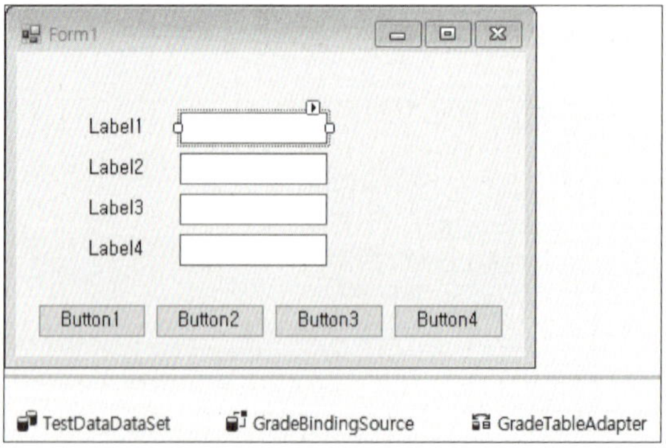

```
Private Sub Form1_Load(sender As Object, e As EventArgs) Handles MyBase.Load
    Me.GradeTableAdapter.Fill(Me.TestDataDataSet.Grade)
    '데이터를 'TestDataDataSet.Grade' 테이블에 로드
End Sub
```

② ①-Ⓐ의 과정을 반복하여 나머지 텍스트박스 컨트롤의 속성을 설정한다.

컨트롤	속성	속성값
txtKor	(DataBindings) - Text	GradeBindingSource - Kor
txtMath	(DataBindings) - Text	GradeBindingSource - Math
txtEng	(DataBindings) - Text	GradeBindingSource - Eng

③ 〈F5〉 키를 눌러 폼을 실행하고 첫 번째 데이터가 연결된(바이닝 된) 컨트롤에 표시되는지 확인하자.

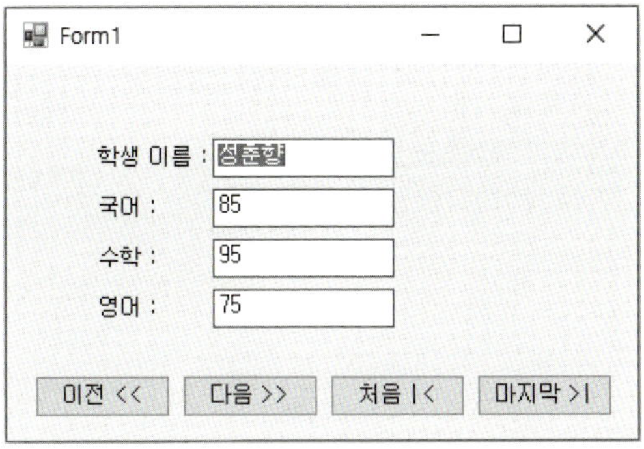

④ 폼에 표시된 첫 번째 데이터 이외에 다른 데이터를 탐색하기 위해서 BindingNavigator 컨트롤을 사용해야 한다. [도구상자]에서 '데이터 > BindingNavigator' 컨트롤을 폼에 추가한다.

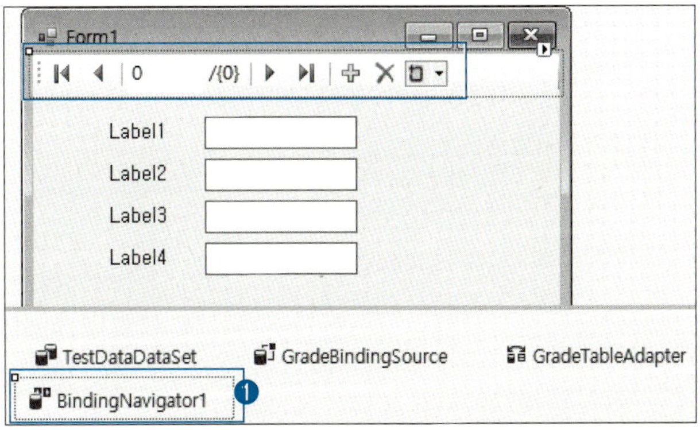

⑤ BindingNavigator 컨트롤을 클릭하고 속성을 설정한다.

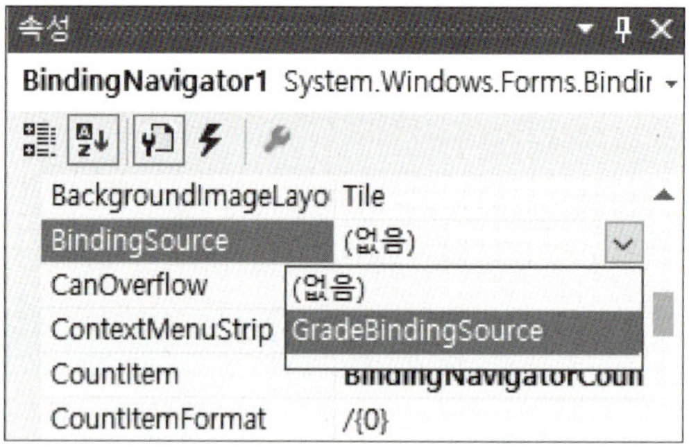

번호	컨트롤 종류	컨트롤	속성	속성값
❶	BindingNavigator	BindingNavigator1	BindingSource	GradeBindingSource

⑥ 〈F5〉 키를 눌러 프로그램을 실행하고, 데이터를 이동하거나 삽입/삭제 등의 작업을 해보자.

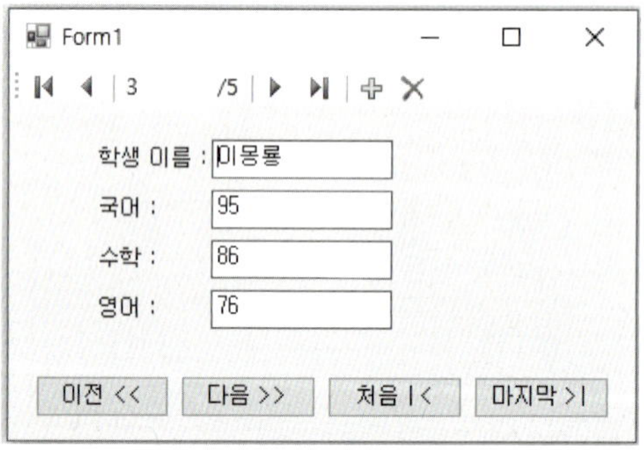

Tip BindingNavigator 컨트롤의 데이터 추가/삭제

BindingNavigator 컨트롤은 DataSet을 통해 데이터를 조작하기 때문에 폼에서 추가/삭제된 레코드는 원본에는 반영되지 않는다.

실습 15-3 데이터 이동 버튼 만들기

컨트롤과 데이터를 바인딩하면 Fill 메서드를 사용하여 자동으로 데이터가 채워진다. [이전], [다음] 등의 버튼을 사용하여 데이터를 이동하도록 하려면 레코드의 위치를 제어해야 한다.

① ADO_DB 폼의 [이전] 버튼을 더블클릭하여 이벤트 처리기를 표시하고 다음과 같이 코드를 입력한다.

```
Private Sub btnPrevious_Click(sender As Object, e As EventArgs) Handles btnPrevious.Click
    Dim Count_Row As Integer
    Count_Row = Me.BindingContext(GradeBindingSource).Count
    If Count_Row > 0 Then
        Me.GradeBindingSource.Position = Me.GradeBindingSource.Position -1
    End If
End Sub
```

② ADO_DB 폼의 [다음] 버튼을 더블클릭하여 이벤트 처리기를 표시하고 다음과 같이 코드를 입력한다.

```
Private Sub btnPrevious_Click(sender As Object, e As EventArgs) Handles btnPrevious.Click
    Dim Count_Row As Integer
    Count_Row = Me.BindingContext(GradeBindingSource).Count
    If Count_Row > 0 Then
        Me.GradeBindingSource.Position = Me.GradeBindingSource.Position + 1
    End If
End Sub
```

③ ADO_DB 폼의 [처음] 버튼을 더블클릭하여 이벤트 처리기를 표시하고 다음과 같이 코드를 입력한다.

```
Private Sub btnPrevious_Click(sender As Object, e As EventArgs) Handles btnPrevious.Click
    Dim Count_Row As Integer
```

```
    Count_Row = Me.BindingContext(GradeBindingSource).Count
    If Count_Row > 0 Then
        Me.GradeBindingSource.Position = 0
    End If
End Sub
```

④ ADO_DB 폼의 [마지막] 버튼을 더블클릭하여 이벤트 처리기를 표시하고 다음과 같이 코드를 입력한다.

```
Private Sub btnPrevious_Click(sender As Object, e As EventArgs) Handles btnPrevious.Click
    Dim Count_Row As Integer
    Count_Row = Me.BindingContext(GradeBindingSource).Count
    If Count_Row > 0 Then
        Me.GradeBindingSource.Position = Count_Row -1
    End If
End Sub
```

⑤ 〈F5〉 키를 누르고 폼을 실행하고 각 버튼을 클릭해보자.

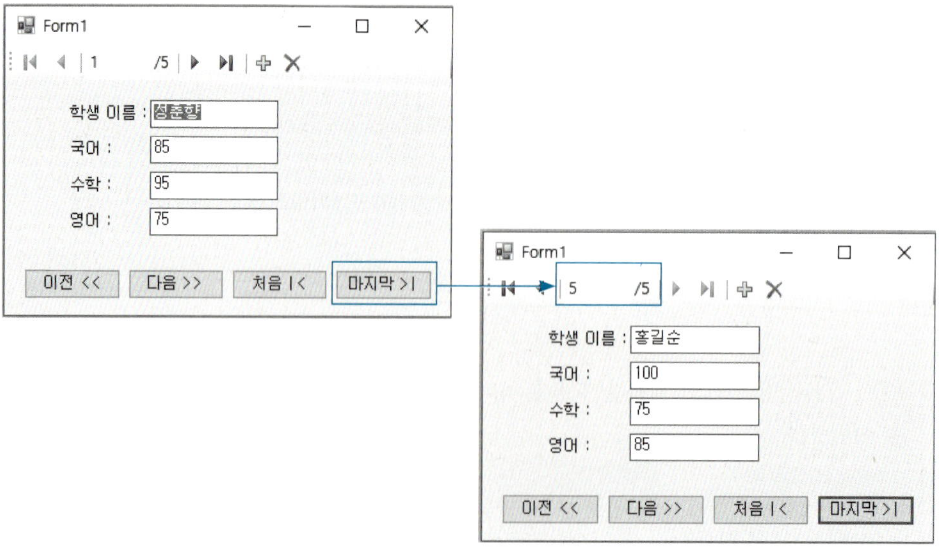

요약

- ADO.NET은 OLE DB 및 ODBC를 통해 SQL Server, XML과 같은 데이터 소스에 대한 액세스를 제공하고, 이러한 데이터 소스에 연결하여 포함된 데이터를 검색, 처리할 수 있도록 한다.

- ADO.NET은 데이터 액세스 및 조작을 위한 데이터 공급자와 DataSet을 구성요소로 제공하며, 데이터베이스와의 연결을 쉽게 할 수 있도록 도와주는 클래스들의 집합으로 구성된다.

  데이터 공급자(Data Provider)는 데이터 조작과 정방향 읽기 전용 고속 데이터 액세스를 위해 명시적으로 디자인된 구성 요소로, Connection 개체, Command 개체, DataReader 개체와 DataAdapter 개체로 구성된다. DataSet은 데이터 소스에 관계없이 데이터에 액세스할 수 있도록 디자인되어, 데이터 행과 열로 구성된 하나 이상의 DataTable 개체의 컬렉션뿐만 아니라 DataTable 개체의 데이터에 대한 기본 키, 외래 키, 제약 조건 및 관련 정보를 포함한다.

| 연습문제 |

1. 데이터베이스에 관련된 다음 용어들을 설명하라.
   - 레코드(Record):
   - 필드(Field):
   - 테이블(Table):
   - 데이터베이스(Database):

2. 엑세스를 사용하여 다음과 같은 테이블 구조를 가지는 우편 번호 데이터베이스를 만들어보자.

   조건

   데이터베이스 파일 이름: PostDB.mdb

   테이블 이름: 우편번호부

우편번호	시/도	시/군/구	동/면
300-190	충청남도	천안시	쌍용동
405-245	인천직할시	남동구	만수5동

3. 다음과 같이 컨트롤을 추가하고 위에서 작성한 데이터베이스 파일을 다룰 수 있도록 속성을 설정하라.

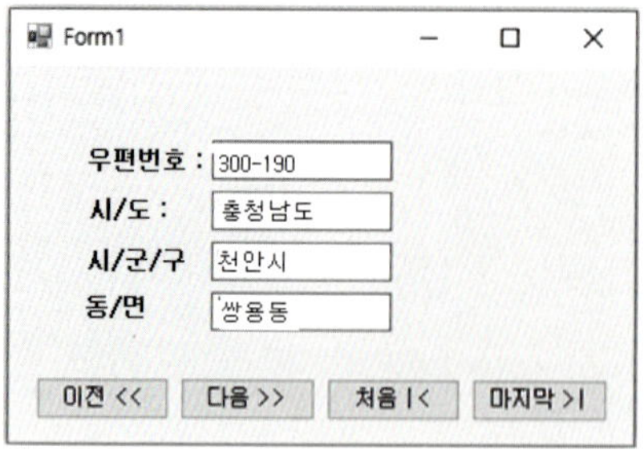

PART 05

디버깅과 배포

CHAPTER 16

Visual Basic .NET 프로그램 디버깅하기

contents

16 Visual Basic .NET 프로그램 디버깅하기

Section 01 오류 발견하고 수정하기

프로그램을 작성하다보면 사용자가 원하는 정확한 결과를 나타내지 못하는 경우가 종종 나타나는데, 이를 프로그램에서는 일반적으로 오류(Error)라 한다. 프로그램 내에서 이러한 오류를 찾아 수정하는 과정을 디버깅(Debugging)이라 한다. 오류를 처리하기 전에 오류의 종류와 특징에 대하여 살펴보도록 한다.

1) 오류의 종류

오류에는 기본적으로 구문 오류(Syntax Error), 실행 오류(RunTime Error), 논리 오류의 세 가지 종류가 있다

(1) 구문 오류(Syntax Error)

구문 오류는 프로그램 실행 시 가장 빈번하게 발생하는 오류로, 컴파일(Compile) 오류라고도 한다. 정의되지 않은 변수를 사용하거나 비주얼 베이직의 정해진 규칙이나 방법을 어겼을 때 나타나는 오류들을 의미한다.

잘못 입력된 문장 아래 구불구불한 밑줄로 표시되며, 해당 문장을 수정함으로써 쉽게 컴파일 오류를 수정할 수 있다. 표시된 밑줄에 마우스를 이동시키면 오류의 원인을 설명하는 메시지가 표시된다.

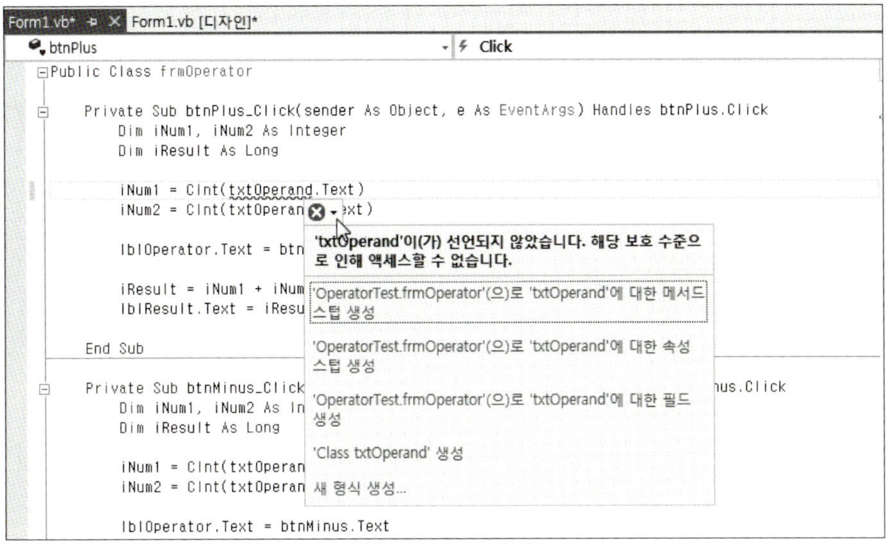

그림 16-1 구문 오류의 표시 예

구문 오류를 수정하지 않은 채로 프로그램을 실행시키면 다음과 같이 오류가 발생했음을 알리는 대화상자가 표시된다. 컴파일 오류를 수정하기 위하여 [아니요] 버튼을 클릭한다.

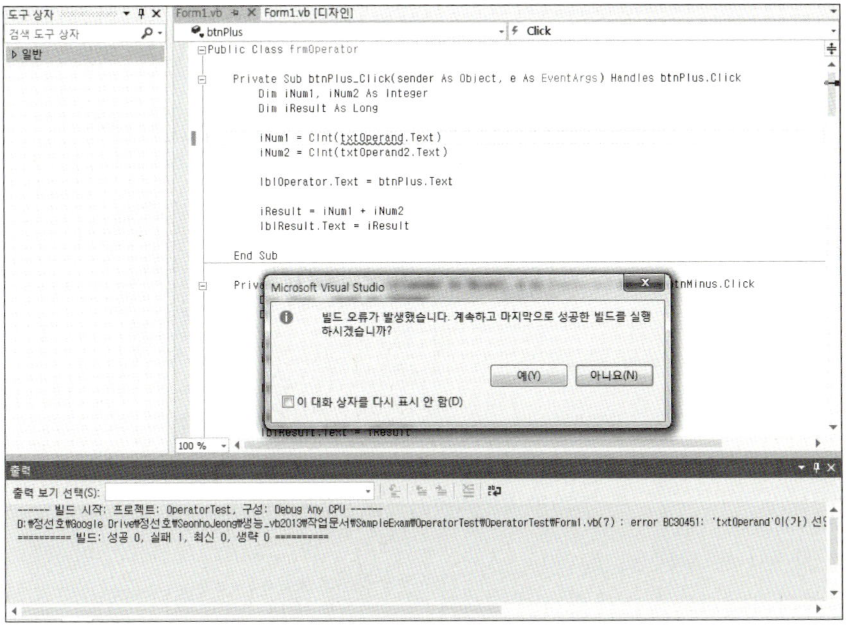

그림 16-2 컴파일 오류 처리

[출력] 창의 위치에 [오류 목록] 창이 표시되며, 오류에 대한 내용이 표시된다.

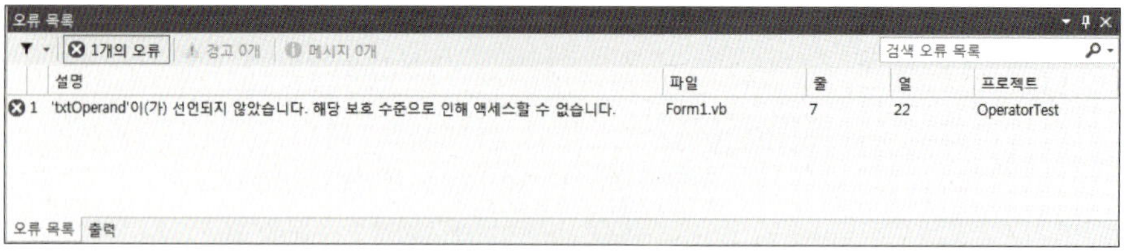

그림 16-3 [오류목록] 창

(2) 실행 오류(RunTime Error)

실행 오류는 프로그램을 실행하는 동안 발생하는 오류를 말하며, 프로그램이 구문상으로는 오류가 없으나 프로그램 실행 중에 경로가 잘못 지정되어 있거나 0으로 나누는 경우 등에서 대부분 발생한다.

예를 들어 [그림 16-4]와 같이 폼에 추가된 버튼 컨트롤에 대하여 이벤트 처리기가 다음과 같이 되어 있는 경우 버튼을 클릭하면 이미지가 표시된다.

```
Private Sub Button1_Click(sender As Object, e As EventArgs) Handles DispImage.Click
        PictureBox1.Image = System.Drawing.Image.FromFile("d:\Tulips.bmp")
    End Sub
```

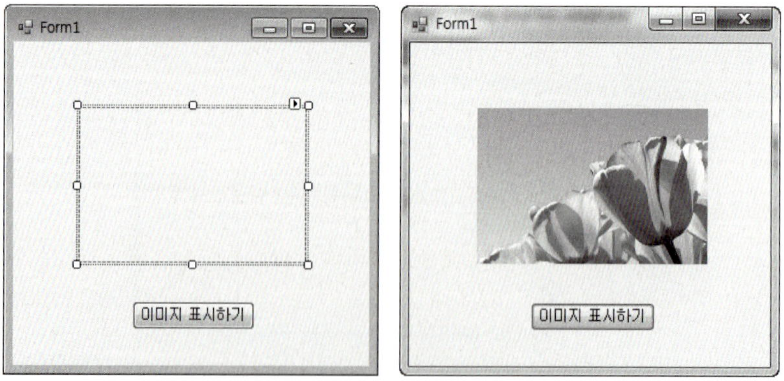

그림 16-4 정상적인 버튼 컨트롤 처리

실행 오류가 발생하도록 하기 위하여 그림의 이름을 "Tulips.bmp"에서 "Tulips.jpg"로 변경한 다음 프로그램을 실행하도록 한다.

```
Private Sub Button1_Click(sender As Object, e As EventArgs) Handles DispImage.Click
    PictureBox1.Image = System.Drawing.Image.FromFile("d:\Tulips.jpg")
End Sub
```

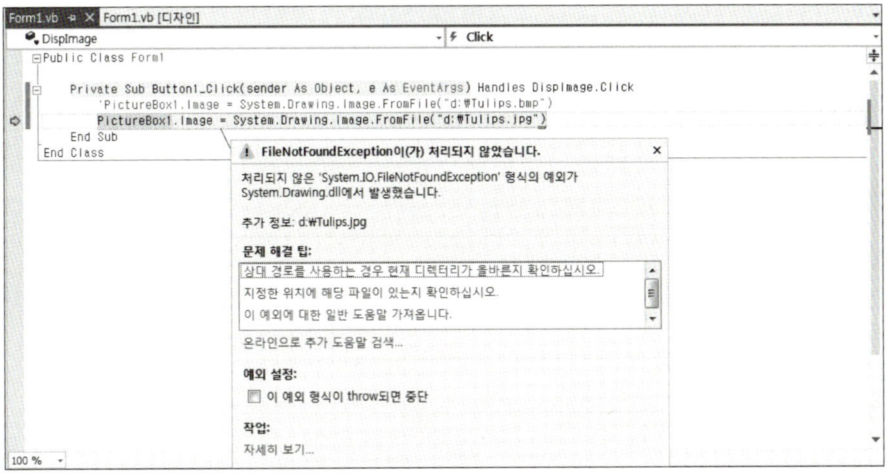

그림 16-5 인위적인 오류 만들기

[디버그] 도구 모음에서 '디버깅 중지(■)' 버튼을 클릭한 다음, 오류를 수정하고 재실행하면 오류 없이 실행할 수 없다. 이러한 과정을 디버깅이라 한다.

대부분의 실행오류는 프로그램 실행하는 과정에서 프로그램 외부로부터 데이터를 읽는 등의 이벤트를 처리하는 과정에서 발생한다. 이러한 실행 오류를 최소화하기 위해서는 Try~Catch 문을 사용하면 편리하다. Try~Catch 문은 구조화된 예외처리 문장이라 하며, 예외적인 오류가 발생하는 부분을 코딩하여 Try와 Catch 사이에 넣고, Finally에 실행 오류와 무관하게 항상 실행할 수 있는 부분으로 작성하면 된다.

Try~Catch 문은 다음 장에서 자세하게 살펴보도록 한다.

(3) 논리 오류

앞에서 설명한 구문 오류나 실행 오류는 사용자가 눈으로 확인할 수 있는 오류이다. 그러나 논리 오류는 문법적인 규칙을 어기거나 실행에 문제가 있어서가 아닌 프로그램 개발 시 자신도 모르게 논리적 문제가 발생하는 경우로 프로그램이 실행 중에 중단되거나 실행은 되나 사용자가 원하는 결과가 나타나지 않을 때 발생하게 된다. 이러한 종류의 오류를 찾아내기 위하여 디버거를 사용한다.

비주얼 스튜디오(Visual Studio) 디버거는 프로그램의 런타임 동작을 관찰하고 논리 오류를 찾아낼 수 있는 강력한 도구이다. 디버거를 사용하면 프로그램 실행을 중단하거나 일시 중단하여 코드 검사, 프로그램의 변수 계산 및 편집, 레지스터 보기, 소스 코드로부터 만들어진 명령 보기, 응용 프로그램에 사용된 메모리 공간 확인 등을 수행할 수 있다. '편집하며 계속하기' 기능을 사용하면 디버깅하는 동안 코드를 변경하고 프로그램을 계속 실행할 수 있다.
디버거에는 디버거 도구에 액세스하기 위한 [디버그] 메뉴가 있다. 디버거 창과 대화상자에 프로그램에 대한 정보가 표시되고 여기에 사용자가 직접 추가 정보를 입력할 수도 있다.

▶ 응용 프로그램 디버깅하기

① 프로젝트를 연다.

② 필요한 중단점(Breakpoint)을 만든다.

Windows Forms 응용 프로그램은 이벤트 구동 응용 프로그램이므로 중단점은 이벤트 처리기 코드에 배치되거나 이벤트 처리기 코드에서 호출하는 메서드에 배치된다. 중단점이 배치되는 일반적인 이벤트는 다음과 같다.

- Click, Enter 같이 컨트롤에 연결된 이벤트
- Load, Activated 같이 응용 프로그램 시작 및 종료에 연결된 이벤트
- 포커스 및 유효성 검사 이벤트

③ [디버그] 메뉴에서 [디버깅 시작] 메뉴를 클릭한다.

▶ 코드 중단 및 단계별 실행 설정하기

- 중단점 또는 모두 중단을 사용하여 코드 중단하기

응용 프로그램을 디버깅 하는 경우 응용 프로그램은 실행 중이거나 중단 모드로 설정된다. 디버거는 실행이 중단점에 도달하거나 예외가 발생하면 응용 프로그램의 실행을 중단하지만, 언제든 수동으로 실행을 중단할 수 있다.

중단점(Breakpoint)은 특정 지점에서 응용 프로그램의 실행을 일시적으로 중단하도록 디버거에 알려주는 신호이다. 프로그램 실행이 중단점에서 중단되면 프로그램은 중단 모드에 있게 된다. 중단 모드가 시작되어도 프로그램 실행이 중지되거나 종료되지는 않으며, 언제

라도 실행을 다시 시작할 수 있다.

[지역] 창에서 변수값을 확인하거나 [조사식] 창에서 식을 계산하는 것과 같은 대부분의 디버거 기능은 중단 모드에서만 사용할 수 있다. 응용 프로그램의 모든 요소를 유지하지만 동작과 작업은 일시 중단된다. 중단 모드에서 응용 프로그램을 조정할 수 있다.

다양한 조건을 기준으로 실행을 일시 중단하도록 중단점을 구성할 수 있다. 디버거에서 원하는 시기 및 위치에서 적중 횟수, 조건 등을 사용하여 중단할 수 있다. 코드를 중단하는 두 가지 기본적인 방법은 다음과 같다.

① 코드에 중단점 설정하기: 중단하려는 코드 줄에 마우스 오른쪽 버튼을 클릭하고, [중단점]>[중단점 삽입] 메뉴를 선택한다. 디버거는 해당 줄이 실행되기 바로 전에 실행을 중단한다.

② 수동으로 코드 중단하기: 실행 중인 응용 프로그램의 사용 가능한 코드 줄에서 중단하려면 [디버그]>[모두 중단] 메뉴를 선택한다.

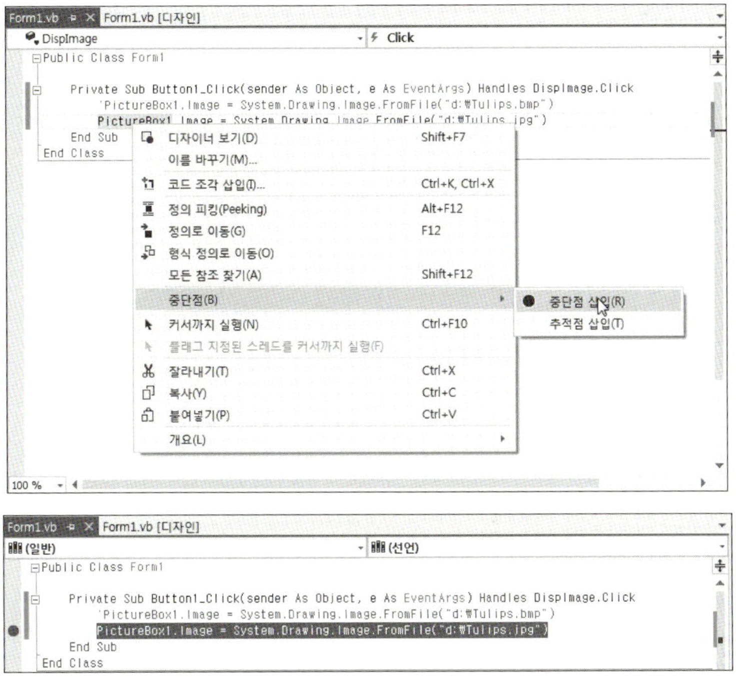

그림 16-6 코드에 중단점 설정하기

중단점을 삽입한 후 시작(▶ 시작 ▾) 버튼을 클릭하면 [중단점] 창이 오른쪽 하단에 표시되고 중단점에 관련된 정보가 표시된다.

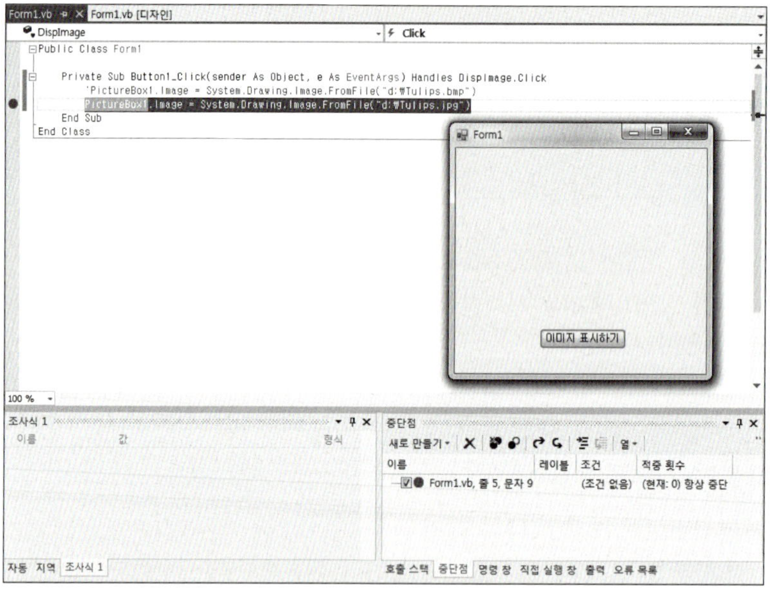

그림 16-7 중단점 정보표시

▶ 한 단계씩 코드 실행하기

가장 일반적인 디버깅 절차 중 하나는 한 번에 한 줄씩 코드를 실행하는 단계별 실행이다. 중단점까지 디버거를 실행하는 등의 방법으로 실행을 중단한 경우 〈표 16-1〉의 세 가지 디버그 메뉴 명령을 사용하여 코드를 단계별로 실행할 수 있다.

표 16-1 코드 실행 방법

메뉴	바로 가기 키	설명
한 단계씩 코드 실행	F11	• 코드 줄에 함수 호출이 포함되어 있는 경우 함수를 호출하고 함수 안에 있는 코드의 첫째 줄에서 중단 • 그렇지 않은 경우에는 다음 문 실행
프로시저 단위 실행	F10	• 코드 줄에 함수 호출이 포함되어 있는 경우 함수를 호출하고 함수 안에 있는 코드의 첫째 줄에서 중단 • 그렇지 않은 경우에는 다음 문 실행
프로시저 나가기	Shift+F11	• 프로시저 나가기는 함수가 반환될 때까지 코드 실행을 계속한 다음 호출 함수의 반환점에서 중단

디버거는 실제 줄이 아닌 코드 문을 단계별로 실행한다. 예를 들어 한 줄에 if 문을 작성하는 경우 한 단계씩 실행하면 디버거는 조건(int x == 123)을 한 단계로 처리하고 결과(output = "Basic 2013!")를 다른 단계로 처리한다.

```
Dim x As Integet = 42
Dim s As String = "Not answered"
If x = 42 Then s = "Answered!"
```

한 단계씩 코드를 실행하는 이유는 프로그램을 다음 한 줄 더 실행했을 때의 상태를 확인할 수 있으며, 노란색 화살표( )가 다음 실행할 문장을 나타내어 실행하는 순서에 대한 이해를 높일 수 있다는 장점이 있다.

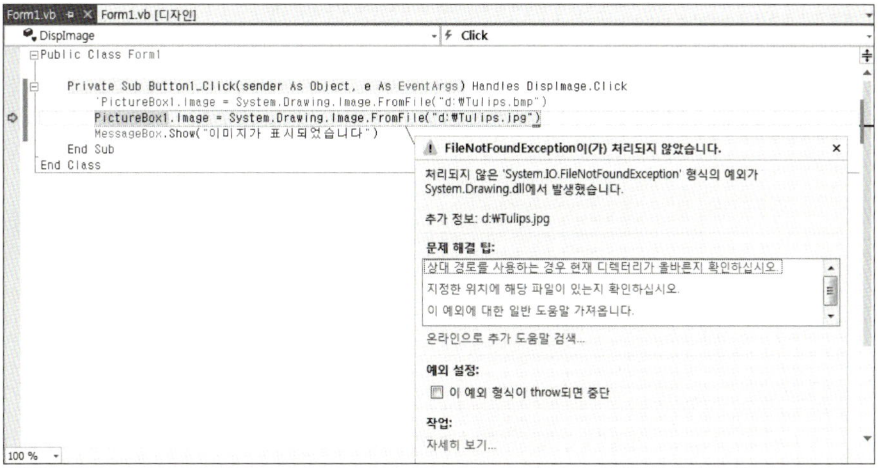

그림 16-8 한 단계씩 코드 실행결과 화면

▶ 지정된 위치 또는 함수까지 실행하기

코드의 특정 위치까지 실행한 다음 실행을 중단할 수도 있다. 중단하려는 위치에 중단점을 설정한 경우, [디버그] > [디버깅 시작]을 선택하면 코드 실행의 다음 중단점에서 디버거가 중지된다. 원하는 중단점에 도달할 때까지 [디버그 계속] 메뉴를 선택한다.

코드 편집기에서 커서를 놓은 위치까지 실행하거나 지정된 함수까지 실행할 수도 있다.

▶ 커서 위치까지 실행

커서 위치까지 실행하려면 [코드 편집] 창에서 실행 가능한 코드 줄에 커서를 놓고, 바로가기 메뉴에서 [커서까지 실행] 메뉴를 선택한다.

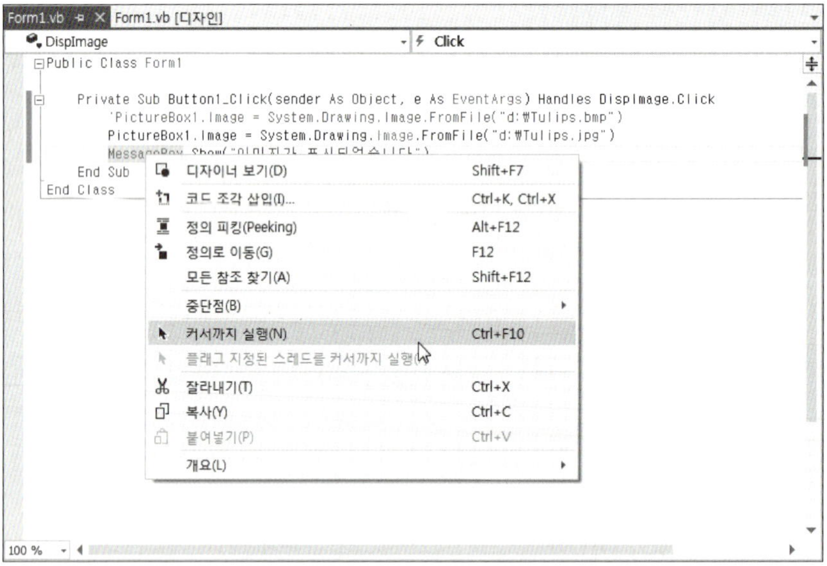

그림 16-9 커서 위치까지 실행하기

▶ 이름으로 지정된 함수까지 실행

지정한 함수에 도달할 때까지 응용 프로그램을 실행하도록 디버거에 명령할 수 있다. 함수 이름을 지정하거나 호출 스택에서 함수를 선택할 수 있다. 함수 이름을 지정하려면 [디버그] > [새 중단점] > [함수에서 중단] 메뉴를 선택한 다음 함수의 이름과 기타 식별 정보를 입력한다.

Section 02 중단모드 사용하기

Visual Studio 디버거에서는 여러 가지 방법으로 중단점을 설정할 수 있다. 간단한 중단점을 설정하는 두 가지 방법을 알아보도록 한다. 중단점은 빨간색 기호나 문자 모양으로 표시된다.

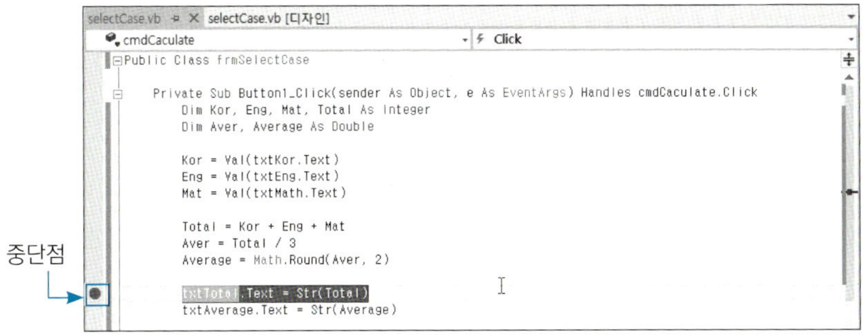

그림 16-10 중단점

▶ 바로 가기 메뉴를 이용하여 중단점 설정하기

① [코드 편집] 창에서 중단점을 설정하려는 실행 코드 줄을 마우스 오른쪽 단추로 클릭하고, ② 바로 가기 메뉴에서 [중단점] > [중단점 삽입]을 클릭한다.

▶ [디버그] 메뉴에서 중단점 설정하기

① [코드 편집] 창에서 중단점을 설정하려는 실행 코드 줄을 클릭하고, ② [디버그] 메뉴에서 [중단점 설정/해제] 메뉴를 클릭한다.

▶ [중단점] 창 사용하기

중단점을 설정한 후, [디버그] > [창] > [중단점]을 클릭하여 [중단점] 창을 표시할 수 있다.

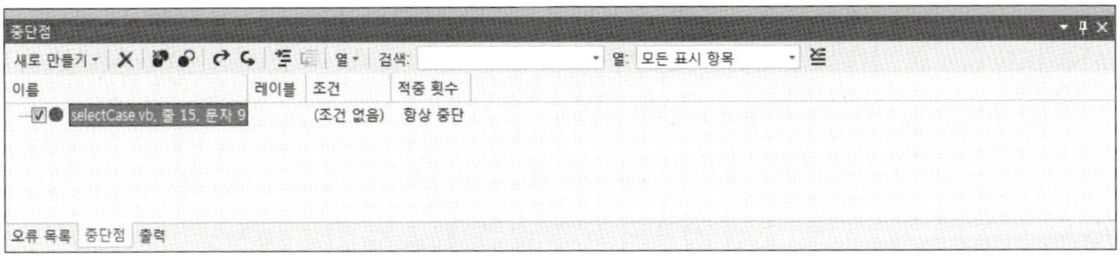

그림 16-11 중단점 창

▶ 중단점 해제하기

단일 중단점을 해제하려면 ① 중단점 모양이 있는 줄을 마우스 오른쪽 단추로 클릭하고, [중단점] > [중단점 해제]를 클릭하거나, ② [중단점] 창에서 중단점 옆에 있는 확인란을 선택 취소한다.

▶ 모든 중단점을 해제하기

[디버그] 메뉴에서 [모든 중단점 해제]를 클릭한다.

▶ 중단점 위치 편집하기

① [중단점] 창에서 중단점을 마우스 오른쪽 단추로 클릭하고, 바로 가기 메뉴에서 [위치]를 클릭한다.

② 대화상자가 표시된다. 파일 중단점의 경우 파일을 편집하여 중단점이 설정된 파일을 변경하거나, 줄을 편집하여 파일의 줄 번호를 변경하거나, 문자를 편집하여 해당 줄에서의 가로 위치를 변경할 수 있다.

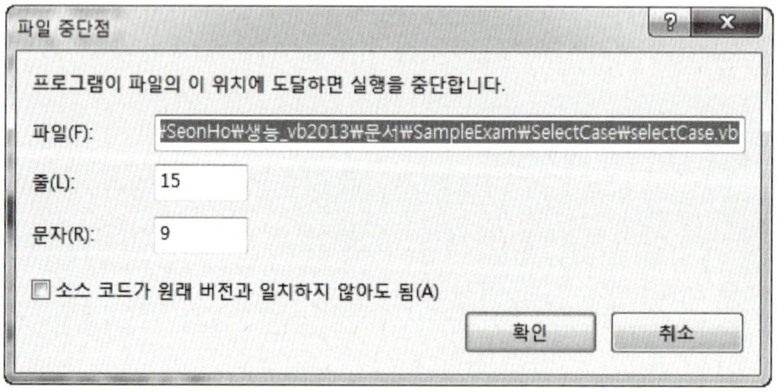

그림 16-12 중단점 변경의 예

▶ 중단점 위치 삭제하기

- 선택한 중단점을 삭제하려면 [중단점] 창에서 중단점을 마우스 오른쪽 단추로 클릭하고, 바로 가기 메뉴에서 [삭제]를 클릭한다.
- 모든 중단점을 삭제하려면 [디버그] 메뉴에서 [모든 중단점 삭제] 메뉴를 클릭한다.
  모든 중단점을 삭제할 때 옵션 설정 여부에 따라 작업 확인을 요청하는 프롬프트가 나타날 수도 있다.

- 중단점 삭제 프롬프트를 설정하거나 해제하려면, ① [도구] 메뉴에서 [옵션]을 클릭한 후, ② [옵션] 대화상자에서 '디버깅' 노드를 확장하고 '일반'을 클릭한다. '모든 중단점을 삭제하기 전에 확인'의 확인란으로 프롬프트 표시 여부를 설정한다.

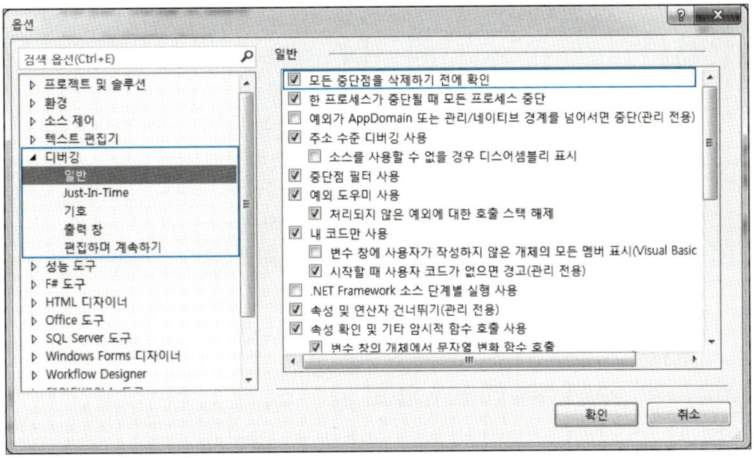

그림 16-13 중단점 옵션 설정하기

▶ 중단점 조건 지정하기

중단점 조건은 중단점에 도달할 때 디버거에서 계산하는 식 조건이 충족되면 디버거는 적중 횟수 지정을 검사하여 실행을 중단할지 또는 지정된 다른 작업을 실행할지를 결정한다. 디버거에서 인식하는 모든 유효한 식은 조건이 될 수 있다.

잘못된 구문을 사용하여 중단점 조건을 설정하면 즉시 경고 메시지가 나타난다. 구문은 올바르지만 의미가 잘못된 구문을 사용하여 중단점 조건을 지정하면 중단점이 처음 적중될 때 경고 메시지가 나타난다. 두 경우 모두 잘못된 중단점이 적중되면 디버거에서 실행을 중단한다. 조건이 올바르고 False가 되는 경우에만 중단점을 건너뛰게 된다.
〈실습 16-1〉을 통해 중단점 조건 지정방법을 알아보자.

실습 16-1 중단점 조건 지정하기

① [중단점] 창에서 중단점 문자 모양이 있는 줄을 마우스 오른쪽 단추로 클릭하고, 바로 가기 메뉴에서 [조건]을 클릭한다.

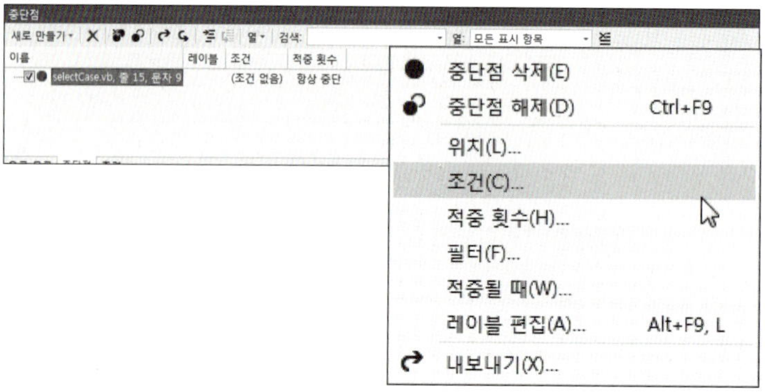

② [중단점 조건] 대화상자에 유효한 식을 입력한다.

③ 식을 만족할 때 중단하려면 '참인 경우'를 선택하고, 식의 값이 변경되었을 때 중단하려면 '변경된 경우'를 선택하고, [확인] 버튼을 클릭한다.

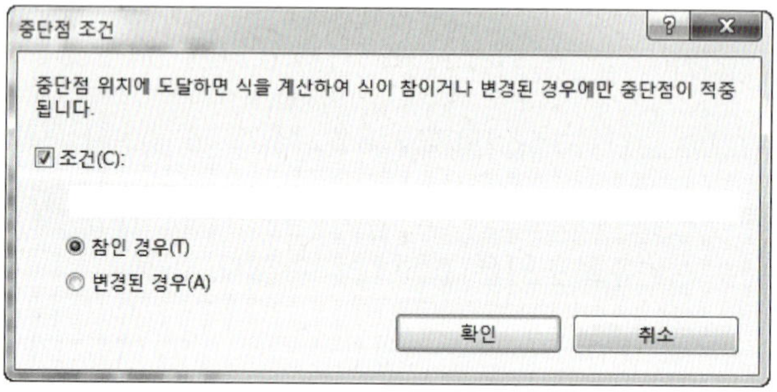

▶ 중단점 목록 검색하기

기본적으로 [중단점] 창에는 프로젝트의 모든 중단점이 나열된다. [중단점] 창에서 검색 기능을 사용하여 지정된 문자열과 일치하는 모든 중단점을 찾을 수 있다. 검색 기능을 활용하여 지정된 문자열을 모든 열 또는 지정된 열의 내용과 비교할 수 있다.

- 지정된 문자열과 일치하는 중단점을 보려면, ① [검색] 상자에 검색 문자열을 입력하고 〈Enter〉 키를 누르거나, ② 검색 드롭다운 목록을 클릭하고 이전 검색 문자열 목록에서

문자열을 선택한다.

- 검색을 지정된 열로 제한하려면 열 드롭다운 목록을 클릭하고 검색할 열의 이름을 클릭한다.
- 검색 후 모든 중단점을 보려면 검색 상자에서 검색 문자열을 선택하고 삭제한 후 〈Enter〉 키를 누른다.

▶ 적중 횟수 지정하기

적중 횟수는 중단점이 적중된 횟수를 추적하는 것으로 기본적으로 중단점이 적중될 때마다 실행이 중단된다. 선택할 수 있는 옵션은 다음과 같다.

① 항상 중단(기본값)

② 적중 횟수가 다음과 같을 경우 중단

③ 적중 횟수가 다음의 배수일 경우 중단

④ 적중 횟수가 지정된 값보다 크거나 같을 경우 중단

실행을 중단하지 않은 채 중단점이 적중한 횟수를 추적하려면 적중 횟수를 매우 높은 값으로 설정한다. 지정된 적중 횟수는 디버깅 세션에서만 유지되며, 디버깅 세션이 끝나면 적중 횟수가 0으로 다시 설정된다.
〈실습 16-2〉를 통해 적중 횟수 지정방법을 알아보자.

실습 16-2 적중 횟수 지정하기

① 중단점을 설정한다.

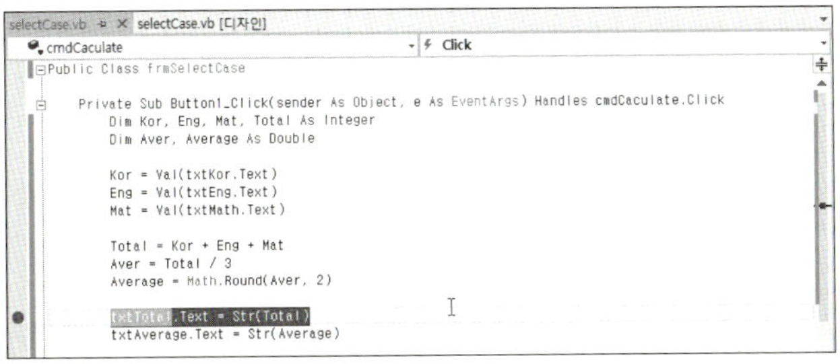

② [디버그] > [창] > [중단점]을 클릭하여 [중단점] 창을 표시한다.

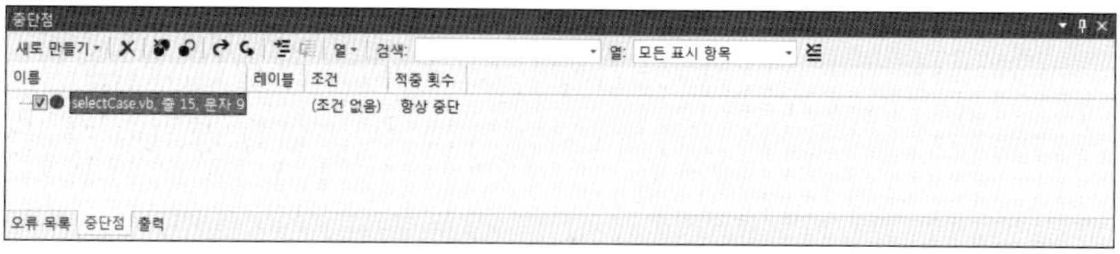

③ [중단점] 창에서 중단점을 마우스 오른쪽 단추로 클릭하고, 바로 가기 메뉴에서 [적중 횟수]를 클릭한다.

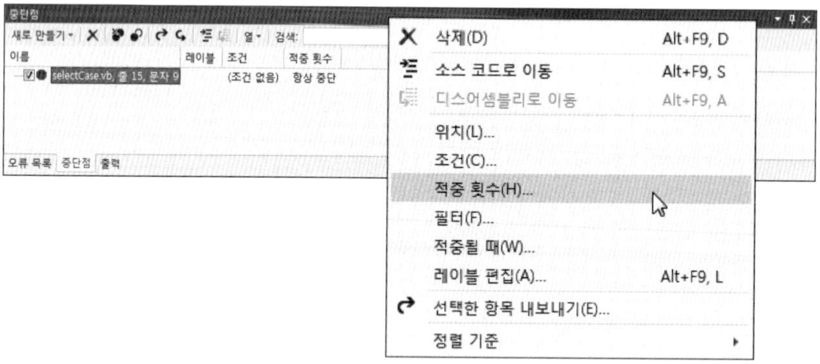

④ [적중 횟수] 대화상자의 중단점이 적중될 때 목록에서 원하는 동작을 선택한다. '항상 중단' 이외의 항목을 선택하면 목록 옆에 텍스트 상자가 표시되므로, 표시되는 정수를 편집하여 원하는 적중 횟수를 설정하고, [확인] 버튼을 클릭한다.

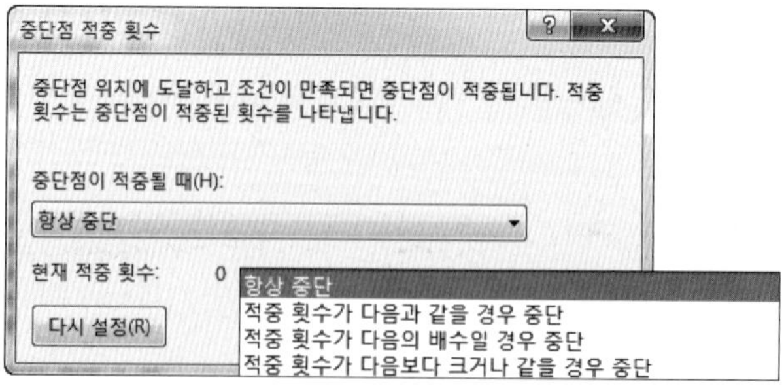

Section 03 명령 창 사용하기

[명령] 창은 프로그램을 디버깅하는 동안 코드와 관련 정보를 주고받는 방법을 제공하기 위해 사용한다. [명령] 창을 사용하여 메뉴 명령과 메뉴에 나타나지 않는 명령을 직접 명령 또는 별칭을 실행할 수 있다. [명령] 창을 표시하려면 [보기]>[다른 창]>[명령] 창을 선택한다.

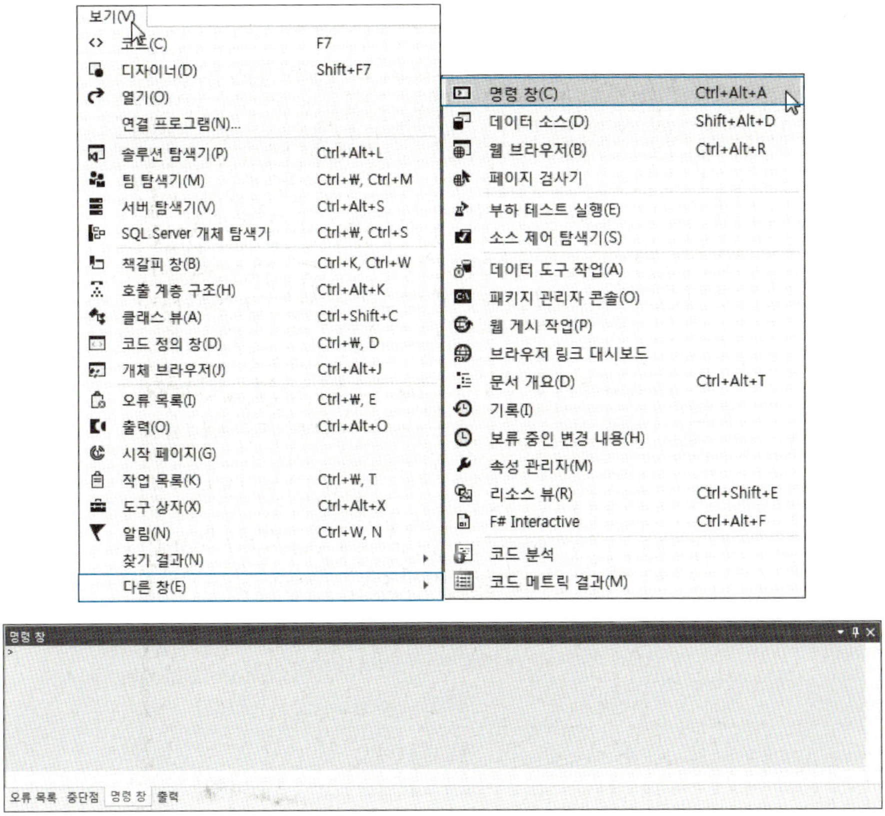

그림 16-14 명령 창 화면

1) 미리 정의된 명령 별칭

비주얼 스튜디오(Visual Studio)에서 사용할 수 있는 미리 정의된 명령 별칭을 제공한다. 별칭은 명령을 실행하는 데 필요한 텍스트를 짧게 만든 것으로 [명령] 창에 해당 명령을 직접 입력하여 사용할 수 있다. 예를 들어, 파일 열기 대화상자를 표시하려면 >File.

OpenFile을 입력하는 대신 미리 정의된 별칭인 >of를 사용한다.

〈표 16-2〉는 미리 정의된 별칭의 목록이다. 사용자가 새 별칭을 만들어 사용할 수도 있다.

표 16-2 정의된 별칭 목록

명령 이름	별칭	전체 이름
인쇄 명령	?	디버그.인쇄
간략한 조사식 명령	??	디버그.간략한 조사식
새 프로젝트 추가	AddProj	파일.새 프로젝트 추가
별칭 명령	alias	도구.별칭
자동 창	Autos	디버그.자동
중단점 창	bl	디버그.중단점
중단점 설정/해제	bp	디버그.중단점 설정 해제
닫기	닫기	파일.닫기
모든 문서 닫기	CloseAll	창.모든 문서 닫기
모두 지우기	cls	편집.모두 지우기
명령 모드	cmd	보기.명령창
코드 보기	code	보기.코드 보기
BOL까지 삭제	DelBOL	편집.BOL까지 삭제
EOL까지 삭제	DelEOL	편집.EOL까지 삭제
가로 공백 삭제	DelHSp	편집.가로 공백 삭제
뷰 디자이너	designer	보기.디자이너 보기
문 실행 명령	eval	디버그.문 실행
Exit	Exit	파일.끝내기
선택 영역 서식	format	편집.선택영역 서식
전체 화면	FullScreen	보기.전체화면
시작 명령	g	디버그.시작
이동 명령	GotoLn	편집.이동
중괄호로 이동	GotoBrace	편집.중괄호로 이동
F1 도움말	도움말	도움말.F1도움말
직접 실행 모드	immed	도구.직접실행모드
파일을 텍스트로 삽입	InsertFile	편집.파일을 텍스트로 삽입

소문자로	Lcase	편집.소문자로
줄 잘라내기	LineCut	편집.줄 잘라내기
줄 삭제	LineDel	편집.줄 삭제
멤버 목록	ListMembers	편집.멤버목록
지역 창	Locals	디버그.지역
새 파일 명령	nf	파일.새 파일
새 프로젝트	np NewProj	파일.새 프로젝트
파일 열기 명령	of Open	파일.파일 열기
프로젝트 열기 명령	op	파일.프로젝트 열기
프로시저 단위 실행	p	디버그.프로시저 단위 실행
프로시저 나가기	pr	디버그.프로시저 나가기
파일 인쇄	print	파일.인쇄
속성 창	props	보기.속성창
Stop	q	디버그.디버깅 중지
다시 실행	redo	편집.다시 실행
선택한 항목 저장	save	파일.선택한 항목 저장
모두 저장	SaveAll	파일.모두 저장
다른 이름으로 저장	SaveAs	파일.다른 이름으로 선택한 항목 저장
한 단계씩 코드 실행	t	디버그.한 단계씩 코드 실행
가로 바둑판식 배열	TileH	창.가로 바둑판식 배열
세로 바둑판식 배열	TileV	창.세로 바둑판식 배열
도구상자 창	toolbox	보기.도구상자
대문자로	Ucase	편집.대문자로
실행 취소	undo	편집.실행 취소
자동 줄바꿈 설정/해제	WordWrap	편집.자동 줄바꿈 설정해제

2) 명령 입력

명령 창의 왼쪽 가장자리의 기호(>)는 새로운 행 프롬프트로 표시된다. 위쪽 화살표 및 아래쪽 화살표 키를 사용하여 전에 실행된 명령을 스크롤할 수 있다.

표 16-3 [명령] 창에서 사용가능한 명령

구분	방법	예제
식 계산	식 앞에 물음표(?)를 붙여 표시	? myvar
직접실행 창으로 전환	기호(>)를 사용하지 않고 창에 immed 입력	immed
직접실행 창에서 명령 창으로 전환	창에 cmd 입력	>cmd

〈표 16-4〉의 바로가기 키를 사용하여 명령 모드에서 탐색하는 데 유용하게 사용할 수 있다.

표 16-4 [명령] 창에서 사용가능한 바로가기키

바로가기 키	동작	커서 위치
위쪽 화살표 및 아래쪽 화살표	이전에 입력한 명령의 목록 보기	입력 줄
Ctrl+위쪽 화살표	창을 위로 스크롤하기	명령 창 콘텐츠
아래쪽 화살표 또는 Ctrl+아래쪽 화살표	창을 아래로 스크롤하기	명령 창 콘텐츠

(1) [명령] 창 표시모드

[명령] 창에서 이전 줄을 클릭하면 자동으로 표시 모드로 전환된다. 표시 모드에서는 텍스트 편집기에서처럼 이전 명령의 텍스트를 선택, 편집 및 복사한 다음 현재 줄에 붙여 넣을 수 있다.

(2) 등호(=)의 의미

[명령] 창에서는 등호(=)가 비교 연산자로 해석된다. 예를 들어, 변수 var_A와 변수 var_B의 값이 다를 경우

```
>Debug.EvaluateStatement(var_A=var_B)
```

위의 명령은 False 값을 반환한다.
반대로 [직접 실행] 창에서는 등호(=)가 할당 연산자로 해석되므로 예를 들어,

```
>Debug.EvaluateStatement(varA=varB)
```

위의 명령은 var_A 변수에 var_B 변수의 값을 할당한다.

3) 이스케이프 문자

명령줄에 있는 캐럿(^) 문자는 캐럿 문자 바로 다음에 오는 문자가 제어 문자로 해석되는 대신 문자 그대로 해석됨을 의미한다. 이 문자는 큰따옴표("), 공백, 선행 슬래시, 캐럿 등의 리터럴 문자를 매개 변수나 스위치 값에 포함시키는 데 사용할 수 있으며 스위치 이름은 예외이다.

```
>Edit.Find ^^t /regex
```

캐럿은 따옴표의 내부 또는 외부에 있는지에 관계없이 동일한 기능을 수행하며 줄의 마지막에 오는 캐럿 문자는 무시된다.

4) 변수값 표시

식을 계산하거나 지정한 텍스트를 표시하기 위해 사용하며, 다음과 같은 형식으로 사용한다.

```
Debug.Print text
text : (필수) 계산할 식 또는 표시할 텍스트
```

물음표(?)를 이 명령의 별칭으로 사용할 수 있다. 예를 들어,

```
>Debug.Print abc
```

이 명령을 다음과 같이 쓸 수도 있다.

```
>? abc
```

이 명령의 두 버전 모두 abc 식의 현재 값을 반환한다.

Section 04 Try~Catch를 이용한 오류 처리

Try~Catch 문은 실행 오류를 최소화하기 위해 사용하는 구문으로 프로그램 실행 시 예외적으로 발생할 수 있는 오류를 처리하는 구조화된 예외처리 구문이다. Try~Catch 문을 사용하면 코드를 실행하면서 특정 코드 블록에서 발생할 수 있는 오류를 처리할 수 있다. 특정 코드를 실행하는 동안 예외가 발생할 수 있을 것으로 예상되는 경우 해당 코드를 Try 블록에 넣고 Catch 블록을 사용하여 예외 발생 시 제어를 유지하고 해당 예외를 처리한다. Try~Catch 문은 다양한 예외의 처리기를 지정하는 Try 블록과 하나 이상의 Catch 절로 구성되어 있다. Try 블록에 예외가 throw되면 Visual Basic은 예외를 처리하는 Catch 문을 검색한다. 일치하는 Catch 문을 찾을 수 없는 경우 현재 메서드를 호출한 메서드부터 콜 스택까지 조사하고, 그래도 Catch 블록을 찾지 못하면 사용자에게 처리되지 않은 예외 메시지를 표시하고 프로그램 실행을 중지시킨다.
Try~Catch문의 형식은 다음과 같다.

사용형식

```
Try
   [ 실행 오류가 발생 가능한 문장 ]
Catch
   [ 발생한 실행 오류를 처리할 문장들 ]
[ Finally
   [ 실행 오류와 관계없이 실행하는 문장 ] ]
End Try
```

1) Catch 문

Try~Catch 문에서 Catch 문을 두 개 이상 사용할 수 있다. 이렇게 할 경우 Catch 절은 순서대로 검사되므로 해당 절의 순서가 중요하며, 보다 구체적인 예외를 먼저 catch하는 것이 좋다.
다음 Catch 문 조건은 가장 일반적인 것으로, Exception 클래스에서 파생되는 모든 예외를 catch한다. 이러한 종류의 Catch 문은 일반적으로 Catch 구조에서 예상되는 특정 예외를 모두 catch한 후에 마지막 Try…Catch…Finally 블록으로 사용해야 한다.

① type이 Exception인 경우(예: Catch except_Value As Exception)

② exception 변수가 없는 경우(예: Catch)

Try…Catch…Finally 문이 다른 Try 블록에 중첩되어 있는 경우 가장 안쪽의 Try 블록에 있는 각 Catch 문을 먼저 검사하고, 일치하는 Catch 문이 없을 경우 바깥쪽 Try…Catch…Finally 블록의 Catch 문으로 검색이 계속 진행된다.

Try 블록과 Catch 블록은 별개의 블록이므로 Try 블록의 지역 변수를 Catch 블록에 사용할 수 없다. 둘 이상의 블록에서 변수를 사용하려면 Try…Catch…Finally 구조의 외부에서 변수를 선언해야 한다.

2) Finally 문

Try 구조체를 끝내기 전에 실행할 문이 하나 이상 있는 경우 Finally 블록을 사용한다. Try…Catch 구조체에서 벗어나기 바로 전에 Finally 블록으로 제어가 전달된다. 예외가 있더라도 반드시 실행해야 하는 코드를 실행해야 하는 경우 Finally 블록이 유용하다. 제어는 Try…Catch 블록이 종료되는 방법에 관계없이 Finally 블록으로 전달된다.

Finally 블록의 코드는 Try 또는 Catch 블록에서 코드가 Return 문을 만나더라도 실행된다. 그러나 다음과 같은 경우 Try 또는 Catch 블록에서 해당 Finally 블록으로 제어가 전달되지 않는다.

① Try 또는 Catch 블록에서 End 문을 만난 경우

② Try 또는 Catch 블록에서 StackOverflowException이 throw된 경우

예외를 제외하고 Finally 블록 밖으로 실행을 전송할 수 없다. Try 문에 적어도 하나의 Catch 블록을 포함하지 않는 경우 Finally 블록을 포함해야 한다.

3) Try…Catch 문 사용 시 고려 사항

Try…Catch 문은 비정상적이거나 예상하지 않은 프로그램 이벤트의 발생을 알리기 위해서만 사용하는 것이 좋다. 그 이유는 다음과 같다.

① 런타임에 예외를 catch하면 추가 오버헤드가 발생하며 사전 검사로 예외를 회피하는 경우에 비해 더 느려질 수 있다.

② Catch 블록을 올바르게 처리하지 않으면 예외가 사용자에게 올바르게 보고되지 않을 수 있다.

③ 예외 처리를 사용하면 프로그램이 더 복잡해진다.

〈예제 16-1〉은 Try…Catch…Finally 문에서 예외를 처리하면서 실행되는 순서와 구조를 표시한다. 버튼(Button1)의 Click 이벤트를 처리하는 이벤트 처리기에 다음과 같이 작성한 후 폼을 실행하도록 한다.

예제 16-1

```
Private Sub Button1_Click(sender As Object, e As EventArgs) Handles Button1.Click
        Dim x As Integer
        Dim y As Integer

        x = Val(TextBox1.Text)
        y = Val(TextBox2.Text)

        Try
            ' 0으로 나누기 : 오류 발생
            x = x \ y
            Label1.Text = Label1.Text & "Try 블록 : 오류가 발생하지 않은 경우 " & vbCrLf &
vbCrLf
        Catch except_Variable As Exception
            Label1.Text = Label1.Text & except_Variable.Message & vbCrLf & vbCrLf
            Label1.Text = Label1.Text & "Catch 문 실행 " & vbCrLf & vbCrLf
        Finally
            Label1.Text = Label1.Text & "Finally block 실행"
        End Try
    End Sub
```

폼이 실행되면 Try 문과 Catch 문, Finally 문을 실행하고 다음과 같이 결과를 출력한다.

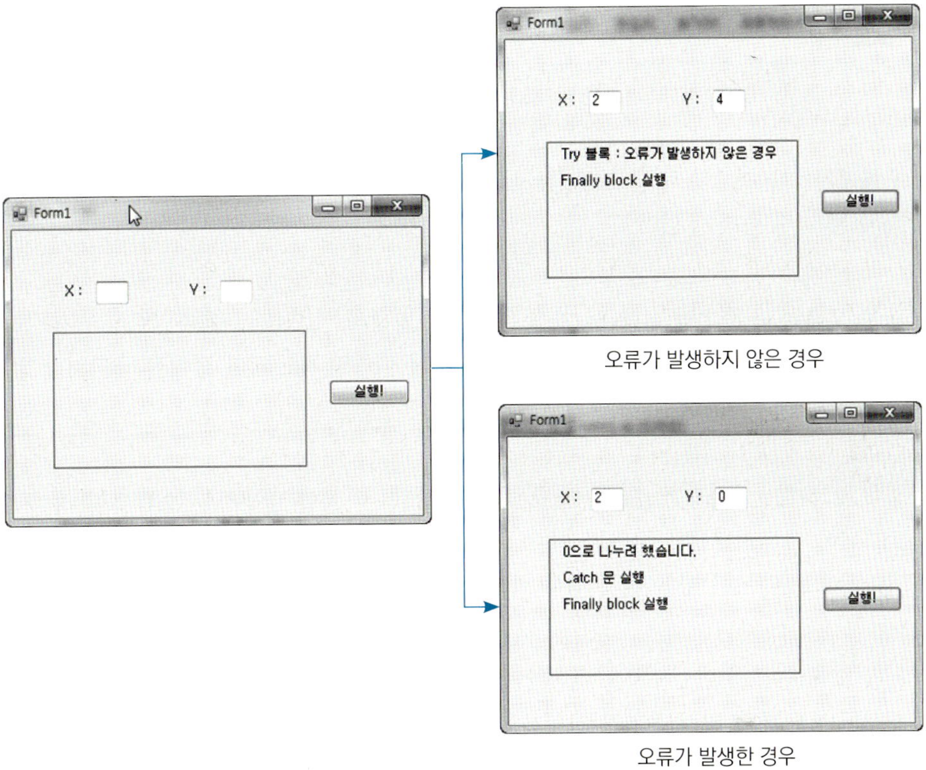

그림 16-15 Tray-Catch 구문 실행 예

요약

- 오류에는 기본적으로 구문 오류(Syntax Error), 실행 오류(RunTime Error), 논리 오류의 세 가지 종류가 있다.

- 구문 오류는 프로그램 실행 시 가장 비번하게 발생하는 오류로, 컴파일(Compile) 오류라고도 한다. 정의되지 않은 변수를 사용하거나 비주얼 베이직의 정해진 규칙이나 방법을 어겼을 때 나타나는 오류들을 의미한다.

- 실행 오류(RunTime Error)는 프로그램을 실행하는 동안 발생하는 오류를 말하며, 프로그램이 구문상으로는 오류가 없으나 프로그램이 실행 중에 경로가 잘못 지정되어 있거나 0으로 나누는 경우 등의 경우 발생한다.

- 논리 오류는 문법적인 규칙을 어기거나 실행에 문제가 있어서가 아닌 프로그램 개발 시 자신도 모르게 논리적 문제가 발생하는 경우로 프로그램이 실행 중에 중단되거나 실행은 되나 사용자가 원하는 결과가 나타나지 않을 때 발생하게 된다. 이러한 종류의 오류를 찾아내기 위하여 디버거를 사용한다.

- 디버거를 사용하면 프로그램 실행을 중단하거나 일시 중단하여 코드 검사, 프로그램의 변수 계산 및 편집, 레지스터 보기, 소스 코드로부터 만들어진 명령 보기, 응용 프로그램에 사용된 메모리 공간 확인 등을 수행할 수 있다.

CHAPTER 17

응용 프로그램 배포하기

contents

17 응용 프로그램 배포하기

InstallShield Limited Edition을 사용하여 설치 파일을 만든 다음 사용자에게 배포하면 사용자가 네트워크에 연결하지 않고도 데스크톱 응용 프로그램 또는 구성 요소를 설치할 수 있다. InstallShield Limited Edition은 Visual Studio Professional 및 Enterprise Edition 사용자에 대해 무료로 제공되며, Visual Studio에서 더 이상 지원하지 않는 Windows Installer 기술을 대체하여 사용한다.

Section 01 응용 프로그램 배포

ClickOnce를 사용하여 응용 프로그램과 구성 요소를 배포할 수도 있다. ClickOnce는 최소한의 사용자 상호 작용으로 설치 및 실행할 수 있는 Windows 기반 자동 업데이트 응용 프로그램을 만들 수 있게 하는 배포 기술이다. Visual Basic 및 Visual C#으로 프로젝트를 개발하여 ClickOnce 기술로 응용 프로그램을 배포한 경우 Visual Studio에서는 배포된 응용 프로그램의 게시 및 업데이트를 완벽하게 지원할 수 있다.
이 장에서는 InstallShield Limited Edition을 사용하여 배포 및 설치 프로젝트를 만드는 과정을 알아보도록 한다.

1) 배포 프로젝트 만들기

배포 프로젝트를 사용하면 응용 프로그램 개발 중이나 개발 후에 솔루션 배포 위치 및 방법을 지정할 수 있다. 솔루션은 여러 개의 배포 프로젝트를 포함할 수 있다.

〈실습 17-1〉을 활용해 배포 및 설치 프로젝트를 알아보자.

실습 17-1 **배포 프로젝트 만들기**

① [파일] > [추가] > [새 프로젝트] 메뉴를 클릭한다.

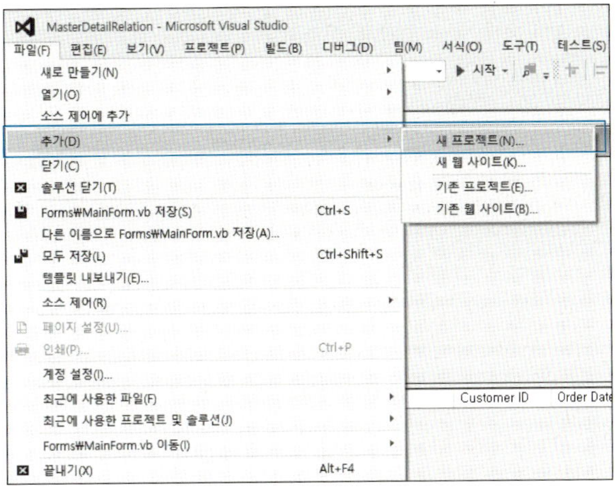

② [새 프로젝트 추가] 대화 상자에서 '기타 프로젝트 형식' 항목을 선택하고 'InstallShield Limited Edition 사용 설치 및 배포'를 선택한다. 이름을 입력하고 [확인] 버튼을 클릭한다.

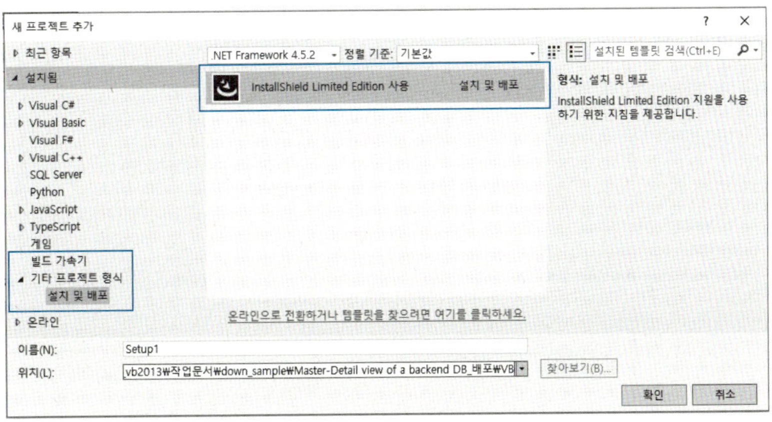

③ '2단계: 다운로드 웹 사이트로 이동합니다'를 클릭하여 다운로드 가능한 사이트로 이동한다.

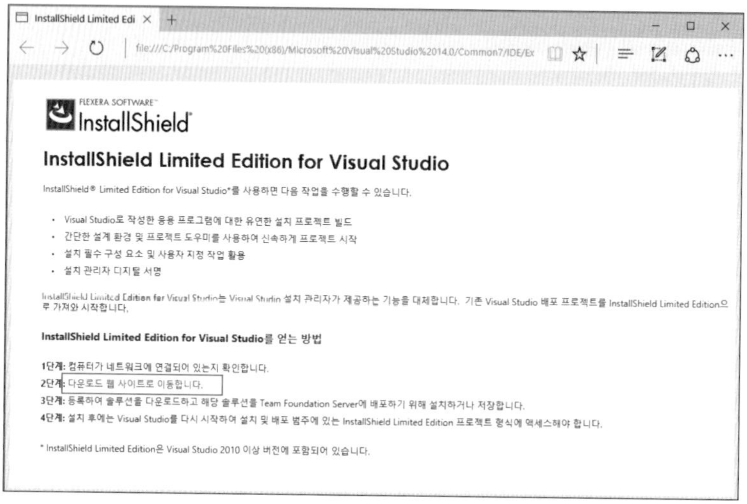

④ 필수 정보를 입력한 후 [DownLoad Now] 버튼을 클릭한다.

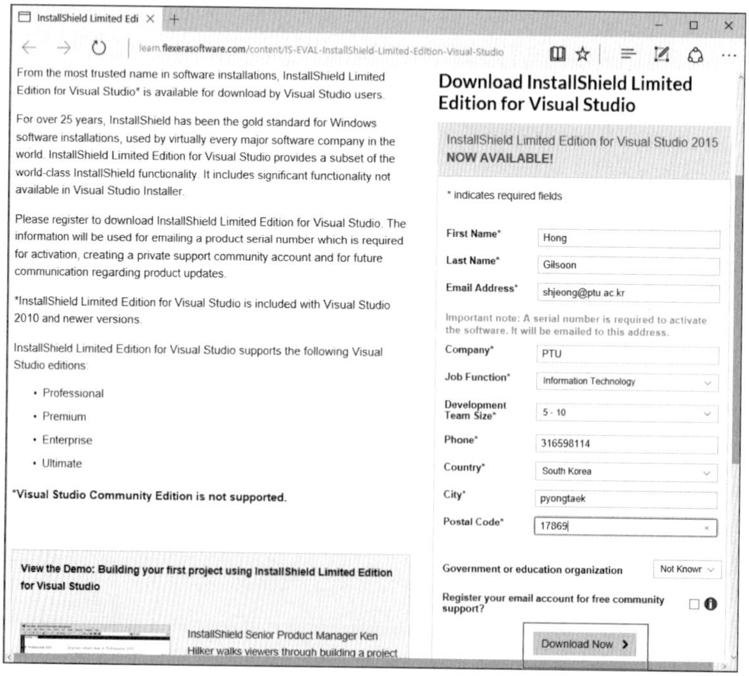

⑤ [Download] 버튼을 클릭한다. [다른 이름으로 저장] 버튼을 클릭하여 파일을 저장하고 설치한다.

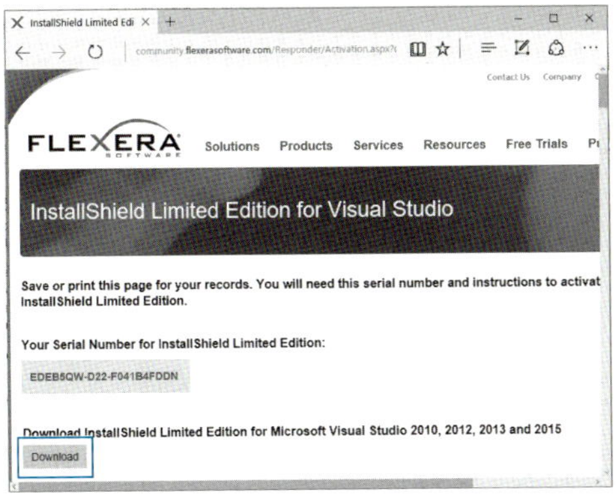

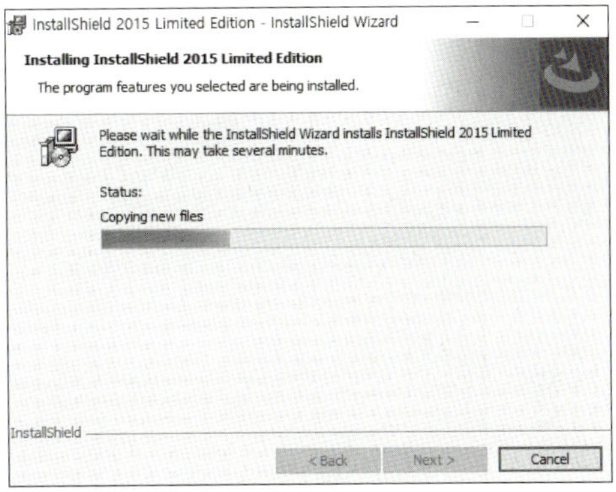

⑥ Visual Studio 편집 화면의 [솔루션 편집기]에서 솔루션을 마우스 오른쪽 버튼으로 클릭하고 [추가] > [새 프로젝트]를 클릭하자.

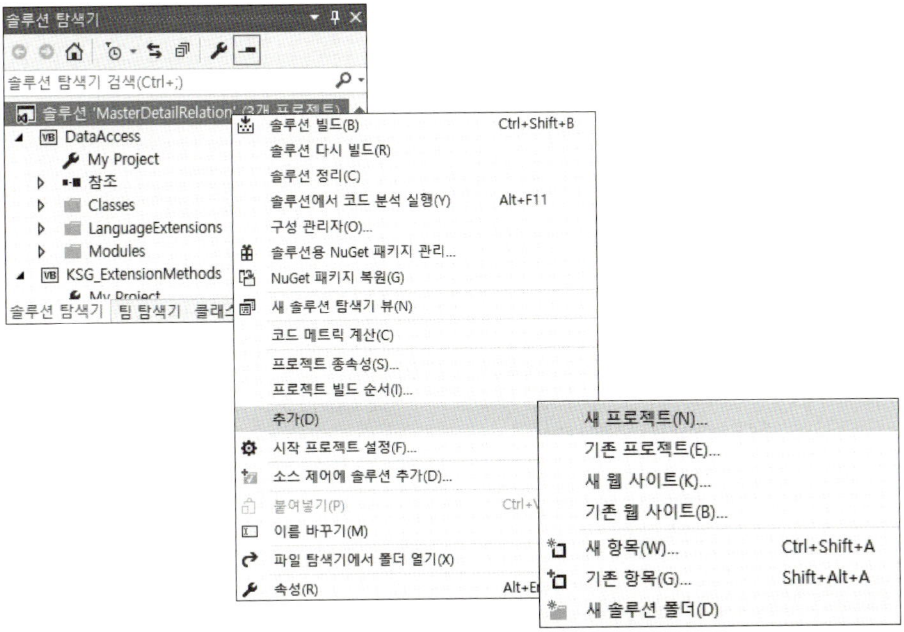

⑦ [새 프로젝트] 창에서 'InstallShield Limited Edition Project'를 선택하고, '이름'과 '위치' 등을 설정한다.

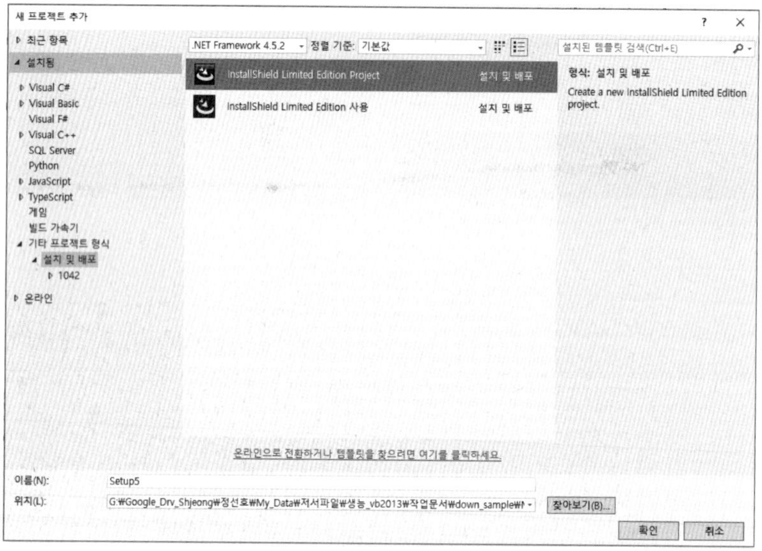

⑧ InstallShield를 등록하기 위하여 'Activate or Register ~'를 선택하고, [Next] 버튼을 클릭한다.

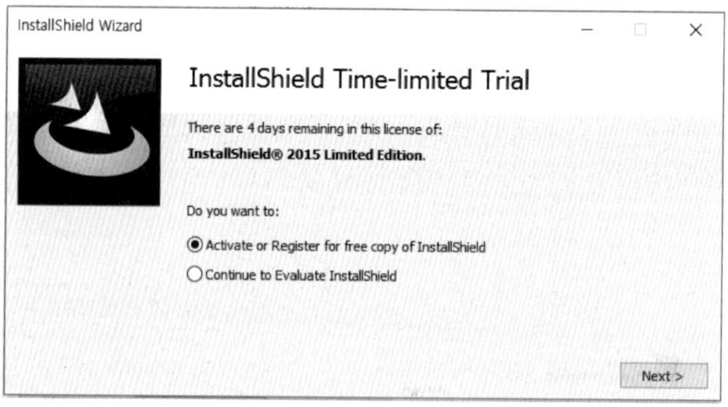

⑨ Activation 창에서 5번 과정에서 받은 Serial Number를 등록하고 [Activate] 버튼을 클릭한다.

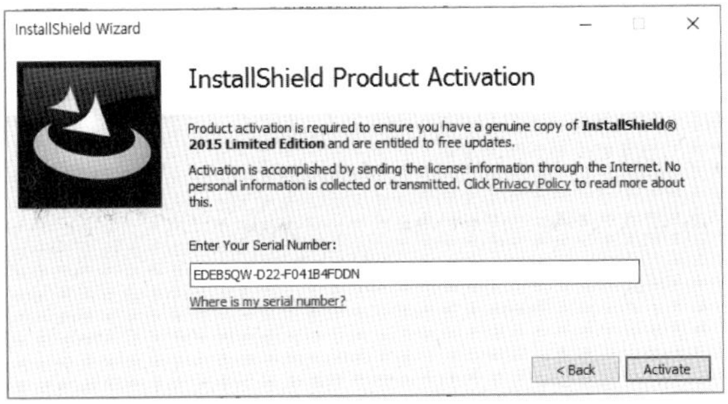

⑩ Activation이 완료되면 [Finish] 버튼을 클릭한다.

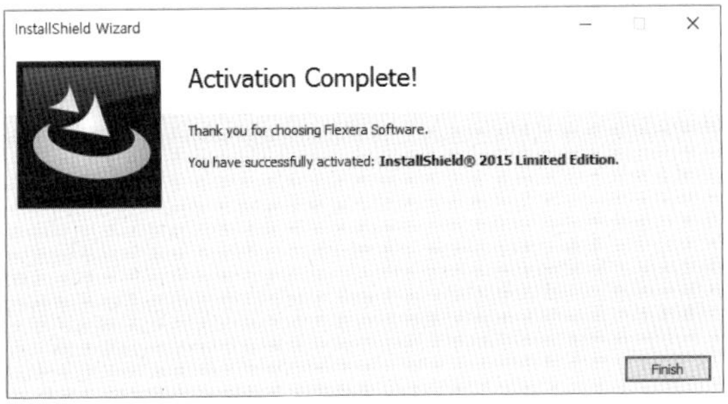

⑪ Visual Studio 화면에 [Project Assiatant] 탭이 표시된다. [Project Assiatant] 탭은 배포된 응용 프로그램의 설치 시 필요한 응용 프로그램 정보 등을 설정한다.

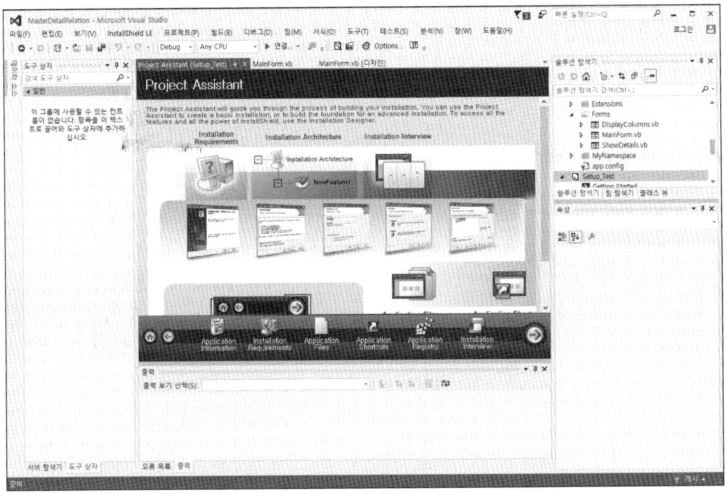

⑫ [Application Information] 항목을 클릭하고 Company name, Applicaion name, version 등과 Icon 등을 설정한다.

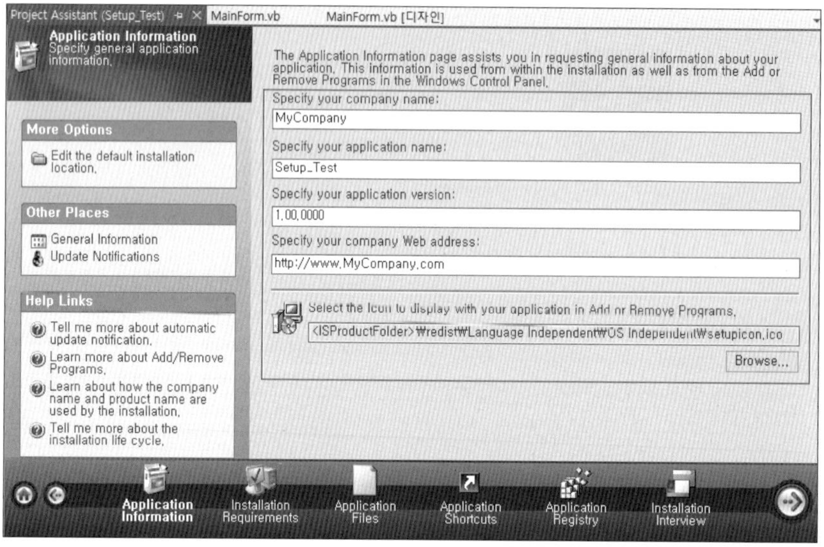

⑬ [Installation Requirements] 항목을 클릭하고 응용 프로그램 설치와 관련하여 운영체제 및 필요한 소프트웨어 등을 선택한다.

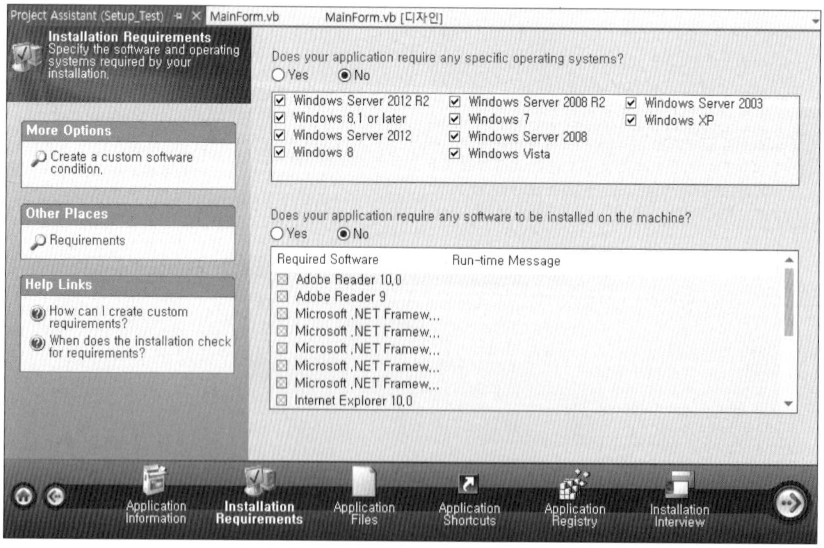

⑭ [Applicatiob Files] 항목에서는 설치 폴더에 추가할 파일(프로젝트 결과 파일 등)을 추가한다. [Add Project Outputs] 버튼을 클릭하고 추가할 그룹을 선택한다.

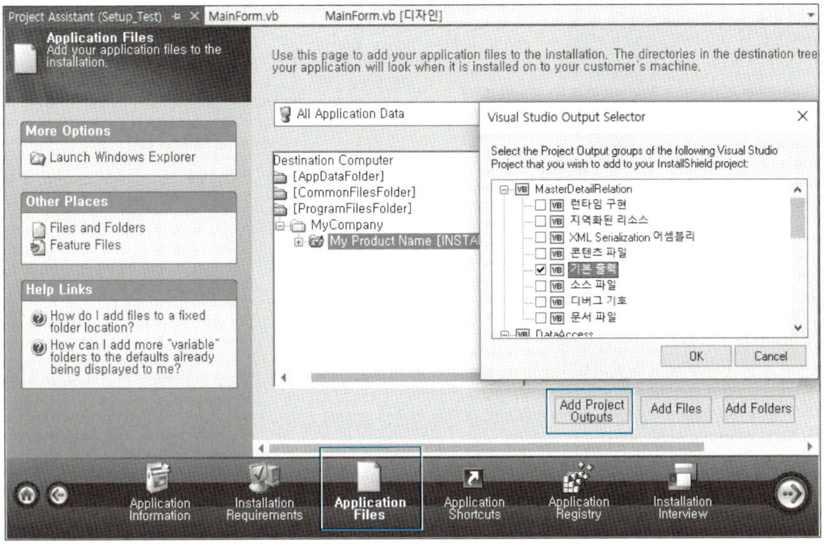

⑮ [Application Shortcuts] 항목에서는 시작 메뉴에 프로그램 항목을 만들거나 바탕화면에 단축키를 생성할 것인지 등을 설정한다. [New] 버튼을 클릭하여 설치할 폴더 위치와 파일을 선택한다.

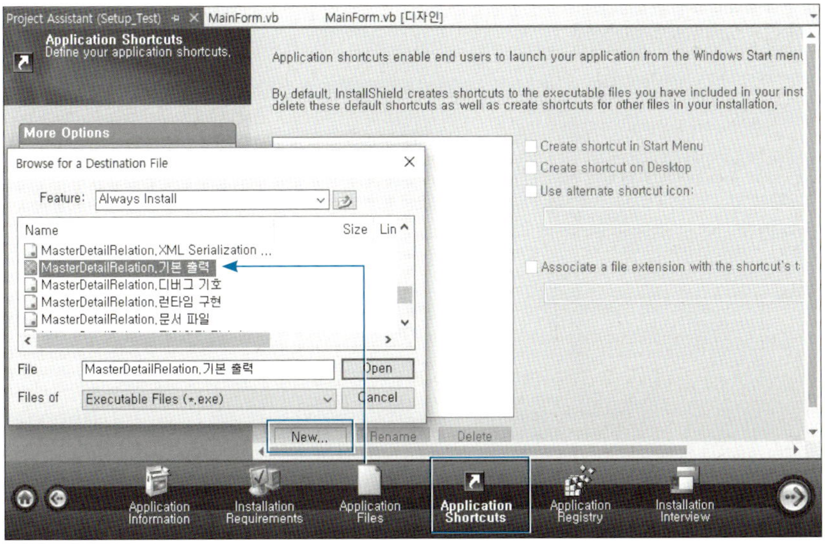

⑯ 시작메뉴와 바탕화면에 단축키를 생성한다.

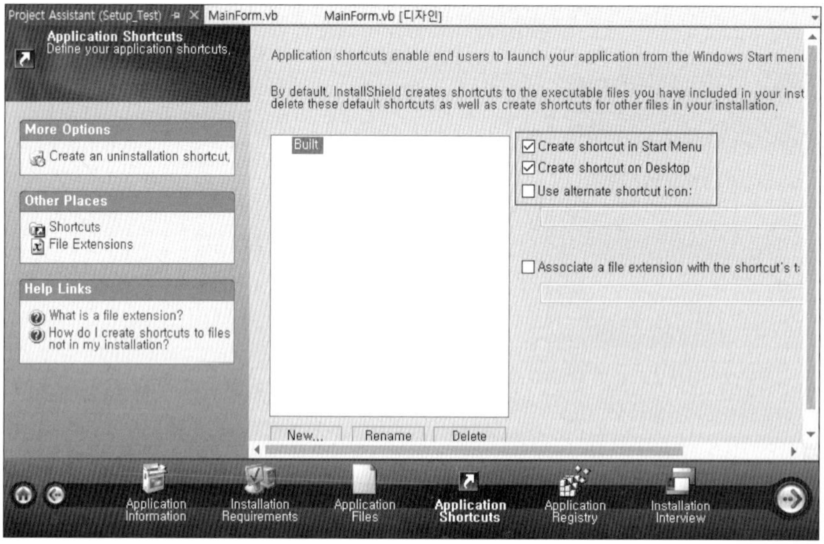

⑰ 설치 시 레지스트리에 응용 프로그램을 추가할 필요가 있는 경우 [Application Registry] 항목을 클릭하고 'Yes'를 선택한 다음, 32-Bit 혹은 64-Bit용 키(Key)나 값(Value)을 설정한다.

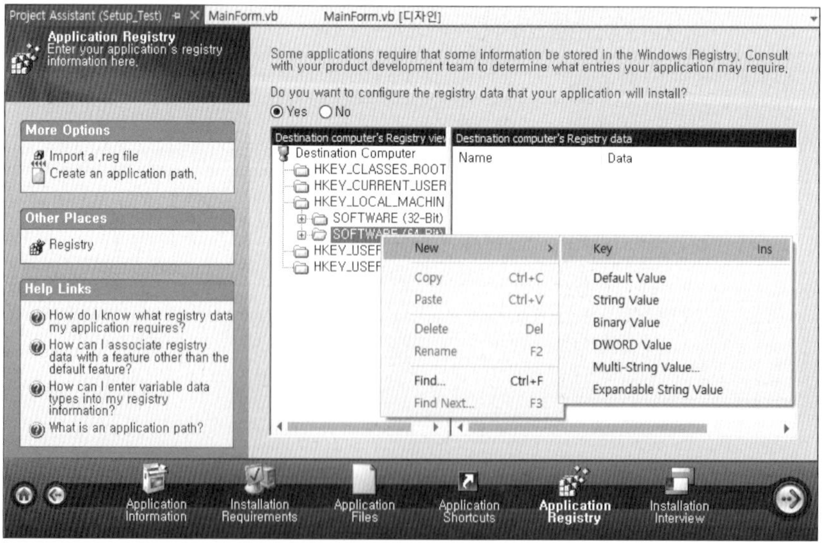

⑱ 마지막으로 [Installation Interview] 항목을 클릭하여 설치 시 화면에 표시할 정보를 포함하는 대화상자를 선택하면 된다.

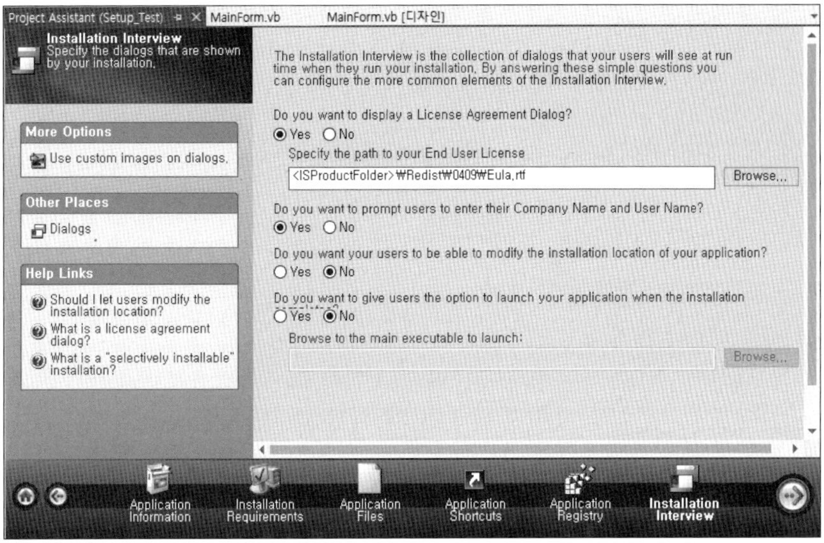

⑲ 지금까지 설정한 설치 프로젝트 정보는 [솔루션 탐색기]에서 확인할 수 있다.
단계별 설정된 내용은 마우스 오른쪽 버튼을 클릭하고 [열기] 메뉴를 눌러 확인할 수 있다.

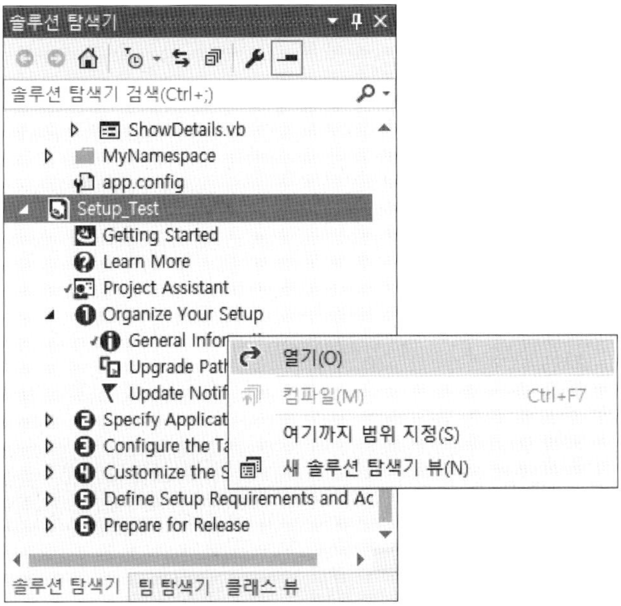

⑳ 설치 및 배포 프로젝트를 생성한 폴더에서 DiskImages 폴더에 설치 프로그램의 이름(여기서는 Setup_Test로 설정했다)을 찾아 설치해보자.

요약

- InstallShield Limited Edition을 사용하여 설치 파일을 만든 다음 사용자에게 배포하면 사용자가 네트워크에 연결하지 않고도 데스크톱 응용 프로그램 또는 구성 요소를 설치할 수 있다.

- ClickOnce를 사용하여 응용 프로그램과 구성 요소를 배포할 수도 있다. ClickOnce는 최소한의 사용자 상호 작용으로 설치 및 실행할 수 있는 Windows 기반 자동 업데이트 응용 프로그램을 만들 수 있게 하는 배포 기술이다.

찾아보기

D

E

S

T

U

V